대원불교
학술총서

26

대원불교
학술총서

26

천태불교의 이론과 실천

해체와 융합의 불교철학

브룩 지포린 지음
정천구 옮김

운주사

발간사

오늘날 인류 사회는 4차 산업혁명을 통해 완전히 새로운 세상을 맞이하고 있습니다. 전통적인 인간관과 세계관이 크게 흔들리면서, 종교계에도 새로운 변혁이 불가피하게 되었습니다. 이런 상황에서 대한불교진흥원은 다음과 같은 취지로 대원불교총서를 발간하려고 합니다.

첫째로, 현대 과학의 발전을 토대로 불교를 현대적으로 재해석할 필요가 있습니다. 불교는 어느 종교보다도 과학과 가장 잘 조화될 수 있는 종교입니다. 이런 평가에 걸맞게 불교를 현대적 용어로 새롭게 이해할 수 있도록 하려고 합니다.

둘째로, 현대 생활에 맞게 불교를 이해할 필요가 있습니다. 불교가 형성되던 시대 상황과 오늘날의 상황은 너무나 많이 변했습니다. 이런 변화된 상황에서 부처님의 가르침을 제대로 이해할 수 있도록 하려고 합니다.

셋째로, 불교의 발전과정을 종합적으로 이해할 필요가 있습니다. 북방불교, 남방불교, 티베트불교, 현대 서구불교 등은 같은 뿌리에서 다른 꽃들을 피웠습니다. 세계화 시대에 부응하여 이들 발전을 한데 묶어 불교에 대한 총체적 이해가 가능하도록 하려고 합니다.

대원불교총서는 대한불교진흥원의 장기 프로젝트의 하나로서 두 종류로 출간될 예정입니다. 하나는 대원불교학술총서이고 다른 하나는 대원불교문화총서입니다. 학술총서는 학술성과 대중성 양 측면을 모두 갖추려고 하며, 문화총서는 젊은 세대의 관심과 감각에 맞추려고 합니다.

본 총서 발간이 한국불교 중흥에 조금이나마 기여할 수 있기를 바랍니다.

불기 2569년(서기 2025년) 1월

(재)대한불교진흥원

머리글

현대에 들어서 철학적 사유는 길을 잃고 헤매는 상황에 놓여 있다. 서로 다른 문화들 사이에 소통이 증대함에 따라 단일한 개념의 헤게모니가 와해되는 일이 벌어졌기 때문이다. 이는 새로운 도전 과제를 제시한다. 이를테면, 서로 어울릴 것 같지 않은 문화들이 바야흐로 서로 접촉하기 시작하면서 다루기 힘든 다양성이 두드러졌는데, 그 점을 존중하면서 창조적으로 발전시킬 방법이 긴요해진 것이다. 그런데 전례가 없는 이런 도전은 동시에 유례가 없는 기회를 제공한다. 이런 문화적 상황 속에서 특히 철학적으로 우리의 주의를 깊이 끌어당기는 것은 중국의 전통적인 불교사상이다. 그것은 오늘날의 상황과 유사한 철학적 궁지에서 참조할 만한 근대 이전의 사례들 가운데 최적의 사례 하나를 제공해 주기 때문이다. 중국불교는 두 가지 아주 다른 문화적·철학적 전통, 즉 인도의 토착 전통(그리고 더 일반적으로는 인도-유럽 문화)과 동아시아 문화가 만나는 세계사적 사건에서 나타났다.

5세기 즈음에 토대가 마련된 천태종에서 인도의 불교 전통을 가장 먼저 중국식으로 철저하게 재가공하려 했다. 천태종은 최상의 지적 노력을 통해 하나의 어휘를 만들어냈고, 이것으로 이 두 사유 세계를 창조적인 대화로 끌어들여 그 둘의 아주 다른 요구를 동시에 만족시키는 통합체를 개발했다. 그렇게 함으로써 불교에 대한 그리고 사실상 인간 조건에 대한 완전히 새로운 통찰을 보여주었다. 그것이 충분히 개화하자, 천태종은 인도불교에서 파생된 논쟁과 실천의 방법을 써서 동아시아의 지성사에서 가장 엄밀한 이론적 체계를 만들어냈다. 그러나 그 이상과 형이상학적 결론은 중국 고유의 철학적 전통에 그 뿌리를 두고 있었다. 그 결과로 포괄적인 사유 체계가 탄생했다. 이 사유 체계는 아주 새롭고 드물게 이해되는 그리고 공교롭게도 천오백 년이 지난 뒤에도 여전히 흉내낼 수 없는 독특한 것이었다.

이 책에서는 천태불교의 존재론, 형이상학, 인식론, 윤리학들에 대한 해석을 제시한다. 이 이론들은 불교의 일반적인 철학적 개념들, 즉 괴로움, 연기법, 무아, 욕망, 공, 본각本覺, 불성 따위를 천태종 전통에서 독창적으로 적용한 결과물이다. 그리고 저 이론들은 『묘법연화경妙法蓮華經』(줄여서 『법화경』)의 서사적 혁신에 의해 근본적으로 재조정된 것들인데, 천태종 전통에서 그렇게 한 방식에 대한 해석도 이 책이 제시한다. 이 종파에서 발달한 독특한 사상에는 철학적으로 중요한 의의가 잠재해 있으나, 영어권 학자들의 학문에서는 그에 걸맞은 주목을 아직 받지 못했다. 이전의 작업에서 나는 이렇게 과소평가된 점을 바로잡으려는 시도를 했다. 천태종 내부에서 일어난 교리 논쟁에 대해 텍스트 기반의 문화적-역사적 접근법을 써서 그렇게 하거나(*Evil and/or/as the Good: Omnicentrism, Intersubjectivity, and Value Paradox in Tiantai Buddhist Thought* [Cambridge: Harvard University Press, 2000]) 천태교학의 관념들을 더 응용할 수 있는지에 대한 실험적 탐구를 통해(*Being and Ambiguity: Philosophical Experiments with Tiantai Buddhism* [Chicago: Open Court, 2004]) 그렇게 했다. 앞의 두 연구서는 많은 독자에게 좀 어렵다는 느낌을 줄 수 있다. 그 이유로는 내용이 상세하고 특이하다는 점, 천태종의 한문 저술들에 나오는 논증의 주해들이 사용자와 친화적이지 않음에도 그것들을 꽤 꼼꼼하게 반영하고 있는 점, 그리고 그런 전통적인 텍스트들에 흔히 보이는 반직관적이고 때로 복잡하게 뒤얽힌 공식화公式化된 교리를 충실하게 복제한 점 등을 들 수 있다. 그와 달리 이 저술에서는 천태종의 주요한 관념들과 선례들을 더 직접적이고 덜 매개적인 용어들로 제시하려 했으며, 그 출신이나 배경이 어떠하든 교양 있고 철학적인 독자라면 이해할 수 있도록 썼다. 또 불교사상의 기본적인 전제들 뒤에 있는 논증의 단계들에 대해서, 그리고 공, 이제二諦, 방편, 보살승, 불성, 본각 따위 혁신적인 대승의 개념들에 의해 어떻게 그 전제들이 지지되고 허물어지는지에 대해서도 상세하게 설명한다. 비전문적인 언어 표현을 쓰면서도 최대한 명쾌하게, 또 변증법적으로 엄밀하면서도 직관적으로 이해할 수 있게, 철학적으로 정확하면서도 광범위하게 함축하도록 하려고 했다. 결국, 이 책은 현대의 철학적 반성과 대화에서 핵심이 되는 쟁점들에 공명할 만한 착상들을 끄집어내기 위해서 천태종 전통의 독특한 통찰들을 재구성하려는 시도다.

감사의 말

이런저런 이유로 고마운 분들이 꽤 많다. 그들은 여러 해 동안 이 원고의 여러 형태를 전체적으로나 부분적으로 읽고 논평해 주었다. 먼저 나의 학생들에게 고맙다. 확실히 선택의 여지가 없었던 이들은 곤란한 상황에서도 끈질기게 잘 대처하면서 당혹스럽고도 계시적인 뜻밖의 반응과 예상치 못한 포괄적인 적용을 보여줌으로써 나에게 개념적으로나 수사적으로 결정적인 마디점들을 알려주었다. 그리고 코이치로 요시다(Koichiro Yoshida), 프리야 넬슨(Priya Nelson), 말콤 피어스(Malcolm Pearce), 그리고 나의 형 에반 지포린(Evan Ziporyn) 등 헌신적이고 세심한 외부의 독자들에게도 감사드린다. 그들의 반응과 질문은, 나를 옭아매기도 하고 나를 열어주기도 한 이 책의 내용과 생각의 표현에서 헤아릴 수 없을 정도로 큰 명료함과 깊이를 가져다주었다. 이 작업이 완결되기까지 아낌없는 지원을 해준 멜론 재단(Mellon Foundation)에도 고맙다.

서론

이 책은 천태종으로 알려진 중국불교의 독특한 전통 속에서 발달한 관념들, 즉 괴로움과 괴로움에서 벗어남-안락한 삶-에 관한 관념들을 제시한다. 특히 나는 6세기에서 11세기까지 이 종파에서 발달한 철학적 관념들을 이 종파를 대표하는 세 인물의 저술들에서 끌어낼 것이다. 그 셋은 천태지의(天台智顗, 538~597), 형계담연(荊溪湛然, 711~782), 사명지례(四明知禮, 960~1028)다. 처음부터 유념해야 할 점이 있다. 그것은 많은 사람이, 불교식 사고의 복잡성과 그 놀라운 역설들에 익숙한 사람들조차, 천태종의 주장을 아주 당혹스럽게 여기거나 모순되는 것으로 여길 수 있고, 심지어 충격적으로 받아들일 수도 있다는 점이다. 왜냐하면 천태불교의 핵심적인 관념들이 처음에는 일반적인 상식뿐 아니라 건전한 판단, 종교, 도덕적인 삶 따위와 대립하는 것처럼 보이기 때문이다. 사실은 불교 자체의 목적이나 지향과도 상충하는 것처럼 보일 수도 있다.

"불성에 내재한 악", "불성은 악을 끊어내지 않는다"[1]는 표현에 드러나 있듯이, 천태철학에서는 불성(佛性, Buddhahood)에도 온갖 악들이 내재해 있다고, 이런 악들은 결코 없앨 수 없다고, 없앨 필요도 없다고 단호하게 주장한다. 가능한 모든 방법으로 볼 때, 이는 각자의 경험이 그 자체만이 아니라 다른 모든 중생의 다른 모든 경험까지도 늘 포함하고 있다는 것-'일념삼천一念三千', 즉 순간순간의 경험에 삼천세계의 모든 존재가 갖추어져 있음[2]-을 말해준다. 그리하여 기쁨에는 슬픔도 들어 있고 슬픔에는 기쁨도 들어 있으며, 악에는 선이 들어 있고 선에는 악이 들어 있으며, 미혹에는 깨달음이 들어 있고 깨달음에는 미혹이 들어 있다. 그렇지만 이 모든 것들은 '구별되지 않는 하나'로 녹아들지 않는다. 오히려 "구별되면 구별될수록 더욱더 통합되고,"[3] 그 반대의 경우("통합되면 통합될수록 더욱더 구별된다")도 마찬가지다. 천태철학에서는, 중생의 모든 덧없는 경험의 순간들이 시간을 통해 영원히 지속되고 모든 공간으로 퍼지며 다른 모든 중생에 의해 끊임없이 경험된다고 말한다. 우리가 경험하는 이 덧없는 순간순간들은 그 자체가 궁극적 원천이어서 여기에서는 모든 현실이 끊임없이 나타난다. 그것은 또

---

1 제자 관정灌頂이 기록한 『관음현의觀音玄義』에서 지의는 그렇게 말했다. T34, 882c-883a. T는 타카쿠스 준지로(高楠順次郎)와 와타나베 카이교쿠(渡邊海旭) 등이 편집한 『타이쇼 신슈 다이죠쿄(大正新修大藏經)』 100권을 가리킨다.

2 관정이 기록한 『마하지관摩訶止觀』에서 지의는 그렇게 말했다. T46, 54a.

3 예컨대 담연이 그의 저술인 『법화문구기法華文句記』에서 분分과 불애不碍에 대해 설명한 것을 참조하라. T34, 247a-b. 이에 대해서는 Brook Ziporyn, *Beyond Oneness and Difference: Li and Coherence in Chinese Buddhist Thought and Its Antecedents* (Albany: State University of New York Press, 2012), 242-255에서 논의했다.

모든 존재가 도달하려 애쓰는 목적이기도 하다. 천태철학에서는 모든 이론과 관점을 참이라고 말하면서 동시에 그 모두 거짓이라고도 말한다. 또 어떤 교리를 실천하는 것, 마구니의 교리라도 완전하게 실천하는 것은 불교를 완전하게 실천하는 일이며, 불교를 완전하게 실천하는 일은 마구니의 교리를 완전하게 실천하는 것이라고도 말한다. 우리 자신의 괴로움, 미혹, 삿됨을 극복하는 최상의 길은 그것들 속에 깊이 머무는 것이라 말하기도 하고, 또 그것들 속에 머무는 일 자체가 그것들로부터 해방되는 길이라고도 말하며, 그것들 속에 깊이 머물면 머물수록 우리는 그것들로부터 더 자유로워진다고도 말한다.

이런 학설은 모든 불교적 사유와 실천의 가장 기본적이고 보편적인 목적인 '마음의 정화' 그리고 '고통에서 벗어남'이라는 목적을 무시하는 얼빠진 역설처럼 보인다. 이런 학설은 평범한 사람들만이 아니라 불교에 대해 해박한 지식을 가진 사람들조차 당황하도록 만든다. 이미 언급했듯이, 이 엄청나게 어렵고 혼란스러운 생각들을 엄정한 불교철학의 맥락에서든 비교철학의 맥락에서든 어떻게든 해명하려는 학문적 시도들이 과거에도 있었다. 한편, 지난 몇 년 동안에 나는 강의실에서 그런 생각들에 대해 전문적인 세부 사항과 철학적인 짐을 내려놓은 채 대화하듯이 스스럼없이 발표하는 모습들을 보면서 사람들이 훨씬 덜 어려워하면서 더 쉽게 다가가고 있음을 알게 되었다. 이 책은 후자의 접근 방식을 인쇄 형태로 내놓음으로써 이런 사유 방식을 명확하고 수월하게 소개하려는 시도다. 이를 통해 불교의 실천과 나아가 인간의 조건에 대한 그 독특한 통찰이 더 많이 또 쉽사리 응용되고 변용되기를 바란다. 나는 독자들이 기본적인 천태사상의 갖가지 흥미로운 우여곡절에 대해서 확실하게 이해할 수 있게 되기를 바라며, 그렇게 해서 일어난 생각들을 철학적인 흥미를 느끼며 공유하게 되기를 바란다. 물론 더 상세히 또 철저히 이해하기 위한 최상의 각본은 독자들이 직접 원문의 형태로 되어 있는 1차 자료들을 차근차근 연구해 나가는 일일 것이다.

1. 괴로움의 소멸은 지금 여기에서

─초기불교의 고苦

괴로움의 역설

불교는 괴로움(苦)의 문제로 시작해 그것으로 끝난다. 더 구체적으로 말하면, 불교는 네 가지 거룩한 진리 곧 사성제四聖諦로 시작한다. 이 교리에서 괴로움을 다루는 것이 처음에는 실망스러울 정도로 간단하고 지나치게 단순해 보인다. 사성제의 첫 번째인 고제苦諦에 따르면, 모든 경험에는 필연적으로 괴로움이 따른다. 두 번째인 집제集諦는 왜 그러한지를, 즉 괴로움은 욕망이나 갈애, 욕망에 대한 집착이 원인이 되어 일어난다고 말해준다. 세 번째인 멸제滅諦에서는 이 원인(욕망)과 그 결과(괴로움)를 끝낼 수 있다고 말한다. 네 번째인 도제道諦는 이 욕망과 괴로움을 어떻게 소멸시킬 수 있는지를 알려준다.

　이 공식은 종종 곧이곧대로 이해된다. 일이 우리가 원하는 대로 되지 않을 때, 우리는 괴로워한다. 괴로움은 '그렇게 되지 않을 것'을 원할 때 생긴다. 대개 이런 괴로움이 생기면, 우리는 '그렇게 되어 가는 것'을 우리의 욕망에 맞추려고 애쓴다. 우리는 원하는 것을 얻으려 애쓴다. 이런 해석에서 붓다는 '반대쪽에서' 욕망과 현실의 불일치에 접근하는 놀라운 수를 둔다. 현실을 바꾸는 대신에 그대의 욕망을 바꿔라!

그러나 문제를 이렇게 이해하는 방식에 대해서는 많은 사람이 아주 불만스러워할 수 있다. 첫째, 우리는 우리가 원하는 것을 정말로 바꿀 수 있을까? 물론 다른 것을 원하기로 결정하는 것만으로는 또는 전혀 원하지 않기로 하는 것만으로는 그렇게 하지 못한다. 우리의 욕망은 전적으로 우리의 의지에 종속되는 게 아니다. 그렇지만 전통적으로 불교도는 이렇게 대답한다. "그렇다, 우리는 욕망을 바꿀 수 있다. 그리고 네 번째 진리인 도제는 어떻게 하면 이렇게 할 수 있는지 대강을 말해준다. 지혜·계율·선정 삼학三學으로 분류되는 팔정도(八正道, 여덟 가지 바른 길)를 따름으로써 그렇게 할 수 있다."[1] 그것은 궁극적으로 깨친-이기심(enlightened self-interest)에 대한 물음이다. 이 과정은, 모든 경험에는 괴로움이 따른다는 것, 어떤 경험을 하려는 우리의 욕망은 그릇된 믿음-즉, 우리가 원했던 이런 경험들이 실제로 우리를 괴로움에서 벗어나게 해줄 것이라는 믿음-에 근거한다는 것을

---

1 더 자세하게 말하면, 지혜에는 정견(正見, 올바른 견해)과 정사유(正思惟, 올바른 사유) 두 단계가 속하고, 계율은 정어(正語, 올바른 말하기)와 정업(正業, 올바른 행위), 정명(正命, 올바른 생활) 세 단계로 나뉘며, 선정은 정정진(正精進, 올바른 노력)과 정념(正念, 바르게 깨어 있기), 정정(正定, 올바른 집중) 세 단계로 설명된다. 이 여덟 단계가 팔정도를 구성하는데, 이것이 사성제의 내용이다.

명확하게 보는 일과 관련이 있다. '그렇게 되는 것'과는 다른 어떤 것을 원하는 욕망은 그릇된 생각에 근거를 두고 있다. '그렇게 되지 않을 것'을 원하는 일이 합당하지 않으며 우리 자신의 이익에도 부합하지 않는다는 사실을 우리는 알게 된다. 일단 욕망과 욕망의 대상을 괴로움의 형태로 보게 된다면―실제로 이런 괴로움을 감지하고 이런 괴로움을 겪게 된다면―, 우리는 자동적으로 그것들을 더 이상 원하지 않는다. 시뻘겋게 달구어진 쇠구슬을 쥐었다가 고통을 감지하자마자 곧바로 반응하듯이 말이다. 아프다고 느끼면, 바로 놓아버린다. 우리는 사물을 더 명료하게 봄으로써, 이전에 못 보고 지나쳤던 것을 알아차림으로써 우리의 욕망을 바꿀 수 있다.

그렇지만 유의해야 할 점이 있다. 이것은 여전히 우리의 가장 기본적인 욕망, 즉 괴로움을 피하려는 욕망을 간직하고 촉진한다는 것을 의미한다는 사실이다. 우리가 기울이는 모든 노력은 좀 복잡한 방식을 쓰든 간접적인 방식을 쓰든 간에 즐거움을 극대화하고 괴로움을 최소화하려는 것이다. 때때로 우리는 서툴게 자멸적인 방식으로 그렇게 한다. 그러나 우리의 경험이 우리 자신에게 이익이 되도록 하려면―괴로움의 끝을 경험하기 위해서라도―, 괴로움을 피하려는 이런 욕망은 그대로 남아 있어야 한다. 우리가 정말로 모든 욕망을 제거해버린다면, 그때는 그 괴로움의 끝을 받아들이고 음미하고 즐길 어떠한 욕망도 존재하지 않게 될 것이다. 그럴 경우에 괴로움의 끝은 결코 괴로움보다 더 낫다고 할 수 없을 것이다. 왜냐하면 어느 하나가 가치 있다는 것은 단지 그것이 우리가 원하는 것을 주기 때문이다.

이런 관념은 사성제에 대한 이러한 이해에서 더 탐색해야 할 문제를 제기한다. 괴로움을 끝내기 위해서 이 '욕망의 불을 끄는 것'은 제 얼굴이 보기 싫다고 제 코를 잘라내는 그런 짓을 하는 꼴이 아닐까? 더 거칠게 말하면, 두통을 고치려고 머리를 자르는 것과 같은 꼴이 아닐까? 니체가 말했듯이, 치통을 고치겠다고 이빨을 전부 뽑아버리는 치과의사를 대단하게 여길 수 없지 않은가! 이 방법은 좀 더 미묘한 해법이 필요한 문제를 풀기에는 꽤 엉성하고 다소 광적이며, 거의 폭력적으로 보이기까지 한다. 우리는 정말로 아무것도 원하지 않는 상태를 바라는가? 어떤 것에서도 기쁨을 느끼지 않는 상태를 바라는가? 무슨 일이 일어나도 수동적으로 받아들이면서 그것에 대해 아무런 의견도 없고 의지도 없으며 결단력도 없고 욕망도 없는 상태를 바라는가?

물론 이것은 불교의 입장을 거칠게 희화화한 것이다. 그러나 그것은 불교의 사상과 수행에 대한 비교적 정교한 설명들 이면에 숨어 있는 점이다. 그런데 불교 수행을 얄팍하게라도 경험해 보면, 무언가 잘못되었다는 것을 알게 된다. 왜냐하면 욕망이 사라지는 것은 어느 정도는 분명히 즐거운 경험이라는 사실이 드러나기 때문이다. 물론 훨씬 더 일상적인 욕망과 연결된 기쁨의 경험들을 표현하는 언어로는 그것을 묘사하거나 분석하기가 쉽지 않지만 말이다. 우리는 간절하게 원하던 것을 미처 알아채기도 전에 얻게 되면 대단히 크게 만족하는데, 놀랍게도 사물을 이렇게 있는 그대로 받아들이는 것 자체가 그런 강렬한 만족감을 주는 하나의 경험이다. 이 경험은 욕망이 무얼 의미하는지, 즐거움이나 만족이 무얼 의미하는지, 심지어 경험이라는 게 무얼 의미하는지 다시 평가하게 만든다.

왜 그렇게 되는지를 알기 위해서는 사성제가 실제로는 심오한 역설을 표현하고 있다는 점에 주목해야 한다. 다음의 논리를 보라.

욕망을 사라지게 하면 괴로움이 끝난다.
그러나 정의하자면, 욕망은 어떤 괴로움으로부터 벗어나려는 시도다.
욕망은 괴로움을 끝내려는 욕망이다.
따라서 결국에는 괴로움을 끝내려는 욕망을 사라지게 함으로써 괴로움을 끝낼 수 있다.

다른 식으로 말하자면, 더 이상 괴로움을 끝내려고 하지 않아야만 괴로움을 끝낼 수 있다!
좀 더 강조해서 이렇게 말할 수도 있다. 우리는 괴로움을 끝내고자 하는 '순수한' 욕망을 처음에는 분명히 불도의 실천을 위한 동기로 이용한다. 그렇더라도 결국 그것은 괴로움을 받아들이는 일이고, 괴로움을 알아채는 일이며, 마침내 괴로움을 끝내게 해주는 '괴로움을 완전히 깨닫는 일'이다. 이건 무얼 의미하는가?

근절할 수 없는 악: 악의 교체라기보다 악의 변형적 포용으로서 깨달음

이런 역설에는 불교사에서 단 하나의 종파, 즉 중국의 천태종이 주창한 독특한 학설의 씨앗이 담겨 있다. 그것은 성불成佛, 곧 깨달음과 해탈이라는 지고한 경지조차 항상 그리고 본질적으로 괴로움을 그 안에 품고 있다는 생각이다. 괴로움은 근절할 수 없다. 그리고 깨달음은 괴로움을 제거하거나 심지어 줄이는 것을 의미하지 않으며, 어떤 의미에서는 정반대다. 즉, 고제苦諦에서 주장하는 바와 같이 깨달음은 괴로움을 문자 그대로 어디에나 있는 것으로 온전히 받아들이는 일이다.

우리가 이런 입장의 논리를 애써 알게 되었다고 해도, "악은 근절할 수 없고, 어디에나 있으며, 성불의 핵심적 요소다"라는 그 논리적 귀결은 받아들이기가 더 힘들 수 있다. 어떤 면에서 이것은 불교학도들에게는 그리 놀랄 일이 아니다. 왜냐하면 불교 심리학과 불교 윤리학에서는 악과 괴로움이 밀접하게 연결되어 있다고 가르치기 때문이다. 불교에서 '악'은 단지 미숙한 행동으로 자신을, 남들을, 또는 양쪽 모두를 괴롭게 만드는 행동으로 규정된다. 불교의 기본적인 의미에서 보면, 악은 괴로움을 일으키는 것에 지나지 않는다. 불교의 인과론이라는 틀에서 보면, 행위는 결과를 낳는다. 그 결과는 해로운 생각이나 행위로 말미암아 업(業, karma)의 보이지 않는 작용을 통해 일어나는 '관찰 가능한 부정적인 사태들'일 수도 있고, 아니면 탐욕, 분노, 미혹 따위의 정신적 성향과 함께하는 불쾌한 심리적 결과들로 말미암아 일어나는, 더 직접적으로 관찰할 수 있으며 우리의 걱정과 더 관련된 그런 사태들일 수도 있다. 괴로움은 악惡의 결과다. 다시 말해 미숙한 행위의 결과이며, 괴로움을 피하고 행복을 얻으려는 그릇된 시도의 결과다. 악과 괴로움은 동일한 과정의 양쪽 끝이다. 악은 괴로움의 시작이고, 괴로움은 악의 끝이다. 그래서 성불이 본질적으로 괴로움을 포함하는 것이라면, 어떤 의미에서는 악도 성불에 내재해 있다. 천태불교에서 내세우는 가장 독특한 교설은 '불성에 내재한 악'인데, 이것은 불교의 사상과 수행, 경험의 가장 깊은 진리를 실현하는 길을 열어줄 수 있는 완전한 이해로 여겨진다.

그렇지만 이것은 상황을 더 이상하게 만들지도 모른다. 정확히 욕망을 없애고 그리하여 괴로움을 끝내는 것이 불교의 전부가 아닌가? 그렇다, 어떤 의미에서는 그렇다. 그러나 사성제를 포함한 가장 초기의 불교가 들려주는 이야기의 전부는 아니다. 심지어 이야기의 시작도 아니다.

능동적 통제와 수동적 복종 사이의 중도

욕망에 대한 붓다의 혁명적 발견으로는 두 극단 사이의 '중도中道'가 전통적으로 거론된다. 붓다의 생애에 관한 전설은 이 두 극단을 신비적이고 과장된 방식으로 표현하고 있다. 첫째로, (고타마 싯다르타라는) 이 젊은 왕자는 모든 욕망을 완벽하게 채우는 삶을 살았다고 한다. 어떠한 좌절도 겪지 않은 채, 심지어 좌절이라는 걸 알지도 못한 채 말이다. 병듦, 늙음, 죽음의 형태로 찾아오는 괴로움은 과보호를 받은 왕자조차 피할 수 없다고 하는 그 괴로움의 불가피성은, 그것을 마주하는 순간, 진공 상태나 다름이 없던 이제까지의 경험과 대조되어 더욱 도드라졌다. 그 뒤에 그는 해법을 찾기 위해 집을 떠났고, 충족된 삶을 완전히 포기하고 욕망을 부정하며 극단적인 고행의 길을 갔다. 따라서 이런 것들이 천태불교에서 말하는 두 극단이다.

① 욕망에 집착하고 충족하기
② 욕망을 거부하고 억제하기

붓다의 깨달음은 두 극단 모두를 거부하는 제3의 길, 곧 중도를 발견한 데 있다. 욕망을 충족시키려 하거나 욕망을 없애려 하는 것이 아니라면, 달리 욕망을 어떻게 할 수 있을까?

이 두 극단은 공통점이 있다는 사실에 유의하기 바란다. 욕망을 충족시키는 것은 욕망을 해소하는 일이며 욕망을 만족감으로 대체하는 일이다. 욕망이 충족될 때, 욕망으로서 욕망은 사라진다. 욕망을 부정하는 것도 욕망을 해소하는 일이며 완전히 제거하는 일이다. 이것은 욕망의 감정이 전혀 남아 있지 않도록 뿌리를 뽑은 상태다. 어느 한 극단도 욕망이 단순히 욕망으로 존재하는 것을 허용하지 않는다. 이렇게 예기치 못한 욕망의 허용이 중도로 가는 실마리를 제공해 준다.

이제 우리는 사성제라는 고전적 설명에서 보여주는 욕망과 괴로움에 대한 분석이 "원하는 것을 얻지 못하면, 그대의 욕망을 바꿔라"와 같은 소박한 조언보다는 훨씬 더 미묘한 방법이라는 것을 이해할 수 있다. 멸도滅道에 대한 표준적인 말투를 관찰해 보라. "벗들이여, 그러면 괴로움의 소멸에 관한 거룩한 진리는 무엇인가? 그와 같은 갈애를 남김없이 약하게 해서 멈추는 것, 갈애를 단념하는 것, 갈애를 포기하는 것, 갈애를 놓아버리는 것과 거부하는 것이다."[2]

---

2 『삿짜위방가 숫따(Saccavighanga Sutta, 진리의 분석)』(MN141), in *The Middle-Length Discourses of the Buddhas: A New Translation of the Majjhima Nikaya*

여기서 '갈애'라고 말한 욕망은 정말로 '약해지고' 또 '멈추게' 되어 있다는 것을 우리는 안다. 불교사상의 이 초기 단계에서 욕망은 분명히 끝을 보게 되어 있다. 그러나 그렇게 하기 위한 과정은 헷갈리는 방식으로 설명되어 있다. 욕망이란 '단념하는 것'이고 '포기하는 것'이며, 사람이 거기에서 '벗어나는 것'이고, 거기에 '기대지 않는 것'이다. '단념해야 할' 것은 **욕망의 대상**(원하는 '기쁨'이나 즐거움)이 아니라 **욕망 그 자체**다. 문제는 원하는 것에 대한 집착이 아니라 욕망에 대한 집착이다. 확실히 우리는 원하는 것에 의지하지 않고 원하는 것을 얻으려는 욕망에 의지한다. 우리는 욕망에 의존하고 있다. 주장하는 바는 이렇다. 만약 우리가 욕망에 기대지 않는다면, 욕망을 단념한다면, 욕망을 놓아버린다면, 욕망은 '멈출' 것이다.

이건 좀 이상하다. 그렇지 않은가? 이에 대해 상상력을 뺀 채 좀 현실적으로 생각해 보자. 대개 우리가 무언가를 놓아버릴 때, 그럴 때 그것은 약해지거나 멈추지 않는다. 오히려 그것은 땅에 떨어지거나 허공으로 날아가거나 저 혼자 빙빙 돌거나 우리의 간섭이 없으면 하게 될 행위를 한다. 우리가 그것을 놓아버릴 때, 그것은 더 이상 우리의 통제 아래에 있지 않게 된다. 우리가 손으로 무얼 꽉 쥐고 있다고 해보자. 그걸 놓아버리면, 그것은 그 고유한 성향에 따라 아래로 떨어지거나 위로 오른다. 그걸 통제하고 있었다고 해보자. 그걸 놓아버리면, 사라지거나 작용을 멈추는 것이 아니라 오히려 우리의 통제를

(MN), translated by Nanamoli and Bodhi(Boston: Wisdom Publications, 1995), 1099.〔〈역주〉 한역 경전에서는 『중아함경』 권7의 『분석성제경分析聖諦經』이 『삿짜위방가 숫따』다.〕

벗어나 이제는 자유로워져서 원래의 그 자체가 된다.

그렇다면, 붓다가 욕망을 '놓아버려라'고 한 충고는 욕망을 제어하려 애쓰기보다는 느슨하게 풀어주고 욕망이 멋대로 날뛰도록 하라는 의미일까? 그것은 초기의 불교사원에서는 생활이 꽤 '통제되어 있었다'고 보는 우리의 통상적인 이해와 모순되어 보인다. 사실 여기에서 붓다는 통찰을 보여주었다. 욕망은 놓아버리면 더 늘거나 자라지 않는다. 오히려 시들시들해지다가 죽는다. 그는 정확히 "욕망을 놓아버리면 욕망은 멈춘다"는 뜻으로 말했다. 그것은 욕망을 영속시키려던 일, 욕망을 사라지지 않게 하려던 일이 바로 욕망을 붙들려는 행위, 욕망을 제어하려는 행위였다는 뜻이다. 어째서일까?

무언가를 놓아버린다는 것은 그것을 그 자체인 채로 두는 일이며, 우리는 전혀 간섭하지 않고 그것이 하는 대로 내버려두는 일이다. 아무런 간섭을 받지 않는다면, '욕망'은 무엇을 할까? '욕망대로 이루려 애쓸 것'이라 생각할지 모르겠다. 욕망은 본래 충족시키려는 성향을 갖고 있다. 욕망은 결국 '원하는' 것이며, 그대로 내버려두면 '하게 되는' 것이다. 그것은 우리의 상식이며, 참으로 그러한지는 특정한 욕망이 충족되자마자 바로 드러난다. 내 앞의 탁자에 물 한 잔이 있다면, '갈증을 달래고 싶은 내 욕망'이 하려는 것은 단순하다. "욕망이 하려는 대로 내버려둔다면," 잔을 쥐려는 충동이 일어나서 잔을 들어 입에 대고 물을 마시는 행위로 이어지고 욕망은 충족된다. 이 경우에 실제로 욕망에 더해지는 것은 전혀 없으며, 욕망에 또는 욕망에 대해 무얼 할 것도 전혀 없다. 욕망을 향해 이차적인 태도를 취할 필요가 없고, 심지어 욕망에 대해 생각하거나 전혀 주의할 필요도 없다.

그러나 붓다가 실제로 이야기한 것은 문제가 되지 않는 이런 욕망이 아니다. 즉각적인 만족으로 바로 이어지는 욕망, 최소한의 방해도 받지 않은 채 탐닉하고 만족시킬 수 있는 욕망은 불교 용어인 '괴로움'에 담긴 그런 뻑뻑한 실존적 문제를 일으키지 않는다. 그런 욕망은 아무런 걸림도 없이 가까이 있는 만족(의 기쁨)으로 흘러간다. 전체 상황, 곧 지금 이 순간에 **있는** 것은 욕망과 그 현재, 이런 식의 '한 번뿐인 충족'을 포함하고 있는데, 모두 자연스럽게 결합되어 있어 한순간처럼 경험된다. 그러나 붓다가 말하는 욕망은 이유가 어떠하든 간에 그렇게 직접적이고 즉각적으로 충족되는 그런 것이 아니다.

욕망이 한번 좌절되면, 그때 우리는 전혀 다른 상황에 놓이게 된다. 첫째, 우리는 이런 종류의 과거 경험을 근거로 해서 '즉각 충족되는 것'을 상상한다. 문제는 서로 다른 때에 경험한 이런 욕망과 만족을 마구 뒤섞은 채 **꽉 붙들고 있다가** 그런 '욕망과 만족'에 관련된 과거의 모든 경험 가운데 일부분―즉, '욕망' 부분―과 유사한 어떤 것이 존재할 때, 그것을 이 경우에 적용하지만 다른 부분―즉, '충족' 부분―과 유사한 어떤 것도 발견할 수 없다는 사실이다. 우리는 욕망이 그 자체로 존재하는 어떤 것, 만족과 분리될 수 있는 어떤 것임을 알아채지 못한다. 사실, 우리는 우리의 욕망을 하나의 욕망으로서 느끼는 것이 아니라, 원하던 상황이나 대상에 대해 **바람직한 것(desirability)**'으로 느끼는 경향이 있다. "무엇을 바라는 욕망이 여기서 일어나고 있다"고 하는 개별적인 사태는 우리의 염려 속에서 점점 번져 "무엇은 바랄 만하다"는 것이 된다. '욕망을 내버려둔다는 것'은 글자 그대로 그 욕망이 욕망**이게** 하는 것을, 그 자체로 어떤 것이 되도록 하는 것을,

경험 그대로 온전히 존재하도록 하는 것을 의미한다.

　그런데 사실 우리에게 어떤 **행위**―앞으로 전개될 일을 상상하는 것, 앞선 사례들을 기억하는 것, 또는 (욕망을) 충족시킬 수 있는 수단을 강구하는 것 따위―를 하게 하는 방식으로 충족되는 욕망은 '내버려져' 있지 않다. 그것은 통제되고 결정된 방식으로 무언가와 연결되어 있다. 정말로 욕망이 충족되는 것, 이것이 되도록 빨리 적극적으로 욕망을 **없애는** 방법이다. 욕망으로서 욕망은 내버려지는 것이 아니다. 그것은 덮이고, 짓눌리고, 회피되고, 지워져 있을 뿐이다. 두 번째 상태는 경험했던 '욕망의 심리 상태'―이를테면, 욕망의 만족 상태―와 나란히 놓는 것이다. 그 욕망에 충격을 주어 근본적으로 변화시킬 수 있는 방식으로 말이다. 그러면 욕망은 그 충족과 즉각적으로 합쳐져 하나의 기억이나 환상이 되어 무너져 내린다. 욕망은 그 충족을 상상하지만, 직접 접근할 길이 없는 이런 특별한 경험의 상태를 인지하지도, 파악하지도, 있는 그대로 두지도 못한다. 그런 상태는 흔히 벌어지는 일이다. 그런 상태는 존재하는 일이다. 결국, 무언가를 원하는데도 얻지 못하게 되면, 괴롭다. 그 자체로 고려되어야 하는 이 욕망은 특정한 색조를 띤, 불만과 고통의 색조를 띤 심신心身 상태다. 그와 같은 것, 고통스러운 것을 그대로 내버려두기는 어렵다. 그런 것을 없애기 위해 사람은 무언가를 하려고 애쓴다. 그 자체로 고려되어야 하는, 충족될 가망이 없는 욕망은 괴로움이나 마찬가지다. 욕망은 "소유하려 애쓴다"는 의미에서가 아니라 "통제하려 애쓴다"는 의미에서 '계속 유지되면서' 이차적인 욕망이나 집착―욕망을 가지는 괴로움에서 벗어나려는 욕망―을 좇아 어떤 특정한 방향으로 나아가려 애쓰는 것이다. 더 구체적으로 말하자면, 욕망을 없애려는 우리의 시도는 통제하려는 시도다. 그것은 일종의 '꽉 붙들고 있기'다.

다음을 이해하는 일은 중요하다. '집착'은 무언가를 소유하고 그것을 계속 유지하려는 욕망만을 의미하지 않는다. 무언가를 없애려는 욕망 또한 일종의 집착이다. 가장 소박한 수준에서 보자면, 정반대의 상태를 향한 집착이다. 예컨대, 내 얼굴의 여드름이 없어지기를 바라는 것은 내 얼굴에 여드름이 생기지 않을 가망성에 집착하는 것이다. 더 깊은 의미로는, 무엇인가에 대해서 그리고 좋은 것인지 나쁜 것인지에 대해서 고정된 관념을 갖는다는 의미에서 여드름에 집착하는 것이다. 나는 여드름이라는 개념에 꽂히고, 그것을 꽉 붙잡게 되고, 그것에 대한 개념을 확정적으로 규정짓고는 그것이 나에게 여드름의 참된 본질을 전해준다고 주장한다. 이 또한 일종의 집착이다. 더 나아가서 나는 여드름을 **제어하려** 하고, 여드름이 어디로 가는지, 무얼 하는지, 어떻게 되는지, 있는지 없는지를 관리하는 사람이 되려 한다. 이 역시 일종의 집착인데, 이 경우에는 '나'라는 존재를 그리고 나에게 일어나는 일을 통제하는 존재로서 나 자신의 감각에 집착하도록 하는 지지대로 여드름을 이용하고 있다. 나는 여드름의 운명을 통제하는 독재자가 되기 위해 나 자신의 힘에 집착한다. 이런 통제력을 불교 용어로 '자아(self)'라 한다.

사실은 우리가 무엇을 또는 어떤 상태를 원할 때, 우리가 원하는 것은 정말로 그런 것이나 그런 상태가 아니다. 우리가 원하는 것은 **그런 상태나 그런 것을 얻는 힘**이다. 우리가 원하는 것은 통제이며, 우리에게 일어나는 일의 유일한 원인이 되는 것이다. 우리가 원하는 것은 **자성**(自性, selfhood)이다. 이는 미다스 왕에 대해 들려주는 오래된 이솝 우화를 예로 삼아 설명할 수 있다. 미다스 왕은 황금을 사랑했다. 소원을 빌라고 하자, 그는 자신이 만지는 것은 무엇이든 황금으로 변하게 해달라고 빌었다. 그다음은 여러분 모두 알고 있다. 그가 먹으려던 음식이 황금으로 변했고, 그의 딸도 황금으로 변했다. 결국, 그가 원한 것은 이것이 전혀 아니라는 사실이 드러났다. 그가 원한 것은 황금이 아니었다. 오히려 그가 원한 것은 그가 원할 때마다 황금을 가질 수 있는 존재가 되고, 또 그가 원할 때마다 황금에서 벗어나고 황금을 없앨 수 있는 존재가 되는 것이었다. 그는 황금을 가지거나 가지지 않을 수 있는 '힘'을 원했던 것이다. 그는 황금을 가지든 가지지 않든 간에 그 유일한 원인이 되기를 원했던 것이다. 만약 그대가 지금 초콜릿 케이크를 맛보고 싶다면, 이 바람을 이루었을 때 어떻게 느낄지를 상상해 보라. 초콜릿 케이크를 맛보는 일을 결코 멈출 수 없다고 상상해 보라. 그건 악몽이 될 것이다. 조만간 그대는 초콜릿 케이크의 맛을 없애려고 기꺼이 자살할지도 모른다. 우리가 원하는 것은 우리가 원하는 그 무엇이 아니라, 원할 때 원하는 것을 얻는 일이다. 우리는 통제를 원한다. 자성을 원한다. 무언가를 원하는 것은 확실한 기대를 미래에 던지는 일이다. 이런 확실한 기대는 과거에서 온다. 우리는 과거에 가졌던 것과 동등한 어떤 것을 미래에 원한다. 원하는 것—예를 들면, 초콜릿 케이크—을 마음에 떠올린다면, 그것은 과거에 가졌던 어떤 것을 기억하는 것이다. 다시 그런 기분을 느끼고 싶은 것이다. 과거의 한순간을 재생하려 애쓰는 것이다. 과거의 어떤 즐거움을 되풀이하려고, 과거를 되찾으려고 애쓰는 것이다. 우리는 무상無常의 밖으로, 시간의 흐름 밖으로, '지나간' 과거 밖으로 발을 내딛고서 자신의 통제력을 보여주고 싶어 한다. 우리는 자성을 원한다.

여기서 우리는 중요한 난제에 맞닥뜨린다. 붓다는 그의 모든 경험에 대해서, 모든 경험 자체에 대해서, 경험하기의 본질에 대해서 무언가를 밝혀냈다. 경험은 **조건 지어진다**는 것이다. 그것은 이 경험이 일어나기 위해서는 다른 무언가가 존재해야 한다는 것을 의미한다. 경험 그 자체만 일어날 수 없다. 더욱 중요한 점은, 불교적 의미에서 '조건 지어진다'는 것은 '서로 조건 지어짐'을 의미한다는 사실이다. 이것은 모든 경험은 '다른 무언가'에 의해서 조건 지어질 뿐 아니라, 경험이 일어나기 위해서는 **둘 이상의 조건**이 필요하다는 의미다. 단 하나의 원인이 결과를 낳지 않는다. 모든 결과는 원인과 조건들의 **화합**에서 비롯된다. 이런 단순한 원리가 바로 가장 소박한 데서 가장 심원한 데까지 걸쳐 있는 불교사상의 본질이다. 우리는 이를 논리적으로 꽤 간단하게 이해할 수 있다. X가 Y라는 다른 어떤 것의 경험을 일으키는 원인이라고 가정해 보자. 만약 X만으로도 Y를 일으키는 데 충분하다면, 그러면 X가 있을 때마다 Y도 있을 것이다. 그것은 원인인 X가 존재하는 동안에는 Y도 쭉 이미 생성되어 있다는 것을 의미한다. 또 그것은 X가 Y를 일으키는 시작이 결코 따로 있을 수 없다는 것을 의미한다. X와 Y는 언제나 함께 생길 것이다. 그럴 경우, 참으로 Y는 바로 X의 일부가 되고, X의 한 양상이나 한 특질이 될 것이다. X는 언제나 XY일 것이다. 그러면 X는 특정한 때에 Y가 생겨나는 일을 설명해줄 수 없게 된다. X가 어느 특정한 때나 특정한 곳에서 Y가 생겨나도록 할 가능성은 전혀 없다.

자, '경험'에 대해서는 이 점을 주목해 주기 바란다. 무언가를 경험하기 위해서는 시작이 있어야 한다는 것. "Y가 아직 일어나지 않았다"와 "Y가 일어났다" 사이에는 당연히 차이가 있다. 설령 내가 알아채기 전에 Y가 일어나고 있었다 하더라도, 적어도 나는 "Y를 아직 알아채지 못했다"에서 "Y를 알아챘다"로 건너가야 한다. 경험을 만드는 것은 무언가에 대한 이런 알아챔이다. 그래서 어떤 경험 Y가 일어나기 위해서는 그 발생을 가능하게 하는 어떤 시작이 있어야 한다. 그 (시작의) 존재와 부재 사이에는 현저한 차이가 있어야 한다. 항상 일어나고 있었던 일에 대해 우리는 전혀 알아채지 못했으며, 또 그런 일이 중요한 의미에서 실제로 '일어난 것'이라고 생각할 수도 없었다. 그것은 어느 특정한 때에 일어나야 한다. 특정한 때에 무언가가 일어난다는 것은 그것이 무조건적일 수 없음을 뜻한다는 사실을 이제 우리는 알게 되었다. 왜냐하면 Y가 '무조건적'이라는 말은, 있을 법한 어떤 상황에서 어떤 조건이 갖추어지더라도, 어느 때 어떤 곳이라 하더라도, Y는 그때 그곳에서 일어나고 있어야 함을 의미하기 때문이다. '무조건적'은 '어디에나 있으며 영원한'과 동의어다. 그러나 그럴 경우 Y는 전혀 경험이 아닐 것이라는 사실도 우리는 알게 된다. 또한, 경험 Y는 홀로 작용하는 어떤 단일한 원인 X에 의해서도 일어날 수 없다. 왜냐하면 그럴 경우 Y는 X가 거기에 있을 때마다 언제나 거기에 있을 것이기 때문이다. 따라서 이제는 X에서 Y가 일어나는 일에 대해서가 아니라, 다른 무언가에서 XY가 일어나는 일에 대해서 설명해야 한다. 이렇게 해서 우리는 문제를 풀기보다 한걸음 뒤로 밀어내기만 했다.

우리는 어떤 것도 스스로 원인이 되지 않는다는 것, 그리고 경험에서는 단 하나의 원인에 의해서만 발생하는 일이 없다는 것을 알 수 있다. 이것은 어떠한 경험이든 그저 하나의 '경험'이 **되기** 위해서라도 예외 없이 여러 가지 다양한 원인들이 화합해서 발생한다는 것을 의미한다. 이것은 그 경험들 가운데 어떤 것도 영원히 계속 이어질 수 없다는 것 또한 의미한다. 어떤 것도 무조건적일 수 없으며, 그 무엇도 어디에나 있을 수 없고 영원할 수 없다. 경험되는 모든 사건은 조건적이며 일시적이다.

붓다가 '자아'는 없다고 선언한 것도 이 때문이다. '자아'라는 말은 매우 종잡기 어렵고 또 여러 가지로 쓰인다. 그래서 불교의 유명한 명제인 이 '자아의 부정'을 이해하기 위해서는 먼저 무엇이 부정되고 있는지를 명확히 해야 한다. '자아'의 기준은 원래 한결같은 어떤 것이어야 한다는 것, 우리의 경험이 변화하는 내내 변하지 않은 채로 남아 있는 어떤 것이어야 한다는 것이다. 우리는 이렇게 말할 수 있다. "나는 서 있었지만, 이제는 앉아 있다. 나는 슬펐지만, 이제는 행복하다. 나는 아이였지만, 이제는 어른이다." 상황들과 경험들은 변한다. 하지만 이 '나'는, '자아'라 불리는 것은 이 모든 진술에서 그 모든 변화를 겪으면서도 동일하게 유지되는 어떤 것을, 어떻게든 그 변화들의 바탕에 있거나 그 변화들을 연결하는 어떤 것을 가리킨다. 때때로 사람들은 자기 몸을 자신의 자아라고 말한다. 가령, 사진 속의 사람들 가운데 "누가 당신인가?"라고 물으면, 당신은 거기 다른 사람들의 몸과는 대비되는 당신 몸의 영상을 가리킬 것이다. 붓다 또한 당신의 몸이 존재하며 독특해서 식별할 수 있다는 사실을 부정하지 않는다.

다만, 이것을 '자아'로 여기는 일을 부정한다. 왜냐하면 자아는 시간이 흘러도 한결같고 변하지 않는 어떤 것이어야 하기 때문이다. 그렇게 식별할 수 있는 몸은 내가 태어나기 전에는 존재하지 않았고 또 내가 죽은 뒤에도 존재하지 않을 것이기 때문에 분명히 **영원한** 자아가 아니다. 그런데 현재의 내 삶이 이어지는 동안에도, 미시적 차원에서 변화하지 않는 순간은 전혀 없다. 그것은 영속하지 않으므로 나의 자아로 간주될 수 없다.

그런데 때때로 사람들은 자신들이 의식하고 있는 내용이나 대상이 아니라 자신의 의식을 자신의 자아라고 말한다. 왜냐하면 '나'라고 여기지 않는 많은 것들-탁자, 의자, 하늘, 땅, 다른 사람들 따위-에 대해서는 인지하고 있기 때문이다. 그 대신에 사람들이 이런 식으로 '나 자신'이라는 말을 쓸 때, 그들은 이 모든 것을 **인지하고 있는 한 사람**을 가리키거나, 어쩌면 그들만이 알고 있고 다른 누구도 보지 못하는 심리적 대상들을 가리키는지도 모른다. 그들의 개인적인 생각과 개인적인 관점이 '나'가 의미하는 바다. 붓다는 이런 인식 현상이 존재한다는 것을 부정하지 않으며, 그 현상의 일부 내용은 접근이 제한되어 있다는 것도 부정하지 않는다. 다만, 이것은 '자아'라고 불러야 마땅하다면서 영속성이라는 동일한 기준을 적용하는 것을 부정할 따름이다. 내 마음속은 찰나마다 늘 변하고 있기 때문이다.

한결같아 보일 수 있는 마음속의 것들을 인지했다고 하는 이들이 있다. 이에 대해 붓다는 이렇게 지적한다. "그것은 의식될 수 없으며, 특정한 어떤 내용을 가진 것으로 거론되거나 인정될 수 없다. 단순히 개념적으로 구성된 것이거나 추론된 것일 뿐이다"라고. 우리는 시시각각 바뀌는 지각, 느낌, 생각 따위를 경험한다. 그런데 그런 경험과 별개로 자아가 있다고 누군가가 주장한다면, 붓다는 우리에게 이렇게 변화하는 경험들을 전부 없앤다는 상상을 해보라고 할 것이다. 그럴 경우, 이런 변화하는 경험들과는 동떨어져서 변하지 않고 있는 이 별개의 자아는 정확히 무엇일까? 그래도 "이게 나야!"라고 말하거나 생각할 사람이 있을까? 지각하는 변함없는 주체, 우리의 지각들을 지각하는 자, 우리의 생각들을 생각하는 자는 결코 어떤 특정한 특성을 갖는 존재로 또는 인식이 가능한 실체로 여겨지지 않으며 지각되지도 않는다. 붓다가 완곡하게 말한 바는 이것이다. 지각과 생각들을 지닌 불변하는 소유자는 변화하는 지각과 생각들의 흐름과는 별개라고 생각할 수 없고 또 상상할 수도 없다. 따라서 그는 그 자체로 변화와 얽혀 있는 존재라고 할 수 있다. 변화와 동떨어져 있다고 생각할 수 없고 바로 그 존재에게서 변화를 떼놓을 수 없는 어떤 것이면서 지각하는 '불변의 자아'가 있다고 한다면, 그것은 단순한 추상 개념이다. 그것은 그렇게 주장하는 것처럼 구체적으로 존재하는 불변의 실체가 아니다. 사실 모든 경험에는 변화가 따른다. 변하지 않는 것은 전혀 경험하지 못한다. 어떤 내용을 경험하기 위해서는 대조할 것이 필요하기 때문이다. 그러니 어떠한 자아도 경험과 동떨어진 것으로 생각할 수 없다. 그래서 의식을 이런 경험의 끊임없는 변화의 흐름으로 본다면, 의식 또한 자아가 아니다.[3]

---

3 이 논의의 표준적 전거를 위해서는 『마하니다나 숫따(Mahānidāna Sutta)』, 『디가 니까야(Dīgha Nikāya)』 15를 보라.〔〈역주〉 한역 경전에서는 『장아함경』 권10의 『대연방편경大緣方便經』, 『중아함경』 권24의 『대인경大因經』이 『마하니다나 숫

우리가 경험하는 어떤 것도 불변하는 것이 아니라면, 왜 우리는 처음부터 '자아'-우리의 경험에서 변함없는 것으로 여겨지는 어떤 것-에 대한 개념을 갖고 있는 것일까? 자아에 대해 우리가 가진 개념의 근원에 대해 생각해 보면, 그것은 **우리의 의지를 따르는 것**과 관련이 있다고 가정하는 것이 꽤 그럴듯해 보인다. 아기는 자신의 몸과 마음의 감각들을 포함해 세상의 많은 것들을 인지한다. 아기는 어떤 것들-자기 손과 발, 목소리와 몸-은 자기 의지를 따르지만 해와 달, 엄마와 아빠, 탁자 위의 숟가락 같은 것들은 간헐적으로만 그리고 늘 자기 몸이나 마음의 활동이 중재해야만 자기 의지를 따른다는 사실을 알아차리면서 이 경험의 전체 영역에서 자아(self)와 비자아(nonself)를 구별하기 시작한다. 어떤 것은 아기가 직접 또 계속해서 제어한다. 이런 것은 '자아'로 여겨지게 된다. 어떤 것은 다른 것이 올바른 방식으로 협조할 때만, 그리고 그럴 때도 일류의 사물들이 관여할 때만 아기가 제어한다. 이런 것은 '비자아'로 여겨진다.

우리는 변화하는 경험들을 변함없이 경험하는 자, 곧 우리의 자아에 대해 우리 경험의 '소유자'라고 생각하는 경향이 있다. 그런데 이렇게 연관 짓는 것은 꽤 설득력이 있다. 결국, 소유자는 불변하는 것일 뿐 아니라 소유한 것에 대한 지배권을 가진, 통제권을 가진 주인이기도 하다. 우리는 우리의 경험들을 통제하는가? 우리는 무엇을 경험할 것인지 일방적으로 결정할 수 있는가? 불변성(constancy)은 자아의 개념에서 볼 때 통제의 개념과 연결되어 있다. 그러나 통제는 그저

따』에 해당한다.]

단일한 원인으로 말미암아 일어나는 것을 의미한다. 단일한 원인이 어떤 일을 일어나게 한다면, 우리는 단일한 원인이 그 사태의 통제자라고 말한다. 자아가 의미하는 것은 지금 우리의 존재에 대한 그리고 우리가 경험하는 것을 경험하는 존재에 대한 주인, 통제자, 단일한 원인이다. 아기가 자신의 자아로 느끼는 것은 둘 이상의 원인을 필요로 하는 무언가가 아닌 **단일한** 원인으로 말미암아 일어나는 것처럼 보인다. 무언가가 단 하나의 원인으로 말미암아 일어나는 것 - "내 손을 움직이고 싶다"고 하는 내 생각은 그때 내 손이 움직이기 위해 일어나야 할 모든 것으로 보인다 - 같다면, 나는 나 자신의 그 부분에 주의를 기울인다. 따라서 바로 그 영속성에 대한 관념은 불교에서는 자아의 또 다른 기준과 연결되는 것 같다. 무조건성, 그리고 그것과 더불어 통제.

붓다에게 '자아'는 그 자체의 힘으로만 계속 존재할 수 있는 무조건적 실체를 의미하며, 그 자체가 아닌 다른 것에서 오는 어떠한 조력에도 의존하지 않는 힘을 가진 무조건적 실체를 의미한다. 그것이 그 영속성을 보증해 준다. 아무것도 그것을 파괴할 수 없다. 그 자체가 자신의 존재를 보장하는 유일한 보증인이기 때문이다. 이는 '영속적'과 '무조건적'이라는 말이 사실은 서로의 뜻을 함축하고 있음을 의미한다. 자아는 자립적이기 때문에 변하지 않은 채로 남아 있는 것인데, 이는 그것이 그 존재-그것이 겪는 모든 변화를 포함하는 존재-의 유일한 원인으로서 행동한다는 의미다. 그리고 붓다가 자아를 부정할 때 부정한 것이 바로 이것이다. 우리의 존재나 경험을 통제하는 그런 단일한 원인은 없으며, 현재의 상태대로 남아 있게 하고 그 자신의 유일한 행위자를 통해 무얼 겪을지를 결정할 힘을 가진 것은 아무것도 없다. 우리의 모든 심리는 어딘가에 또는 다른 곳에 그런 어떤 실체가 있다는 개념에 맞추어져 있다. 그러나 붓다는, 실제로는 그렇지 않다고 말한다. 어디에서도 자아는 발견되지 않으며, 경험이 가능한 어떤 것의 일부가 되는 그러한 실체도 있을 수 없다.

팔리어 경전의 『아낫따락까나 숫따(Anattalakkhana Sutta)』, 한역본으로는 『무아상경(無我相經, 무아의 특징에 관한 경)』에 나오는 붓다의 말을 보라.

> 비구들이여, 몸(色)은 무아無我다. 비구들이여, 만일 몸이 아我라고 한다면, 이 몸에는 고통이 따르지 않을 것이고, 몸에 대해 "내 몸이 이와 같이 되기를, 내 몸이 이와 같이 되지 않기를"이라고 하면 그렇게 될 수 있을 것이다. 그러나 몸은 무아이기 때문에 몸에는 고통이 따르고, 몸에 대해 "내 몸이 이와 같이 되기를, 내 몸이 이와 같이 되지 않기를"이라고 하더라도 그렇게 될 수 없다.
>
> 느낌(受)은 무아다. … 생각(想)은 무아다. … 의지(行)는 무아다. … 의식(識)은 무아다. 비구들이여, 만일 의식이 아我라고 한다면, 이 의식에는 고통이 따르지 않을 것이고, 의식에 대해 "내 의식이 이와 같이 되기를, 내 의식이 이와 같이 되지 않기를"이라고 하면 그렇게 될 수 있을 것이다. 그러나 의식은 무아이기 때문에 의식에는 고통이 따르고, 의식에 대해 "내 의식이 이와 같이 되기를, 내 의식이 이와 같이 되지 않기를"이라고 하더라도 그렇게 될

수 없다.[4]

붓다는 경험된 현실의 모든 요소를 열거한다. 색(色, 몸과 세상의
모든 물질적인 것들), 수(受, 유쾌한, 불쾌한 그리고 중립적인 감각들), 상(想,
표상 및 기억과 연관을 갖고 정렬된, 세상에서 별개로 분류된 대상들에 대한
견해), 행(行, 감정적 반응과 충동을 포함하는 의지), 그리고 식(識, 별개의
대상들을 인지하는 개별적인 주체로서 자기 인식). 이 모든 요소는 '자아가
아닌 것(not-self)'이다. 왜 그런가? 그것들은 '편하지-못함(dis-ease)'
곧 괴로움을 받기 때문이다. 괴로움을 받는다는 것은 자신에게 일어났
으면 하는 일과 다른 일이 일어난 것, 자신이 결정한 대로 되지 않고
다른 일이 자신에게 일어난 것이다. 그것은 이 모든 경험 가운데
어느 것도 어떤 단일한 원인에 의해서 '그렇게' 될 수도 '그렇지 않게'
될 수도 없다는 뜻이다. 몸을 향해 단순히 "커져라!"라고 말해서는
더 커지지 않는다. 다른 일들도 일어나야만 한다. 불쾌한 감정을 두고
단순히 "유쾌한 감정이 되라!"라고 말해서는 유쾌해지지 않는다. 그런
결과가 생기도록 하려면 다른 일들도 일어나야 한다. 내 욕망을 향해서
"이걸 바라지 말라!"라고 말하는 것만으로는 욕망을 사라지게 하지
못한다. 바꿔 말하면, 이런 일들은 어떤 단일한 행위자의 통제 아래에
있지 않기 때문에 '자아'라고 부를 수 없다. 일어나는 일을 완벽하게
통제할 수 있는 어떤 단일한 원인이 있다면, 그 원인은 적어도 완전한

---

4 SN 22:59. *The Connected Discourses of the Buddha: A New Translation of
the Samyutta Nikaya* (SN), vol.1, trans. Bhikkhu Bodhi(Boston: Wisdom Publi-
cations, 2000), 901-902에서 번역한 것임.

만족을 얻을 수 있다. 그러면 그때 그 원인은 자아라고 규정될 수 있다. 그러나 모든 경험은 단 하나가 아니라 둘 이상의 원인들에서 일어나기 때문에 완전한 만족, 완전한 자유를 얻는 단일한 행위자는 있을 수 없다. 자아는 어떤 결과를 일으키는 유일한 원인이 되는 행위자를 의미한다. 자아는 통제를 의미한다. 그런데 어떤 경험도 단일한 원인에 의해서 일어날 수 없으므로 자아 같은 그런 것은 있을 수 없다.

　자, 이 분석은 불완전한 것처럼 보일 수 있다. 어쨌든 지금 나는 내 몸을 향해 "오른손을 올려라!"라고 말할 수 있고, 그러면—자, 보라— 내 오른손이 올라간다! 그것은 단일한 결과를 만들어내는 단일한 원인이 아닌가? 이 물음에 대한 붓다의 대답은 이렇게 울려 퍼진다. "아니다!" 바로 여기에서 굉장히 독특하면서 미묘한 불교적 색깔이 분석에 묻어난다. 그것은 "오른손을 올려라"라는 내 의지보다 훨씬 더 많은 것이 오른손을 올리는 실제 결과를 일으키기 때문이다. 이 의지가 결과를 내기 위해서는 다른 것들, 여러 가지 조건들이 있어야 한다. 내 의지는 이런 다른 조건들과 결합해야만 하는데, 이 조건들은 의지가 확보할 수 있는 통제력 아래에 있지 않다. 예를 들어, 방안에는 산소가 있어야 한다. 방안에 산소가 충분하지 않다면, "오른손을 들고 싶다"는 생각을 하더라도 내 몸은 그렇게 할 힘을 충분히 내지 못하므로 내 손은 꼼짝 않고 그대로 있게 된다. 방안에 산소가 전혀 없다면, 나는 "오른손을 올려야!"라는 의지조차 가질 수 없다. 통제하는 유일한 원인으로 보였던 내 의지조차 나 자신의 존재나 부재를 통제하지 못한다. 의지 또한 존재하기 위해서는 다른, 그 이전의 어떤 원인에 의존한다. 아무리 스스로 하는 것처럼 보이더라도 실제로는 공조하고 협조하는 원인들, 즉 의지에 따른 결과를 만들어내는 데 필요한 원인들과 처음에 이 의지를 생겨나게 한 원인들의 거대한 연결망에 의해서 이루어진다.

그렇다면, 우리는 왜 나를 '자아'라고 생각하는가? 우리의 행위와 통제로 이룬 듯한 성공, 우리에게 일어난 일의 유일한 원인이라 할 우리의 능력으로 이룬 듯한 성공, 우리의 자아성(selfhood)으로 이룬 듯한 성공 따위에는 방안의 산소 같은 그런 앞선 원인과 조건들이 기여한다는 사실을 대체로 알아채지 못하기 때문이다. 우리는 무언가를 할 때, 무언가를 느낄 때, 또는 무언가를 생각할 때, 지금 일어나고 있는 일의 많은 부분을 소홀히 하는 버릇이 있기 때문이다. (낙타의 등을 부러뜨리는 마지막 지푸라기 하나처럼) 전환점이나 한계점으로 작용하는 가장 두드러진 조건—이런 의지나 욕망이 갑작스럽게 나타나는 일—만 알아챌 정도로 우리의 지각 범위가 좁혀져 있기 때문이다. 우리는 낙타의 등에 지푸라기 하나가 떨어지는 것—팔을 움직이려는 우리의 욕망—을 보고는 곧이어 낙타의 등이 '그 결과로' 부러지는 것—팔이 움직이는 것—에만 주목한다. 이미 거기에 있었던 다른 거대한 짚더미 역시 낙타의 등을 부러뜨리는 원인으로 작용했다는 사실은 알아채지 못한다. 그리하여 이 지푸라기가 낙타의 등을 부러뜨리는 힘이었다고 생각한다. **우리는 편협하고 허술한 자각으로 말미암아 내가 자아라고 생각한다.**

우리는 이제야 욕망의 집착과 억제 사이의 중도가 무엇인지 이해할 수 있다. 그것은 **욕망에 대한 자각**(awareness of desire)이다. 욕망은 정신적-물질적인 어떤 상태다. 그것은 행行, 경험하는 것이다. 제행諸行, 경험하는 모든 것은 필연적으로 조건 지어져 있다고 정의할 수 있다. 따라서 그것은 불교 전통에서 '삼법인三法印'으로 알려진 세 가지 필연적 속성을 갖는다.

첫째. 제행무상諸行無常: 모든 존재는 무상하다.

어떤 사물이 존재하기 위해서는 필요한 조건들이 있어야 한다면, 그 조건들이 존재하지 않을 때 그 사물은 부재하게 될 것이다. 그런데 특정한 때나 특정한 곳에서만 존재하는 것은 조건들을 가지며 무조건적이지 않다. 그 존재는 다른 어떤 것보다도 특정한 때와 특정한 곳이 되는 무언가에 의해서 조건 지어진다. 즉, 그것은 거기가 아닌 여기에, 그때가 아닌 지금 있다고 하는 '조건으로'만 존재한다. 따라서 조건 지어진 것은 유한한 것이고, 특정한 때와 곳에만 한정되는 것이다. 그러므로 그것이 존재하기 위한 조건이 어디에나 있으면서 영원한 것이 아니라면, 조건 지어진 것은 모두 무상無常하다. 그러나 조건 지어진 사물은 결코 어디에나 있을 수도 영원할 수도 없다. 조건 지어진 사물이 된다는 것은 현실적으로 늘 둘 이상의 조건에 의해서 조건 지어지기 때문이다. 어떤 사물이 존재하는 데에 한 가지 조건만 필요하다면, 조건과 조건 지어진 그것은 당연히 단일한 실체의 두 부분으로 여겨진다. 어느 때에 또는 어떤 곳에서 하나가 나타날 때 다른 하나도 나타난다면, 그것은 단일한 사물의 여러 측면을 재는 유일한 기준이다. 그것들〔조건과 조건 지어진 것〕은 진실로 존재론적으로 분리될 수 없다. 그럴 경우, 조건 지어진 것은 조건이 생겨날 때 동시에 생겨난다. 그러니 우리는 이제 이러한 실체 전체에 대해, 조건 자체와 그 조건에 의해서 조건 지어진 일정한 속성이 어떻게 생겨나는지에 대해 질문해야 한다. 하나의 조건에서 생겨난다면 그때 이 모든 것은 다시 단일한 실체의 여러 측면이 되고, 그런 식으로 무한히 이어진다. 그처럼 어떤 것이 오로지 무조건적인 것에 의해서 조건 지어진다면 그것 자체는 무조건적인 것의 일부가 될 것이니, 그렇다면 그것은 실제로 전혀 조건 지어진 것이 아닐 것이다. 조건 지어진 것들은 본질적으로 무상하다. 왜냐하면 그것들은 여러 가지 이질적인 조건들의 산물이고, 각각은 각자의 할 일을 갖고 자신의 길을 가기 때문이다. 내 생존이 산소에 의존한다면, 나는 산소가 존재하는 한에서만 존재할 것이다. 그러나 어느 때 어느 곳에서나 산소를 가지고 있는 것은 아니다. 나아가 어떤 몸―가령, 물―이 수소와 산소로 이루어져 있다면, 이 둘은 올바른 방식으로 결합되어야 한다. 그렇지만 산소는 그 자체의 속성을 갖고 있고 수소 또한 그 자체의 속성을 갖고 있으며, 이것이 우리가 그것들을 처음부터 두 가지 분리된 요소들로 취급하는 이유다. 그것들은 늘 함께 일어나지 않는다. 어느 때 어느 곳에서는 떨어져서 다른 일을 하고 다른 길을 간다. 화합해서 된 것은 본질적으로 불안정하다. 무조건적인 것이라야 영원히 변하지 않는다.

둘째. 일체개고一切皆苦: 모든 것은 괴로움이다
최대한 단호하게 말하자면, 이것은 "모든 행에는 괴로움이 따른다"가 아니라 "모든 행은 괴로움이다"라는 훨씬 더 급진적인 뜻을 담고 있다.

"무언가가 일어날 때, 일어나는 것은 오로지 괴로움이다. 무언가가 사라질 때, 사라지는 것은 오로지 괴로움이다." 여기서 핵심은 그와 같이 일어남과 사라짐이 괴로움의 특징이라는 점이다. 일어나는 것은 무엇이든 일어난다는 사실 자체로 조건적이다. 왜냐하면 무엇이든 조건적인 것은 단일한 어떤 원인의 산물이 아니기 때문이다. 다시 말해, 조건적인 것은 단일한 어떤 원인의 의제를 충족시킬 수 없다. 그것은 어떤 것도 충분히 만족시킬 수 없으므로 그것이 일어나는 것과 관련된 원인들 하나하나에는 괴로움이 될 수밖에 없다. 그것에 영향을 받는 것, 그것을 경험하는 것은 모두 그것이 하나의 경험이 되는 데에 이바지한 원인들 가운데 하나다. 경험은 경험하는 신체 기관과 이 세상의 어떤 사건이 합작해서 만들어진 것을 뜻한다. 그러니 그 원인들 가운데 어떤 것도 만족시켜 주지 못하면, 그것이 존재하는 데 이바지한 어떤 것도 만족시켜 주지 못한다. 조건적이고 무상한 경험은 경험하는 누구에게든 본질상 괴로움이다. 만약 이 경험에 괴로움이 아닌 것이 있다면, 그것은 그 안에 일어남이나 사라짐이 아닌, 그리하여 우리의 통상적인 이해 수준에서 식별 가능한 단일한 경험이 아닌 무언가를 품고 있어야 한다. 나는 아이스크림을 맛보고 있는데, 그것은 즐거운 경험이다. 그러나 이를 조금이라도 경험하려 면, 때로는 그것이 내 경험의 일부가 되지 않아야 한다. 그것은 이 경험이 단순히 내가 '나'기 때문에 일어나는 것이 아니라 '나 밖'의 어떤 것이 협력해 줌으로써 일어난다는 것을 의미한다. 그것은 또 이런 즐거움은 그런 즐거움이 부족하지 않은 사람에게는 결코 일어나 지 않는다는 의미이기도 하다. 아이스크림을 맛보려는 내 의지는 아이스크림을 즐기는 내 경험에 필요한 몇 가지 조건들 가운데 하나인데, 이런 의지는 본래 이 즐거움을 늘 누릴 수 없는 경우에만 경험할 수 있다. 따라서 즐거움을 경험한다는 것은 내 의지의 자기 결정권이 한정되어 있다는 뜻으로, 내 의지대로 되지 않는다는 것을 나타낸다. 즐거운 경험은 실제로 내 의지가 단일한 원인이 될 수 없다는 것을 경험하는 일이다. 그런데 무얼 경험할지를 결정할 수 없는 의지는, 경험하고 싶은 것을 늘 성공적으로 경험하지 못하는 의지다. 그리고 내가 경험하고 싶은 것을 경험하지 못하는 것, 그것이 바로 괴로움이다.

셋째. 제법무아諸法無我: 존재하는 모든 것은 무아다

이것은 무상과 괴로움에 관한 앞의 두 주장처럼 '조건에 제약된 것들'(유위법有爲法)에 대해서만이 아니라 모든 '법法'―경험의 모든 요소―에 대해서도 예외 없이 말하고 있음을 유의하기 바란다. 조건에 속박되지 않은 무위법은 열반(Nirvana), 곧 사성제의 세 번째를 가리키는 괴로움의 소멸을 가리킨다. 괴로움과 괴로움의 소멸 둘 다 무아無我다. 다시 말해서, 우리가 별별 노력을 다해 자아를 가진 어떤 것, 즉 완벽한 통제력을 가진 어떤 것―우리가 집착하고 떠받드는 우리의 자의식, 지고한 신, 세계의 보편적 조정자 등―을 발견한다고 하더라도, 무상한 존재의 괴로움은 끝나지 않는다. 괴로움의 소멸은 오히려 정반대 방향으로 감으로써, 처음에 우리의 괴로움을 일으킨 바로 그 무아의 특성 속으로 **오롯이** 들어감으로써 이루어진다. 무아성無我性을 온전히 받아들이고 완전히 깨달아야만 이루어진다.

조건에 제약된 존재들은 홀로 남게 되면 사라진다. 그것들은 모두 무상하다. 무상이 그것들의 본성이다. 그래서 욕망이 "놓여날" 때, 욕망이 우리의 통제로부터 풀려날 때, 욕망이 해방되어 자유 낙하할 때, 욕망이 하는 일은 사라진다. 욕망은 시간의 흐름 속에서 변화한다. 그것은 닳아서 해지고, 풀리고, 계속해서 바뀐다. 모든 무상한 존재들처럼. 그러다가 마침내 사라지고 멈춘다. 우리의 욕망을 다시 채우고 기르고 영속시키고 새롭게 하는 것은 그 욕망을 '꽉 붙들고 있는' 우리 자신이다. '집착'의 형태로 붙들고 있든 '억제'의 형태로 붙잡고 있든 간에 그것은 진실이다. **욕망을 억제하든 욕망을 충족시키든 어떤 식으로든 욕망을 없애려는 노력이야말로 욕망을 영속시킨다!**

우리는 욕망을 충족시킬 때, 그 욕망을 마치 우리의 자아를 통제하는 도구처럼 여기면서 그것에 '집착한다.' 우리는 조건에 제약된 이 사태, 이 욕망을 우리가 통제하는 최종 지점까지 이끌고 가면서 원하는 것을 손에 넣는다. 욕망을 억제할 때는 그 욕망이 자아 통제에 장애가 되는 것으로 여기면서 그것에 '집착한다.' 우리는 마땅히 해야 할 일─욕망이 없는 상태─을 결정하고, 자유롭게 욕망을 없애고, 무욕의 상태에 이른다. (욕망을 충족시킬 경우든 억제할 경우든 간에) 우리는 욕망을 향해서, 또는 욕망으로, 또는 욕망에 대해 무언가를 하려고 애쓴다. 두 경우 모두, 우리에게 일어나는 일의 유일한 원인, 통제자, 자아 따위에 대한 감각을 떠받치고 있는 우리의 주의력과 자각을 더 무디게 만든다.

욕망을 욕망으로 인식하는 것만이 욕망을 '놓아주는' 유일한 길이다. 욕망을 알아차리는 일이야말로 욕망에 휘둘리지 않는 길이고, 욕망을 있는 그대로 내버려두는 길이며, 욕망의 온갖 본성이 고스란히 드러나

도록 하는 길이다. 욕망의 온갖 본성은 조건에 제약된 사태가 되려 한다. 욕망이 조건에 제약된 사태임을 알아차리는 것은 욕망을 원인들 -우리의 감각기관, 특정한 감각 자료와 접촉하는 것, 즐겁다는 느낌, 과거의 연상 등-에 의존하는 것으로 본다는 말이다. 우리는 단지 욕망을 있는 그대로 내버려두고 욕망이 하려는 대로 한다. 우리의 욕망이 하는 일이란, 조건에 따라 일어나고 조건에 따라 사라지는 것이다. 우리가 욕망을 그렇게 하도록 내버려둘수록, 욕망을 있는 그대로 있게 하면 할수록, 우리는 그것을 더 잘 알아차리게 된다. 우리는 욕망이 하고자 하는 것 외에 다른 것을 하려고 애쓰지 않는다. 우리는 욕망을 통제하려고 애쓰지도 않는다. 욕망에 또 다른 것을 포개놓으려 하지 않는다. 우리는 욕망을 가지고, 또는 욕망을 향해, 또는 욕망에 대해 아무것도 하려고 하지 않는다.

이렇게 알아차리는 일은 억제와 집착 사이의 중도일 뿐 아니라 능동과 수동 사이의 중도이기도 하다는 사실에 유의하기 바란다. 우리 자신에게 일어나는 일을 우리는 다 통제하지 못한다는 깨달음은 우리가 능동적인 행위자가 되기를 포기하고 완벽하게 수동적인 존재가 된다는 의미일 수도 있고, 우리가 통제할 수 없는 원인들에 우리 자신을 전적으로 내맡겨버린다는 의미일 수도 있다. 그러나 통제하는 유일한 원인이 될 수 없는 것은 우리 자신만이 아니다. 다른 어떤 것도 그렇게 할 수 없다. '누구도' 우리에게 일어나는 일을 통제하지 못한다. 우리 자신도, 신도, 붓다도, 사회도, 심지어 우리가 '본성'이라 부르는 어떤 단일한 실체조차도 그렇게 하지 못한다.

우리는 본성이나 인과법, 조건들의 제약 따위와 동떨어져 있지 않다. 오히려 우리는 그것들로 구성되어 있다. 이는 그것들이 우리의 '밖'에 있을 수 없음을, '우리'를 주변으로 밀어낼 수 없음을 의미한다. 왜냐하면 그것들에 의해 주변으로 밀려날 '다른 우리'는 없기 때문이다. 사물을 있는 그대로 놔두게 될 때, 우리는 이전에 우리 자신과 동일시했던 요소들도 놔두게 된다. 사물이 하는 대로 내버려두게 될 때, 우리는 우리 자신이 하는 대로—조건에 제약된 존재로서 생겨나고 사라지고 변하고 원하고 괴로워하는 대로— 하도록 '우리 자신'도 내버려두게 된다. 우리의 모든 경험이 조건에 제약된 일들임을, 다양한 원인이 낳은 것임을, 무상하고 고통스런 일임을 알아차릴 때, 우리는 능동적이지도 수동적이지도 않게 된다. '알아차림'이란 이렇게 능동도 수동도 아닌 상태에 붙여진 이름이다. 그것은 수동적이지 않다. 왜냐하면 그것은 우리가 가진 능력의 감수성을 갈고 벼리는 일이어서 우리의 주의력과 감각들이 더 민감하게 받아들이고 더 많은 것을 하고 더 많이 느끼도록 하기 때문이다. 우리는 무엇을 '할지'에 대해 많은 선택권을 가지고 있다. 이런저런 사람이 되려고 애쓰는 일, 이런저런 대상이나 경험이 우리 자신에게 도움이 되도록 노력하는 일(즉, 되고 싶거나 갖고 싶은 욕망을 채우려는 것) 따위. 그러나 이 모든 것들은 이런저런 것을 통제하려는 욕망과 다름이 없다. 이러한 것들은 "우리는 홀로 결과를 만드는 원인이며 자아다"라고 하는 망상을, 끊임없이 논박되고 그래서 고통을 일으키는 망상을 한층 강화한다.

그 대신에 우리는 이런 욕망을 통제하고 억압할지, 모든 '행위'를 삼갈지 선택할 수 있다. 그러나 이 또한 단일-원인을 통제하려는 시도이며 또 다른 형태의 '행위'에 지나지 않는다. 빠져나갈 길은 없어 보인다. '행위'의 악순환에서 벗어나기 위해 할 수 있는 일은 없는 듯하다. '하지-않음'조차 또 다른 형태의 '행위'일 뿐이다. 그래서 함도 하지-않음도 우리 문제를 풀 수 없다. 우리에게 필요한 것은 중도中道다. 그것은 함이면서 동시에 하지-않음이다. 우리가 힘써 할 수 있는 유일한 일은 결과적으로 하지-않음과 똑같이 되도록 하는 것인데, 그것은 우리의 욕망을 만들어내는 다양한 원인에 대한 그리고 우리가 홀로 그렇게 할 수 있다고 하는 환상에 대한 우리 자신의 '수동적인' 알아차림을 향상시키려는 노력이다. 불교에서 마음챙김과 통찰 명상 (위빠사나)을 통해 기르려 하는 것이 이 알아차림이다. 습관적인 함과 하지-않음을 거스를 수 있는 것, 사물이 스스로 하도록 능동적으로 놔둘 수 있는 것도 그럭저럭 성취라 할 수 있다. 그것은 일종의 능동적 수동성 또는 수동적 능동성이다.

맞닥뜨리는 것마다 온전히 그 자체가 되도록 하는 것, 그 자체가 온전히 드러나서 알아차리게 되는 것, 이런 것이 사람이 기르고 터득하려는 힘이다. 그 힘은 우리에게 저절로 부여되지 않는다. 이런 경험의 요소들이 드러나도록 우리가 더 세심하게 전념하면 할수록 그 요소들은 우리 안에서 더 많은 걸 할 수 있고 우리가 하는 일도 더 많아진다. 그래서 이런 알아차림은 수동적이지 않다. 그렇다고 능동적이지도 않다. 왜냐하면 그것은 모든 존재를 정확히 있는 그대로 있게 하고, 그것들을 오른쪽으로든 왼쪽으로든 옮기지 않기 때문이다. 알아차림은 모든 사물을 온전히 있는 그대로 받아들여서 더 온전히 느끼는 일이다.

알아차림이란 모든 사물이 지금보다 더 그 모습을 잘 드러내고 더 많이 무얼 하더라도 내버려두는 것이며, 이를 통해서 우리 자신도 더 드러나고 더 많은 걸 하게 된다. 그것은 능동도 아니고 수동도 아니며, 무엇을 통제하는 것도 아니고 무엇에 통제되는 것도 아니다. 그것은 중도中道다. 그리고 천태철학의 개념은 악惡과 괴로움을 더 깊이 깨닫게 됨으로써 우리의 악과 괴로움을 극복한다는 개념인데, 우리는 여기에서 그 개념으로 자랄 씨앗들을 발견하게 된다. 더 깊이 알아차리고 경험에 더 굳건히 자리하게 되면, 그 즉시 이겨내고 내버려 두게 된다. 악과 괴로움을 언제 어디서나 일어나는 것으로 경험할 때만 온전히 그리고 영원히 이겨낼 수 있다.

이 모든 것을 더욱 잘 파악하기 위해서는 천태사상 이면에 숨겨진 다른 핵심 전제들을 고려할 필요가 있다. 이 전제들은 한편으로는 공空과 이제二諦와 삼제三諦의 개념에서 찾아낼 수 있고, 다른 한편으로는 『법화경法華經』에서 독특한 방식으로 제시된 방편(upāya)이라는 관념에서 찾아낼 수 있다. 우리는 다음 두 장에서 이런 개념들을 다룰 것이다.

2. 뗏목과 화살

—천태불교 이전의 이제二諦

괴로움의 끝은 있는가

가장 초기의 텍스트들에 기록되어 있듯이 근본불교에서는 욕망을 욕망으로 인지하는 수행을 통해서 욕망의 '소멸'로 나아간다. 이 의미는 글자에 드러난 그대로인 것 같다. 자아에 대한 감각을 놓아버림으로써 욕망도 놓아버리고 욕망에 몰입하는 것도 그치게 된다. 이것이 욕망을 더욱더 지금 그대로, 즉 다중적인 조건화 과정에서 하나의 일시적인 요인인 채 내버려두는 방법이다. 결과는 선풍기의 플러그를 뽑는 것과 같다. 그 활동을 영속시키는 힘의 원천이 제거되는 것이다. 물론 선풍기의 날개는 곧바로 멈추지 않는다. 그 운동량이 남아 있어서 계속 돈다. 그러나 늘 날개에 '공급하던' 양분이 없어져 천천히 멈추기 시작한다. '플러그 다시 꽂기'—욕망에 집착하기—를 하지 않는다면, 마침내 욕망은 사라지고 멈춘다. 욕망의 소멸과 함께 그 결과도, 괴로움도 더는 생기지 않는다. 이것이 열반(Nirvana)이다.

그런데 여기서 뜻밖의 문제가 나타난다. 특정한 때에 시작되는 어떤 상태나 경험은 조건 지어진다는 것을 우리는 보았다. 그러나 조건 지어진 것은 무엇이든 필연적으로 괴로움의 한 형태다. 반면에 열반은 조건 지어지지 않은 것이어야 하고 괴로움의 소멸이 되어야 한다. 따라서 열반이 특정한 순간에 시작된다는 것은 이치에 맞지 않다. 그것은 어디에나 있으며 영원해야 한다.

아주 초기의 불교 텍스트들에서 붓다가 열반에 대해 도무지 종잡을 수 없을 정도로 이랬다저랬다 말한 까닭이 아마 이 때문일 것이다. 그는 열반을 명확하게 묘사하지 않았다. 그것은 괴로움의 소멸이며 괴로움으로 이어지는 심리적 조건들의 소멸이라고, 그 소멸은 존재도 아니고 비존재도 아니며, 둘 다도 아니고 둘 다가 아닌 것도 아니며, 그렇지만 또 다른 중도라고 말할 따름이다. 어떠한 묘사도 열반을 왜곡한다. 따라서 어떤 순간에 열반에 '든다'는 개념은 오로지 수행의 지침으로, 괴롭게 살아가는 존재가 열반이 뜻하는 경지에 실제로 도달하기 위한 방법으로 마련된 것이라 생각해야 한다. 탐욕, 성냄, 망상의 소멸이 가져온 괴로움의 소멸 말이다.

화살과 뗏목

조건 지어지지 않은 한 상태가 어떻게 특정한 어떤 존재를 위해 특정한 순간에 시작될 수 있는가, 왜 모든 곳에서 모든 존재를 위해 늘 일어나지 않는가 하는 문제는 이것으로 풀지 못한다. 그러나 초기의 불교적 관점에서 보면, 실제로 풀려고 한 것도 아니고 실제로 그럴 필요도 없었다. 이를 이해하려면, 진리에 대한 불교의 독특한 태도를 이해해야 한다.

상좌부(上座部, Theravāda)에서 중시한 팔리어 경전은 붓다의 기본적인 가르침을 기록한 것인데, 여기에 두 가지 비유가 나온다. 붓다의 가르침을 포함하는 많은 가르침과 명제들이 어떤 정보를 전할 수 있는지 또 전해야 하는지에 대한 독특한 접근법을 보여주는 비유들이다. 하나는 화살의 비유로 알려져 있다. 그 이야기는 다음과 같다.

어느 때, 부처님께서 사위성의 기원정사에 머물고 계셨다. 그때 홀로 명상에 잠겨 있던 말룽끼야뿟따(Mālunkyāputta, 摩羅鳩摩羅) 존자에게 다음과 같은 생각이 떠올랐다.

"부처님께서는 사변적인 어떤 물음들은 제쳐두고 물리치며 언명한 적이 없으신데, 예컨대 이런 것들이다. '세상은 영원한가, 영원하지 않은가?' '세상은 유한한가, 무한한가?' '영혼과 육신은 같은가, 서로 다른가?' '여래(Tathāgata, 곧 붓다)는 입멸 뒤에도 존재하는가, 존재하지 않는가? 아니면 존재하는 것도 아니고 존재하지 않는 것도 아닌가?' 부처님께서는 이런 것들에 대해 언명하지 않으시니, 나로서는 이를 인정할 수도 없고 받아들일 수도 없다. 그래서 나는 부처님께 가서 이 의미를 여쭙겠다. 만약 '세상은 영원하다'거나 '세상은 영원하지 않다'고 밝혀주시고, … '여래는 입멸한 뒤에 존재하는 것도 아니고 존재하지 않는 것도 아니다' 따위에 대해 밝혀주신다면, 나는 그분 밑에서 거룩한 삶을 이어갈 것이다.

그러나 밝혀주지 않으신다면, 나는 수행을 버리고 세속의 삶으로 돌아갈 것이다."

그리하여 저녁이 되자 말룽끼야뿟따 존자는 명상에서 깨어나 부처님께 갔다. 부처님께 절을 올린 뒤 존자는 한쪽에 앉아서 부처님께 여쭈었다.

"세존이시여, 제가 홀로 명상하다가 '부처님께서는 사변적인 어떤 물음들은 제쳐두고 물리치며 언명한 적이 없으신데, … 나에게 밝혀주지 않으신다면, 나는 수행을 버리고 세속의 삶으로 돌아갈 것이다'라는 생각을 하게 되었습니다. 부처님께서 '세상은 영원하다'고 아신다면, 저에게 '세상은 영원하다'고 말씀해 주십시오. 부처님께서 '세상은 영원하지 않다'고 아신다면, 저에게 '세상은 영원하지 않다'고 말씀해 주십시오. 만약 부처님께서 '세상은 영원한지, 세상은 영원하지 않은지'를 모르신다면, 알지 못하고 보지 못하는 사람으로서 '나는 알지 못하고 보지 못한다'고 말하는 것이 솔직한 일입니다.

부처님께서 '세상은 유한하다' 또는 '세상은 무한하다'라고 … '영혼은 육신과 같다' 또는 '영혼은 육신과 서로 다르다'라고 … '여래는 입멸한 뒤에도 존재한다' 또는 '여래는 입멸한 뒤에 존재하지 않는다'라고 아신다면, … 부처님께서 '여래는 입멸한 뒤에 존재하기도 하고 존재하지 않기도 하다'라고 아신다면, 저에게 그것을 말씀해 주십시오. 만약 부처님께서 '여래는 입멸한 뒤에 존재하는 것도 아니고 존재하지 않는 것도 아니다'라고 아신다면, 저에게 그것을 말씀해 주십시오. 부처님께서 '여래는 입멸한 뒤에 존재하기도 하고 존재하지 않기도 하다'는 것을 또는 '여래는 입멸한 뒤에 존재하는 것도 아니고 존재하지 않는 것도 아니다'라는 것을 모르신 다면, 알지 못하고 보지 못하는 사람으로서 '나는 알지 못하고 보지 못한다'고 말하는 것이 솔직한 일입니다."

〔붓다가 대답했다.〕 "그런데 말룽끼야뿟따여, 내가 그대에게 이렇게 말한 적이 있느냐? 오라, 말룽끼야뿟따여, 내 밑에서 거룩한 삶을 이어가라, 그러면 내가 그대에게 '세상은 영원하다' … 또는 '여래는 입멸한 뒤에 존재하는 것도 아니고 존재하지 않는 것도 아니다' 따위를 말해주겠다고 한 적이 있느냐?"

"아닙니다, 세존이시여."

"그대가 나에게 이렇게 말한 적이 있느냐? 나는 부처님 밑에서 거룩한 삶을 이어갈 것입니다. 그러면 부처님께서 저에게 '세상은 영원하다' … 또는 '여래는 입멸한 뒤에 존재하는 것도 아니고 존재하지 않는 것도 아니다'라고 말씀해 주실 겁니다라고 말한 적이 있느냐?"

"아닙니다, 세존이시여."

"그렇다면, 그릇된 자여, 그대는 누구이며 또 무엇을 버린단 말인 가? 만약 누군가가 이렇게 말한다고 하자: 나는 부처님께서 나에게 '세상은 영원하다'고 … 또는 '여래는 입멸한 뒤에 존재하는 것도 아니고 존재하지 않는 것도 아니다' 따위를 말씀해 주시기 전에는 그분 밑에서 거룩한 삶을 이어가지 않을 것이다라고. 그러면 여래 는 아무런 말을 하지 않을 것이고, 그러는 사이에 그 사람은 죽을 것이다. 생각해 보라, 말룽끼야뿟따여! 어떤 사람이 무서운 독화살에 맞아 심하게 다쳤다면, 그의 벗들과 동료들, 친척들은 의사를 불러 그를 치료할 것이다. 그런데 그 사람이 '나를 다치게 한 자가 귀족인지 브라만인지 상인인지 노동자인지 알기 전에는 의사가 이 화살을 뽑게 하지 않을 것이오. … 나를 다치게 한 자의 이름과 씨족을 알기 전에는 … 나를 다치게 한 자의 키가 큰지 작은지 중간쯤인지 알기 전에는 … 나를 다치게 한 자의 피부가 검은지 갈색인지 금빛인지 알기 전에는 … 나를 다치게 한 자가 마을에 사는지 읍이나 시내에 사는지 알기 전에는 … 나를 다치게 한 활이 큰 활인지 석궁인지 알기 전에는 … 나를 다치게 한 활줄의 재료가 섬유인지 갈대인지 힘줄인지 대마인지 나무껍질인지 알기 전에는 … 나를 다치게 한 화살대가 야생에서 난 것인지 재배한 것인지 알기 전에는 … 화살대의 깃털이 독수리의 것인지 까마귀의 것인지 매의 것인지 공작의 것인지 황새의 것인지 알기 전에는 … 화살대를 단단하게 옥죈 힘줄이 소의 것인지 들소의 것인지 사자의 것인지 원숭이의 것인지 알기 전에는 … 나를 다치게 한 화살촉이 발굽 모양인지 굽은 것인지 미늘 모양인지 송아지 이빨 모양인지 피침 모양인지 알기 전에는 의사가 이 화살을 뽑게 하지 않을 것이오'라고 말한다고 하자. 그러면 그 사람은 이 모든 것을 알려고 하는 동안에 독으로 죽을 것이다.

말룽끼야뿟따여! 또 어떤 사람이 그와 같이 이렇게 말한다고 하자: 부처님께서 나에게 '세상은 영원하다' … 또는 '여래는 입멸한 뒤에 존재하는 것도 아니고 존재하지 않는 것도 아니다' 따위를 말씀해 주시기 전에는 그분 밑에서 거룩한 삶을 이어가지 않을 것이다라고. 그러면 여래는 아무 말을 하지 않을 것이고, 그러는 사이에 그 사람은 죽을 것이다.

말룽끼야뿟따여! '세상은 영원하다'는 견해가 있더라도 거룩한 삶을 살 수 없다. '세상은 영원하지 않다'는 견해가 있더라도 거룩한 삶을 살 수 없다. '세상은 영원하다'거나 '세상은 영원하지 않다'고 하는 견해가 있든 없든, 태어남이 있고 늙음이 있으며 죽음이 있다. 슬픔, 한탄, 고통, 비탄, 절망, 그리고 내가 지금 여기서 규정하는 파멸이 있다. '세상은 유한하다' … '영혼은 육신과 같다' … '영혼과 육신은 서로 다르다' … '여래는 입멸한 뒤에도 존재한다' … '여래는 입멸한 뒤에 존재하지 않는다' 따위의 견해가 있더라도, 거룩한 삶을 살 수 없다. 또 '여래는 입멸한 뒤에 존재하는 것도 아니고 존재하지 않는 것도 아니다'라는 견해가 있더라도, 거룩한 삶을 살 수 없다. '여래는 입멸한 뒤에 존재하기도 하고 존재하지 않기도 하다'는 견해가 있든 '여래는 입멸한 뒤에 존재하는 것도 아니고 존재하지 않는 것도 아니다'라는 견해가 있든, 태어남이 있고 늙음이 있으며 죽음이 있다. 슬픔, 한탄, 고통, 비탄, 절망, 그리고 내가 지금 여기서 규정하는 파멸이 있다.

그러므로 말룽끼야뿟따여, 나는 말할 만하지 않은 것은 말하지 않았고 말할 만한 것은 말했음을 명심하라. 그러면 내가 말하지 않은 것은 무엇이냐? '세상은 영원하다,' 그것은 말하지 않았다. '세상은 영원하지 않다,' 그것은 말하지 않았다. '세상은 유한하다,' 그것은 말하지 않았다. '세상은 무한하다,' 그것은 말하지 않았다. '영혼과 육신은 같다,' 그것은 말하지 않았다. '영혼과 육신은 서로 다르다.' 그것은 말하지 않았다. '여래는 입멸한 뒤에도 존재한다,' 그것은 말하지 않았다. '여래는 입멸한 뒤에 존재하지 않는다,' 그것은 말하지 않았다. '여래는 입멸한 뒤에 존재하기도 하고 존재하지 않기도 한다,' 그것은 말하지 않았다. '여래는 입멸한 뒤에 존재하는 것도 아니고 존재하지 않는 것도 아니다,' 그것은 말하지 않았다.

왜 내가 그것을 말하지 않았겠느냐? 그것은 유익하지 않고, 거룩한 삶의 토대에 속하지 않으며, 각성과 냉정, 〔괴로움의〕 소멸, 평화, 직접적인 지식, 깨달음, 열반으로 이끌어주지 못하기 때문이다. 그것이 내가 말하지 않은 까닭이다.

그러면 내가 무엇을 말했느냐? '이것은 괴로움이다,' 그것을 말했다. '이것은 괴로움의 원인이다,' 그것을 말했다. '이것은 괴로움의 소멸이다,' 그것을 말했다. '이것은 괴로움의 소멸로 이끄는 길이다,' 그것을 말했다.

왜 내가 그것을 말했겠느냐? 그것은 유익하고, 거룩한 삶의 토대에 속하며, 각성과 냉정, 〔괴로움의〕 소멸, 평화, 직접적인 지식, 깨달음, 열반으로 이끌어주기 때문이다. 그것이 내가 말한 까닭이다.

그러므로 말룽끼야뿟따여, 나는 말할 만하지 않은 것은 말하지 않았고 말할 만한 것은 말했음을 명심하라."

이와 같이 부처님께서는 말씀하셨다. 말룽끼야뿟따 존자는 부처님 말씀에 만족했고 기뻐했다.[1]

---

[1] 『꿀라말룽꺄 숫따(Cūlamālunkya Sutta, 짧은 말룽꺄 경)』(MN 63), in *The Middle*

이 이야기의 핵심은, 불도의 수행 그리고 괴로움의 소멸은 우주와 관련된 이런 '형이상학적' 물음들—즉 우주는 유한한가 무한한가, 영원한가 영원하지 않은가 따위—에 대해서 정확한 정보를 갖느냐 못 갖느냐에 달려 있지 않다는 것이다. 놀랍게도, 참된 자아와 같은 것이 육신과 그리고 경험적 자아와 어떤 관계에 있는지를 아는 것에도 달려 있지 않다. 그리고 끝으로, 해탈한 이가 죽으면 어떻게 되는지를 아는 것, 다시 말해 열반이 정확하게 무엇인지를 아는 것은 중요하지 않다. 우리는 이러한 물음들이 우리와 처지가 같은 누군가에게는, 즉 무상과 괴로움의 독화살을 맞은 누군가에게는 아무런 상관이 없다는 뜻으로 받아들일지 모른다. 우리는 현재의 세계나 그것을 초월한 열반의 경지에 대한 이런 정보를 처리할 수 있는 상태에 있지 않으며, 화살에 맞은 상태로 있는 한은 아무것도 할 수가 없다.

화살을 제거한 뒤에는 이런 것들을 알 수 있다는 의미일까? 열반을 성취하면 새로운 형태의 인식을 갖게 되어 우주가 무한한지 아닌지 따위에 대해 알 것이라는 말인가? 아니면, 이런 물음들은 우리와 아무런 상관이 없게 된다는 말인가? 또는, 이런 물음들 자체가 대답할 수 없는 것이거나 무의미한 것이라는 사실을 깨닫게 된다는 말인가? 이 이야기는 전혀 말해주지 않는다. 이런 물음들은 대답할 수 없는 것인지, 우리처럼 괴로워하는 유정有情들은 생각조차 할 수 없는 것인

-*Length Discourses of the Buddha: A New Translation of the Majjhima Nikaya*, trans. Bhikkhu Nanamoli and Bhikkhu Bodhi(Boston: Wisdom Publications, 1995), 533-536.〔〈역주〉 한역 경전에서는 『중아함경』 권60의 『전유경箭喩經』이 『꿀라말룽꺄 숫따』다.〕

지, 또는 우리의 현재 상태가 내보이는 한 증상으로서 그저 잘못 던지고 잘못 생각한 것인지 분명하지 않다. 어쨌든 우리는 열반이 무엇인지에 대해서 또 열반이 어떻게 시작되는지에 대해서 어떠한 정보도 기대할 수 없고 요구할 수도 없다. 적어도 불도를 닦아 열반에 이르기까지는. 그리고 어쩌면 그때가 되더라도 그러한 정보는 우리와 아무런 상관이 없거나 무의미할지 모른다.

따라서 붓다의 가르침들은 바로 지금의 우리 경험에 유용하지 않은 어떤 것에 관해 그 궁극적 실재를 서술하거나 묘사하려는 것이 아니라고 결론지을 수 있다. 물론 그 가르침들은 불도의 수행 그리고 괴로움의 소멸에는 유익하다. 유명한 뗏목의 비유가 이 점을 이해하는 데 도움이 된다.

"비구들이여, 긴 여행 끝에 아득한 바다를 마주한 나그네가 있었다. 바다의 이쪽은 위험하고 두려워 보였으며, 저쪽은 안전하고 두렵지 않아 보였다. 그러나 저쪽으로 건네줄 나룻배도 없고 다리도 없었다. 그때 그는 생각했다. '아득한 바다가 있다. 이쪽은 위험하고 두려워 보이고, 저쪽은 안전하고 두렵지 않아 보인다. 그러나 저쪽으로 건네줄 나룻배도 다리도 없다. 풀과 잔가지, 가지, 잎들을 모아 엮어서 뗏목을 만들고 그 뗏목을 내 두 손과 두 발로 힘껏 저어가면 저쪽으로 무사히 건너갈 수 있을 것이다.' 그리고 그 사람은 풀과 잔가지, 가지, 잎들을 모아 엮어서 뗏목을 만들고 그 뗏목을 두 손과 두 발로 힘껏 저어서 저쪽으로 무사히 건너갔다. 바다를 건너 저쪽에 이르렀을 때, 그는 이렇게 생각했다. '이 뗏목은 나에게 아주 도움이 됐다. 이 뗏목을 두 손과 두 발로 힘껏 저어서 이렇게 무사히 건너올 수 있었으니 말이다. 이제 이 뗏목을 높이 들어 짊어지고서 어디로든 가야겠다.' 자, 비구들이여, 어떻게 생각하느냐? 그 사람은 그렇게 해서 뗏목으로 해야 할 일을 다하고 있느냐?"

"아닙니다, 세존이시여."

"어떻게 해야 뗏목으로 해야 할 일을 다하는 것이냐? 비구들이여, 그 사람은 바다를 건너 저쪽에 이르렀을 때, 이렇게 생각할 수도 있었다. '이 뗏목은 나에게 아주 도움이 됐다. 이 뗏목을 두 손과 두 발로 힘껏 저어서 이렇게 무사히 건너올 수 있었으니 말이다. 이제 이걸 마른 땅으로 끌어올려 두거나 물에 떠내려가도록 하고, 나는 내 갈 길을 가야겠다.' 자, 비구들이여, 그 사람은 그렇게 해서 뗏목으로 해야 할 일을 다했다. 이제 교법〔붓다의 가르침과 수행〕이 어떻게 뗏목과 비슷한지를, 바다를 건너는 것이 목적이지 붙들고 있는 것이 목적이 아님을 보여주었다.

비구들이여, 교법이 뗏목과 비슷함을 안다면, 좋은 상태〔교법〕라도 버려야 한다. 하물며 훨씬 더 나쁜 상태〔교법이 아닌 것들〕임에랴."[2]

이 비유는 불교를 이해하는 데 결정적인 열쇠다. 이것은 붓다의 가르침들 가운데서도 붓다의 가르침들에 대한 가르침이다. 그것은 무집착이라는 불교의 기본적인 관념을 강조하는데, 그 무집착을 불교 자체에도 적용함으로써 전례가 없는 일관성을 보여준다. 불교와 마찬가지로 불교에 대한 집착 또한 집착의 한 형태여서 어떤 형태로든 집착이 만들어내는 온갖 문제들을 불러온다. 불교에는 자아의 약화가 전제되어 있다. 그러나 그것은 일시적으로 쓸모가 있어서이지 영원히 떠받들기 위해서가 아니다. 지키려고 매달려서는 안 된다. 이런 관점 또한 불교 내의 자기 비판을 위한, 자기 전복을 위한, 자기 수정을 위한 매우 강력한 수단을 제공하는데, 곧 검토하겠지만 이는 대승의 발달에 결정적인 역할을 한다.

  그렇지만 이 비유는 무집착의 중요성에 대한 것일 뿐 아니라 집착의 중요성에 대한 것이기도 하다는 사실에도 주목해 주기를 바란다. 양날의 칼인 셈이다. 일반적으로 집착이 모든 문제의 원인인데, 그럼에도 왜 꼭 몰입하고 애착하는지에 대해 설명해 준다. 욕망이 괴로움의 원인임을 충분히 이해하면서도 어떻게, 왜, 무엇을 갈망하는지에 대해 말해준다. 그것은 우리에게 중도의 또 다른 모델을 제공해 준다. 뗏목에는 **특정한 때**—곧 강을 건너는 동안—에 한결같은 마음으로 매달려야 하고 몰입해야 하며 의존해야 한다. 그대가 강을 건너는 동안에 무집착의 원리를 끌어와 뗏목을 "내버려둔다"면, 그대는 물에 빠져서 저쪽 강기슭에 결코 이르지 못한다. 이 비유는 불교에 오롯이 몰입하고 그 가르침을 받아들이며 가르침에 따라 수행해야 할 이유를 알려주지만, 결국에는 그 모든 것을 내려놓도록 마음의 준비를 해야 할 이유도 알려준다. 이런 가르침들을 우리가 어떻게 생각해야 하는지에 대해서도 말해준다. 진리에 대한 서술이 아니라 진리의 도구로 생각해야 한다.

뗏목의 비유는 특정한 믿음들과 수행들을 세우기도 하고 해체하기도 하는 구조를 제공한다. 모든 개념은 궁극적 실재에 관한 정보라기보다 또는 그 개념이 우리를 이끄는 경지에 대한 묘사라기보다 근본적으로 도구라고 하는 암시가 이 비유에는 담겨 있다. 도구는 특정한 계획, 곧 우리가 애써 하려는 어떤 것과 관련해서만 가치를 갖는다. 불교의 경우에 우리가 하려고 애쓰는 일은 괴로움의 소멸이다. 도덕을 포함하는 개념들과 정해진 수행들은 그것들이 이 목적을 향해 우리를 촉진하는 한에서만 가치를 갖는다. 그것이 그것들의 가치를 재는 척도다. 저쪽 강기슭—괴로움에서 벗어나 자유로워진 상태—으로 더 가까이 나아가기 위해 어떤 개념이나 도덕규범, 영적 수행 따위에 일시적으로 매달리는 것이라면, 좋다. 이런 개념들은 괴로움에서 벗어나 자유로워진 그런 경지를 표현하지 않는다. 그것들은 어떻게 그 경지에 이를 수 있는지를 일러주는 지침이자 지도일 뿐, 다른 어떠한 정보도 제공해주지 않는다. 그것들은 [역설적이게도] 참된 개념이기 때문에 좋은 개념이 아니다. '참된'이 "궁극적인 그것에 정확히 대응하는"을 의미한다면 말이다. 그것들은 좋은 수행이 아니다. 왜냐하면 그것들은 '옳은' 것에 대해 신이 규정한 것인 양 또는 우주의 본질인 양 순종하기 때문이다. 사실은 업보조차 옳고 그름과 아무런 상관이 없다. 그것들은 오직 괴로운 것이나 즐거운 것과 관련이 있으며, 특히 사람을 괴로움에서 완전히 벗어나 자유롭게 해주는 것과 관련이 있다.

명령자 또는 비번인 택시 운전사?

불교 철학, 불교 제도, 불교 윤리학을 고찰할 때마다 우리는 이 모든 것을 상기할 필요가 있다. 거기에는 정교한 계율과 미묘한 철학적 교리뿐 아니라 붓다에 대한 확신과 붓다를 향한 헌신적인 신앙, 붓다의 권위 수용 등에 호소하는 일도 많음을 알게 될 것이다. 그렇지만 그것들은 모두 진리와 전혀 관련이 없다. 물론 '진리'가 여기서 여전히 적용이 가능한 용어라고 한다면, 그것들은 엄격하게 실용적인 의미에서 진리를 스스로 경험할 수도 있을 유리한 지점으로 우리를 이끌어줄 것이라 주장할 수 있다. 누군가는 이렇게 이의를 제기할 것이다. "그러나 이 또한 진리 주장과 얽혀 있다. 그대들 불교도들은 이런 수행이 정말로 원하는 결과로 이끌어줄 것이라고 주장하지 않는가? 왜 이것을 억지로 믿어야 하는가? 우리는 진리에 대한 언급을 피할 수 없다!"

이 이의는 어떤 면에서는 타당하다. 그렇지만 세상에 대해 기본적으로 유일신적 지향이 강한 환경이나 약하게라도 있는 환경에서 자란 사람들이 특히 잘 보여주는 그런 전형적인 문제 제기이기도 하다. 불교적 사유의 이면에 있는 기본 모형은 아주 다르다. 다음 두 가지 대비되는 각본을 통해서 그 차이는 명확히 드러날 것이다. 첫째로, 그대는 힘 있는 사람의 명령을 받는 노예거나 하인이다. 그대는 자전거를 타고 시내를 가로질러 4.8km를 가야 하며, 거기서 멈춰 체리 맛 콜라를 산 뒤에는 왼쪽 방향으로 47m 정도 걸어가서 버스 정류소에 이르러 6번 버스가 올 때까지 기다린다. 가능하면 버스 뒤쪽에 앉아야 하고, 중심지의 첫 번째 정류소에서 내린 뒤에 7분 동안 깨금발로 뜬다. 그다음에는 머리 위에 양손을 얹고 공원 벤치에 앉아서 지나가는 모든 사람에게 웃음을 지어야 하는데, 네 번째 사람에게는 얼굴을 찌푸려야 한다. 그런 뒤에 왔던 길을 그대로 거꾸로 거쳐서 집으로 돌아간다.

힘 있는 이 사람이 그대를 소유하고 있거나 고용하고 있다면, 여기에서 그대의 유일한 관심사는 복종하는 일이다. 왜 그가 이런 일을 시키는지는 중요하지 않다. 그의 일이지 그대의 일이 아니며, 그렇게 되어 가는 것이다. 진실을 안다는 것 ─ 그대가 누구이며, 전체 계획에서 그대의 자리는 무엇인가 따위 ─ 은 그대가 그것에 의문을 품지 않아야 함을 안다는 것, 그것을 의미한다. 비록 그대가 했더라도, 그가 그대에게 이 일을 시킨 이유를 그대가 이해했더라도, 그대의 주인이 관대하게 그대를 친구로 여긴다고 말하더라도, 그가 말한 '친구'가 무얼 의미하는지 분명할지라도 ─ 그가 "그대는 내가 시킨 일이면 무엇이든 하지만, 나의 친구다. 나는 더 이상 그대를 하인이라 부르지 않겠다. 왜냐하면 하인은 주인의 일을 알지 못하기 때문이다"라고 말할지라도 ─, 그것은 여전히 명령이며 그 모든 일은 그의 심부름이다. 그대는 지시받은 대로 정확하게 수행해야 한다. 그렇지 않으면 맡은 일을 달성하지 못했으므로 당연히 그대 주인에게 질책을 받거나 벌을 받게 된다. 여기서 중요한 점은 주인의 절대권을 인식하는 것, 그의 명령을 올바로 이해하는 것, 그리고 그 명령에 정확히 복종하는 것이다. 여기에 더할 것은 그대 주인이 사실은 온 도시의 그리고 그대 자신의 창조자라는 관념이다. 그는 그대라는 존재의 원천이므로 그대의 절대적인 주인이다. 그대는 완전히 그에게 속한다. 그는 그대가 무얼 해야 하는지, 그대가 존재하는 목적이 무엇인지를 알려줄 권리를 가지고 있으며, 그대가 처한 상황의 모든 변수를 제어한다. 오로지 그 혼자만이 무엇이 무엇이고 무엇이 선한지를 안다. 이 모든 것을 그가 규정하기 때문이다. 그대는 그가 무얼 원하는지를 알아내서 그걸 하기만 하면 된다. 그것이 그대 자신에게도 좋을지 어떨지 그리고 왜 좋은지 따위를 이해하는 일이 여기에 포함되어 있는지 여부와 상관없이 말이다.

'진리'와 '선'에 관한 우리의 상식적인 관념이 이런 모형, 곧 기본적으로 일신론적인 모형에서 계속해서 얼마나 나오는지는 심사숙고할 만한 가치가 있다. 우리의 머릿속 관념들이 세상의 권위 있는 어떤 것과 들어맞지 않는다고 느낄 때마다, 무언가를 잘못 판단하는 바람에 도덕적으로 비난받을 만한 '잘못'을 했다고 느낄 때마다, '현실 세계'가 어떻게 만들어졌는지, 그 규칙이나 '법칙'이 무엇인지, 우리는 왜 만들어졌는지 또는 이 현실이 우리에게 '요구하는 것'이 무엇인지 따위에 관한 권위 있는 사실들에 복종하는 것과 진리는 서로 관계가 있다고 느낄 때마다, 그것을 알아차릴 수 있다. 우리가 가지고 있을 어떤 의식, 곧 무엇이 옳고 선한지에 대한 규칙이나 법칙에 순종해야 한다는 의식이나, 단지 세상에 존재하는 것만으로도 복종을 요구하는 것들이 있다는 의식 따위가 유사한 원천에서 나온다는 점을 의심할 수 있다.

자, 그대 자신은 여기 변두리에 사는 것을 좋아하지 않는다고 상상해보라. 거기에 비번이어서 쉬는 택시 운전사가 있는데, 그는 온 시내의 길을 다 알고 있으며 중심지가 훨씬 좋다고 말하는 것 같다. 이 변두리의 생활에 만족하지 못한다는 그의 표현은 그대에게 진실처럼 들릴 것이고, 그러면 그대는 그에게 중심가로 가는 방법을 아느냐고 묻는다.

그는 거기로 가 본 경험이 꽤 많다면서 길을 알고 있다고 말할 것이며, 덧붙여 교통 체증을 피할 수 있는 최상의 길도 알려줄 수 있다. 어쩌면 그가 설명한 경로는 앞의 이야기에서 주인이 말해준 것과 동일할 수도 있다. 그러나 이제 상황은 아주 다르다. 이것은 **그대의** 계획이지, 그의 계획이 아니다. 그 경로를 따라가다가 도중에 이건 너무 성가시다고 판단하고 결국 변두리가 그렇게 나쁜 곳은 아니었다고 여긴다면, 그대는 완전히 자유로우므로 그 모든 계획을 포기하고 되돌아갈 수 있다. 그 운전사는 그대를 어떤 이유로도 비난하지 못하고 심지어 벌을 주지도 못한다. 그의 명령으로 그대가 길을 나선 것은 아니기 때문이다. 만약 그가 추천해준 것들이 터무니없어 보인다는 의심이 그대에게 든다면, 그대는 질문할 수도 있다. 그는 자신이 그렇게 추천해준 근거를 조리 있게 설명할 수도 있고 설명하지 못할 수도 있다. 어떤 경우든 간에 그대는 자유롭게 그의 조언을 받아들이거나 거절할 수 있으며, 결과가 어떨지 보고 싶어서 시도할 수도 있다. 그가 추천한 몇 단계를 빼버린 채 어떻게 되는지 알아볼 수도 있다. 그것은 그대의 일이므로. 물론 그의 권위와 그 진술의 정확성은 그대에게 여전히 중요할 것이다. 그가 정말로 택시 운전사로서 교통 체증을 잘 알고 또 중심지에서 살아본 적이 있어서 그곳이 더 좋다는 것도 아는 사람이라고 또 변두리에서 경험한 일들을 진실처럼 들리게 묘사해준 사람이라고 믿는다면, 그대는 그의 조언을 더욱 받아들이고 싶을 것이다. 그러나 그 내용과 그 방법은 어떤 식으로도 그대를 구속하지 않는다. 이 택시 운전사는 그대를 창조하지 않았다. 그대는 그의 하인이 아니다. 그대의 목적은 그를 즐겁게 해주는 것이 아니다. 무엇이든 그대가 결정한 것이 그대의 목적이다.

　그것은 불교의 교리 및 불교 윤리학과 관련이 있다. 그것들은 진리에 대해 기술한 것이 아니며 정언 명령도 아니다. 유용한 방편일 따름이다. '진리'의 문제는 이런 의미의 질문으로만 나타난다. 뗏목은 효과가 있는가? 지탱되는가? 우리를 건너편으로 건네줄 수 있는가? 그리고 건너편이 여기보다 정말로 더 좋은가?

　불교도들은 이런 문제들에 대해 붓다의 권위를 믿는 사람들이다. 그들은 열반이 정말로 괴로움의 소멸이라는 붓다의 말을 받아들이며, 그가 제시한 방법들이 참으로 그 경지에 이르도록 해줄 것이라 믿는다. 중립적으로 말하자면, 이는 참일 수도 있고 거짓일 수도 있다. 그런데 원칙적으로는 시험해볼 수 있다는 뜻이다. 누구나 시도해볼 수 있고 효과가 있는지 알아볼 수 있다. 물론 그런 시험에 위험이 전혀 따르지 않는 것은 아니다. 어쩌면 붓다가 사기를 쳤거나 그 문제를 잘못 판단했을 수도 있는데, 그러면 그대는 바다 한가운데서 부서져 버린 뗏목을 부여잡은 채 끝장나게 되거나 기껏 황폐한 바닷가에 이르는 것으로 끝날 수 있다. 교통 정체로 꼼짝없이 갇혀서 몇 시간을 허비할 수도 있는데, 그러면 변두리 집에 머물면서 하릴없이 텔레비전을 보는 것보다 훨씬 나쁜 하루가 될 것이다. 그러나 이것은 우리가 무언가를 시도할 때마다 감수해야 할 그런 위험일 뿐이다. 유용한 증거, 들일 비용과 얻을 이익들을 검토하면서 우리는 위험을 감수할 가치가 있는지 스스로 판단해야 한다.

두 가지 진리

불교의 교리와 수행은 '뗏목'이다. '다른 어느 곳'이나 '다른 어느 때'라고 하는 열반에 관한 개념조차 뗏목일 뿐이다. 이런 교리들은 무엇이 그러한지에 대한 설명으로서도 참이지만, 그뿐 아니라 우리가 이루기로 한 어떤 것을 이루는 데에 유용한 도구라는 점에서도 참이다. 중요하게도 유용성이라는 의미에서만은 세상에 대한 우리의 통념조차 **뗏목으로서** 참이다. 대승불교의 어떤 종파들은 이렇게 선언한다. 우리가 생각할 수 있는 모든 것, 사물이 무엇인가에 대해서 규정하는 모든 것은 '세속제(世俗諦, 관습적 진리)'일 수 있다고. 세속제란, 특정한 유형의 유정有情들이 특정한 일을 할 수 있게 하는 도구로서 합의된 것이기 때문에 **유용한** 어떤 것이다. 세속제는 무엇이 궁극적으로 '그러한지'에 대한 설명이 전혀 아니며 무엇이 궁극적으로 무엇'인지'에 대한 설명도 아니다. 그런 설명이어야 한다는 주장도 불필요하다. 그렇다면, 어떤 진술을 진술할 가치가 있는 것으로 만드는 것은 무엇인가? 어떤 진술은 타당하게 만들고 다른 진술은 타당하지 않게 만드는 것은 무엇인가? 왜 어떤 주장을 다른 주장보다 더 좋아하며 받아들여야 하는가?

어떤 것을 세속제로 볼 것인지, 어떤 것을 말하거나 받아들일 만한 가치가 있다고 할 것인지에 대한 기준은 뗏목에 적용한 것과 동일하다. (1) 할일을 다하게 한다, 그리고 (2) 일단 할일을 다하면 항상 그리고 영원히 적용할 수 있는 것으로 고수되기보다는 폐기될 수 있다. 따라서 그 자체를 폐기하는 데로 나아가지 않거나 그 자체를 초월하지 못한 진술은 전혀 좋은 뗏목이 아니고, 좋은 말(word)이 아니며, '진리'가 아니다. 자, 불교의 목표는 괴로움에서 벗어나 자유로워지는 것, 집착에서 벗어나 자유로워지는 것이다. 좋은 말, '진리'는 이 목표를 이루는 데 이바지하는 진술이다. 세속제는 그런 것들을 초월하는 방법을 아는 진술, 자기 초월로 이어지는 진술이다. 다음과 같은 것들이 여기에 포함된다.

첫째, 일상 언어. 우리는 날마다 '나,' '너,' '이것,' '저것,' '원인'과 '결과' 따위의 말들을 쓰면서도 이런 말들이 철학적으로 정당화될 수 있는지 또는 궁극적으로 해독될 수 있는지에 대해서는 별로 걱정하지 않는다. 우리는 그런 말들을 쓰고 있다. 그리고 함축된 모든 의미로 작용하는 이론을 고안할 수 있거나 없거나 또 일관되게 보편적으로 적용할 수 있거나 없거나 상관없이 그 말들은 어떤 실제적인 노력에 도움이 된다. 우리는 그 말들이 현실과 궁극적으로 일치한다는 것을 정당화하려고 애쓰지 않으면서 오로지 실용적인 도구로 쓴다. 붓다 또한 그렇게 썼으며, 불도를 수행하는 길도 그것을 쓰지 않고서는 일러줄 수 없었다. 청중과 소통하기 위해 붓다는 그들이 이해하는 용어들을 써야 했다. "그대는 괴로워한다"나 "그대는 괴로움에서 벗어날 수 있다"처럼. 그러나 그는 엄밀하게 '너'는 없다고 말했다. '너'는 세속적 진리다. '괴로움을 끝내라' 또한 세속적 진리다.

둘째, 불교 용어. 사성제, 연기의 원리, 무상과 괴로움의 교리, 팔정도 그리고 이 단락의 모든 것, 심지어 관념이든 이론이든 무아와 공에 관한 모든 개념까지. 이들 또한 그 목표에 도달하는 데 도움이 되는 효과적인 도구인데, 일상적인 언어를 바탕으로 하면서도 그것을 보완해 준다. 이 용어들은 뗏목이며, 자신들 너머로 이끌고 간다.

그렇지만 우리가 일상 언어나 불교 용어로 절대적 진리를 나타내려고 하면, 그것들은 더 이상 좋은 말들이 아니고 효과적인 뗏목들이 아니며 그 자신들을 넘어서 나아가지 못한다. 이는 세계가 실제로 어떻게 존재하는지를 말하려는 형이상학적 이론들에서 일어나는 일이다. 우리는 인과에 대해 그리고 '너'와 '나'에 대해 일상 언어로 이야기하고 있으므로 철학자들은 인과론을 **보편적으로** 적용하려 애쓴다. 최초의 원인은 있다 또는 없다. 우주는 신이 창조했다. 우주는 무작위적인 물질적 과정으로 형성되었다. 우주는 고정되고 확정된 법칙들을 따른다. 죽은 뒤에 나는 존재하거나 존재하지 않는다. 이것들은 세속적 진리를 취한 경우인데, 그것을 사용한다는 점에서만 가치를 가지며 글자의 뜻 그대로 참이라고 간주한다. 우리는 사물들이 '무엇'이며 '어떻게' 존재하는지에 대해 전혀 명확하게 말할 수 없다. 왜냐하면 그것들은 특정한 '방식'으로 '존재하지' 않기 때문이다. 다음 장에서 보게 될 테지만, 이러저러한 방식으로 존재하는 '것들'은 없다는 사실이 처음에는 정말 놀랍게 보일 수 있다.

그래서 세계에 대한 이제二諦의 접근법은 진실로 우리에게 한 가지 길을 제시해 주어 어떤 진술은 받아들이고 다른 어떤 진술은 거절하게 해준다. 보편적이고 순전한 진리를 준다고 주장하는 진술과 믿음은 모두 거부되어야 한다. 그런 것은 마지막에 그 자신들을 뗏목처럼 버리는 데 이르지 못하고 집착으로 이어지기 때문이다. 여기에는 모든 형이상학과 독단적 종교가 포함된다. 그뿐 아니라 추론으로 끌어낸 과학의 결과들과 '자연의 법칙들'도 그것들을 어떤 실제 사례에 대한 온전한 설명으로 간주하게 되면, 여기에 포함된다. 이런 믿음들은 고착되어서 문제를 악화시키기 쉽다. 그것들은 화살을 가슴에 더 깊이 박아버린다. 이제의 접근법을 따르면, 그런 믿음들은 그저 단순한 거짓이나 다름이 없다. 불교의 관념들, 곧 인과법, 윤회, 괴로움, 무아 그리고 열반 따위의 관념들이라도 문자 그대로 명백한 사실로 간주될 때, 이런 거짓의 범주에 포함된다.

그다음 범주로는 기꺼이 받아들여지는 진리, 진술, 믿음들이다. 진리는 관습적 진리로 정의된다. 다시 말해서, 스스로 초월하고 자신을 없애는 그리고 모든 '견해들'(곧 절대적이고 순전한 믿음들)을 초월하고 없애는 방편을 그 안에 포함하는, 스스로 뗏목 역할을 하는 그런 용어나 믿음, 진술이라면 무엇이든 그로 말미암아 (관습적) 진리라 불릴 수 있고 채택될 수 있다. 여기에는 일상적인 언어와 상식적인 개념들도 포함되며, 업, 윤회, 인과법, 무아 따위와 같은 불교의 구체적인 가르침들과 함께 과학적인 결론들도 그 형이상학적 근거를 탐구하지 않은 채 남겨두는 한 여기에 포함된다.

그러면, 궁극적 진리는 무엇인가? 바로 열반의 경험, 즉 모든 견해를, 탐욕과 성냄과 망상을, 괴로움의 소멸을 끊어버리는 경험이다. 우리는 궁극적 진리에 대해 이 모든 것을 말할 수 있지만, 이 모든 것 또한 이런 설명을 넘어서 실제 문제에 이르는 데 유용하기 때문에만 받아들여질 수 있는 관습적 진리에 지나지 않는다. 결국, 그것은 경험해야 할 것이지 설명할 수 있는 것이 아니다. 그것은 존재하는 것이 아니고 존재하지 않는 것도 아니며, 둘 다도 아니고 둘 다가 아닌 것도 아니다. 그것은 이 세계도 아니고 다른 어떤 세계도 아니며 모든 세계의 부재도 아니다. 우리는 그것을 공空이라 설명할 수도 있지만, 설명되는 그것 또한 하나의 관습적 진리일 뿐이며 하나의 견해로서 '파악되지' 않는다. 대승불교의 텍스트들은 우리에게 공 또한 비어 있다는 사실을, 공 또한 하나의 관습적 진리이며 가장 진보한 것일지라도 하나의 뗏목이 라는 사실을 상기시킨다.

다음의 여러 장에서 집중적으로 다룰 천태교학은 이 이제二諦의 모형을 받아들이면서도 그 결론을 근본적으로 바꾸는 방식으로 보완한 다. 다른 불교 종파들과 달리 천태종은 삼제三諦의 접근법을 제안한다. 관습적 전리와 궁극적 진리에 더해 세 번째 진리를 제시하는데, 바로 공제空諦다. 그러나 이것이 무엇을 의미하는지 그리고 그 결론이 무엇 인지를 이해하기 위해서는 먼저 시간을 좀 들여서 모든 관습적 진리 가운데 가장 강력한 것−즉, 가장 자기-전복적인 것−에 대해 천태종 이전에는 어떻게 이해했는지를 탐구해야 한다. 바로 공의 교리다.

3. 그러함도 그러하지 않음도 아니다
─ 대승불교와 공

우리는 이제 막 이제二諦의 모형에 대해 말했는데, 그 모형에서 대승불교는 이 세계의 궁극적 구성에 대해, 그것이 존재하는 이유나 어떻게 생겨났는지에 대해 충실한 정보를 담은 진술 따위는 전혀 하지 않겠다고 주장하는 것 같다. 동시에 이 괴로움의 세계에서 해방된 상태, 곧 '피안彼岸'에 대해, 그것은 이 괴로움의 세계와 완전히 다르다는 것 외에는 설명할 게 없다고 한다. 이건 동전의 양면이다. 괴로움의 세계도 그것의 단멸斷滅도 우리가 생각하는 그런 것이 아니다. 사실 우리가 생각할 수 있는 것이 무엇이든 간에 그 어느 쪽도 존재할 수 없다. 아무리 우리의 생각이 그것들에 대해 명확한 판단을 내리더라도, 우리가 그것들에 대해 확실하고 결정적인 개념을 세우더라도 말이다. 어떤 개별적인 것에 대해 그대가 무엇을 생각하든, 무엇을 생각할 수 있든, 필연적으로 틀린다. 왜 그런가? 바로 첫 번째 전제─우리가 사물에 대해 생각하는 방식대로 여기에 어떤 것이 존재한다고 하는 전제—가 틀렸기 때문이다. 우리는 어떤 '것'에 대해 어떻게 생각하는가? 시간이 지나도 지속하는 것으로, 그 특성을 낳고 간직하는 것으로, 명확한 경계를 가지는 것으로, 어느 때 어느 곳에서 생겨나고 사라지는 것으로, 그 자체의 힘으로 그 자신의 편에서 어느 한 가지 방식으로 존재하는 것으로 생각한다. 그것은 무엇인가? **그것은 무엇이든 간에 다른 것을 배제하는 힘을 가진 것이다.** 어떤 '상태'에 대한 우리의 평소 관념조차 이런 의미에서는 사실상 어떤 '것'이다. 우리는 하나의 상태에 있을 때, 다른 상태에는 있지 않다. 이 논리가 자명해 보인다면, 그것은 우리가 '즉물적으로' 생각하고 있다는 말이다.

상호 배타적인 '사물들'의 존재에 대한 이런 상식적인 가정은, 대승불교에서는 그것들을 떠받쳐 주지 않기 때문에 "열반은 괴로움의 세계와 동일하다"는 주장을 계속할 수 있다. 그러나 그것들〔열반 그리고 괴로움의 세계〕를 계속해서 두 개의 '것들'로 생각해서 이 둘을 어떻든 포개려고 한다면, 이 주장도 이해할 수 없다. 이런 '즉물적인 생각'은 집착, 곧 필연적으로 괴로움을 일으키는 집착에 근거하는데, 이제二諦의 모형은 이런 생각으로부터 우리 자신을 떼어놓는 한 방법이다. 떼어놓게 되면, 열반을 다른 어떤 상태로 곧 괴로움을 **배제한** 상태로 느낀—또는 괴로움은 열반을 배제한 상태라고 느낀— 이전의 감각은 사라진다.

공空, 텅 빔

대승의 불교도들은 우리가 보고 느끼고 생각하고 경험하는 '것들'에 대한 통념을 어떻게 풀어낼까? 그것은 대승의 '순야따(Sunyata)' 개념을 통해 이루어진다. 이 말을 가장 평범하게 가장 문자적으로 번역하면, '빔(Emptiness, 空)'이다. 어떤 번역자들은 이 말의 부정적인 함의를 피하려고 다르게 번역하려 했다. '공허(voidness)', '상대성(relativity)', '열림(openness)' 따위로. 천태의 문맥에서는 다른 용어로 번역하는 것이 더 유용하다. **존재론적 모호성**(ontological ambiguity). 이게 도대체 무슨 뜻인가?

공에 관한 철학적 논쟁들은 대승의 문학에서 어떻게 사물이 존재하는지에 대한 기존의 견해를 허무는 치료적 기법으로 쓰였는데, 그 견해는 이전부터 존재했으나 궁극적으로 지지할 수 없는 믿음, 곧 어떤 개별적이고 명백한 독자성을 가진 '것들'이 명확하게 '존재한다'는 믿음에 근거한 것이다. 여기서는 그것을 유용하다고 여기는 사람들을 위해 논리가 사용될 수 있다. 물론 여기서 우리가 기억해야 할 것은 오로지 하나의 관념으로서 공에 대해, 즉 관습적 진리에 대해 말하고 있다는 사실이다. 이 관습적 진리의 목적은 다른 낮은 수준의 관습적 진리들을 뿌리 뽑는 일이다. 그러므로 그것은 그러한 다른 믿음들의 근거가 되면서 안으로부터 그것들을 허물려고 하는 가정들을 전제로 한다. 그런 가정들 가운데서 가장 큰 것은 세계에 '사물들'이 존재한다는 가정, 세계나 마음은 그 자체가 하나의 사물―스스로 존재하면서 그 자체의 명확한 특성들을 지닌 어떤 것―이라는 가정이다. 그럼에도 공에 관한 이런 논리적 접근법들은 그 자신의 견해를 확립하는 것으로가 아니라 견해들을 제거하는 방법으로 받아들여야 한다. 대승불교의 저자들 대부분에게 궁극적 진리는 여전히 무언無言의 직접적인 경험의

문제이며, 『법화경』과 천태의 전통에서는 이 또한 근본적으로 변화한
다는 것을 알게 되더라도 전혀 말할 수 없는 문제다.

공의 개념에 대해서는 다음과 같이 아주 소박하게 말할 수 있다.
모든 사물은 오로지 원인들과 조건들로 말미암아 일어나기 때문에
어떤 것(또는 상태, 존재, 조건, 경험, 요소, 현실)도 독립적으로 존재할
수 없다. 그렇다면 간단히 이렇게 말할 수도 있다. 만물은 서로 연결되
어 있고 서로 관련되어 있다, 어떤 것도 분리될 수 없다, 어떤 것도
고립될 수 없다고. 이것은 누구나 다 안다. 여기서 우리가 주목해야
할 점은 원인과 결과에 대한 단순하고 평범한 개념이 전부라는 사실이
다. 그러나 중요한 것은 이런 상식적이고 뻔한 이치를 예외 없이
모든 경험의 요소들에 보편적으로 적용하는 일이며, 무엇보다도 사물
들이 그저 우연히 서로 관계를 맺는 것이 아니라 필연적으로 연결되어
있다는 사실을 기억하는 일이다. 어떤 사물도 고립되어 존재할 수
없을 뿐 아니라 그 사물의 측면, 특성, 속성, 성질, 자질 따위도 별개로
존재할 수 없다. 바로 지금 그대가 무얼 보고 만지고 생각하고 느끼든
그것은 다른 어떤 것 때문에 거기에 그런 모습으로 있다. 이것은
어떤 수준에서도 적용된다. '다른 어떤 것'은 지금 그대 앞에 있는
모든 것과 얽혀 있다. 그 모든 면과 다른 어떤 것은 필연적으로 그
모든 면과 얽혀 있다. 그대 앞에 따뜻한 커피 한 잔이 있다고 해보자.
따뜻함과 다른 어떤 것(가령, 커피 메이커와 연결된 전기선)이 커피를
따뜻하게 하는 데 관여한다. 커피와 다른 어떤 것(가령, 흙과 햇빛)이
커피를 만드는 데 관여한다. 잔과 다른 어떤 것(가령, 도공과 노동)이
잔을 만드는 데 관여한다. 이런 관계의 얽힘이 없다면, 따뜻함도 없고

커피도 없으며 잔도 없다. 이 가운데 어떤 요소들도 따로 떨어져 홀로 존재하지 않는다.

그런데 여기에 껄끄러운 점들이 있다. 그러면, 사물들은 서로 연결되어 있는가? 대답은 '아니다'다. 공의 개념은 실제로 여기에서 시작된다. 관계를 맺지 않는 사물은 없다. 모든 사물들 사이의 관계는 필연적인 관계다. 그런데 두 사물이 상대가 없이는 존재할 수 없는 그런 관계를 필연적으로 맺고 있다면, 그때 그것들은 사실 **두 개의 사물**이 아니다. 그것들은 한 사물의 두 **부분**이다. 거기에는 두 부분으로 이루어진 하나의 사물만 있다. 그러나 관계란 정의하자면 두 사물 사이의 관계다. 따라서 관계는 없다! 관계를 맺는 개별적인 것들은 없다. 게다가 주어진 X(이 경우, 커피의 따뜻함)에 필요한 조건이 되는 특정한 비非-X(가령, 전기선)에 주목할 때마다, 우리는 동일한 문제에 거듭거듭 직면한다. 이 X와 여기에 필요한 비-X는 이제 새로운 한 벌(set), 새로운 실체가 된다. X 더하기 비-X, 따뜻함 더하기 전기선. 동일한 원리는 다시 적용된다. '따뜻함 더하기 전기선'이라는 전체는 '따뜻함 더하기 전기선'이 아닌 어떤 것, 무엇이든 이 전체의 바깥에 있는 것에 의존해야 존재한다. 그렇다면, 우리는 가능한 모든 존재를 포함하기 위해 바깥으로 계속 확장해야 하는데, 그때 우주 전체에는 어떤 일이 일어날까? 이 또한 '다른 것'을 필요로 한다. '전체 우주와 그 존재에 필요한 다른 어떤 것'이라는 '한 벌'은 어떤가? 이 또한 다른 것을 필요로 한다. 이런 양상은 영원히 계속될 것이다. 그래서 그 대신에 우리는 소박하게 이 모든 문제들의 전제를 없앤다. 어딘가에 한 가지 방식으로 확실하게 식별되는 '그 자체의 특성'을 지닌 결정적인 '것'이 존재한다는 개념. 이것이 무얼 의미하는지 밝혀 보자.

전체/부분 접근법

하나의 개념으로서 공空은, 우리가 식별할 수 있는 것—X라고 부르자—
이 무엇이든 간에 X의 존재에 필연적으로 관련이 되는 어떤 비-X가
언제나 존재한다는 사실을, 비-X를 없애면 X 또한 없어지게 된다는
사실을 알아차리는 문제일 뿐이다. 이것은 우리가 식별하고 있다고
생각하는 모든 상태, 모든 물체, 모든 느낌, 모든 부분, 모든 전체,
모든 묶음, 모든 묶음들의 묶음 따위에도 적용된다. 대승의 문학에는
순야따(공)에 접근하는 여러 가지 방법들이 나온다. 가장 직접적인
접근법은 어떤 전체 X가 어떻게 그 부분들—그 자체는 비-X로 간주되는
것들—에 필연적으로 의존하는지를 보는 것(전체/부분 접근법)이다.
가장 기본적인 수준에서 보자면, 그것은 기본적인 무아의 개념—경험
이나 사고의 모든 가능한 요소들에 예외 없이 적용되는 개념—을 단순히
확장한 것이다. 내가 '나 자신'이라 부르는 것은 그 구성 요소들로,
다양한 자연적 조건적 과정들로 나누어진다. '나 자신'이라 할 것은
없다. '나 자신'이라 부르는 것은 실제로 이런 조건적 과정들로 이루어져
있다. 자아는 실재하지 않지만, 찰나의 과정들과 요소들 자체는 중요한
사실들이며 실재한다. 그렇고 그런 상태는 그렇고 그런 원인들과
조건들의 결과로 생겨난다. 우리는 이런 실제 상태들에 대해 그리고
그것들 사이에 있는 욕망의 상태들이 초래할 결과들에 대해 무관심하
기 때문에 그것들의 부분 집합을 잘못 식별하고는 거기에 '자아'라는

딱지를 붙여버린다. 그것이 가장 단순한 형태의 무아 개념이다.

그러나 이제 우리는 이런 과정들 각각도 '자아'가 아니라는 사실에 계속 주의해야 한다. '나 자신'은 전혀 없을 뿐 아니라 나를 구성하는 과정들 '자체'도 없다. 가장 소박한 방식으로 시작해 보자. 단순히 사물들을 그 구성 요소들로 분석해서 더 이상 분석할 수 없는 어떤 것에 결코 이를 수 없다는 사실을 알아차리는 일이다.[1] 한 사물의 **부분**들은 그것들이 이루는 전체와 다른 어떤 것이다. 사과는 '사과의 성질(appleness)'로 이루어져 있지 않다. 그것은 여러 가지 '사과의 성질이 아닌 것(non-appleness)'으로 이루어져 있으며, '사과 아닌 것'을 모두 없애면 어떠한 사과도 남지 않는다. 사과는 무엇'인가'? 철학 입문 수업을 들었거나 심지어 약간 공상적인 열한 살짜리였던 사람이라면, 이 물음에 대해 아무리 많은 대답이 주어지더라도 계속해서 더 명확한 정의를 요구할 것이라는 사실을 안다. 사과는 과즙과 과육과 껍질'이다'. 그러면 그것들은 무엇인가? 그것들은 특정한 구성의 분자 다발'이다'. 그러면 분자는 무엇인가? 그것은 원자들이 특정하게 배열된 것'이다'. 그러면 원자는 무엇인가? 그것은 어떤 특징적인 유형의 활동을 하는 에너지를 갖도록 특정하게 배열된 중성자들과 양성자들, 전자들과 다른 입자들'이다'. 그러면 에너지는 무엇이고, 활동은 무엇이며, 입자는 무엇인가? 각각의 물음에 대해서는 별개의 **용어**로 대답이 주어진다. 가능한 가장 궁극적인 용어에 이르렀을 때, 정작 그 물음에 대답할 수 있는 용어는 전혀 없다. 사전 속의 단어들은 다른

---

1 Jan Westerhoff, *Nāgārjuna's Madhyamaka: A Philosophical Introduction*, (Oxford: Oxford University Press, 2009), 36-38과 비교해 보라.

단어들로 정의된다. 우리가 어떤 것은 무엇으로 '이루어지는지' 물을 때, 우리는 그 어떤 것 **밖의 다른** 대답을 필요로 한다. 우주는 무엇으로 이루어져 있는가? 에너지는 무엇으로 이루어져 있는가? 시공간은 무엇으로 이루어져 있는가?

원인/결과 접근법

공을 이해하기 위한 두 번째 접근법은 이전의 조건들에서 나온 결과로서 X가 조만간 생겨나는 일을 살펴보는 것(원인/결과 접근법)이다.[2] 결과 X가 생겨나기 위해서는 필연적으로 이전의 원인들, 곧 X-아닌 것(non-x)에 의존해야 한다. 어떤 실체 X가 존재한다는 것은 확정적이며 한계를 갖는다는 것을 의미한다. 왜냐하면 그것의 비존재는 그것의 존재와 어떤 실제적인 방식으로 달라야 하는 것이기 때문이다. 관념적으로든(즉, 생각할 수 있는 모든 실체들의 다발 가운데서든) 또는 문자 그대로 시간과 공간으로든 틀림없이 어떤 한도가 있어서 그 X는 X가 결여된 어떤 공간이나 시간, 생각할 수 있는 실체들에는 적용되지 않는다. 그러므로 X는 편재遍在할 수 없고 영원할 수 없다. 그렇지 않고 편재하고 영원하다면, 그것은 확정할 수 없고 따라서 존재하지 않을 것이다. 그렇기에 그것은 특정한 조건들 아래에서만, 특정한 때와 특정한 곳에서만 나타난다. 자, X를 존재하게 하는 조건들은 그 X를 조건 짓고 존재하게 하는 일을 수행하기 위해 X와 어떤 관계를

---

2 같은 책, 91-124와 비교해 보라.

가져야 한다. 다시 말해서, 조건 짓기란 두 실체 사이의 어떤 관계다. 조건 짓는 것과 조건 지어지는 것. 이것은 우리가 물질적 인과 관계에 대해 말하든 다른 어떤 조건 짓기(예컨대, 개념적 대비)에 대해 말하든 상관없이 적용된다.

　그렇지만 두 실체가 어떤 형태로든 관계를 가지려면 둘 다 존재해야 한다. 이 두 용어 모두 둘 사이에 어떤 관계가 있도록 거기에 존재해야 하는데, '~의 존재를 조건 짓는 일'은 일종의 관계다. 그러나 우리가 말하고 있는 것이 X의 상태를 조건 짓는 일이 아니라 바로 X가 생겨나는 것을 조건 짓는 일에 대한 것이라면, 이것은 결코 그렇게 될 수 없다. 우리가 X의 존재 기반, 곧 X와 공존하면서 X의 존재를 떠받치는 기반을 상상한다면, 왜 X는 그 기반이 이미 존재한 뒤의 어느 특정한 때에 생겨났는지 물어야 한다. X의 원인은 단순히 이전에 존재하는 기반 자체일 수 없다. 왜냐하면 그렇지 않으면 그 기반이 현존하자마자 X가 생겨났어야 하기 때문이다. 만약 X와 그 기반이 동시에 생겨난다면, 그때 우리는 그 전체 체계인 'X와 그 기반'을 하나의 실체라 부르고 이 실체를 발생시킨 원인에 대해 물을 수 있다. X는 자신을 떠받치는 조건들과 공존할 수 있지만, 그 자신을 생겨나게 한 조건들, 곧 그 존재를 시작한 원인들과는 공존할 수 없다. 만약 그렇다면, X는 이 관계 이전에 이미 존재할 것이고, 그러면 그 존재를 가능하게 해줄 조건들을 필요로 하지 않게 된다. 게다가 이전에 존재하고 있던 사물의 상태를 조건 짓는 일과 관련해서도 우리는 이 '상태'가 존재하는지 존재하지 않는지에 대해 물어야 한다. 이 상태가 존재하지 않는다면, 그 상태를 갖는 사물을 변형할 수 없다. 그러나 이 상태가 어떤 식으로든

'존재한다'면, (변형할 수 없다는) 동일한 불가능성이 그 존재를 조건 짓는 일에도 적용된다. 그러므로 X는 어쩌면 생겨날 수 없고, 생각한 것처럼 실제로 '단순히 자리한' 실체로서 X가 될 수도 없다. 그와 같은 X는 '공'이다.

　우리가 M의 순간과 M+1의 순간에 존재하는 완전한 전체성의 상태를 숙고한다면, 이것을 이해하기가 쉽다. M에서 사물들의 상태는 M+1에서 사물들의 상태가 생겨나도록 하는 힘을 갖는다고 생각된다. 그러나 만약 M+1이 도래했을 때 M이 사라지면, M은 M+1에 이를 수 없어 어떤 일도 하지 못한다. 그것은 이미 사라졌고, 존재하지 않으며, 따라서 아무것도 할 수 없다. 그러나 M에서 존재하던 사물의 상태가 M+1이 도래했을 때도 계속 존재한다면, 시간이 앞으로 나아가지 못했거나 번갈아 나타날 두 전체 상태가 동시에 공존한다는 뜻이 된다. 만약 M+1이 나타나더라도 (우리의 가설에서 M+1을 일으킬 힘을 가진) M이 사라질 필요가 없다고 한다면, M은 정확하게 M+1을 생성하는 일을 영원히 되풀이할 것이다. 어떤 경우든 시간은 있을 수 없게 되고, 그러면 실재하는 실체는 결코 생겨날 수 없다. 그리하여 대승불교에서는 이렇게 주장한다. 공이 없다면, 공이 아닌 어떤 존재가 있다면, 아무것도 존재할 수 없게 된다. 동일한 논쟁이, 어떤 공간에서 다른 상태가 한 상태의 원인이 되는 일에 또는 전체의 한 부분이 원인이 되어 다른 것을 일으키거나 조건 짓는 일에 똑같이 적용된다. 우리는 공간에서의 공존이나 중첩에 대해, 단일한 공간에서 두 가지 다른 실체의 접촉 불가능성에 대해 유사한 논쟁을 한다.

사물/특성 접근법

여기에 이르는 또 다른 방법은 우리가 '사물/특성' 또는 '소유자/소유된' 접근법이라 부를 수 있는 것이다. 왜냐하면 공의 논쟁 또한 이따금 이런 식으로 제시되기 때문이다. 존재한다는 것은 한 사물이 그 자체일 뿐 다른 것이 아니라는 사실을 의미해야 한다. 이렇게 되려면 그것을 구별 짓는, 그 밖의 것과는 공유하지 않는 (적어도) 하나의 '표식'이나 특성을 가져야만 한다. '액체'는 '축축함'이라는 특성을 갖고 있다. 만약 축축함을 없애버리면, 우리가 가진 것은 액체라 불리지 않는다. 축축함을 찾아낸 곳에서 우리는, 이런 특성, 이런 표식을 가진 어떤 액체가 거기에 틀림없이 있다고 말한다. 자, 그러면 '액체'와 '축축함'은 무슨 관계인가? 구별 짓는 표식은 그 표식을 가진 사물과 같은가, 다른가? 표식이 그 사물과 같다면, 표식과 그 표식을 가진 것은 전혀 구별되지 않는다. 그저 하나의 표식이 생겨난 것일 뿐이며, 표식을 가진 것은 생겨나지 않았고 그리하여 어떤 것도 존재하지 않는다. 표식이 이 표식을 가진 것과 다르다면, 그 표식은 이 사물 자체의 표식이 아니라 다른 **사물**이다. 이때 존재하는 실체는 표식을 가진 것과 표식 둘이 되며, 그 둘은 각각 '존재하는 실체'로 간주되기 위해 '표식/표식을 가진(the mark/marked)' 구조를 요구한다. 그러면 다시 표식을 가진 것은 성립되지 않는다.

이 표식 자체는 '존재하는'가? 존재하지 않는다면, 어떻게 그 사물은 존재하지 않는 표식으로 표시될 수 있는가? 만약 존재한다면, 그 표식 자체가 하나의 표식을 가져야 하며, 동일한 '표식/표식을 가진'

구조가 다른 존재하는 것에 적용되듯이 그것에도 적용되어야 한다. 그러면 동일한 문제가 생긴다. 그리하여 '표식/표식을 가진' 구조는 이치에 맞지 않다는 결론을 내리게 되고, 그와 함께 어떤 의미 있는 주장, 즉 "어떻게든 이러저러한 특성을 가진 어떤 특정한 사물들은 존재한다"고 하는 주장도 성립할 수 없다. 이런 의미에서 사물들의 존재는 순전히 헛된 것이며 범주의 오류라고 말한다. 그것들은 속성을, 특징적인 표식을 가진 실체라는 의미에서 '실제로 존재하는 것'이 아니다. 각각은 동일한 분석에 걸려들기 쉽다. 각각은 그것이 하는 일의 총체에 불과하다. 만약 그것의 모든 관계를, 그것의 모든 특성을, 그것이 다른 것들에 영향을 끼치는 온갖 방법들을 다 빼버리면, 그것은 어떤 것으로도 나타내지 못한다.

사과는 빨갛고, 달고, 단단하고, 무겁고, 매끈하다. 이 모든 것들을 빼버리면, 그것은 무엇일까? 그러나 이것들 각각은 사과가 다른 것들과 관계를 가지는 방식이며 그 상호 작용으로 만들어진다. '존재하는' 그것은 그것이 하는 일의 총체이며, 그리고 그것이 '하는' 일은 그것이 통제할 수 없는 어떤 것, 결코 유일한 원인이 될 수 없는 어떤 것이다.

언어적 접근법

단어들을 어떻게 사용하는지, 어떤 용어들을 사용할 때 무엇을 의미하는지, 한 '사물'을 가리킬 때 무엇이 일어나고 있는지 따위의 문제에 오롯이 초점을 맞춤으로써 동일한 요점을 말할 수 있다.[3] 요점은 아주 간단하게 "모든 이름은 추상어(abstractions)다"라고 말할 수 있다. 공의 논쟁은 그것이 전부다. 어떤 이름도 단일한, 모호하지 않은, 결정적으로 확정된 실체를 표현하지 않는다. '추상적'이란 "전체와 관련된 정보의 일부를 남겨두는 것, 전체보다 부분을 집어내는 것"을 의미한다. 대부분의 사람들은 '프랑스 혁명'이 어떤 의미에서는 추상적인 용어라는 사실을 별로 어렵지 않게 안다. 그것은 많은 행위자들이 오랜 기간에 걸쳐 수행한 사건들의, 특정한 인식―역사적, 사회학적, 정치적 관심을 가진 의식들. 동일한 사건들을 되돌아보면서 "내 가족의 몰락", "내 어린 시절의 배경", "청 왕조 동안에 오랑캐들은 무엇을 했는가" 등 다른 용어들을 사용하는 다른 사람들―을 통해서 소급해 바라본 사건들의 대규모 다발을 가리킨다. 그럼에도 어떤 맥락에서는 '프랑스 혁명'을 하나의 매개로서, 하나의 원인으로서, 무엇을 한 어떤 것으로서 말한다. "프랑스 혁명은 러시아 혁명을 야기했다."

우리는 이름을 부여함으로써 한 '사물'을 발견했다고 생각한다. 그때 우리는 이 '사물들' 가운데 하나가 원인이 되어서 다른 '사물'이 생기도록, 나오도록, 나타나도록, 존재하도록 한다고 생각한다. 그러나 이것도, 인과법 자체도 '사물들'에 대한 잘못된 믿음에 바탕을 둔 관습적 진리다. 문제는 원인으로 작용하는 것과 그 원인으로 말미암아 일어난 것이 '무엇'이냐 하는 것이다. '사물'에 대한 정의는 틀을 짜는 마음의 능력에 달려 있다. 바위를 구체적인 예로 들어보자. '바위'라는 단어는 관습적인 명칭일 수밖에 없다. 그래서 '바위'가 '중력'이라는 다른 실체에 의해서 움직이게 된다고 말할 때, 우리는 이것들 각각에

---

3 같은 책, 183-198과 비교해 보라.

대한 정의에 대해 그리고 그것들이 고정된 정의를 갖는다면 그것들의 관계가 어떠한지에 대해 물어야 한다. 전체의 실재에서 얼마만큼이 '바위'인가? 어디에서, 그리고 더 중요하게는 언제, 그것은 시작하고 끝나는가? 바위의 정의에는 '중력의 영향력'이 포함되어 있는가, 포함되어 있지 않은가? 포함되어 있다면, '중력'은 이미 분석적으로 바위 '자체'의 일부인 셈이니(그것은 중력 없이는 상상할 수도 없고 정의할 수도 없다) 바위는 중력의 작용으로 움직이게 할 수 없다. 왜냐하면 인과관계는 서로 다른 두 사물 사이의 관계를 의미하기 때문이다. 그렇지 않으면, "바위가 그 자신을 움직이게 한다" 따위가 되고, 우리는 '바위'에 대한 전체 정의를 포함하는 것으로 가정한다. (분명한 경험적 이유들 때문에, 나아가 '중력 감수성'은 '중력' 자체에서 분리되어 존재하거나 존재하지 않거나 상상할 수도 없거나 간에 이제는 하나의 실체로 분석되어야 하기 때문에, "거기에 중력 감수성은 포함되지만 중력 자체는 포함되지 않는다"고 말할 수 없다.) "X 자체가 원인이다"는 아무런 설명도 아니며, 실질적인 원인도 전혀 발생하지 않는다. 그렇다고 '바위'의 정의에서 중력을 배제해버리면, 더 심각한 문제가 생긴다. 이런 정체성이 성립되기 위해서는 그것들이 상호 배타적이어야 하는데, 그것은 그것들이 동시에 같은 곳에 있을 수 없다는 의미가 되기 때문이다. 그럴 경우에 그것들은 어떻게 서로에게 조금이라도 영향을 끼칠 수 있을까? 원인의 '감화력'처럼 비밀스런 실체가 결과를 내도록 해주는 제3의 어떤 매개를 도입하는 것은 도움이 되지 않는다. 그렇다면, 똑같은 문제가 되풀이된다.

그래서 무엇을 일으키는 원인과 원인으로 일어나는 것으로 알려진 용어들을 어떻게 정의할 것인가가 문제의 전부다. 그것들의 경계는 단일하게 한정하는, 무아와 모순되는 방식으로 고정시킬 수 없다. 그 경계들은 갖가지 필요에 맞는 해석과 중생의 특정한 인지 기관이 갖는 관점들이 결합된 전체 체계 속에서 관습적으로 고정되어 있다. 만약 조건 짓는 다른 원인들 백만 가지가 있다는 명백한 사실을 제쳐둔 채 "추운 기온이 물을 얼게 한다"고 진술한다면, 나는 '추운 기온'이라는 어떤 실체를 명시할 수 있어야 한다. 그렇다면, 그 대신 왜 이렇게 말하지 않는가? 물의 결빙은 다른 시각에서 '추운 기온'이라 묘사한 것을 바라보는 한 가지 방식이라고. 그것들은 원인과 결과가 아니다. 그것들은 똑같은 사태를 두 가지 다른 해석의 틀 안에서 초점을 달리하여 묘사한 두 가지 방식일 뿐이다. 그것은 사실 "분자 운동의 감속이 물을 얼게 한 원인이다"라고 말하는 것과 전혀 다르지 않다. 분자 운동의 감속은 거시적 수준과 관련해서 설명한 물의 결빙'이다'. 그러나 이것은 더 이상 일상에서 사용하는 '동일함'으로 해석될 수 없다. 그것은 일반적으로 '차이'라 부르는 것을 배제하지 않으며, '차이'라 부르는 것과 자신을 대비하지도 않는다.

　그대가 앉아 있는 의자에 대해 이야기해 보자. 의자와 그것이 의자임을 나타내는 표식 둘 다 있는가? '의자'와 '지면 위에서 무게를 지탱할 수 있는 재료들의 배열'은 동일한 사물을 두 가지로 묘사한 것이며 두 묘사는 대체가 가능하다는 것이 요점이다. 그러나 규정된 정체성의 문법적 구조는 우리의 일상적인 사고에 내장되어 있으며, 그것이 이것을 둘로 나눈다. 의자가 있고, 그 의자는 이런 능력을 지니고 있다. 무게를 지탱하는 능력은 의자'에 속한다.' 그러나 실제로는 하나의 사태가, 한때의 경험이나 경험들의 무더기가, 무게를 지탱하기가 있으며, 다양하게 묘사될 뿐이다. 의자가 부서지면, 우리는 이렇게 말한다. "더 이상 무게를 지탱할 수 없기 때문에 이제는 의자가 아니다. 그저 땔나무일 뿐이다." 그러나 거기서 우리는 그 '주제'를 다른 수준으로 밀쳐놓았을 뿐이다. 의자로서 그 정체성을 잃었을 뿐더러 무게를 견디는 능력도 잃어버렸다. 그런데 더 넓은 주제인 '나무'가 상황과 조건들에 따라 이 두 가지 대체 가능한 일, 곧 불에 타고 무게를 지탱하는 일을 할 수 있다고 말하는 편이 더 쉽지 않을까? 글쎄, 이 주제를 계속 뒤로 되돌리고 있는 셈이다. 결국 그것은 더 이상 어떤 특정한 것으로 규정할 수 없다. 왜냐하면 그것은 모든 표식과 모든 잠정적인 물질을 다 포함하기 때문이다.

무언가를 정의하려는 시도, 무엇인지 단번에 알아내려는 시도는 그 자체가 '자아'의 관념을 바탕으로 하고 있다. 사실 자체는 무조건적으로 이러이러하고, 다른 것이 아닌 어떤 방식으로 존재해야 한다. 사과는 붉다는 것이 간단하게 참이 되기 위해서는 '하나의 원인-하나의 결과'라는 원리를 필요로 한다. 그러나 그 원리는 불교의 무아론─모든 것은 원인들과 조건들의 결합을 통해서 생겨난다는 관념─에 의해 부정된다. 사과의 붉음은 단일한 원인, 곧 사과의 존재에 의해서 생겨나야 한다. 사과는 홀로 행동하면서 그 붉음이 나타나게 하는 힘을 가져야만 한다. 그것은 '자아', 유일한 원인이 되어야 한다. 무엇이 그 무엇으로 참이 되기 위해서는, 어떤 '것'이 어떤 '특성'을 '가지기' 위해서는, 행위자가 하나뿐인 인과관계를 필요로 한다. 불교도들처럼 이를 부정한다면, "사과는 붉다"는 것을 단순히 하나의 '사실'이라고 말할 수 없다. 이와 반대로 사과의 붉음은 여러 요소들의 복합—어떤 종류의 시각 장치, 신경계, 사과를 사과 아닌 것과 구분하기 위해 인상들을 조직하는 습관, 이것을 조건 짓는 이름들과 연상들과 욕망들의 체계 등등과 사과의 접속—에서 나온 결과다. 비록 물질적인 대상의 모든 조건들을 하나로 포개고 그것을 '사과'라 부른다 할지라도, 사과가 존재하기 위해서는 사과의 모든 속성에 추가 조건들이 필요하다.

전체론과 환원주의 둘 다 극복하는 공

'환원주의'는 초기불교도들이 그랬듯이 사물들을 세분화해서 설명하는 방식이며, 이 부분들로 형성된 전체의 특질들을 부차적이고 덜 실제적인 것으로 또는 전적으로 추상적인 것으로 보는 방식이다. 공의 개념이 이런 경향을 계속 이어간다는 점에서는 환원주의의 또 다른 극단적인 형태로 볼 수 있다. 반면에 공의 개념이 사물들의 상호 관련성과 불가분리성, 홀로 있을 수 없음을 강조하고 실재를 전체의 배열 속에서만 본다는 점에서는 정반대 방식인 '전체론'—부분들의 구조적 결합으로 나타난 전체들 또한 부분들보다 실제적이라고 또는 더 실제적이라고 보는 견해—의 극단적인 형태로 볼 수 있다. 그러나 사실상 공은 이 둘 다이기도 하고 둘 다가 아니기도 하다. 공의 입장은 일종의 환원주의인데, 사실상 환원주의 자체를 손상시키기까지 하는 환원주의다. 동시에 그것은 일종의 전체론인데, 역시 전체론을 손상시키기까지 하는 전체론이다.

  통상적인 환원주의자는 아마 앞서 든 예("프랑스 혁명은 러시아 혁명을 촉발했다")에 대해서 "이것은 사실 어떤 러시아인들이 프랑스 혁명에 대한 이야기들을 듣고서 그대로 따라했다고 그냥 속기식速記式으로 말한 것이다"라고 말할 것이다. 물론 더 철저한 환원주의자는 그보다 더해서 "일부 러시아인들은 프랑스에 대한 이야기 하나를 듣고 반응하는데, 그것은 사실 저 진동들이 고막을 휘젓고 그 신경을 자극했다고 속기식으로 말하는 방식이다"라고 말하기까지 한다. 각각의 이름은 '무언가를 말하는 한 방식'임이 밝혀진다. 이런 사유 방식은 가장 낮은 수준의 말로써 사물들을 설명하고 싶어 하는데, 이것은 마침내 모호하지 않게 되고 그 문제의 궁극적 진리가 될 것이다. 분자들, 힘들, 법칙들이 '하고 있는' 것. 그러나 중요한 점은, 이런 실체들이 무엇이든 간에 그것들은 '프랑스 혁명'처럼 그저 '추상적인 것'이 될 것이라는 사실이다. '다른 어떤 것들'로 된 한 덩어리를 설명하는 방식들 가운데서 선택한 한 방식일 뿐으로, 어떤 맥락에서는 적절하고 의미가 있지만 다른 맥락에서는 그렇지 못하다. 내가 이것을 탁자라 부르고 나 자신을 브룩이라 부를 때, 나는 마치 '프랑스 혁명'을 말할 때처럼 관련이 있는 어떤 것을 고르고 다른 부분들은 남겨두고 있는 것이다. 내가 어떤 고립된 일련의 과정을 '원자'라 부를 때도 똑같은 일을 하고 있는 것이다. 어디에서 언제 이 '사물'이 시작되고 끝나는지를, 경험의 우주 가운데서 얼마만큼을 '이것'과 동일하다고 볼 것인지를 규정하는 경계들을 세우는 것은 나, 나의 언어, 나의 욕망들이다.

여기서 우리는 환원주의가 얼마나 끈질기게 환원주의의 논박으로 이어지는지를 본다. 대승불교의 어떤 사상가들은 물질에 대해 논박할 때 대개 수학의 점에 대한 비판을 이용하고는 했는데,[4] 그것은 여기에서도 우리에게 도움이 될 것이다. 문제는 가장 낮은 수준으로 내려가려 하는 데 있다. 마치 그것은 추상 개념이 없는 것처럼 그리고 임의로 선택한 이름 이상인 것처럼 말이다. 가장 작은 입자가 무엇이든 간에 그것이 존재하기 위해서는 수학의 점 이상이어야 한다. 말하자면, 외연外延이 있어야 한다. 그렇지 않으면, (명백하게 추상 개념이 되는 것 외에는) 무無와 구별할 수 없게 된다. 어떤 것이 외연이 없는 실체, 곧 진정한 수학의 점을 건드리거나 그 점에 영향을 준다면, 그 접촉면은 점 전체와 구별할 수 없다. 그 어떤 것도 접촉면 '너머로' 확장되지 못한다. 이는 그것이 '부분들을 가진다'는 점에서 나눌 수 있음을 의미한다. 이는 한 부분을 건드리거나 그 부분에 영향을 주는 것은 필연적으로 다른 부분들은 건드리지 못하고 영향을 주지 못한다는 것을 의미한다. 왼쪽에 '맞거나' '인과적으로 영향을 받을' 때, 우리는 어떻게 이 '결과'가 오른쪽에 전해지는지에 대해 더 설명이 필요하다. 간단히 말하면, 똑같은 문제가 되풀이되며, 그렇지 않으면 전체론으로 되돌아간다. 부분에 영향을 주는 것은 그것으로 전체에 영향을 주지만 부분들의 관계를 매개하는 기제를 필요로 하지 않는다는 관념이 전체론이다. 부분들은 다시 한 번 별개의 것들로 간주될 수 있고, 그 문제는 반복된다. 더 단순하게 말하면, 화합으로 이루어진 것은 더욱더 환원주의자의 분석을 필요로 하지만, (부분들이 없는, 참으로 '단순한') 비화합물은 무의미한 추상 개념일 뿐이다.

  그러므로 이름 붙일 수 있는 모든 실체는 '프랑스 혁명'과 같은

---

4 〈역주〉 수학의 점은 공간에서 위치를 갖지만 길이나 넓이, 두께 따위는 없는 것이다. 따라서 결코 쪼갤 수 없는 것이다.

처지에 있다. 그것은 추상적이고 때로는 유용한 관습이며, 관련된 것 모두는 아니지만 일부를 고려한다. 그러나 그것은 항상 틀어져 못쓰게 될 위험을 안고 있으며, 더 정확할 것 같고 더 많은 실재들을 설명할 것 같은 또 다른 방식으로 다시 이름이 붙여진다. 오로지 상호 관계들의 총체가 있지만, 이것들은 미리 지명된 '것들 사이의' 상호 관계일 수 없다. 그것은 '상호 관계들'조차 실제로 성립될 수 없음을 의미한다. 왜냐하면 그것은 관계들이 존재하는 '사물들'을 전제로 하기 때문이다. 관계만 있다면, 아무것도 없는 것이다. 그러나 아무것도 없다면, 어떠한 관계도 없다. 우리가 생각하는 것, 우리가 식별하는 것은 모두 고립된 것이다. 저것이 아닌 이것으로 확정하기 위해서는 그것을 배경에서 분리해 내야만 한다. 공空이란, 우리가 '거기에서' 식별하는 것이 무엇이든, 어떤 상태든 사물이든 과정이든, 어떤 실체든 모두 임의적인 추상 개념에 근거하고 있음을 의미한다. 그것을 문자 그대로 완전한 진리로 받아들일 수 없다. 우리가 아는 단 한 가지는 그 어떤 것도 우리가 생각하는 그런 것이 아니라는 사실이다. 사물들에 이름을 붙이는 일은 모두 어떤 '특성들'을 지닌 '한 사물'을 미리 전제하는 것처럼 보이기 때문이다. 그런데 특성들을 이렇게 지니는 것은 불가능하다. 한 '사물'이 빨갛다 또는 초록이다, 뜨겁다 또는 차갑다, 무겁다 또는 가볍다, 심지어 존재한다 또는 부재한다, 실재한다 또는 실재하지 않는다 따위의 어떤 특성을 갖는 것이라면, 이는 실제로 아무 '것'도 없음을 의미한다.

이것/저것 접근법

마침내 우리는 '전경前景/배경背景' 또는 '이것/저것 대비'라 불릴 수 있는 접근법에 이르렀는데, 이것은 앞으로 보게 되듯이 천태사상에 적용된 공의 개념에 대한 가장 포괄적이고 결정적인 설명 방식이 될 것이다.

"모든 사물은 분리할 수 없다. 우주는 분리할 수 없는 하나의 전체다"라고 단순하게 말할 때, 문제는 우리가 '전체 우주'라는 그림을 마음에 떠올린다는 점이다. 그러나 이 그림은 언제나 오해하게 만든다. 우리가 어떤 식으로 전체를, 전체들의 전체를 그리려고 시도하든 간에 그것 역시 자기모순이다. 내가 온 우주는 '검다'는 주장을 했다고 해보자. 그런데 검정은 검정이 되기 위해 다른 어떤 것—희거나 적어도 '검지 않은 것'—과 대비되어야 한다. 온 우주는 '희다'는 주장을 한다고 해보자. 똑같은 문제를 안게 된다. 그러면 이런 건 어떤가? "온 우주는 물질-에너지다." "온 우주는 공간-시간이다." "온 우주는 기운이다." "온 우주는 공이다." 어떤 경우에도 똑같은 문제가 생긴다. 흰색이나 검은색, 공간-시간, 물질-에너지, 기운, 공 따위의 바깥에 어떤 것이 있어야 한다. 그래야만 그것들과 대비되어서 그것들 하나하나가 무엇인지 결정될 수 있기 때문이다. 전체로서 우주는 개별적인 특성을 전혀 가질 수 없다. 그것은 불확정적일 수밖에 없다. 그것을 그림으로 그릴 때 우리는 은연중에 그것을 어떤 틀(frame) 안에 두게 되는데, 그러면 그것은 그 틀과 대비된다. 그래서 만약 무한한 암흑을 상상한다면, 우리는 실제로 그 주위에 '암흑이 아닌' 어떤 것도 두어서 그것이 우리에게 '암흑'으로 나타나게 한다.

자, 이 모든 주장들에 주목하라. 이것들은 반대되는 것처럼 보이지만, 사실은 똑같은 것을 의미하고 있다. "모든 것은 희다"와 "모든 것은 검다"는 반대되는 견해로 보이지만, 둘 다 동일한 방식으로 충돌하여 서로 자신의 주장을 손상시키면서 불확정적인 전체를 낳을 뿐이다. 전체에 대한 어떤 주장이든 이렇게 자기 무덤을 파게 하는 것이 공이다. 이것은 또 '불확정성' 자체에 대해 또는 '전체'라는 바로 그 개념에 대해 물음을 제기한다는 점에도 주목하라. 전체보다 작은 것들, '부분들'과 대비되지 않는 전체는 없다. "우리가 결코 알 수 없을지라도 오로지 전체만 존재하며, 그것은 불확정적이다"라고 간단히 말할 수도 없다. 전체는 없다.

그러면, 부분들은 어떠한가? 우리는 이렇게 생각할지도 모른다. 전체에 대해서는 아무것도 말할 수 없지만 적어도 부분들 자체에 대해서는 어떤 주장을 할 수 있다고. 왜냐하면 거기에는 바깥의 어떤 것이 있어 대조할 수 있으니까. 그렇게 하려면 적어도 별개의 것들은 확정적이어야 하고 식별이 가능한 그 자체의 특성을 지니고 있어야 한다. 나는 "내 모자는 빨갛다"라고 말할 수 있다. 그것은 전체 안에 '모자 아닌 것'이 존재하기 때문이며, '모자 아닌 것'과 대비하여 모자의 '모자다움'을 내세울 수 있고 또 '빨강 아닌 것'에 대비하여 빨강의 붉음을 내세울 수 있기 때문이다. 그러나 이것도 별 쓸모가 없다. 왜냐하면 "내 모자는 빨갛다"라는 말은 전체에 대해서 무언가를 말하고 있는 것이기 때문이다. 거기에는 "전체가 그러한데, 내 모자는 빨갛다"라거나 "빨간색인 내 모자는 존재하는 모든 사실들 전체의 일부다"라는 말도 함축되어 있다. 만약 존재하는 것의 전체가 불확정적이라면, 모자의 붉음도 틀림없이 불확정적일 것이다.

우리는 우주의 기본 물질들에 관해서는 그것들이 무엇인지 그리고 무엇이 아닌지를 미리 알 수 있다. 왜냐하면 더욱더 많이 적용할 수 있는 설명을 얻으려 애쓰는 과정에서 그것들에 무슨 이름을 붙이든지, 이 물질들이 예외 없이 모든 것을 설명해 준다는 것이 증명될 때 그 이름들은 충돌할 것이기 때문이다. 의자, 나무, 재료, 기본 물질, 무無, (이름이 없는, 이름 있는 모든) 것것것것. 이 절차는 각 단계마다 동일한데, 마지막 단계에서는 확정적인 어떤 내용을 얻기 위해 대조할 만한 것이 바닥나버린다.

이에 대해 또 다른 방식으로 말할 수 있는데, 상호 배타적이면서 확실하게 식별되는 것들로 세계가 구성된다는 우리의 관념은 우리의 현실적인 욕망들에 의해 형성된다는 것을 주목하기만 하면 된다. 우리의 욕망은 언제나 선택에 달려 있는데, 그 선택은 내가 원하는 **이것**을 내가 원하지 않는 **저것**과 반대되는 것으로 본다. 그러나 우리가 무언가를 어떤 식으로 정의하든, 명시적이든 암묵적이든, 무엇을 생각하든, 그 어떤 것에 대해 생각할 수 있는 것이 무엇이든, 그것에 어떤 '이름'을 붙이든, 우리는 항상 그것을 고립시키고 있다. 우리는 '그것이 아닌' 배경과 대비되도록 그것을 분리하고 있다. 만약 이런 식으로 세계를 나누도록 강요하는 개별적인 욕망들을 우리가 하나로 묶어버린다면, 참으로 독립적인 것은 전혀 없게 되고, 따라서 각각의 개별적인 사물도, 개별적인 이러저러한 방식도 전혀 없게 된다. 이것이 공이 뜻하는 바다. 또한 그것은 어떤 단일한 방법이나 사물이 존재하는 것을 배제하는 것도 아니다. 왜냐하면 그것은 또 다른 한정적인 사물이 될 것이기 때문이다. 그러면, 그것은 무엇인가? 그것은 애매하다. 우리가 잘못 보고 있다는 것은 아니다. 우리가 아직 그것이 무엇인지 모르기 때문에 그것이 우리에게 불분명해 보인다는 것도 아니다. 그것 자체가 불분명하다. 그것 자체가 어느 쪽도 아니다. 좀 이상하게 들리겠지만, 그것은 훨씬 덜 놀랍게 들리도록 말하는 또 다른 방식일 뿐이다. 그것은 그 자체가 다른 모든 것과 본질적으로 연결되어 있다. 모든 것이 다 그것이 무엇인지와 관련이 있다.

좋다, 그렇게 모든 것은 다른 모든 것과 연결되어 있고, 그런 만큼 그것들은 분리할 수 없다. 이 의자에서 다리를 떼버렸다고 해보자. 내가 방금 의자의 나머지 부분과 다리를 분리했나? 그렇다. 그러나 문제는, 내가 **다른 모든 것**들에서 다리를 분리했는가 하는 점이다. 그것은 아니다. 사실, 우리는 사물들을 서로 분리할 수 있다고 생각한다. 왜냐하면 우리가 그것들을 **여기저기로 옮길 수 있을** 것처럼 보이기 때문이다. 그렇지만, 어떤 것을 그것이 연결되어 있는 사물들과 분리하는 일은 **언제나 그것을 다른 사물과 연결하는 것을 의미한다!** 이 의자의 다리는 결코 진공 상태에서 존재할 수 없다. 어디를 가든, 그 주위에는 또 다른 무엇이 있을 것이다. 그것은 무언가와 또는 다른 것과 접촉하게 될 것이다. 그러면 어떻게 되는가? 그것은 이전과 똑같은 사물이 더 이상 아니다! 의자 다리는 이제 막대기일 뿐이다. 여기서 우리는 다시 한 번 기억해야 한다. 사물들은 **하나의 특정한 목적**을 위해 만들어졌다는 관념에 속지 않기 위해서 말이다. 바닥에 놓여 있는 의자 다리를 보라. 나는 정말로 "아, 의자 다리가 몇 개 있구나!"라고 생각할지도 모른다. 그러나 이것은 의자가 인간이 어떤 목적으로 디자인해서 제조한 가공품이기 때문이다. 우리는 그것에 대해 그 수많은 원인들 가운데서 오로지 한 가지 원인을, 대체로 우리에게 가장 중요한 한 가지만을 생각한다. 그러나 이미 보았듯이, 단 하나의 원인으로 만들어지는 것은 없다. 이런 식으로 식별하면서 우리는 이 대상의 복잡성, 다채로움에 대한 우리의 인식을 편협하게 만든다. 그것은 그런 식으로 보는 습관 때문인데, 그 습관은 우리의 욕망이 우리에게 유용한 대상을 향하도록 자극하면서 형성된 것이다. 한번 상상해 보라. 그대가 의자 다리를 부러뜨리면, 그것은 곧바로 존재하지 않게 된다, 곧바로 사라진다! 그것이 우리의 우주에서 사물들이 존재하는 방식에 조금 더 가까워지게 해줄 것이다. 그러나 좀 더 정확하게, 내가 의자의 다리를 자르자 그 즉시 새나 트롬본으로, 또는 수박으로, 또는 시계로 변했다고 상상해 보라.

그건 이렇다. 우리가 어떤 연결에서 무언가를 제거할 때마다 그 무언가는 다른 것과 연결되고, 그러면 이것은 그 **정체성을 변화시킨다.** 내가 발을 자르면, 발은 곧바로 발이 아니게 된다. 그것은 벌레들이 먹을 고기가 되고, 몇 달 안에 더 이상 알아볼 수 없게 된다. 발은 내 몸에서 떨어져 나온 뒤에 홀로 '발'이 되었고, 몸 대신에 땅, 공기, 벌레 따위와 연결되면서 '고기'가 되고 그 다음에는 '에너지' 따위가 된다. 그 정체성이 이렇게 변하는 것을 내가 알아채는 데에는 시간이 걸리지만, 실제로는 매순간 변화가 계속되고 있다. 매순간 사물들은 각각의 주위에서 변화하고 있다. 왜냐하면 그것은 어떤 단일한 원인들에 의해 유지되지 않기 때문이다. 그것은 그 연결 관계들도 변화하고 있다는 것을 의미한다. 그것은 그 사물이 변화하고 있다는 것을 의미한다.

우리는 사물들이 '영속하지 않음'을 그리고 어떻게 이것이 불가피한 상호 연결의 한 요소가 되는지를 다른 방식으로 보기 시작한다. 왜냐하면 어떤 것의 현재 상태에 '다른 것'이 불가피하게 개입하는 일은 사물들이 부분들로, '다른' 것들로 구성되어 있기 때문만은 아니어서이다. 우리가 시간적으로 그것들을 본다면, '이전의 한 순간' 또한 '현재의 어떤 상태'와 얽혀 있음을 알아차린다. 이는 그것들이 인과적으로 결정되었음을 다른 방식으로 말한 것이다. 그러나 무엇보다도 사물들은 그것들의 안과 밖 양쪽에서 다른 것들과 그 자체를 연결시키는 기능을 하면서 존재한다. 사실 모든 사물은 그것들을 자신의 현재 상태로 만들고 있다. 각각의 사물은 빙산의 일각일 뿐이며, 빙산은 다른 모든 사물이다. 그러나 그러한 사물들은 같은 배를 타고 있다! 이렇게 필연적인 타자성에 필요한 단어는 **맥락**(context)이다.

이러한 **이것/저것** 접근법은 공空을 독특하게 다루는 천태교학에서 가장 중요해지는데, 그것은 그 교리의 함의를 결정적으로 수정하면서 우리를 공 너머로 이끌고 갈 것이다. 곧 보게 되겠지만, 정체성의 초현실적인 변형이 순간순간 대규모로 일어나는 것이 천태교학의 전체 이야기는 아니다. 오히려 공의 이론은 더 진전되어 뒤집힐 것이고, 그래서 그것은 비영속성뿐 아니라 영속성까지, 비연속성뿐 아니라 연속성까지 필요로 한다. 어떻게 그렇게 되는지를 이해하기 위해서는 먼저 대승의 또 다른 퍼즐 조각을 고려할 필요가 있다. 그 조각은 천태사상을 연구하는 많은 이들에게 놀라움과 당혹감을 좀 주는데,

천태종에서 전통적으로 그 가르침의 전형으로 인정하는 경전인『삿다르마 푼다리카 수트라(Saddharma Puṇḍarīka Sūtra)』다.『묘법연화경妙法蓮華經』(줄여서 '법화경')으로 널리 알려져 있다.

4. 불성과 본각

그렇다! 어떤 사물도 존재하지 않는다! 양자택일할 수 있는 결정적인 '상태'란 존재하지 않는다! 괴로움의 '상태' 같은 그런 것은 없다! 미친 소리라고? 대승불교라는 데서 실제로 가르치는 것이 이런 미친 소리라 하더라도, 그런 미친 소리가 참으로 우리에게 이익이 되는가? 그것은 오히려 '우리에게 이익이 되는' 것이 의미할 수 있는 개념을 무엇이든 훼손하겠다고 으름장 놓는 것 아닌가? 이 모든 것은 어디로 향하고 있는가? 이 모든 낯선 움직임들이 어떻게 놀라운 방법으로 우리를 아주 희한한 곳, 어쩌면 꼭 갈 만한 가치가 있는 그런 곳으로 이끄는지에 대해 더 강렬한 감각을 얻으려면, 천태사상에서 이런 관념들을 예상치 못한 방식으로 응용하는 데에 이르러야만 한다. 그러나 지금은 그냥 넘어가자. 그보다 열반, 괴로움의 소멸, 괴로움의 부재 따위는 어떤가? 불교의 모든 것이 우리를 이끌고 가려던 곳이 거기 아닌가? 분명히 그것도 여기에서 다시 헤아려야만 한다.

110

무엇이 되었든 열반은 아니다

초기불교 텍스트들에 나오는 열반에 대한 전형적인 묘사를 여기 제시
한다.

> 그 경지에서는 흙도 없고 물도 없으며 불도 없고 바람도 없다.
> 공간이 무한한 경지도 아니고, 의식이 무한한 경지도 아니며,
> 무의 경지도 아니고, 지각도 아니고 비지각도 아닌 그런 경지도
> 아니다. 현세도 아니고 내세도 아니며, 해도 아니고 달도 아니다.
> 그리고 거기에서는 옴도 없고 감도 없고 머묾도 없다. 사라짐도
> 없고 생겨남도 없다. (심리적 대상을) 지지하는 일 없이 확립되지
> 도 않고, 발전하지도 않는다. 이것이, 바로 이것이 번뇌의 소멸
> 이다.[1]

> 물, 흙, 불 그리고 바람이 발붙일 데 없는 곳.
> 거기에서는 별들이 빛나지 않고
> 해를 볼 수 없다.
> 거기에서는 달도 나타나지 않는다.
> 어둠도 찾을 수 없다.

---

[1] Thānissaro Bhikku(Geoffrey DeGraff), trans., *Udāna: Exclamations* (Barre, MA: Dhamma Dana Publication, 2012), 111-112. 〔〈역주〉 우다나(Udāna)는 질문하는 이가 없이 붓다 스스로 이야기를 하는 방식으로 이루어진 팔리어 경전인데, 그 내용이 한역된 『법구경法句經』에 많이 포함되어 있다.〕

그리고 현자가, 바라문이

그 현명함으로

〔이것을〕 스스로 깨달을 때,

그때 그는 유상有相과 무상無相에서,

희열과 고통에서

자유로워진다.[2]

태어나지 않은, 되지 않은, 만들어지지 않은, 생성되지 않은 승려들이 있다. 만약 태어나지 않은, 되지 않은, 만들어지지 않은, 생성되지 않은 것이 없다면, 태어나는 것, 되는 것, 만들어지는 것, 생성되는 것 등에서 벗어남이 분별되는 일도 없을 것이다. 그러나 태어나지 않음, 되지 않음, 만들어지지 않음, 생성되지 않음이 있기 때문에 태어남, 됨, 만들어짐, 생성됨 등에서 벗어남이 분별된다. … 무엇에 의존하는 사람은 흔들린다. 의존하지 않는 사람은 흔들림이 없다. 흔들림이 없으면, 고요해진다. 고요해지면, 갈망이 없다. 갈망이 없으면, 오거나 가는 일이 없다. 오거나 가는 일이 없으면, 사라짐이나 생겨남이 없다. 사라짐이나 생겨남이 없으면, 여기도 없고 저기도 없으며 여기와 저기 사이도 없다. 이것이, 바로 이것이 번뇌의 소멸이다.[3]

그대가 지적하고 확인하고 개념화하고 언급하고 고려할 수 있는

---

2 같은 책, 36.

3 같은 책, 113-114(*Udāna* 8:3-8:4).

것이라면, 열반이 아니다. 열반이 무엇인지에 대해 그 후보로 거론되는 것이 있다면, 바로 그 때문에 그것은 열반이 아니다. 열반은 "이것도 아니고 저것도 아니다." 그것은 조건 지어지지 않는 것이다. 명확하게 묘사되는 것들('흙'과 '물,' '불'과 '바람' 등등)은 모두 '조건 지어진다.' 불은 물이 없는 곳에서만 존재한다. 불은 물이 존재하지 않는다는 '조건부로' 존재한다. 물은 오로지 불이 존재하지 않는다는 '조건부로' 존재한다. 이러저러한 것에, 이것에도 저것에도 의존하지 않는 것은 불의 부재와 불의 존재 어디에도 조건 지어지지 않고, 마찬가지로 물의 부재와 물의 존재 어디에도 조건 지어지지 않는다. 그리고 대비되는 다른 모든 것에 대해서도, 그리하여 말할 수 있는 모든 것에 대해서도 그러하다. 왜냐하면 다른 어떤 것들과 대비되는 점을 가려내서 하는 게 설명이기 때문이다. 그러므로 열반은 필연적으로 설명되지 않은 채 남겨진다. '형태가 없는' 것이라고, 조건 지어지지 않는 것이라고, 말하거나 생각할 수 있는 모든 것에 대한 순수한 부정이라고 말할 수 있을 따름이다. 그것을 설명하거나 이해하려고 애쓰기보다는 차라리 화살을 뽑고 뗏목에 올라타 직접 가서 보는 게 낫다.

바로 여기에서 이상한 의문이 생긴다. 만약 '조건 지어지지 않는' 것이 열반이라면, 그것은 어디에나 존재해야 한다. 또한 항상 일어나고 있어야 한다. 왜냐하면 열반이 일어나지 않게 하는 어떤 '조건들'이 있다면, 열반은 조건 지어질 것이기 때문이다. 그 조건들의 부재에 의해서도 조건 지어질 것이다. 그래서 우리 자신이 어떤 특정한 상태들 —망상, 탐욕, 성냄—에서 자유로워질 때에만 열반이 시작된다면, 그때 열반은 사실상 무조건적인 것이 아니다. 무언가를 한 결과가 열반이라면, 그것은 조건적인 것이라 정의할 수 있다. 그런데 조건적인 것은 의존하고, 의존하는 것은 무상하며 괴로움을 수반한다. 그러므로 그것은 열반이 아니다. 그러면 다시 이런 물음이 제기된다. 열반은 시간적으로 어떤 특정한 순간에 정말로 시작될 수 있을까?

초기불교에서는 그렇다고 말하는 것 같다. 우리는 **여기** 괴로움과 조건들에 매인 삶에서 **저기** 열반, 곧 괴로움과 조건들이 소멸된 곳으로 가고 싶어 한다. 그러나 궁극적으로 이것은 저 화살 맞은 사람이 던졌던 그런 질문들 가운데 하나가 되어버린다. 열반에 대한 우리의 경험이 '시작된다'거나 '성취된다'고 하는 주장은 단지 또 다른 '뗏목'으로 간주될 게 틀림없다. 그 뗏목은 유용한 어떤 것, 효과적인 도구는 되겠지만, 사물들이 어떻게 존재하는지에 대한 설명은 못된다. 열반의 모든 특성을 부정하든 부정하지 않든 간에 그것은 결국 '차안'과 반대되는 '피안'이라는 그 본래의 상태를 손상시키는 지점까지 밀려간다고 말한 위의 문장에 주목하라. "차안도 없고 피안도 없으며 그 둘 사이의 어떤 것도 없다." 이는 '피안'이라는 비유가 단지 비유일 뿐이며, 뗏목을 이루던 모든 나뭇가지들과 함께 버려져야 한다는 것을 말해준다. 결국 '이 세상'과 '피안'의 대비는 또 다른 이원론, 곧 의존, 조건성, 무상, 괴로움을 의미하는 이원론이 될 것이다.

초기불교에서는 사물들을 거기에 내버려두는 것으로 만족했다. 그러나 여기서 우리는 천태종을 포함해 대승불교의 많은 종파들이 받아들인 또 다른 접근법에 대해 그 전개의 서막을 보게 될 것이다. 우리의 목적을 위해 여기서 살펴볼 대승의 가장 중요한 개념들은 다음과 같다. (1) 공과 이제二諦, (2) 무조건적인 것과 조건 지어진 것의 동시적 공존, (3) 보살도. 이 가운데서 첫 번째는 앞 장에서 논의했다. 이제 대승에서 핵심적인 두 번째와 세 번째 개념들에 대해 간략하게 살펴보자.

본각―무엇이나 다 열반이다

열반은 조건 지어지지 않는 것이다. 그것은 결코 시작할 수도 멈출 수도 없다는 뜻이다. 가령, M이라는 순간에 시작된다면, 조건 지어지는 것이 된다. 그 존재를 위해 필요한 조건은 'M이라는 순간이 이르렀다는 사실'일 것이다. 이 경지까지 진행된 시간에 의존하는 것이다. 그리하여 그것은 의존적이고 자유롭지 못하며 덧없고 괴로울 것이다. 그것은 원하고 집착하고 구해야 할 무언가가, 그렇게 될 수도 그렇게 되지 않을 수도 있는 무언가가 될 것이다. 그것은 괴로움을 더하는 원인이 될 것이다.

대승불교의 어떤 종파들은 이 문제를 깨닫고 이렇게 단언한다. "어떤 조건들이 존재하더라도, 조건 지어지지 않은 것은 언제나 존재하며 그대로 계속 이어진다." '이도 저도 아닌 것'이라기보다는 '둘 다'인 것이다. 뜨겁지도 않고 차갑지도 않지만, 그보다는 뜨거운 데와 차가운 데에 두루 존재하는 것이다. 그러나 여기서는 '데에'라는 말조차 적절하지 않다. 어떤 것이 다른 '데에' 있다고 할 때, 우리는 그것들을 별개의 둘로 생각하는 경향이 있다. 구슬 하나가 가방 안에 숨겨져 있다. 그런데 구슬은 구슬이고, 가방은 가방이다. 가방이 있는 곳에 구슬이 있는 게 아니고, 구슬이 있는 곳에 가방이 있는 게 아니다. 그것은 그것들을 여전히 조건 짓는다. 각각은 다른 것이 없다는 조건에서만 거기에 존재한다. 대승의 경전들에서는, 열반 — 조건 지어지지 않는 것 — 은 삼사라(samsara) — 괴로움의, 조건의, 무상의 세계 — 라고 말한다. 그런 경전들은, 모든 상태들과 경험들 가운데서 이렇게 언제나 존재하며 조건의 제약을 받지 않는 **양상**에 대해 '불성佛性'이나 '여래장(如來藏, Tathāgatagarbha)'이나 '본각本覺' 따위의 용어를 사용한다. '양상'은 아마도 여기에서 의미하고자 한 바에 가장 가까운 말일 것이다. 한 '양상'은 한 부분이 아니다. 한 양상은 어떤 것 '안에' 있지 않다. 그것은 특정한 방식으로 또는 특정한 관점에서 볼 때 그 전체가 보이는 방식이다.

어떻게 열반 — 가능한 모든 영상, 관념, 대상, 상태 따위와는 정확히 반대로 정의되는 것 — 이 가능한 모든 심상, 관념, 대상, 상태 따위의 한 양상일 수 있는가? 대답은 문제 자체 안에 있다. 열반은 "이것이 아니고 저것이 아니며 다른 것도 아니다"라는 말을 들으면, 우리는 무심코 마음속에 하나의 영상을 떠올린다. 완전히 텅 비어 있는 어떤 영상. 우리는 마음속으로 빨강, 파랑, 뜨거움, 차가움, 동그라미, 네모, 즐거움, 고통 그리고 떠올릴 수 있는 그 밖의 모든 상태를 없앤다. 비어 있는 화면, 텅 빈 공간, 검거나 하얀 무한대만 남는다. 분화되지 않은 하양 또한 무엇이다. 분화되지 않은 검정 또한 무엇이다. 비어 있는 화면 또한 무엇이다. 심지어 무無의 상태도 '무엇'이다. 무는 존재하는 것의 반대로 여겨지기 때문이다. 열반은 텅 빔일 수 없고, 무일 수 없으며, 어떠한 특성도 완전히 결여된 상태일 수 없다. '무엇'의 정의는 무엇인가? 그건 아주 단순하다. 다른 것을 **배제할 수 있는**

것이라면 다 '무엇'이다. 텅 빔, 무의 상태는 무언가를 배제하는 힘을 갖는다. 사실, 그것들은 모든 것을 배제한다. 빨강, 초록, 동그라미, 네모, 뜨거움, 차가움, 행복, 슬픔 따위 모든 것이 배제된다. 열반은 이 가운데 어떤 것도 될 수 없다. 그러나 '빨강-아님'도 될 수 없다. 그 또한 '무엇'이기 때문이다. '초록-아님'도, '동그라미-아님'도, '네모-아님'도, '뜨거움-아님'도, '차가움-아님'도, '행복-아님'도, '슬픔-아님'도 될 수 없다. 왜냐하면 어떤 특정한 상태를 **배제하는** 일은 특정한 상태가 **되는** 일이기 때문이다. 그렇게 되지 않는 상태. 열반은 특정한 상태가 아니다. 그러므로 그것은 어떤 특정한 상태도 배제하지 않는다. 그러므로 가능한 모든 상태가 열반 안에 포함될 수 있으며, 그 모든 상태가 열반의 표현일 수도, 열반의 변형일 수도 있다.

이 열반을 시각화할 수 있는 영상을 찾아내야 한다면, 텅 빔이 아니라, 끝없이 펼쳐진 새까만 공간이 아니라, 아무런 표시 없는 흰 벽이 아니라, 거울 같은 것을 상상해야 한다. 텅 빈 벽은 색깔이 없다. 거울은 색깔이 없다. 그러나 텅 빈 벽의 '색깔 없음'은 사실상 하나의 색깔이다. 하얀색. 이 색은 벽에서 녹색, 파란색, 주황색, 노란색을 배제한 것이다. 반면에 거울의 '색깔 없음'은 **특정한** 색이 아니지만, 바로 그 이유로 말미암아 어떤 색깔도 될 수 있다. 열반은 후자의 의미에서 '무無'다. 그 무 또한 모든 것이고, 그 모든 것 또한 무다. 어떤 것이든 **될 수 있고**, 그래서 그것은 ―명확하게― 무無다.

그렇지만 우리가 말한 '될 수 있다'는 단순히 열반의 변형들'**이다**'라기 보다는 열반의 표현들, 열반의 변형들에 포함될 수 있다는 것에 주의하라. 왜? 단순히 열반이 '된다'는 것은 그 변형들을 어떤 것―즉 반대되는 상태, '열반이 아닌' 상태—을 배제한 어떤 특정한 상태로 만들기 때문이다. 모든 상태는 열반도 아니고 괴로움도 아니지만, 둘 가운데 하나로 또는 둘 다로 간주되기 쉽다. 열반은 결코 시작되거나 끝나지 않는다. 그러나 그것은 결코 '거기에'만 있는 것이 아니다. 대승의 텍스트들에서 말하려는 것처럼, 그것은 오지도 않고 가지도 않지만, **머물거나 남아 있지도 않는다.** 머물거나 남아 있다는 것, 거기에 있다는 것만으로도 어떤 특성을 갖기 때문이다. 그 특성이란 거기 아닌 어떤 곳이나 그것 '아닌' 어떤 것과 대비되는 것을 필요로 하는 한정된 것, 조건 지어진 것이다. 그것은 하나의 '사물'이 되어 어떤 것을 배제함을 의미할 것이다. 그러나 엄밀히 말해서, 열반은 어디에나 있으면서 어디에도 없다. 열반도 '비어' 있다. 비어 있다는 게 아리송하지만.

어디에나 그리고 어디에도—'공간처럼'

어디에나 그리고 어디에도! 대승불교에서 열반은 "공간과 같다!"고 말한 까닭이 이것이다. 그리고 모든 다르마(dharma, 법), 경험의 모든 요소 또한 "공간과 같다!" 빈 공간이 그러하듯이 그것들은 어디에나 있으면서 어디에도 없다.

잠깐, '공간'이라는 개념이 실제로 얼마나 이상한지에 대해 살펴보자. 나는 현대 물리학에서 공간에 대해 늘어놓은 온갖 기이한 최신 개념들을 다 끄집어낼 생각은 없다. 공간에 대한 상식적인 이해 속에도 이미 눈에 띄지 않게 그런 기이함이 적지 않게 들어와 있다. 상대론적이고 양자론적인 면에서 증폭된 공간 개념은 아마도 축적되고 확장될 것이며, 또 해명하려고 애쓸 것이다.

우선, 이렇게 시작해 보자. '공간'과 같은 그런 것은 없다고 상상해 보라. 어떤 공간도 없다고 상상해 보라. 존재하는 사물들의 목록에서 '공간'을 없애고 난 뒤, 남은 게 무엇인지 상상해 보라. 그렇게 할 수가 없다. 무언가가 '사라졌다'고 상상하려 할 때, 우리는 사물이 늘 있던 '공간'을 상상하게 된다. '공간'이 '사라졌다'고 상상해 보면, 그 '공간'이 늘 있던 '공간'을 상상할 수밖에 없는 것 같다. 그러나 그것은 공간을 유지한 것뿐이다. 우리가 계획했던 대로 없애지 못한다. 공간의 제거는 오로지 더 많은 공간을 남기는 것 같다!

그런데 '사라진' 무언가를 상상할 때, 우리는 정말로 공간을 상상하는가? 어쩌면 우리는 그곳에 본래 있던 것과는 다른 어떤 것을 상상할 것이다. 어떤 하나는 다른 것에 의해 밀려날 수 있다. 나는 내 커피잔이 탁자에서 사라지는 상상을 할 수 있는데, 거기 그 공간을 상상함으로써만이 아니라 대신에 그곳에 있는 죽그릇을 상상함으로써도 그렇게 한다. 이제 이걸 고려해 보자. 커피잔이 X의 위치에 있을 때, '공간'도 거기 X의 위치에 있는가? 또는 내가 탁자 위 거기에 커피잔을 놓을 때, '공간'은 밀려나는가? 공간이 커피잔으로 말미암아 밀려난다면, 그 공간은 밀려난 공기처럼 다음 위치로 옮겨가는가? 공간은 어디로 '들어가는가?' 내가 새 커피잔을 집으로 가져오면, 내 방안의 공간은 그 총량이 늘어나는가? 내 방이 더 많은 것들로 채워질 때는 어떻게 되는가? 그 공간은 남아 있는 빈 곳들을 어떻게든 더 빽빽하게 채우는 것일까? 창문 밖으로 내던지면 어떻게 될까? 분명히 우리는 '공간'에 대해 생각할 때 밀려난 공기와는 아주 다른 어떤 것에 대해 생각하고 있다. 결국, 저 공기 분자들은 어디에 있는 거지? 그것들은 무엇 안에서 '돌아다니지?' '그 안에' 무엇이든 둘 수 있는 매개물은 무엇 이지?

그보다 우리는 공간을 그 안에 무언가를 받아들이고 허용하는 것으로 생각하는 것 같다. 모든 것들은 공간 **안에** 있다. 그것들은 공간을 **대체하지** 않는다. 말하자면, 공간은 사물들을 **허용하는** 것이다. 한편에는 공간이 있고 다른 한편에는 공간을 채우는 사물들이 있다는 말이 아니다. 내가 커피잔을 탁자에 내려놓을 때, 커피잔은 거기 그 공간을 대체하지 않는다. 그것은 그 공간을 '채우고' 그 공간 '안에' 있다. 그 공간은 움직이지 않은 채 그대로다. 채워지든 비워지든 '똑같은' 공간이 거기 있다. 그러므로 우리는 '공간'의 의미에 대한 우리의 첫 번째 감각을 수정해야 한다. 본래 그것은 비어 있는 모든 장소를 의미했으며, 무언가로 가득 찬 공간과 반대되는 것이었다. 빈 곳과 찬 곳은 뚜렷이 대비되었고, 우리는 그 빈 곳을 가득함이 옮겨갈 곳, 우리가 들어갈 곳, '공간'이라 불렀다. 그런데 가득함이란 무엇인가? 식별할 수 있는 특성들의 한 덩어리가 아닌가? 내 손은 탁자의 공간을 지나가면서 아무런 방해를 받지 않고 움직인다. 그런 뒤에 내 손은 둥글고 딱딱하며 뜨겁고 속이 찬 것, 커피잔에 닿는다. 그런데 이 둘 다 무언가에 대한 경험이고, 어떤 뚜렷한 성질을 가진 경험이다. 첫 번째 지역(region)에서는 부드럽고 방해 받지 않는 움직임의 성질 또는 어떤 사물을 허용하는 능력이 있었고, 두 번째 지역에서는 뜨거움, 둥글둥글함, 단단함, 방해가 있었다. 그래서 나는 사실상 다른 방식으로 채워지고 서로 다른 특성을 가진 두 지역을 가지고 있다. 이런 특성들을 제거한다면, 즉 첫 번째 지역에서는 '통과할 수 있는 능력'을 빼앗고 두 번째 지역에서는 '통과할 수 없는 능력'을 빼앗는다면, 무엇이 남는가? 그렇다면, 이런 유형의 특성들 각각은 공간을 차지하고 있는가? 만약 그러하다면, 이 공간은 그 자체가 '통과 가능성'을 허용하든 '통과 불가능성'을 허용하든 간에 똑같이 존재할 것이다. 우리가 가정한 공간에는 공간이 없는 곳과는 대조적으로 추가 공간이 있는데, 그 추가 공간에는 두 개의 대비되는 실체들을 두어야 한다. 공간에 대한 바로 그 개념은 (1차) 공간도 비-공간도 아닌 추가 공간을 필요로 한다. 정의하자면, 공간은 거기에 '공간'이 있든지 없든지 간에 모든 시간과 장소에 스며들어 있다.

그러면, 공간의 지역들은 정말로 분리되어 있는가? 이 지역들의 특성은 확실히 다른데, 이것이 그것들을 구별하는 방법이다. 그리고 비어 있거나 채워질 수 있다는, 그리하여 그 둘을 구별할 수 없다는 개념에 우리가 도달한 것은, 지금은 초월했지만, 빈 것과 찬 것의 이 최초 대비를 통해서만 가능했다는 사실에도 주목하라. 그런데 '공간'과 '채워진' 지역들은 다르기만 한 것일까? 아니다. 왜냐하면 그렇지 않으면 끝없이 퇴보하게 될 터이기 때문이며, 달라지기 위해서는 어떤 특성으로 채워져야 할 것이고 그런 뒤에는 다시 차지할 공간이 필요할 것이며, 그런 식으로 무한히 계속될 것이기 때문이다. 그러나 갖가지 것들로 가득한 지역과 비어 있는 지역처럼 구별할 수 없는 두 사물은 실제로 다를 수 있는가? 어디에서 하나가 시작하고 다른 것이 끝나는지를 어떻게 아는가? 그러면, 그것들은 서로 무너뜨리지 않는가? 두 사물을 구별할 방법을 전혀 찾을 수 없는데도 그것들은 다르다고 말하는 것이 무슨 의미가 있는가? 그것들은 서로 비교해서 다른 '지역들'에 위치해 있다는 것 외에는 똑같다고 말하는 것조차도 안 될 말이다. 이 지역들은 무엇인가? 다른 지역들이 이렇게 떨어져서 간격을 두고 있는 것은 무엇인가? 설마, 허공?

　빈 지역과 찬 지역이 **없는** 공간이 있을 수 있을까? 다시 말해, 그냥 영원한, 확고부동한 '빈' 공간이 있을 수 있는가? 아니면, 공간 자체에 빈 지역과 찬 지역이 둘 다 있어야 하는 무언가가 있는가? 이렇게 대비되는 것들 없이는 공간의 개념에 결코 이를 수 없음을 우리는 보아 왔다. 우리와 관련되어 있는 특정한 사물들 외에 그것들을 떼어놓는, 겉보기에 '텅 빈' 이런 구역들도 있다는 사실을 알아차림으로써 우리는 공간에 대해 생각하기 시작한다. 그러나 이것은 알아차림의 문제만은 아니다. 이런 대비 없이 공간에 대해 말하는 것은 문자 그대로 무의미할 것이다. '공간'에도 아무런 의미가 없을 것이다. 공간이라도 공간이 되기 위해서는 처음에 공간 이외의 것으로 보이는 무언가를 허용할 수 있어야 한다. 공간의 여러 지역들을 채우는 무언가가 없다면, 공간과 같은 것은 없기 때문이다. 이 다른 것이 없다면, 공간은 공간이 아니게 된다. 채움과 비움이 갈마드는 일이 없어지면, 공간은 공간이 아니게 된다. 공간으로서 공간은 그 대비**와** 그 대비의 극복 둘 다를 필요로 한다. 따라서 공간은 공간에 있는 모든 것들**이다**. 그 모든 것들은 '공간성(spaceness)' 곧 공간의 본질을 다양한 방식으로 표현한다. 공간으로서 공간의 본질에는 "거기에는 어떤 것들이 있다"고 하는 것이 들어 있다. (우리가 되돌아갈, 엄밀하게 천태에서 논의되는 문제인) 그것이 하나를 의미하든, 어떤 것들을 또는 정확하게 이러한 것들을 의미하든 간에 말이다. 그러나 그것은 특이한 형태로 된 이러한 것들이다. 그것들에 대한 대비와 뒤이어 이 대비를 극복하는 것 둘 다를 필요로 하는 형태로 된!

공간은 배제할 수 없다. 공간에 무얼 집어넣든 간에 그 공간은 거기에 그대로 있다. 공간을 제거하더라도 공간은 거기에 그대로 있다. 공간은 그 존재(해 보일 때)와 마찬가지로 그 부재(해 보일 때)에도 존재하는 것이다. 공간의 부재는 그냥 더 많은 공간이다.

그러면, 공간은 '존재'하는가? 존재한다는 것은 무슨 의미인가? 존재가 어떠한 의미를 갖기 위해서는 어떻게든 부재와 구별될 수 있어야 할 것 같다. 그러나 공간의 경우는 그렇지 않다. 공간은 부재하지 않고 존재한다는 사실을 알아챌 수 있게 해주는 그 특성은 무엇일까? 뜨거움-없음, 동글동글함-없음, 단단함-없음, 그것은 공간이다. 뜨거움, 동글동글함, 단단함, 그것도 공간이다. 공간이 존재할 때 존재하는 공간성은 무엇인가? 공간은 특성들을 허용하는 것이다. 그러나 어떤 종류의 특성이라도 있는 곳에서는 그런 특성들이 허용되어 왔고, 따라서 공간은 거기에 있다. 그런데 이러한 '거기 있음(thereness)'은 '거기 있음이 아님(not-thereness)'과 다르지 않다. 공간은 어디에도 머물지 않는다. 공간은 특별한 특성이 없다. 공간은 자성自性이 없다. 공간은 '비어' 있다. 공간 같은 그런 '것'은 없다.

대승불교에서는 "열반은 허공과 같다"고 말한다. 『열반경』이라는 대승경전에서는, 불성佛性은 허공과 같다고 말한다. 『법화경』을 포함해 많은 대승 텍스트들에서는 모든 법, 경험의 모든 요소 자체가 허공과 같다고 말한다. 어디에도 없으면서 어디에나 있다. 이것이

모든 경험에 해당된다면, 그때 모든 경험은 어디에도 없으면서 어디에
나 있고, 결코 시작되지 않았고 결코 멈추지 않았으며, 존재하지도
않고 부재하지도 않다. 왜 그런가? 비어 있어서. 정확히 말하면, 애매하
다. 어디에서나 찾을 수 있지만, 특별히 어떤 곳에서 찾아서는 안
된다. 공간처럼 그것은 항상 그 부재로서도 존재하고, **다른** 어떤 것의
존재로서도 존재한다. 그렇다면, 괴로움의 상태는 무엇인가? 어떤
'상태'가 아니라 허공처럼 어디에도 없고 어디에나 있는 것이다. 그렇다
면, 괴로움의 소멸이라는 상태는 무엇인가? 전혀 어떤 '상태'가 아니라,
오히려 허공처럼 어디에도 없으면서 어디에나 있는 것으로 드러났다.
여기에는 엄청난 인간적 함의가 있으니, 이제 이를 탐색해볼 것이다.

우유가 약이다

이렇게 어디에나 퍼져 있지만 결코 애매하지 않은 이 현존하는 실체를
위해 종종 사용되는 용어가 '불성'이다. 불성은 언젠가 보리菩提를
성취할 '잠재력'으로 종종 설명되지만, 실제로는 그 이상을 의미한다.
그것은 무슨 일이 일어나든 언제 어디서든 항상 이미 존재하고 있는
보리를 의미한다. 초기불교에서는 모든 현상을 '무상無常,' '무아無我,'
'무락無樂' 그리고 '무정無淨'(곧 더럽고 결코 순수하지 않은)으로 설명한
다. 『열반경』에서는 불성을 이 네 가지와 정반대인 것으로 설명한다.
즉, 상(常, 영속함), 락(樂, 즐거움), 아(我, 참된 나), 정(淨, 깨끗함).
대승 이전의 오래된 불교의 가르침에서 그려진 열반과 마찬가지로
불성은 조건에 의해 일어나는 모든 현상과 단순히 정반대다. 그러나

이제 그것은 영속하는 것으로서, 시작도 없고 끝도 없는 것으로 이해된다. 무슨 일이 일어나고 있든, 그것은 항상 거기에 있다. 불성은 선재先在하는 것, 항상 이미 존재하는 열반, 모든 사물에 이미 있는 열반이다. 그리고 그것은 심지어 초기불교에서조차 결코 열반이 아니었던 것, 아我 곧 '자아'다. 자아라니, 모든 불교에서 중대한 금기어였는데! 어떻게 이럴 수 있지? 이것은 불성을 보편적 자아, 브라흐만(Brahman, 힌두교에서 말하는 우주의 원리)에 대한 또 다른 낱말로 만드는 것처럼 보인다. 불교가 브라흐만을 단호하게 거부한 일이야말로 불교를 힌두교나 범신론처럼 묘하게 회피하는 형태보다 더 불교답게 만든 전부였는데 말이다! 이게 맞는가?

저 『열반경』에서 붓다는 이 물음에 대답한 듯한 이야기를 들려준다. 나는 여기서 요점을 더 분명히 하려고 좀 재미있게 풀어서 서술할 것이다. 옛날에 어떤 왕국이 있었는데, 그 나라 백성들은 온갖 병으로 시달리고 있었다. 왕은 백성들을 위해 '건강관리 프로그램'을 개발하려고 유명한 의사를 고용했다. 이야기는 계속되는데, 불행하게도 이 의사는 사실 돈에 눈이 먼 돌팔이였다. 증상이 어떠하든 그는 똑같은 치료약을 처방했다. 그것은 우유로 만든 대단히 중독성이 강한 화합물, 우유약이었다. 두통? 우유약. 암? 우유약. 다리가 부러졌다? 우유약. 눈이 침침하다? 우유약. 우리는 이 우유약이 아편, 가짜 약, 뱀 기름처럼 엉터리 만병통치약이었다고 상상할 수 있다. 왜냐하면 그것은 취하게 만들고 도움이 되는 것 같지만, 실제로는 상황을 악화시킬 뿐이기 때문이다. 중독성이 있어서 그것을 더욱더 요구하기 때문이다. 사람들은 우유약을 받지 못하면, 정말로 기분이 더 나빠졌다. 이렇게 몇 년이 흘렀고, 왕은 백성들의 건강이 실제로는 나빠지고 있다는 사실을 점점 눈치채기 시작했다.

자, 어느 날 새 의사가 도시에 왔다. 물론, 그 의사는 붓다를 상징한다. 그는 왕에게 지금의 의사는 돌팔이라고 말했다. 왕은 지금의 의사를 해고하고 새 의사를 고용했다. 새 의사는 이렇게 말했다. "나의 새 건강 프로그램의 첫 번째 지침은 이것이다. 우유약은 이제 불법이다! 우유약은 독이다! 그건 모든 사람의 건강을 망치는 것이다!" 그때부터 우유약은 불법이 되었고 비난을 받았으며 더 이상 얻을 수 없었다. 백성들은 점점 그 중독을 이겨내기 시작했다. 비록 그 과정이 고통스럽기는 했지만. 그런 뒤에 새 의사는 그들에게 특정한 병증에 맞는 특정한 치료를 해주기 시작했다. 가령, 두통에는 어떤 허브를, 암에는 다른 치료법을, 부러진 다리에는 깁스와 쉴 수 있는 침대를, 눈이 멀게 되면 외과수술을. 각각의 치료법은 달랐다. 각각의 증상이 달랐기 때문이다. 그러나 공통점이 하나 있었다. 우유약이 아니라는 것! 무슨 수를 쓰더라도 우유약은 피하라!

대중의 건강은 이제 좋아졌다. 그런데 어느 날 왕 자신이 병에 걸렸다. 이상한 병, 심각한 병이 그를 덮쳤다. 왕은 그 의사를 불렀다. 의사는 왕을 진찰하더니, 마침내 이런 처방을 내렸다. "이 병에는 오로지 한 가지 치료제가 있습니다. 우유약!"

왕은 충격을 받았다. "그대는 이게 독이라고 하지 않았소? 항상 피해야 할 단 한 가지 아니오? 어떤 병에든 최악의 치료법 아니오?"

의사는 대답했다. "만병통치약처럼 마구 쓰게 되면, 우유약은 독입니다. 끊임없이 처방해서 중독되게 만들면, 독입니다. 병의 진짜 성질을 가려버려서 근본적인 치료를 전혀 못하게 막는 일시적인 버팀목이 되면, 독입니다. 그런데 사실은 우유약을 쓰기에 적합한 때가 있습니다. 장기간의 남용으로 축적되어 있는 결과들을 온몸에서 아주 깨끗하게 씻어냈을 때, 오직 그런 때입니다. 적절한 때에 이 약을 적용하는 일은 그것을 오랫동안 절제하는 것과도 관련이 있는 포괄적인 건강 프로그램의 일부인데, 이는 때때로 유일한 치료제이기도 합니다. 바로 지금, 오로지 우유약만 왕을 치료할 수 있습니다."[4]

이 이야기에서 우유약은 영속성에 대한, 자성自性에 대한, 선재先在에 대한, 그리고 편재하는 희열에 대한 가르침, 곧 불성의 가르침을 상징한다. 나쁜 의사는 영혼, 신, 브라흐만, 영속하고 편재하는 것 따위를 만병통치약이나 일시적 버팀목, 중독성 약물이라고 가르쳐서 모든 특정한 병을 덮어버리는 교사들을 나타낸다. 이런 식으로 사용하면, 참된 자성에 대한 이 가르침은 독이다. 좋은 의사가 우유약의 사용을 금하는 것처럼 불교에서도 당분간 이런 가르침을 금지한다. 전 체계가 깨끗해져야 하고, 개개의 병들은 영원한 것에 대한 사유에 중독되어 마음의 모든 병을 덮어버린 것으로 이해되어서 따로따로 다루어져야 하며, 그리고 세계는 깨져야 한다. 그러나 결국 이 약을 쓸 적절한 때가 있다.

좋은 의사는 모든 병에 똑같은 약을 주지 않고 병마다 필요한 약이 무엇인지 아는 의사다. 이는 물론 '뗏목'의 원리이며, 다음 장에서

---

4 T12, 378a-c와 T12, 617c-618b. 영어 번역본으로는 *The Nirvana Sūtra*, trans. Kosho Yamamoto, in *Buddha Nature Sūtra*, edited by Paul Reid (Seattle: Create Space, 2014), sections V124ff, 65-68 참조.

더 자세하게 검토할 **우빠야**(upāya) 또는 방편의 개념이다. 전반적으로 숙련된 의술의 일부로서 우유약은 필수적인 약이다. 그것을 쓰기에 올바른 때는 언제인가? 오랫동안 그것이 배제되었을 때다. 우리의 몸 체계가 그것을 깨끗이 씻어냈을 때다. 자성自性에 대한, 영속성에 대한 가르침을 펴기에 올바른 때는 언제인가? **무아**無我**와 무상**無常**의 가르침이 완전하게 인식되었을 때다**! 자성과 영속성은 모든 사물은 자아가 없다는 것, 모든 사물은 공이라는 것을 이미 보고 받아들였다는 전제에서만 '참'이며 유효하다. 자성은 무아와 공에 대한 가르침과 **연결될 때**에만 참이다. 『열반경』에서는 그것들을 횃대에 앉아 있든 날아오르든 간에 늘 함께하는 두 마리 새들에 비유하고 있다. 우리는 그것들이 새의 두 날개라고 말할 수 있다. 따로 떨어져서는 어느 쪽의 가르침도 불충분하다.

　이것은 '영속하는 자아'에 대한 참되고 건전한 가르침을 이해하고 그것을 그릇되고 해로운 가르침과 구별하게 해주는 기준을 제공해 준다. 영속하는 자아에 대한 건전한 가르침은 **동시에 무아에 대한 가르침이어야 한다**. 즉, **자아로든 무아로든, 영속하는 것으로든 영속하지 못하는 것으로든 똑같이 타당하게 기술할 수 있는 무엇이어야 한다**. 만약 우리가 생각하고 있는 것이 영속적이지만 비영속적이지 않은, 또는 비영속적이지만 영속적이지 않은, 또는 자아이지만 무아가 아닌, 또는 무아이지만 자아가 아닌 어떤 것이라면, 그것은 불성이 아니다. 불성은 다른 맥락에서는 오히려 비영속적인 것으로 불릴 수 있는 방식으로 영속적이며, 오히려 무아라 불릴 수 있는 방식으로 자아다. 무엇이 그렇게 될 수 있을까?

우리는 이미 한 가지 사례를 보았다. 공간. 공간은 영속적이지도 않고 비영속적이지도 않으며, 영속적이면서 비영속적이다. 어디에나 있는 듯하면서 어디에도 없으며, 어디에도 없는 듯하면서 어디에나 있다. 공간은 비영속적인가? 아니다. 왜냐하면 결코 파괴될 수 없기 때문이다. 채워지든 없어지든 우리가 가진 것은 여전히 공간이다. 공간은 영속적인가? 아니다. 왜냐하면 어디에서나 발견되는 하나의 개별적인 특성은 아니기 때문이다. '거기에서'는 영속적인 것은 아무것도 없다. 우리가 어디서 공간을 찾든 그곳에서 우리가 늘 찾아내는 것은 다른 것—통과 가능성, 통과 불가능성, 이것, 저것, 없어질 수 있지만 여전히 뒤에 공간을 남기는 어떤 것—일 뿐인데, 이것들 가운데 어느 것도 공간이 무엇인지를 구별해 주는 독특한 표식은 아니다. '공간'만 찾아내는 일은 결코 하지 못한다. 그것은 어디에도 없고/없으나 어디에나 있다. 그것은 영속적이고/이거나 비영속적이다. 그것은 아我면서 무아無我다. 불성이 공간(또는 허공)과 같다는 말을 들어도 전혀 놀랍지 않다.

공간은 공간이 되기 위해서 적어도 한 가지, 곧 선택적 특성을 가져야 한다. 그 하나의 특성이 통과 가능성일 뿐이라 할지라도. 그러나 정확히 그것이 가지고 있는 것을 가지고 있어야 하는가? 그대와 나 그리고 모든 존재의 이 모든 다양성, 이 모든 세계, 이 모든 경험? 공간, 깨달음, 모든 현상 또한 무無이면서 모든 것이라 말할 수 있을지 우리는 여전히 확신하지 못한다. 천태불교에서는 그렇다고 말한다. "우리의 모든 경험은 공간의 본질에 붙박여 있으며, 모든 것은 같은 방식으로 존재하면서 부재하고 영속적이면서 비영속적이다"라고. 왜

냐하면 '공간'은 사실 구체적으로 말할 수 있을 만큼 개별적인 어떤
것이 아니기 때문이다. 바꿀 수 없다고, 모든 곳에서나 어느 곳에서나
한 떼의 속성들과 함께 나타나야 한다고 강조할 수 있는 어떤 개별적인
특성이 아니기 때문이다. 모든 것은 '공간'의 본성을 공유한다는 바로
그 동일한 이유 때문에 모두 하나의 본성일 뿐이며, 이 하나의 본성은
구체적으로 명시할 수 있는 본성이 전혀 아니다. 왜냐하면 공간은
변화할 수 없고 어디에나 존재할 수 있지만, 공간은 그 공간 **안에**
존재하는 어떤 것들과도 동일하므로 공간 자체로서 어딘가에 존재할
필요가 전혀 없기 때문이다. 공간은 **오로지** 다른 모든 것으로 존재할지
도 모른다. 조건 지어지지 않으면서 모든 곳에 존재한다고, 어떤 조건
아래에서도 발견될 수 있다고 가리켜 말할 만한 공간이란 없다. 공간은
다른 것들의 형태로 있을 뿐이다. 천태종의 위대한 작가인 담연(湛然,
711~782)은 비유를 들어 도움을 준다. "그것은 허공의 꽃과 같다.
꽃과 허공은 본질에서 아무런 차이가 없다. 그러나 이 허공은 '꽃'이라는
이름과도 '허공'이라는 이름과도 합치하지 않는다. 왜냐하면 허공은
본래 꽃에 대비해서 구별된 것이기 때문이다. 이 공空에는 전혀 이름이
없다. 그대는 이를 꼼꼼하게 미루어 넓혀서 모든 것에 적용해야 한다."[5]

그것이 예외 없이 어디에나 있다는 것을 알게 되면, 우리는 '허공'이라
는 이름을 하늘의 모든 장소에, 심지어 꽃이라 추정되는 것들에도
퍼져 있는 '조건 지어지지 않는 것'에 한정된 이름으로 쓸 수가 없다.
왜냐하면 식별할 수 있는 이 이름은 채워진 공간들, 꽃들에 대비해서

5 담연湛然, 『지관의례止觀義例』 권1(T46, 452c).

주어졌기 때문이다. 일단 이렇게 채워진 공간들은 동일한 것으로 보이게 되는데, 왜냐하면 채우고 있는 대상들이 실질적으로는 허공이기도 하기 때문이다. 그러면 대조할 만한 것이 전혀 없게 되므로 더 이상 '허공'은 그 본성을 나타내기에 적합한 이름이 아니다. 담연이 말했듯이, 이것은 천태사상의 핵심이며 모든 것에 적용된다. 이 확정적인 항목—이 경우에는 허공—은 확실히 두루 퍼지는 데 성공했기 때문에 더 이상 두루 퍼지는 것이 못된다. 바로 그 성공으로 말미암아 자신을 소멸시킨다. 그래서 '그 본성'을 위해 어떠한 이름, 특성, 본질 또는 '본성'이 선택되든 그 성질 자체에 의해서 그 본성에 적합한 이름이 되지 않는다. 하나의 본성은 본성이 아니다. 구체적인 본성은 전혀 조건 지어지지 않는 본성일 수 없고, 동시에 경험으로 나타나는 특정한 일관성은 무엇이든 이 하나의 본성 전체가 되어야 한다. 그리하여 담연은 이렇게 끝맺는다. "모든 작용은 허공과 같은 불성 전체이며, 사실은 이 개별적인 것으로 나타나는 삼천제법三千諸法 전부다"라고. 모든 중생의 모든 순간, 경험의 모든 순간은 어디에나 있고 어디에도 없으며, 모든 것이고 아무것도 아니다.

그러나 어떻게 왜 이렇게 되는지를 이해하기 위해서는 또 다른 요소를 추가할 필요가 있다. 시간! 우리는 시간이 어떻게 생겼는지를, '공'의 시간을, 자성이 없는 시간을 이해해야 한다. 이를 위해서는 『법화경』에 기댈 필요가 있다.

5. 자신이 하는 일을 어떻게 모르는가?

―『법화경』에 대해

우선, 앞의 장들에서 꺼낸 말들을 받아들인다고 가정해 보자. 궁극적인 의미에서 어떤 것이 무엇인지에 대해 실제로 의미 있는 말을 하기는 불가능하다. 그러면, 바로 지금 그대에게 일어나고 있는 일을 알기란 똑같이 불가능하다는 사실도 그대는 기꺼이 말할 수 있는가? 곧이곧대로 받아들이는 건 좀 더 힘들 것이다. 그렇다면 이건 어떤가? 바로 지금 그대 자신이 하고 있는 것을 알기란 똑같이 불가능하다고 그대는 기꺼이 말할 수 있는가?

상식, 도덕성, 존엄성. 이 모든 것들은 확실하게 말할 필요성을 본능적으로 강하게 느낀다. 바로 지금 내가 하고 있는 일을 알기란 불가능하지 **않다**고 말이다. 그것들은 일제히 이렇게 말한다. "물론 '내가 지금 무얼 하고 있지?'에 대한 올바른 대답이 있다. 그것은 내가 하려고 의도한 것이다! 만약 그렇지 않다면, 그 결과는 끔찍할 것이다. 그렇지 않을까?" 나는 지금 여기 서점에서 책을 훑어보는 내 일에 신경 쓰고 있다고 말한다. 나는 누구를 해치거나 어떤 문제를 일으킬 의도가 전혀 없다. 그러나 만약 편집증이 있는 원수가 나타나서 내가 지금 여기서 저지르고 있는 일이 끔찍한 범죄라고 주장한다면? 문제가 있는 관계를 맺었던 사람이라면 확실히 이런 비슷한 경험을 했을 것이다. 나의 단순한 말이 악의적인 공격이나 교묘한 비꼬기로 해석되는 것 말이다. 나는 그냥 앉아서 축구 경기를 시청하고 있는데, 내가 일부러 대화를 방해한다는 말을 갑자기 듣는다. 이어 말다툼이 일어난다. 나는 그런 의도가 없었다고! 아무 잘못이 없어! 해칠 의도는 없었어! 확실히 누구도 자기 행동의 의미를 결정할 권리를 단념하고 싶지 않을 것이다. 법조차 우리 행동의 뒤에 숨은 의도를 고려한다. 우발적인 해악에 대한 처벌은 계획적인 악의를 가졌을 때보다 훨씬 가볍다.

그런데 천태불교는 이 존중할 만한 상식적 표현에 대해 아니라고 말한다. 그대가 '실제로' 마음속 깊이 대화를 방해하고 있었기 때문이 아니다. 그 반대다. 다른 어떤 질문보다도 이 질문과 관련된 것은 '실제로' 전혀 없었다. 가능한 모든 것들에 적용되는 것은 바로 지금 그대의 의도에도, 그대 마음에도 적용된다. 그것은 '사물'이 아니다. 이는 그것이 어떤 다른 세계의 것, 실재하지 않는 것, 영적인 실체라는 것을 의미하지는 않는다. 그것은 자성自性이 공하다는 것을 의미한다. 그것은 그 본성상 모호하다는 것을 의미한다. 그대가 생각하고 있는 것, 의도하고 있는 것, 하고 있는 것은 결코 한 가지 일일 수 없으며, 결코 한 가지 의미만 가질 수 없다. 그대가 누구인지, 그대가 등장하는 이야기, 바로 지금 그대가 하고 있는 일을 통해 그대가 실제로 성취하고 있는 것, 이것들에 대해 그대는 알 수 있는 위치에 있지 않다. 왜냐하면 그것에 대해 알려진 단 하나의 대답은 없기 때문이다.

바로 여기에서 『법화경』은 시작된다. "그대는 그대가 하고 있는 일이 무엇인지 알 수 있는 위치에 있지 않다"는 이런 결론을 이끌어내는 것이 『법화경』이다. 공의 개념이 받아들여진다면, 지금까지는 이것이 아마 꽤 논리적일 것이다. 모호하지 않게 '사물들이 존재하는 방식'은 없기 때문에, 바로 지금 일어나고 있는 일이나 바로 지금 그대가 하고 있는 일에 대해 그대가 하는 생각은 무엇이든 그것에 대한 유일하고 완전한 진실이 될 수 없다. 이건 그 자체로 이미 꽤 충격적이다!

그러나 더 심해진다! 한 가지는 "그대나 다른 누구도 자기 자신이 하고 있는 일에 대해 알 수 있는 위치에 있지 않다"고 말하는 것이다. 그것은 공의 교리를 논리적으로 확장한 것이다. 그러나 그것은 『법화경』에서 말한 것과는 전혀 다른 듯하다. 그대가 하고 있는 일이 무엇인지 알 만한 위치에 있는 사람이 있는가? 언뜻 보기에 『법화경』은 "있다"고 말하는 것 같다. 붓다. 이건 훨씬 더 충격적이다! 거슬린다! 아주 거슬린다! 이 점의 양면을 알아듣게 해주는 문장이 여기에 있다.

여래가 설하는 법은 하나의 상相, 하나의 맛이니, 해탈의 상이요 자유의 상이며 소멸의 상이다. 그리고 궁극적으로 이 모든 법은 일체의 종지種智(즉, 붓다가 갖춘 완벽한 깨달음의 상태)로 이끈다. 중생이 여래의 이 법을 듣고 잘 기억하거나 읽거나 외우면서 수행한다면, 그것으로 얻은 공덕은 스스로도 알지 못한다. 왜 그런가? 중생의 유형, 속성, 실체, 본성이 무엇인지, 그가 무얼 생각하고 무얼 숙고하며 무얼 닦는지, 어떻게 생각하고 어떻게 숙고하며 어떻게 닦는지, 무슨 법으로 생각하고 숙고하며 닦는지, 그리고 무슨 법으로 무슨 법을 얻는지는 오직 여래만이 아시기 때문이다. 중생이 어떤 경지에 머무는지는 오로지 여래만이 여실하게 보시고 아무런 걸림 없이 명료하게 아신다.[1]

『법화경』은 대승의 경전들 가운데서 수수께끼 같은 경전이다. 이 책을 열었을 때, 특히 일부 불교 전통에서 거기에 부여한 엄청난 중요성을 알게 된 뒤에 (그리고 무엇보다 그 자체의 끊임없는 자화자찬에 의해!) 최초의 독자들과 오래된 독자들은 거의 확실히 일본의 선승 하쿠인(白隱, 1685~1768)이 그랬던 것처럼 반응할 것이다. '경전들의 왕'이라는데, 이건 모두 뭐지? 그냥 우화들과 허황한 이야기들을 뒤죽박죽 섞어 놓은 것 아닌가! 실제적인―이렇게 말고 어떻게 말해야 할까? ― 가르침은 포함하고 있지 않는 것 같다! 붓다들은 오로지 하나의 목적을 위해 세상에 나타났다고 선언하는데, 그렇다면 그 목적은 무엇인가? 붓다의 지식과 경험에 관한 것이지만, 그게 무엇인지는 결코 이야기해 주지 않는다. 모든 붓다들은 한 가지 이유로 나타난다고 이야기하지만, 그 이유가 무엇인지는 결코 이야기하지 않는 것 같다. 상당히 재치 있게 '책 없는 긴 서문'이라 불러왔는데, 어느 정도 타당하

---

1 T9, 19b-c. 구마라집의 『법화경』(묘법연화경)을 번역한 것이다. Gene Reeves, *The Lotus Sūtra*, (Boston: Wisdom Publications, 2007), 161-162와 Burton Watson, *The Lotus Sūtra*, (New York: Columbia University Press, 1993), 99와 비교해 보라.

다. '법화경'이라는 가르침과 그게 얼마나 놀라운지에 대해 되풀이해서
말하고 있지만, 우리는 그 가르침을 결코 얻지 못하는 것 같다. 그것은
책 그 자체에 관한 책이며, 그 내용은 놀라운 것을 담고 있다기보다는
이 책의 내용과 그것이 하는 모든 일이 얼마나 놀라운지에 대해 이야기
해줄 뿐이다. 핵심적인 공의 이론에 대해 지나가듯이 가볍게 언급한
것들이 확실히 있다. 2장에는 "처음부터 모든 법들은 열반—곧 적정,
공—의 속성들"이었지만, 그것은 이 주제에 대해 다른 대승경전들에서
보여주는 상세한 설명, 엇갈리는 함의들의 정교함, 그리고 주제의
변주들에 견주면 아무것도 아니다. 대승의 텍스트들에서 전형적으로
발견하는 심오한 철학적 논의가 없고, 깜짝 놀라게 하는 역설도 없으며,
엄밀하고 논리적인 분석도 없고, 경험적 현실에 대한 고집스런 집착도
없다. 그 대신에 우리는 영원한 신성의 경지까지 오른 붓다를, '세상의
주인'을, '세상의 아버지'를 만나게 된다. 거의 일신교의 유일신처럼
밉살스레 오만하고 자기도취적이며 지위에 집착하는 존재로, 다른
모든 사람들에게 군림하고 끊임없이 칭송과 찬양을 요구하며 또 하늘
의 노보대디(Nobodaddy)[2]처럼 세상을 지켜보겠다고 하는 존재로, 이
경전을 '떠받드는' 그래서 모든 붓다들이 '지키고 보호하는' 사람들을
편애하는 존재로 묘사된다. 최악의 동족 편애와 보편적 감시, 즉 불교가
항상 참신하게 거부하는 그런 종교성을 보여주는 셈이다. 여기서
붓다는 그가 하는 말을 믿지 않는 사람, 곧 『법화경』을 듣지만 받아들이

---

2 〈역주〉 '노보대디(Nobodaddy)'는 윌리엄 블레이크(William Blake)의 시에 나오는
  말로, '노바디(nobody, 별것 아닌 사람)'와 '대디(daddy, 아버지)'를 합성한 것이다.
  그 누구의 아버지도 아닌 거짓 신, 힘을 잃은 신을 의미한다.

지 않는 사람에게는 무시무시한 고통을 주겠다고 위협까지 하고 있다. 여기서 그는 한 종교적 견해가 다른 것보다 더 우월하다고 조장하면서 바로 이 텍스트에 헌신하라고 덧붙인다. 확실히 여기서 불교는 마침내 자기 자신을 잃어버렸다! 불교는 단순히 또 다른 '칭찬-보상'의 종교, '우리 신이 더 커' 종교가 된 것 같다.

그런데 천태의 전통에서는 삼제三諦와 일념삼천一念三千의 독특한 가르침을 이 경전에서 이끌어냈다고 오랫동안 주장해 왔다. 많은 이들에게 이것은 훨씬 더 큰 수수께끼였다. 이 이상야릇하고 실망스럽고 하찮은 텍스트가 도대체 이런 난해하고 심지어 심오한 교리들과 무슨 관계가 있단 말인가?

알고 보니, 사실 『법화경』에는 가르침이 있다. 2장 이후를 한 문장으로 기술할 수 있다. "붓다는 말했다, 모든 붓다는 오로지 보살菩薩을 가르친다고." 바로 그것이다. 그것에서 그리고 그것만으로도 우리는 천태사상의 모든 함축적 의미 그리고 『법화경』의 모든 기이한 우여곡절을 끌어낼 수 있으며, 그뿐 아니라 매우 기이한 그 자기-표현도 이해하게 된다. 그것은 곧 모든 붓다의 제자들은 보살들이라는 것, 붓다의 가르침을 받는 이라면 누구나 보살이라는 것, 붓다의 가르침을 받는 이라면 누구나 보살이라는 이 사실을 배우고 있다는 그 사실 자체로 그대는 보살이라는 것이다. 그러나 언뜻 보기에도 지루한 이 진술과 그 심오한 함의를 이해하기 위해서는 잠깐 멈춰 서서 두 가지를 고려해야 한다. (1) 환생, 전생과 내생, 여러 생 등에 대한 불교 교리의 함의, 그리고 (2) 대승에서 보살에 대한 개념. 거기에서 우리는 이것이 시간의 개념에 끼친 영향들을 볼 수 있고, 거기에서 인간의 조건에 대한 천태종의 이해에 이를 수 있다.

윤회는 관계없다

공의 이론은 사실상 인과론을 단순히 '관습적 진리'의 위치로 떨어뜨린다. '하나의 원인'이나 '유한하고 결정 가능한 한 무더기의 원인들'은 '하나의 확정된 결과'로 이어진다는 그런 관념은 어떤 실제 상황을 문자 그대로 표현한 것으로 볼 수 없다. '하나의 원인'이나 '유한하고 결정 가능한 한 무더기의 원인들'은 공의 관점에서 보면 근거 없는 개념이기 때문이다. 합리적인 성향의 불교도 여행자들은 종종 이것 (공)에서 위안을 찾는다. 그러므로 윤회와 전생이라는 저 미신적이면서 경험적으로 개선할 수 있는 교리는 불교 자체 내에서는 궁극적으로 참이 아닌 것으로 간주된다. 그리고 이건 정확하다. 그러나 윤회의 관념은 이 방에 탁자가 있다, 지구는 둥글다, 2 더하기 2는 4다 따위의 주장과 마찬가지로 사실로 간주된다는 점에 주목해야 한다. 이 모든 것 그리고 환생 이론은 관습적 진리들이다. 이것들은 모두 공의 이론에 밀려나 부차적으로 중요하게 되었다. 그렇지만 공의 이론은 그것들을 대체로 예전 그대로 남겨둔다. 공에 의해 바뀌거나 논박당하지 않고 그저 괄호로 묶여 있을 뿐이다. 그래서 합리주의적인 불교도는 정말로 여기에서 위안을 찾을 수 있었다. 그 이론들이 참이든 거짓이든, 고대의 불교도들이 실수를 했든 안 했든, 적어도 이런 것들의 참이나 거짓에 의해 결정되는 것은 별로 많지 않다고 우리는 말할 수 있다. 정말 중요한 것은 공을 꿰뚫어보는 통찰이었다.

한편, 『법화경』은 전혀 다른 길로 간다. 과거세의 삶과 미래세의 삶에 거의 전적으로 집착하는 것 같다. 그리하여 이제 거기에 새로운 중요성이 부여되고 이론 전체가 그것들에 의존한다. 반면에 공은 거의 언급되지 않으며, 언급되더라도 다른 대승경전들에서 볼 수 있는 만큼도 되지 않는다. 『법화경』은 무한한 과거세와 미래세의 삶들에 대한 관념을 완전히 심각하게 받아들이고, 그것들에 대해 말해야 할 거의 모든 것을 그대로 놔두고 있다. 사실 그것은 이 관념을 다음 단계로, 새로운 극단으로 끌고 간다. 그런데 아이러니하게도 그것은 그렇게 함으로써 이 교리의 함의를 근본적으로, 또 공의 관념 때문에 괄호로 묶여 있던 그 교리가 결코 하지 않았던 방식으로 변화시켰다. 이를 이해하기 위해서는 윤회의 개념을 좀 더 자세하게 검토해야 한다.

윤회설은 천당과 지옥에 대한 신앙처럼 사후 세계에 대한 이론으로 보일 수 있다. 그 자체를 일종의 위안으로, 죽음의 두려움을 완화해 주는 것으로 여길 수 있다. 그대의 죽음이 그대의 끝은 아니라는 것, 그 이후에도 삶이 있다는 것, 수많은 삶을 살아 왔고 앞으로도 더 많이 살게 되리라는 것을 의미하기 때문이다. 그러므로 몇몇 변형된 윤회설을 당연한 것으로 받아들이는 힌두교, 자이나교, 불교 같은 고대 인도의 종교들이 예외 없이 그것을 위안의 정반대로 간주한다는 사실은 틀림없이 이상하게 보일 것이다. 분명히 말하자면, 그것은 오히려 풀어야 할 문제다. 왜?

엄밀히 말하면, 불교는 '환생(還生, reincarnation)'의 교리를 거부한다. 왜냐하면 변하지 않은 채 새로운 몸에 들어갈 수 있는 정적이고 영원한 영혼의 관념을 거부하기 때문이다. 그보다는 특정한 존재의 어떤 행위와 경향이 인과적으로 계속 이어져 다음에 태어날 때 영향을 끼친다. 마치 물을 통해 움직이는 파도처럼. 물 자체는 앞으로 나아가지 않고 다만 제자리에서 오르락내리락 하지만, 파도는 물을 통해 전하는 어떤 성격을 가지고 있다. 물론 파도는 이전과 이후가 '똑같지' 않다. 그와 관련해서 동일하게 유지되는 어떤 식별 가능한 것이 하나라도 있을 필요는 없다. 크기, 속도, 모양은 모두 변할 것이다. 중요한 것은 이전의 파도와 이후의 파도 사이의 인과적 연속성뿐이다. 중요한 것은 그것들이 동일한 인과적 서사에 속한다는 사실이다. 그것들은 연속적으로 전개되는 똑같은 이야기의 구성 요소들이다. 초기불교 텍스트들은 이렇게 주장한다. "미래의 사람은 그 자신도 아니고 다른 사람도 아니다." 따라서 불교 이론은 영혼의 개념을 거부하지만, 경험적으로는 만날 수 없는 인과적 연속성을 받아들인다. 태어나고 썩어가는 내 몸의 이야기 외에 더 큰 이야기가 있어서 내 삶 또한 인과의 일부로 포함하고 있다. 그래서 불교의 경우에 우리는 '환생' 대신에 '윤회'라는 용어를 쓸 것이다. 그렇지만 현재 우리의 목적을 위해 두 용어는 동일한 것이나 마찬가지다. 왜냐하면 영혼과 관련이 있든 없든, 내세를 믿은 고대 인도의 신자들은 이것이 끔찍한 일이라고 생각했고, 거기에서 벗어나기 위해 현세의 삶을 기꺼이 바쳤다. 사람들은 이것이 '비관론'이나 부정적인 인생관과 관계가 있다고 종종 생각한다. 어떠한 존재도 존재보다 더 낫지 않다. 그러나 그것은 여기서 전혀 핵심이 아니다.

전생, 윤회, 환생 따위에 대한 이런 관념이 완전히 진실이라 하더라도 죽음의 두려움을 달래주는 위안은 절대 아니라는 것, 이것이 핵심이다. 왜냐하면 그 교리가 참이라 할지라도, 모든 것이 이 경전들이 단언하는 그대로라 할지라도, 그대는 이생의 삶을 전혀 기억하지 못할 것이기 때문이다. 내세가 있는지 지금 확신하지 못하는 것처럼, 가설이지만 그대는 그때도 마찬가지로 확신하지 못할 것이다. 그대는 평생토록 영원한 삶을 확신하지 못했고, 그대가 가질지도 모를 모든 미래의 삶도 확신하지 못할 것이다. 의식의 연속성이 죽음의 순간에 끝날 것이라는 그대의 두려움은 전적으로 참이다. 왜냐하면 의식의 연속성은 그대 자신과 그대의 삶에 대한 그대의 기억으로 이루어져 있기 때문이다. 그것은 그대가 지금 그대 자신의 과거라고 생각하는 것과 관련이 있다.

모든 면에서 그대보다 훨씬 더 나은 또 다른 존재로 즉시 변할 것이라는 데에 그대는 동의하는가? 또는, 적어도 지금 원하는 모든 것을 가지는 사람으로 변한다면? 그대가 지금 바라지만 얻을 수 없는 온갖 특권과 즐거움을 가진, 더 강하고 더 건강하며 더 권력 있고 더 부유한 사람으로 변한다면? 만약 조건이 있어서 지금의 그대 모습을 전혀 기억하지 못할 것이라고 한다면, 어떡하지? 그대는 이걸 바랐다는 것도, 이런 변모에 동의했다는 것도 기억하지 못할 것이다.

그대가 죽으면 그대에게 일어날 일은 이것이라고 불교도들은 말한다. 그대의 다음 생이 아무리 대단할지라도 말이다. 비록 그게 참이라 해도, 그것은 정말로 그대와 거의 관계가 없다. 더 나은 그 사람은 더 좋아진 그대 자신일까, 아니면 완전히 다른 사람일까? 그대는 계속 존재해 왔는가, 아니면 단순히 대체되었는가? 이 물음에 대해

명쾌하게 대답하지 못한다면, 그대가 죽음에서 살아남는 일을 경험하고 확신할 수 있는 순간이 결코 없다면, 기뻐할 이유는 거의 없을 것 같다.

기독교인이나 무슬림이 사후 세계에 대해 가진 관념은 실제로 **확인될** 어떤 것이다. 신자들이 주장하기로는 말이다. 그대는 죽으면, 순식간에 천국이나 지옥에 있는 그대 자신을 보게 된다. 그때 그대는 스스로 이렇게 말할 수 있다. "아하, 천국이 있다는 내 말은 맞았어! 지금 나는 내가 기대했던 대로 거기에 있어!" 혹은 그대가 믿지 않는 사람이었다면, 이렇게 말할 수 있다. "우와, 이제 보니 그들이 옳았어, 지옥이 있어!" 그러나 힌두교나 불교 또는 자이나교에서는 이런 순간이 결코 오지 않는다. 그대가 다시 태어난다고 할지라도, 그대는 그걸 알지 못한다. 윤회의 교리는 결코 경험으로 확인되지 않는다. 사실, 경험으로는 결코 확인할 수 없다. 당연하게도, 그것을 경험하고 있다는 것은 경험하고 있음을 확실히 알지 못한다는 것이 된다. 설령 상황이 그들이 말한 그대로라 할지라도, 그대의 경험은 다르지 않을 것이다. 바로 지금의 그대 경험과 꼭 같을 것이다. 살아있지만, 사후 세계가 있는지 없는지 확신하지 못한다는 것. 그것이 사후 세계가 될 것이다.

그대가 관심을 가진 것과 똑같은 것에 깊이 관심을 갖고 그대가 터득한 것과 똑같은 특별한 기술을 가지고 그대의 일을 계속 하겠다는 사람이 되었다는 또는 그런 사람으로 대체되었다는 기억이 없다면, 좀 더 위안이 될까? 이 또한 불교에서 묘사한 그림의 일부이며, 아마도 여기에는 위안이 될 게 좀 있을 것이다. 그러나 이것이 우리에게 중요한 이유는 이 교리에 대해 중요한 것을 알려주기 때문이다. 이런 교리는 죽음 앞에서 전혀 실제적인 위로가 되지 못한다는 논리, 바로 그 논리가 우리에게 '자신들의 미래' 운명에 관심을 가질 이유를 주지 않는 것처럼 보인다. 이 미래의 사람이 나를 전혀 기억하지 못하고 그래서 성공을 위해 나를 확실하게 믿지도 못하며 실패에 대해 나를 탓하지도 못한다면, 왜 그의 행복에 관심을 가지며 그의 행복을 보장하기 위해 지금 일해야 하는가? 그가 괴로워할지 기뻐할지 내가 왜 신경을 써야 하는가? 지금 우리가 '다른' 누군가를 우리 자신의 한 양상으로, 또는 동일한 이야기의 일부로, 또는 우리가 속한 동일한 연속성의 한 요소로 생각하도록 만드는 것이 무엇인지를 숙고하는 데서 그 대답이 나온다.

제리 사인펠드(Jerry Seinfeld)는 터무니없어 보이는 이 상황을 제대로 짚는데, 그럼에도 그것은 일상적 현실의 일부분이다.

나는 잠을 충분히 자지 못해. 밤늦게까지 깨어 있는데, 저녁형 인간이기 때문이지. 저녁형 인간은 늦게까지 깨어 있고 싶어 해. "다섯 시간쯤 자고 일어나는 건 어때?" 오, 그건 아침형 인간의 문제야. 내 문제가 아니라고, 나는 저녁형 인간이니까. 나는 내가 원하는 만큼 늦게까지 깨어 있어. 그래서 너는 아침에 일어나면, 녹초가 되지, 몽롱하지 … 우우, 난 저 야간형 인간이 싫어! 이봐, 저녁형 인간이 늘 아침형 인간을 엿 먹여. 아침형 인간이 할 수 있는 일은 아무것도 없어. 할 수 있는 유일한 일이라고는 종종 충분히 늦잠을 자서 점심형 인간이 일자리를 잃고 저녁형 인간이 돈이 없어 외출도 못하게 하는 거지.[3]

왜 저녁형 인간이 아침형 인간을 걱정해야 하는가? 아침형 인간은 딴 사람이다. 피곤한 건 아침형 인간의 문제다. 밤늦게까지 깨어 있는 경험은 그 자체로 완전하다. 그 다음날 몽롱함이 전혀 문제를 일으킬 것 같지 않다.

이 두 경험은 전혀 공통점이 없다. 그렇지만 어느 정도 인과적 연속성은 있는 것 같다. 하나는 다른 하나의 원인이다. 그러나 결과가 원인과는 '다른' 어떤 것이라면 ─당연히 그래야 한다. 그렇지 않으면 인과성이 없으므로!─ 왜 원인이 결과에 신경 써야 하는가? 어젯밤 특정한 순간에 오늘 아침 편안했으면 하고 바랐던 일을 그대는 기억하는가? 왜 그대는 이걸 바랐던 것일까? 그런데 사실은 우리가 종종 그렇게 한다는 점이다. 불교의 무아론에 따르면, 자신을 위한, 자신의 미래를 위한 우리의 이기적인 관심으로 보이는 것은 사실 이미 '다른' 누군가에 대한 동정심이다. 그리고 정말로 이 점을 밀어붙이고 싶다면, 우리는 불교의 '찰나성' 개념을 고려해야 한다. 왜냐하면 붓다에 따르면, 그대는 찰나마다 다른 사람이기 때문이다. 커피잔으로 손을 뻗칠 때와 잔을 입술에 댈 때 사이의 그 짧은 시간에도 수십억의 태어남과 죽음이 있었다. 그러면 그대는 어떻게 '잔에 손을 뻗치는 사내'가 '마시는 사내'를 신경 쓰도록 만들었는가? 우리가 아무리 짧은 시간에 초점을 맞추고 싶더라도, 어떤 행동이든 항상 다른 것과, 시간과 관계를 맺는다. 따라서 가장 이기적인 행위조차 사실은 늘 '다른' 누군가를 위해 한 일이다. 가장 가까운 미래의 나.

---

3 "The Glasses," *Seinfeld*, season 5, episode 3, Sony Television, September 30, 1993.

다시 말하면, 이기심은 사실 일종의 가장 편협한 동정심이다. 내 시야가 좁다면, 내 동정심은 극단적으로 편협해진다. 나는 오직 '지금부터 5분간의 사내'를 신경 쓴다. 그래서 나는 더 취해서 아침형 인간이 숙취를 걱정하도록 내버려두는데, 그건 그의 문제지 내 문제가 아니다. 내가 좀 더 주의를 기울인다면, 그것은 단지 내 동정심이 좀 더 확장된다는 의미다. 나는 아침형 인간이 그렇게 힘들지 않았으면 한다. 내가 신중하다면, 내 동정심은 더욱더 확장되거나 어쩌면 선택적으로 도약할 것이다. 나는 '지금부터 5년간의 사내'에 마음을 쓰고, 그래서 술을 마시러 나가는 대신에 공부하고 일한다. '지금부터 5년간의 사내'가 행복해 하는 한, '지금부터 20분간의 사내'와 '내일의 사내'는 내가 마음 쓰는 모든 것 때문에 괴로울 수 있다!

이미 알 수 있었듯이, 이기심과 동정심의 이분법은 불교적 맥락에서는 절대적일 수 없다. 동정심은 피할 수 없다. 그것은 모든 중생의, 모든 행위의, 모든 생명의 필수 조건이다. 단지 적용 범위와 적용 기준이 문제될 뿐이다.

그러면, 윤회의 교리는 실제로 무엇이 되는가? 위에서 우리는 다시 태어나는 경험은 태어나지 않는 것과 다르지 않을 것이라고 보았다. 그것은 과거나 미래의 삶에 대한 지식이나 기억이 없는 채로 살아있는 것에 불과할 것이다. 윤회를 주장하는 것은 전혀 위안이 되지 않는다. 왜냐하면 고작 지금 경험하고 있는 것을 주장할 뿐이기 때문이다. 그런데 불교에서는 한 가지 예외가 있는데, 윤회가 사실상 확인되는 유일한 경험이다. 바로 붓다의 경험!

붓다의 깨달음은 전통적으로 두 가지 요소를 포함한다고 알려져 있다. (1) 의존하여 함께 일어나는 일, 괴로움, 무아, 비영속성에 대한 통찰, 그리고 (2) 자신을 포함한 모든 중생의 전생과 내생을 보는 일. 이것이 이 모든 문제의 열쇠다. 붓다가 되는 일은 과거 존재들의 어떤 무더기를, 이전보다 더 큰 과거 존재들의 무더기를 자신의 전생처럼 본다는 것을 의미한다. 윤회의 실상에 대한 이 살아있는 경험은 무아를 동시에 깨달은 사람에게만, 이런 자신의 전생들을 더 이상 그의 자아로 또는 어떤 자아로 보지 않는 사람에게만 생긴다. 자아의 공을 경험하는 것만이 다른 자아들을 그의 현재 자아와 거의 같은 정도의 존재로, 더 정확히 말하면 거의 없는 존재로 보게 해준다. 왜냐하면 이것들은 이제 정확히 똑같은 것을 의미하기 때문이다. 자아의 윤회를 경험하는 일은 이미 자아의 윤회를 넘어서는 일이며, 반대로 자아의 윤회를 넘어서면 그 자신의 무아인 자아들의 무한성을 경험하게 된다. 공은 그 모든 광대한 다양성 속에서 윤회를 경험하는 일인데, 이는 엄밀하게 그것 또한 그 문자의 의미 그대로가 아님에 대한, 궁극적 실재의 결여에 대한 결정적인 경험이기 때문이다.

요컨대, 내가 매순간 나 자신이 바뀌고 있다고 여기지 않는 한, 윤회는 무관한 일이고 위안이 되지 않으며 위협도 되지 않는다. 그것은 그저 경험되어서 진실임이 증명되는 것이 결코 아니다. 당연하게도 그것은 결코 있을 수 없다. 그 대신, 그 의미는 순전히 내가 현재의 순간에서 그것을 고찰해 그렇게 이끌어낸 것이다. 나는 나 자신이 과거와 미래의 삶을 가지고 있다고 생각하는 딱 그 정도로만 과거의 삶과 미래의 삶을 갖는다. 왜냐하면 가능한 유일한 경험은 그것이기 때문이다. 현재의 나 자신으로는 그런 삶을 결코 경험할 수 없다.

그렇게 환생한 미래의 현재에는 지금의 나를 잊는 일이 있을 뿐이다. 그것은 이전보다 더 큰 이야기 속에, 더 큰 연속성 속에, 더 큰 인과의 연쇄 속에 놓여 있는 나 자신을 보는, 그 이상도 이하도 아닌 경험이다. 그것은 현재의 순간에 과거와 미래를 조망하는 것으로서, 그런 다른 경험들을 어떻게든 '그 자신의 것'으로 여기는 관심이나 동정심의 범위가 확장되는 것으로서 경험할 수 있을 따름이다. 무한한 출생과 삶이라는 더 큰 맥락의 일부로서 그 자신을 보는 일은 현재 순간의 한 기능이다. 그러나 이것은 깨달음의 경지에서만 경험할 수 있다. 붓다는 윤회에서 벗어난 분이다. 게다가 어떤 면에서는 윤회를 경험한 적이 있는 유일한 분이기도 하다. 윤회에서 **벗어나는** 일은 윤회를 **경험**할 수 있는 유일한 길이다.

보살

'보살'은 '깨달은 존재'를 뜻하는 말이다. 처음에 불교에서는 '붓다가 될 사람'을 가리키는 데 쓰였다. 여전히 상좌부 불교(Theravāda Buddhism)의 중심인 팔리어 원전에서는 본래 한 번에 단 한 명의 보살이 있다고 한다. 그것은 석가모니 붓다의 전생들과 보리수 아래에서 완전한 깨달음을 얻는 순간까지 그의 현생을 가리킨다. 그가 깨달음을 얻었을 때, 보살로서는 종지부를 찍었다. 그 대신에 그는 **아라한**(arhat)이 되었다. 물론 그는 붓다도 되었다. 우리는 대승불교에서, 『법화경』에서 그리고 천태사상에서 무슨 일이 일어나고 있는지를 이해하기 위해 이 모든 용어들의 함의를 명확하게 드러내야 한다. 여기에 다음과 같은 이야기가 있다.

붓다는 괴로움에 대한 진리를 **발견한** 어떤 사람이다. 괴로움은 무엇이며, 어떻게 그것을 없앨 수 있는가 따위. 붓다는 다른 이들에게 이 진리를 **선언하고 가르치는** 사람이기도 하다.

붓다가 괴로움을 소멸시키는 길을 가르치자, 한 무리의 사람들이 그 길을 듣고 배웠다. 그들이 그것은 이치에 맞다고 결정한다면, 그들은 붓다의 신봉자가 된다. 이 신봉자들은 성문聲聞, 문자 그대로 '소리를 듣는 이들'이라 불렸는데, 붓다의 가르침을 듣는 사람들이다. 성문은 괴로움에서 자유로워지기 위해 이 가르침에 따라 실천한다. 성공적으로 실천하게 되면, 그들은 아라한이 된다. 아라한은 이번 생에서 이미 완전한 열반에 이른, 괴로움의 소멸을 이룬 사람이어서 다시는 이런 괴로움의 세계나 다른 어떤 세계에 결코 태어나지 않을 사람이다. 모든 세계는 세계로서 괴로움의 세계이기 때문이다. 석가모니 붓다도 아라한이라 불렸는데, 그 스스로 괴로움을 소멸시켰고 결코 다시는 태어나지 않을 것이기 때문이다. 그는 아라한이면서 붓다였다.

초기의 불교 신화에 따르면, 붓다가 가르칠 때마다 기이한 사내가 있었다. 그는 다른 청중들과는 완전히 다른 어떤 것을 하는 사람이었다. 다른 청중들처럼 그는 이 붓다가 가르쳐준 길을 실천하고 가능한 한 이번 생에 괴로움의 소멸을 이루며 아라한과를 얻으려 애쓸 수도 있었다. 그러나 그 대신에 그는 아라한보다 다음 붓다가 되겠다는 맹세를 했다. 이는 그가 여러 번 다시 태어나야 한다는 것을 의미한다. 붓다가 되는 훨씬 더 큰일을 위해서는 더 많은 기술이, 더 많은 덕성이, 더 많은 '공덕' 쌓기가 필요할 것이다. 전생담前生譚에는 석가모니 붓다가 보살이었던 전생의 이야기들이 나온다. 원숭이, 왕, 호랑이 따위로 태어나 자기희생과 자비심을 실천하면서 그 각각의 모습으로 실제적이고 상호적인 지혜를 얻었다. 이 모든 것들은 그가 아라한과阿羅漢果라는 짧지만 직접적인 길을 버려두고 깨달음의 경지로 가겠다고 선택함으로써 떠맡게 된 일의 일부다. 그 차이는 무엇인가?

아라한들과 붓다들은 모두 똑같은 것을 원한다. 괴로움의 소멸! 그리고 둘 다 그것을 얻고, 개인적으로 그것을 깨닫는다. 괴로움의 소멸에서는 그들 사이에 전혀 차이가 없다. 붓다는 괴로움의 소멸을 실현한 데 더해 괴로움을 소멸시키는 방법도 깨닫고 스스로 그것을 발견한다는 (또는 엄밀하게 말해서, 다시 발견한다는) 점이, 심지어 이번 생에서 다른 누구로부터 배우지 않고서도 그렇게 했다는 점이 유일한 차이다. 더 나아가 붓다는 다른 이들에게 가르치기도 한다. 괴로움을 소멸시키는 방법을 다시 발견하고 가르치기 위해서는 이 세상에 좀 더 오래 머물면서 좀 더 많은 일을 배우고 좀 더 많은 기술을 터득할 필요가 있다.

이미 최상의 것을 얻었는데, 무얼 더 배워야 한단 말인가? 자신의 괴로움을 소멸시키는 방법. 다른 사람들에게 그것을 어떻게 설명할 것인가를 배워야 한다! 이는 다른 사람들이 어떻게 생각하는지, 그들과 어떻게 대화할 것인지를 배워야 한다는 뜻이다! 이는 성문이나 아라한은 신경 쓸 필요가 없는 일이다. 오로지 붓다만 한다. 이런 맹세를 한 뒤 여러 존재들과 상호 작용을 계속하면서 기술들과 지혜를 얻고 언제나 다른 존재들을 돕는 동안에, 여전히 아라한은 아니지만 미래의 붓다이므로 보살이라 불린다. 그는 왜 이런 맹세를 하는가? 그는 왜 이런 고생을 하는가? 현존하는 붓다의 가르침은 결국 사라지리라는 사실을, 먼 미래의 세상에서는 또 다른 붓다가 필요해지리라는 사실을 알고 중생을 위해 자비심을 일으켰기 때문이다. 그런데 그는 왜 신경 쓰는가? 아마도 그는 자신이 원할 때는 언제든지 괴로움을 소멸시키고 아라한이 될 힘을 지니고 있기 때문일 것이다. 아마도 아라한일 때 그는, 다른 중생이 괴로워한다는 생각을 포함해 그 어떤 것으로도 괴로워하지 않을 것이다. 그러나 그 자신의 괴로움을 소멸시키기 전에는 그도 다른 이들의 괴로움을 생각하면서, 미래의 괴로움을 생각하면서 여전히 괴로워한다. 바로 이때, 그는 단순히 괴로움을 벗어난 또 하나의 아라한이 되기보다는 붓다가 되기로 맹세한다.

대승불교에서 보살들의 역할과 가치는 대단히 확장되었다. 그들 가운데 상당수는 매우 강력하며, 성문이나 아라한보다 더 위대하고 더 존경받을 만하다. 원래의 보살과 마찬가지로 그들은 맹세한다. 그들은 자발적으로 이 세상에, 괴로움의 삶 이후의 삶에 머문다. 그들은 신들과 같다. 종교사의 관점에서 보자면, 그들은 다른 종교에서 신이 할 일을 대신하는 존재들이라고 할 수 있다. 그들의 마음은 중생에 대한 자비로 가득하며, 전통적인 붓다들이나 위대한 아라한들과 달리 그들은 여전히 주위에 있다. 그들은 그 위대한 맹세들, 무수한 겁 동안 해온 위대한 실천들, 그 위대한 지혜 등을 통해 이적을 일으키는 초자연적인 힘을 갖는다. 신들처럼. 비록 우리는 그들을 볼 수 없지만, 그들은 현존하며 우리의 기도를 듣는다. 그들은 헌신적인 행위에 응답하고, 불교 수행자들을 보호하고 지키면서 이들을 고통에서 구제하며 그 수행이 향상되도록 도와준다. 평범한 사람들이나 일반적인 불교 수행자들에 견주면, 그들은 참으로 신들과 같다. 그들은 붓다의 경지에 한두 걸음 정도만 모자라지만, 중생을 향한 자비심에서 거기에 남기로 선택한다. 그럼에도 그들은 여전히 똑같은 이유로 여기에 있다. 괴로움을 소멸시키기 위해서, 이 세상에서 벗어나기 위해서, 그리고 다른 모든 이들이 이 세상에서 벗어나도록 돕기 위해서.

명심해야 할 또 다른 점은, 우리가 『법화경』에 대해 그토록 중요한 점을 충분히 인식하게 된다면, 대승의 다른 곳에서는 보살들이 규칙이라기보다는 대단히 예외적인 존재로 여겨진다는 사실이다. 얀 네이티어(Jan Nattier)가 '소수 정예(a few good men)'라 표현했듯이[4] 그들은 특수 부대이며, 전체 불교 신도들과 수행자들 가운데서 극소수다. 비록 그들 가운데 한 명 이상이 특정한 때에 이 광대한 우주에 존재하고 있지만, 대다수의 불교도들은 보살이 아닌 존재로 여겨진다. 열반하려고 노력하는 성문들 또는 이미 그것을 성취한 아라한들.

돌고래 학교

왜 『법화경』이 충격적이면서 변화를 이끄는 가르침이 되는지를 이해하기 위해서 약간 상상력을 보태 이야기를 해보자. 이것은 결국 연꽃 자체가 자주 하는 일이며, 바로 이 활동(핵심을 다양하게 예시하려고 이야기들을 지어내는 일)이 붓다를 붓다로 만드는 것임을 계속 확인하는 일이다. 다른 각도에서, 대화 상대자의 관점에서 사물을 바라보려

---

4 Jan Nattier, *A Few Good Men: The Bodhissatva Path According to "The Inquiry of Ugra"*, (Honolulu: Hawai'i University Press, 2005).

애쓰기 그리고 소통하는 길을 찾기. 우리가 무얼 할 수 있는지 보자.

한 사내를 떠올리고, 그를 빌 고타마라 부르기로 하자. 그는 자기 주위에서 일어나고 있는 일들을 보면서 아주 괴로워하게 된다. 이 세상의 삶은 피할 수 없는 문제들이 에워싸고 있는 것 같다. 그는 누구와 함께 있든 어디에 있든 자신이 경험하는 모든 일들에서 일종의 압박감을 느낀다. 그는 상황이 더 나아지는지 보려고 세상의 수많은 다른 곳들에 가보려고 노력한다. 시골에서 마을 사람들과 함께하기, 대도시들에서 힙스터(유행을 좇지 않고 자신만의 독특한 패션이나 문화를 추구하는 부류)들과 함께하기, 산꼭대기에서 혼자 있기, 대자연에서 야외 활동가들과 여행하기, 대상隊商들에 섞여 사막 횡단하기, 밀림에서 원숭이들과 나무에서 생활하기 등등. 그러나 어디를 가든지 그는 자신이 어떤 생명체와 함께하든 사이좋게 지내지 못한다는 것, 그리고 그들 모두 서로 아웅다웅하며 환경 때문에 어려움을 겪는다는 것을 알게 된다.

이 일이 있은 뒤, 그는 몇 년 동안 사라졌다. 그가 어떻게 되었는지 아무도 모른다. 어느 날, 그는 다시 나타나 마침내 답을 찾아냈다고 발표한다. 지난 몇 년 동안 그는 바닷속에서 살았으며, 그곳에서 완전히 조화롭고 행복이 넘친 사회를 발견했다. 돌고래들. 그는 말한다, 알고 보니 지구 표면에서 사는 게 문제였다고. 누구나 겪는 압박감, 모든 사람을 짜증나게 하고 기진맥진하게 만드는 압박감은 땅 위를 돌아다녀야 한다는 것과 땅이 야기한 결핍이라는 가혹한 조건들 때문이었다. 필요한 것을 얻으러 가서 다른 사람들과 같은 수준에 있으려면 꽤 많은 노력을 해야 하는데, 그것은 우리 모두 부자연스런 환경에 있기 때문이다. 반면에 돌고래들은 부드럽게 또 거의 무중력 상태처럼 우아하고 편안하게 충분히 돌아다닌다. 그 결과, 그들은 자연스럽게 서로 사랑하고 이해하는 것 같다. 빌 고타마는 이제 이렇게 말한다. 좋은 소식은 그가 기술을 개발했기에 그것으로 땅에 사는 우리 모두가 물속에서 살며 돌고래들과 소통하는 법을 배울 수 있으며 돌고래들의 행복한 삶에 참여할 수 있다는 것이다. 그들은 우리를 환대할 것이고, 그곳에는 우리 모두를 받아들이고도 남을 만큼 넉넉한 공간이 있다.

소수의 몇 사람은 그가 말한 것을 마음에 새긴다. 그들은 생각한다. 그래, 땅 위의 이 삶은 희망이 없어. 저 만연한 압박감에 대한 그의 묘사, 우리는 그가 말하고자 한 바를 정확히 안다. 그리고 그는 그렇게 믿을 만한 증인이기 때문에, 이에 관해 그만큼 훌륭한 판단을 하는 것 같기 때문에, 우리는 그를 믿을 마음이 생기고 그의 기술을 배우려 노력한다. 결국 빌은 말한다. 우리 모두 앞장서서 이 기술을 배우고 스스로 물속에서 살며 직접 확인할 수 있다고. 그는 우리에게 맹목적인 믿음을 전혀 요구하지 않으며, 단지 기술을 배우라고만 한다. 그는 아주 친절하게 우리를 가르친다.

빌 고타마는 호텔 무도장에서 몇 차례 세미나를 개최한다. 처음에는 몇몇 모험적이고 이미 환멸을 꽤 느낀 영혼들만 나타나지만, 마침내 그 운동은 점점 커진다. 빌은 사람들에게 어떻게 하면 평소보다 더 길게 숨을 참을 수 있는지 가르친다. 그는 사람들에게 스쿠버 장비 사용법을 가르치고 또 서서히 그것 없이 지내는 법을 알려준다. 그는 폐를 아가미로 바꾸는 방법도 소개한다. 그는 수영 강습을 하고, 돌고래 언어로 몇 가지 기본적인 문구를 설명하기 시작한다. "어떻게 지내니?"

"고마워!" "네 이름은 뭐니?" 등등.

운동이 점점 커지게 되자, 빌 고타마는 이제 모든 교육을 자신이 다할 수 없다. 자신의 매우 앞선 학생들 가운데서 몇 명의 조수를 고른다. 이들은 물속에서 숨쉬며 헤엄치는 기술을 터득한 사내들이고, 돌고래 언어도 이미 습득했다. 사실 그들은 이제 돌고래 세계에서 살 준비가 되어 있다. 그러나 그들은 친절한 마음에서 여기 이 땅에 머물며 점점 더 요구가 많아지는 교육을 맡아 빌을 돕기로 한다. 이제 전 지구의 모든 나라들에 수천, 수백만의 사람들이 있어 돌고래 기술을 배우고 싶어 한다. 빌의 뛰어난 조수들은 이미 그 기술에 대해 알아야 할 것은 모두 알고 있지만, 빌은 그들의 교수법을 도와주기 위해 그들과 특별한 모임을 가져야 한다. 그는 개인적으로 기술을 다 가르친 뒤에 몇 가지 실마리, 교실에서 흔히 일어나는 문제들, 분쟁을 조정하는 방법 따위를 찾아내고 그들과 그것들을 공유할 수 있다.

때때로 수천 명의 입문자들에게 하는 큰 강연에서 빌은 짬을 내 그의 뛰어난 조수들을 칭찬하고 고마워할 것이다. "여기 맨 앞줄에 있는 이 다섯 명이 보이시오? 이들은 나의 뛰어난 조수들이오. 오, 이들은 대단한 일을 해내고 있소! 이들이 할 수 있는 일 몇 가지를 말해주겠소!" 그리고 그는 계속해서 그들의 놀라운 기술들과 영웅적 행위들에 대해 열거한다. 이 조수는 오랫동안 힘든 공부와 수행을 해서 거꾸로 된 수중 수영에 능숙해졌는데, 그게 그의 장기다. 저 조수는 가장 맛있는 수중 식물들을 모을 줄 아는 고수인데, 어떻게 하는지 그대들에게 보여줄 수 있다. 또 이 조수는 프랑스어를 유창하게 하는데, 프랑스 문화와 언어를 이해해서 이 기술을 배우고 싶어 하는 많은 프랑스 입문자들을 더 잘 가르치려고 20년 동안 프랑스에서 살았다. 저 조수는 선진 공학의 학위를 받으려고 떠났는데, 공학자들이 이해할 수 있는 방식으로 말할 수 있게 되었다. 저 조수는 체스의 대가가 되었고, 그래서 이 기술의 요령을 터득하는 데는 아주 힘들어하지만 체스는 매우 잘 하는 입문자들에게 체스의 비유로 훨씬 더 잘 표현할 수 있게 되었다. 이 앞선 조수들 모두 언어, 기술, 문화, 방법론, 다양한 지역의 전승들을 배웠는데, 그 모두 이 메마른 땅을 영원히 떠나 해저에서 돌고래들과 함께하기 위해 배워야 할 기술들을 더 잘 전달하기 위해서다.

그리고 이 일은 몇 년 동안 계속된다. 그리고 어느 날, 빌 고타마는 자신이 할 수 있는 일을 모두 다했다고 말한다. 그는 마침내 앞장서서 오랫동안 기대하던 삶으로, 저 수중에서 돌고래들과 함께하는 삶으로 나아간다. 다행하게도 앞선 조수들이 여전히 남아 있으면서 온갖 다양한 방식과 언어로 다른 사람들에게 돌고래의 기술을 계속 가르칠 것이다. 모든 사람이 수중 세계로 성공적으로 이동할 수 있을 때까지 필요한 모든 방법을 다 쓸 것이다. 그런 앞선 조수들이 있으니, 얼마나 운이 좋은가! 그들은 얼마나 비범한가! 얼마나 능숙하고, 얼마나 자비로운가! 그들 없이 우리는 무얼 할 것인가?

수중으로 옮겨갈 준비가 되기 직전에 빌은 또 다른 모임을 가졌다. 그것이 『법화경』이다. 여기에서 그가 한 말은 이것이다. "내 학생들은 모두 뛰어난 조수들이다."

이것은 중대하고도 깜짝 놀랄 만한 소식이다. 여기 이 강당에는 수천 수백만의 입문자들이 있다. 어떤 이는 고작 호기심에 확인해 보려고 처음 여기 왔을 것이다. 또 어떤 이는 30초 이상 숨을 참으려고 애썼으나 실패한 사람일 것이다. 그건 그 모든 기술에서 제일 처음 배우는, 가장 기본이 되는 단계인데. 그리고 빌은 이제 말한다. 요컨대 이렇다. "바로 지금 내 목소리를 듣고 있는 사람들 모두 각자가 사실은 뛰어난 조수다. 이들 타고난 영웅들 가운데 한 사람은 단번에 이 기술과 돌고래 언어에 능숙해져 알려진 모든 인간의 언어로 이 기술을 전달할 것이며, 땅을 떠나 바다로 들어가고 싶어 하는 모든 사람들에게 다가갈 길을 찾아낼 것이며, 게다가 그들 영웅들은 매우 자비롭고 헌신적이며 사심이 없어서 저 지복의 상태로 옮겨가는 일을 기꺼이 미루고 오로지 그곳에 이를 수 있는 기술을 상상할 수 없을 정도로 다양한 방식으로 끊임없이 되풀이해 가르친다."

우리도 뛰어난 조수들이라고? 이게 어떻게 가능하지?

빌 고타마는 또 다른, 훨씬 더 충격적인 비밀을 몰래 준비해 두고 있다. 이제 그는 드러낸다. 그것은 이것이다. "돌고래 세계는 없다."

아니면, 다른 식으로 이렇게 말한다. "이곳, 이곳만이 진짜 돌고래 세계다." 그는 강당을 가득 메운 입문 학생들에게 이렇게 말하면서 몸짓으로 표현한다. 그는 자기 학생들을 가리킨다.

이 세계, 인간의 세계, 망상에 사로잡힌 풋내기들이 경험하고 있는 세계. 그것이 열반이다, 유일한 열반이다, 괴로움의 소멸이다.

그래, 그대가 상상할 수 있듯이, 난장판이 벌어진다. 이건 말도 안 돼! 돌고래 세계가 없다니, 전혀 말이 안 돼! 이 모든 게 갑자기 우스꽝스러워졌어! 이 모든 세미나들이, 전 세계에 걸친 이 조직이,

심지어 모든 언어와 교수법을 배운 앞선 조수들이 온전히 지향한 바는 모두 돌고래 세계에 이르게 해줄 기술을 가르치는 일이었다! 돌고래 세계가 없다면, 앞선 조수가 되는 게 무슨 소용인가? 그 기술을 배우는 게 무슨 소용이란 말인가?

누군가가 빌 고타마에게 이런 질문들을 하자, 그는 말한다. "유일한 돌고래 세계, 은혜롭고 편안한 세계, 메마른 땅에서 벗어날 수 없을 것 같던 압박감과 다른 이들과의 불화가 마침내 해결된 세계, 그런 세계는 이 무의미한 기술을 그대들에게 가르치는 앞선 조수들의 이런 활동 자체다. 나는 그 전부를, 돌고래 세계에 대한 모든 이야기들을 지어냈다. 그 뒤에 나는 무엇이든 기술을, 한 무더기의 임의적인 절차들을 만들어야 했다. 그대들이 배우고 싶어 하도록 동기를 부여할 만한 주제로 삼기 위해서 말이다. 그리고 그 기술을 가르치려면 많은 재주, 많은 언어, 많은 공감이 필요하다. 메마른 땅에서 받는 삶의 압박감을 진짜 치유하는 것은 바로 이 가르침의 과정, 배움의 과정, 공감하는 방식으로 소통하는 과정이다. 이것이 진짜 '물'이다! 이것들이 진짜 '돌고래들'이다! 그리고 그대들, 그대들 모두는 바로 여기서 이걸 배우고 있는데, 그대들 전부가 참으로 배우고 있었던 것은 그 기술 자체가 아니었다. 그대들은 그 **기술을 가르치는 법**을 배우고 있었다. 그대들은 앞선 조수들의 뛰어난 기교를 목격하고 있었다. 우리 모두가 가르치던 것은 무슨 특별한 내용이 아니고, 그저 가르치는 법, 소통하는 법, 서로 잘 지내는 법 따위다. 우리는 그대들이 무심코 받아들여 변하도록 하는 모델로서 여기에 있었고, 소통해야 할 처지에 있는 그대들 자신들은 다른 이들과 소통하는 법을 배우고 있었다. 여기서 이렇게 하는 것만으로도 우리는 그대들이 눈치 채지 못하게 모델 노릇을 하고 있었고, 그대들은 이 모델을 흡수하고 모방하며 내면화하려고 했다."

『법화경』에서 붓다는 이렇게 말한다. "나는 오직 한 가지 이유로 세상에 왔다. 붓다가 되는 것이 어떤 경험인지를 모든 중생에게 밝히기 위해서다. 내가 가르친 내용은 모두 허구이며 핵심이 아니다. 내가 한 일은 **그걸 어떻게 하느냐**를 확실히 밝히는 것뿐이었다. 그대들은 모두 보살이고, 이것이 유일한 열반이다." 빌 고타마도 돌고래 세계에 가본 적이 없다. 그는 그 모든 일을 지어냈다. 작별을 고하고 있는 지금도 그는 그곳에 가지 않는다. 그 반대다. 그가 돌고래 세계로 떠난다는 것은 진짜 유일한 돌고래 세계인 이 세상 여기에 머물면서 돌고래 세계에 대해 영원히 계속 가르치고 있다는 것을 의미한다.

우리의 이야기에서 돌고래 세계는 열반을 상징한다. 빌 고타마는 붓다고, 돌고래 기술은 사성제와 팔정도이며, 그 기술을 배우는 사람들은 성문들과 아라한들이고, 앞선 조수들은 보살들이다. 이것이 『법화경』의 입장이다. 우리는 괴로움을 사라지게 하는 기술을 애써 배우고 있다고 생각한다. 그러나 그렇게 함으로써 우리는 자신도 모른 채 훨씬 더 고상한 어떤 것을 배우고 있다. 우리는 보살이 되는 법을 배우고 있다. 사실, 알아채지 못하고 있지만 우리는 모두 보살이며, 바로 지금도 우리는 보살도를 실천하고 있는 중이다. 그걸 알아채지 못함에도 그렇게 하고 있는 것이 아니라, 그걸 알아채지 못하기 때문에 그렇게 하고 있다. 우리는 우리가 무얼 하고 있는지 결코 알지 못했고, 지금까지 우리는 이런 식으로만 실제로 그걸 할 수 있었다. 『법화경』 자체가 소식이다. 과거에 우리가 알지 못했던 것을 알게 해주는 소식,

우리가 보살임을 알지 못한 채 살았던 전생들에서 우리 자신의 보살성 菩薩性을 인지하게 해 미래세에서는 이를 알고서 받아들이게 해주는 소식이다.

자신도 모르게 항상 보살이었던 우리 자신을 보살로 보는 일, 이것이 『법화경』이 우리에게 하라는 것이다. 물론 보살은 다른 존재를 가르치고 변화시키기 위해서 온갖 다른 형태로 변화하는 사람이다. 우리는 이러한 형태들—잊어버렸으나 자기 자신이 했던 보살의 서원으로 받게 된 것들— 가운데 하나가 현재의 삶인 줄 알아야 한다. 이제 우리는 그 서원을 되찾으려 한다. 자신을 보살로 본다는 것은 모든 형태의 존재를 형태들로 본다는 것이며, 그 형태들 안에서 사람은 세계에 대한 우리의 자비심으로 말미암아 모습을 갖출 수 있고 또 갖춘다. 다른 삶들에서 우리 자신을 이렇게 인식하는 것, 이것이 『법화경』 곳곳에 나오는 윤회의 개념과 그 끊임없는 호소의 진정한 의미다. 이는 모든 중생의 과거, 현재, 미래의 존재들을 우리 자신인 변화하는 보살의 모습으로 보는 것을, 그리고 **바로 지금** 그것을 이렇게 보는 것을 의미한다.

6. 새로운 중도

―천태불교에서 『법화경』의 백미

보살과 보살 아닌 자 사이의 새로운 중도

『법화경』은 복잡하고 논쟁적인 텍스트다. 그래서 매우 다양한 방식으로 접근할 수도 이해할 수도 있다. 여기서 우리의 목적은 그 텍스트가 '실제로' 의미하는 것이나 그 저자가 말하고자 한 바를 알아내려는 데 있지 않다. 정확히 말해서 우리의 목표는 천태불교의 사상가들이 『법화경』을 어떻게 읽어 왔는지 그리고 천태종에서 나온 불교사상과 실천의 독특한 형태들에 어떻게 영감을 불어넣었는지를 파악하려는 것이다. 앞 장에는 『법화경』이 천태불교의 맥락에서 그리고 그로부터 모든 동아시아 불교에서 갖는 중요성을 잘 보여주는 이야기가 포함되어 있다. 그 이야기는 불교의 종파적 논쟁과 용어법에 그다지 몰두하지 않는 현대 독자들을 염두에 두고 만들어진 것이다. 그러나 『법화경』 자체는 많은 이야기들, 환상적인 특수 효과들, 거칠기 짝이 없는 신화적 장면들, 그리고 그 주제들을 끌어내도록 고무하는 다양한 암시들과 주제들에 잘 접근할 수 있는 방법 따위를 제공해 주는데, 이것들을 통해 우리는 이제 짧은 여행을 할 수 있다. 물론, 중국의 천태불교(그리고 일본의 천태)를 형성할 중대사라는 렌즈를 통해서 볼 때 그것들이 갖게 될 중요성에 주목하면서 말이다. 독자는 『법화경』의 번역본을 손에 들고서 간략하게 요약한 텍스트들을 읽는 게 유용하다는 걸 알 수 있다. 진 리브스(Gene Reeves)와 버튼 왓슨(Burton Watson)의 번역본은 이 목적에 크게 이바지할 것이다.

실제로 『법화경』에서 일어나는 일은 다음과 같다. 1장 「서품序品」에서 붓다는 '무량의처삼매(無量義處三昧, 한량없는 법문을 설한 뒤에 든 삼매)'라 불리는 명상적인 상태에 들어간다. 그때 붓다의 미간에서 빛이 나오는데, 그 빛은 불도를 다양한 방식으로 수행하는 모든 불교도들의 행위를 다 드러내면서 사부대중 모두 붓다가 보는 것을 보게 한다.[1] 이것이 첫 번째 암시다. 붓다는 붓다가 되는 일이 어떤 것인지, 붓다가 보고 경험하는 것이 무엇인지를 그들에게 드러내 보여준다. 그는 무엇을 경험하는가? 중생은 괴로움에서 벗어나려고 갖가지 방식들을 쓰는데, 다음 장에서 배우겠지만 그 모든 방식이 사실은 붓다가 되려고 애쓰는 은밀한 방식들이다. 우리는 붓다가 본 것, 곧 붓다들이 되는 과정에 있는 우리를 보는데, 그것은 정확히 이런 식으로 우리 자신을 그리고 다른 모든 존재를 보는 사람이 된다는 것을 의미한다.

그런 다음 이 텍스트는 시간의 차원에서 기묘함을 갑절로 늘리고

---

1 Reeves, *Lotus Sūtra*, 55; Watson, *Lotus Sūtra*, 6 참조.

있다. 이 기이한 텍스트, 곧 『법화경』의 서품을 읽고 나서 붓다가 과거와 미래의 붓다를 보는 과거와 미래의 붓다를 어떻게 보는지에 대해 생각해 보라. 그리고 미륵보살의 정체성이 이중적인 데에 주목하라. 그는 전통적으로 대승불교 이전에는 다음 세상의 붓다, 미래의 **유일한** 붓다였다. 그런데 갑자기 그가 게으르고 불성실하며 명성과 이익을 탐하는 사람이라 하더니, 거의 동시에 그 역시 미래의 붓다라고 한다.[2] 우리는 지혜의 보살인 문수사리가 (미륵보살의 말을) 맞받아서 자신에 관한 다음 두 가지 사실을 미륵보살에게 알리는 장면을 보게 된다. 어떻게 한 사람이 이 반대되는 것 둘 다가 될 수 있는가? 어떻게 두 가지 반대되는 이런 정체성을 가질 수 있는가? 하나는 그의 과거고, 하나는 그의 미래다. 미륵보살 자신은 현재에 갇혀서 오로지 자신의 현재 형태만을 볼 뿐, (과거와 미래) 둘 다를 보지 않는다. 지혜의 보살 문수사리는 현재와 함께 과거와 미래도 동시에 본다. 모든 시간을 보는 것은 과거에 있었을 때 그를, 현재에 있을 때 그를, 그리고 미래에 있을 때 그를 한꺼번에 보는 것이며, 그 모두를 다면적이고 초시간적인 단일한 정체성의 일부로 보는 것이다. 그 정체성은 그의 망상과 그의 깨달음뿐만 아니라 그 둘의 관련성까지도 포함한다.

『법화경』의 2장 「방편품方便品」은 중요하다. 초대받지 않은 붓다가 과대망상에 가까운 엄청난 자랑을 하면서 시작한다. 붓다는 난데없이 이렇게 선언한다. "누가 실제로 무얼 하는지는 붓다 이외에 아무도 알지 못한다." 붓다의 지혜는 어떤 평범한 존재, 심지어 성문이나

---

2 Reeves, *Lotus Sūtra*, 73; Watson, *Lotus Sūtra*, 16-17 참조.

162

보살이 알 수 있는 것을 뛰어넘는다고 말한다.³ 그의 힘, 특히 방편을 능숙하게 쓰는 힘은 다른 모든 존재들이 상상조차 못하는 것이다. 그의 과거세와 과거세의 인연들이 그 이유다. 그는 과거세의 무수한 붓다들과 긴밀하게 연결되어 있으며, 그들을 보아 왔고 그들도 그를 보아 왔다. 이 때문에 사물들뿐 아니라 우리 중생들, 우리의 행위들, 우리의 실천, 우리의 지혜, 우리의 행로, 우리의 과거, 우리의 미래, 우리의 인과 행렬 따위에 실제로 어떤 일이 일어나고 있는지는 붓다만이 안다. 붓다는 이렇게 말한다.⁴

붓다만이 붓다와 함께 모든 사물의 궁극적 실재를 안다. 그것들이 어떤 모습으로 나타나는지, 그 본성이 무엇인지, 무엇으로 구성되어 있는지, 무얼 할 수 있는지, 무얼 하고 있는지, 그 원인들이 무엇인지, 그 조건들이 무엇인지, 그 결과들이 무엇인지, 그 과보는 무엇인지, 처음부터 끝까지 이 모든 요소가 궁극적으로 평등하고 궁극적으로 동일하다는 것을.⁵

---

3 Reeves, *Lotus Sūtra*, 75-76; Watson, *Lotus Sūtra*, 23-24 참조.

4 〈역주〉구마라집의 한역본은 다음과 같다. "唯佛與佛乃能究盡諸法實相. 所謂諸法 如是相, 如是性, 如是體, 如是力, 如是作, 如是因, 如是緣, 如是果, 如是報, 如是本 末究竟等."(T9, 5c)

5 나의 번역이다. 리브스(Reeves, *Lotus Sūtra*, 76)의 번역: "붓다들만 모든 사물의 진정한 성격을 헤아릴 수 있다. 이는 존재하는 모든 것이 그런 특성, 그런 본성, 그런 화신, 그런 힘들, 그런 행동들, 그런 원인들, 그런 조건들, 그런 결과들, 그런 과보와 응보를 갖기 때문이며, 그럼에도 그런 완전하고 근본적인 일관성을 지니기 때문이다." 왓슨(Watson, *Lotus Sūtra*, 24)의 번역: "모든 현상의 진정한

이 문장은 동아시아 불교에서, 『법화경』의 해석에서, 그리고 특히 천태사상에서 대단히 중요하다. '모든 사물의 궁극적 실재' 곧 '제법실상諸法實相'이라는 용어는 영어로 이중적인 의미를 갖는데, 이는 (구마라집이 산스크리트를 한문으로 번역할 때 썼던) 그 구절의 모호성을 덮으려 했기 때문이다.[6] 제법'의' 실상은 (1) 모든 사물에 속하는, 모든 사물의 뒤나 밑에 있는 궁극적 실재, 곧 만물의 밑바탕이나 원천 또는 만물에 관한 최종적 진리를 의미할 수 있다. 그러나 그것은 또한 (2) 개개의 특정한 사물 모두의 궁극적 진실성을 의미할 수도 있고, 우리가 보고 느끼는 세계의 특정한 양상 각각이 궁극적으로 실재한다는 것을, 각각의 사물이 실제로 절대 그 자체이고 불성이며 우주에 관한 최종적 사실이라는 것을 의미할 수도 있다. 그래서 ('제법실상'이라는) 이 구절은 이 세계의 실재에 대한 이런 사실들을 훨씬

실체는 붓다들만 이해할 수 있고 공유할 수 있다. 이 실체는 모습, 본성, 본질, 힘, 영향, 내적 원인, 인연, 잠재된 결과, 드러난 결과, 그리고 처음부터 끝까지 그것들의 일관성으로 이루어져 있다."

6 우리는 구마라집의 이 한역본에 초점을 맞출 것이다. 그것이 천태사상의 토대이기 때문이다. 구마라집의 한역본은 현존하는 산스크리트본과 상당히 다르다. 예컨대, 산스크리트본의 이 문장을 컨(Kem)은 이렇게 번역한다. "사리푸트라야, 여래가 아는 저 법들을 여래 외에는 누구도 여래에게 전할 수 없다. 그리고 사리푸트라야, 모든 법은 여래가, 오로지 그 홀로 가르친다. 오로지 여래만 모든 법을, 그 법들이 무엇인지, 어떻게 되어 있는지, 무엇과 같은지, 어떤 성격인지, 어떤 본성인지를 안다." '붓다와 붓다만'이라는 표현이 없고 열 가지 요소들이 다섯으로 줄어든 점을 주목하라. 리브스와 왓슨의 번역에 보이는 묵직한 철학적인 맛이 전혀 없다는 점도 주목하라. 리브스와 왓슨은, 한역본의 표현에 담긴 훨씬 더 함축적인 의미와 함께 작동하는 후기의 전통 속에서 이 구절들을 번역했다.

초월한 어떤 것을 지시하기보다는 감지할 수 있는 현실적 목록-겉모습들, 행위들, 원인들, 결과들-으로 설명되기 때문에 첫 번째 의미를 발판으로 하지만 두 번째 의미로 받아들여도 정당하다. 대승불교의 많은 부분에서 아마 '공'은 첫 번째 의미에서 제법'의' 실상으로 보일 수 있다. 이 탁자가 탁자로 보이는 것과 달리, 이것은 실제로 탁자가 아니다. 이 탁자에 관한 참된 사실은 그것이 공이며 '탁자 아닌 것'이라는 점이다. 그러나 위에서 정의한 두 번째 의미에서는, 궁극적 실재라고 선언되는 것, 이 눈에 띄는 탁자뿐만 아니라 다른 모든 사물에 관해서도 최종적 진리는 '탁자다움' 자체다. 각각의 사물, 각각의 모습, 각각의 행동은 다른 모든 사물'의' 궁극적 실재가 되어야 할 것이다. 천태사상은 이런 함의를 통해서 작동하는 것으로 볼 수 있다.

위에 인용한 문장을 다시 한 번 보라. 만물의 궁극적 실재를 '오로지 한 붓다'가 안다고 말하지 않은 사실을 알아차릴 것이다. 그 대신에 궁극적 실재에 대한 지식을 어디서 찾을 지에 대해 이상한 구절을 쓰는데, 때로는 "붓다들 가운데서"나 "붓다들 사이에"로 번역되지만 더 문자적으로는 "오로지 한 붓다가 붓다와 함께"라고 번역된다.[7] 여기에는 엄청난 의미가 숨어 있는데, 그것은 『법화경』의 주제들 가운데 하나를 암시하기 때문이다: 참된 지혜는 누구의 소유도 아니다, 단 하나의 관점이-한 붓다의 관점, 유일한 붓다의 관점조차- 만물의 궁극적 실재를 결코 망라할 수 없다, 앎에 대한 어떤 시각이 아무리 광대하고 지고해도 그것으로 포괄할 수 있는 것보다 '더 알아야 할 것이' 항상

---

7 리브스는 "붓다들 가운데서(among buddhas)"라고, 왓슨은 "붓다들 사이에(between Buddhas)"라고 영역했다.

있다. 이것은 인식하는 자의 한계가 아니라 어떤 경험의, 알 수 있는 어떤 것의 고유한 성격이다. 우리는 앞 장들에서 공을 논의할 때 그 이유를 몇 가지 살펴보았다. 여기서 붓다는 중생들에게 이야기하면서 그들 또한 붓다가 될 것이며 중요한 의미에서는 이미 붓다라는 사실을 자신은 알고 있다고 알려준다. 이는 그 진술이 한 붓다가 다른 붓다에게로 한 것임을 의미한다. 그렇다면, "다른 붓다와 함께하는 붓다" 곧 붓다의 상호 작용과 "우리는 참된 붓다다" 사이에서 일어나는 일은 바로 토론이다.

이러한 것에 맞는 멋진 말은 '상호 주관성'이지만, 그것은 실제로 사물들의 참된 본성이 항상 흘러넘치는 것, 항상 주고받는 것, 항상 그 사물에 대한 관점들 사이의 상호 교환이라는 것을, 그리고 그 참된 본성은 결코 어느 한 관점 안으로 고립시키거나 욱여넣을 수 없다는 것을 의미할 따름이다. 어느 한 관점, 심지어 깨달은 자의 관점으로 알 수 있었던 것보다 커피잔에 대해 알아야 할 것이 더 있다. 그러나 이 관점에서는 이 사물에 대해 가져야 할 다른 시각들이 있음을 알 수 있다. 이 붓다는 다른 붓다들이 존재한다는 것을, 모든 존재가 붓다들이라는 것을, 붓다의 지혜(불지佛智)는 온갖 종류의 붓다들 사이에서 끊임없이 오가는 끝없는 대화라는 것을 안다. 왜냐하면 중생들 각자는 자기 나름의 붓다이며, 각자는 자기 자신의 관점을 갖기 때문이다. 붓다로부터 내가 붓다가 될 것이라는 말을 들을 때, 나는 언젠가 내가 그 붓다의 전생임을 되돌아볼 것이며 그가 성불할 때의 모습이 나 자신이라는 것을 그 붓다에 비추어 헤아릴 수 있다. 내가 그 붓다에 대해 생각할 때, 나와 그 붓다—미래의 나이면서 나를 붓다로 보는 그 붓다—는 두 붓다다. 이 지혜는 "다른 붓다와 함께하는 붓다"라는 구절을 위해서만 존재하는 지식이다.

이 「방편품」과 『법화경』 전체가 주는 대단히 극적인 놀라움은 붓다의 지위를 이렇게 엉뚱할 정도로 과도하게 부풀린 데에 의존한다. 왜냐하면 그것은 결정타를 날리기 위해 설정된 것이기 때문이다. **개개의 중생은 붓다와 대등하다.** 처음에는 붓다의 성취가 얼마나 지고하고 지대한지, 붓다가 우리 중생보다 얼마나 더 위에 있는지 그 불평등을 강조하더니, 그건 그렇고 우리는 모두 그와 똑같다고 말한다. 결국 '붓다'의 의미를 맨 먼저 인간 존재의 평범한 상태와 대조해서 설정하지 않았다면, "그대들 모두 붓다다"라는 말은 무의미해진다. 그 뜻은 처음에 대조를 통해 설정되었고, 그 뒤에 붓다를 우리의 수준으로 떨어뜨리는 일 없이 우리를 그의 지고한 수준으로 끌어올리자 그 뜻은 무너졌다. 그는 처음에 붓다의 경험, 지식, 인식을 다른 사람의 그것들과 대단히 날카롭게 구별했다. 붓다는 아주 뛰어난 방편을 지녔는데, 그것은 성문이나 앞선 보살들조차 헤아리지 못한다. 그러나 그는 알지만 다른 사람들은 짐작조차 못하는 가장 중요한 것은 단순히 '사물들이 존재하는 방식'이 아니라 훨씬 더 중심적이라 할 '중생이 존재하는 방식, 중생이 실제로 하고 있는 일'이다. 중생은 자신도 모르게 무얼 하고 있는 것일까? 그들은 붓다가 되고 있다. 보살도를 실천하고 있다. 그래서 여기에 또 다른 이상한 고리가 나타난다. 붓다만이 우리 모두가 수행 중인 붓다라는 사실을 안다. 붓다는 완전히 우리와 다르다. 그는 알고, 우리는 모른다. 그러나 그가 아는 것은 이것이다. 우리는 우리가 생각하는 것만큼 서로 다르지 않다는 것. 그리하여 「방편품」 뒷부분에서 붓다는 이렇게 선언한다. "오래전, 나는 모든 중생이 나와 같아지기를 서원했다. 그리고 이제 그 서원은 이미 이루어졌다."[8]

『법화경』의 이 「방편품」에서는 앞서 생각했던 그런 의미에서 열반은 없다고도 선언한다. 오히려, "모든 현상은 항상 열반의 모습이었다"[9]고 말한다. 다시 말하면, 우리가 보는 세계, (미혹된) 중생으로서 우리가 경험하는 것의 일부인 세계는 온전히 열반의 속성들로 이루어져 있다. '참된' 열반은 윤회를 떠나는 것이 아니라 윤회 자체다. 위에서 논의한 공空에 대해 대승불교가 내세우는 일반적인 철학에서 연역할 수 있는 것처럼, 열반과 윤회 사이에는 구분이나 상호 배척이 없다는 것만이 아니다. 윤회와 열반은 각각 실재에 대한, 그 자체 어느 쪽으로든 볼 수 있는 실재에 대한 미혹된 견해와 깨달은 견해일 뿐이라는 것도 전혀 아니다. 정확히 말하면, 우리의 윤회 경험을 구성하는 망상적인 지각들과 개념들조차 모두 열반 자체의 속성들이라는 것이다.

그리고 이 「방편품」에서 붓다는 오로지 한 가지를 성취하기 위해 세상에 왔다고 선언한다. 모든 중생에게 붓다가 되는 경험을 열어보이고 그들도 거기(붓다의 경험)에 들어가도록 하기 위해서.[10] 기술을 가르치기 위해서가 아니라 그 기술을 지닌 선생, 그 기술을 터득한

---

8 Reeves, *Lotus Sūtra*, 89; Watson, *Lotus Sūtra*, 36 참조.

9 리브스는 "모든 것들은 본래 그리고 저절로 적멸의 특성을 갖는다"(Reeves, *Lotus Sūtra*, 90)라고 했다. 이를 왓슨의 "모든 현상은 바로 처음부터 끊임없이 저절로 적멸의 표식을 지니고 생겨난다"(Watson, *Lotus Sūtra*, 37)와 비교해 보라.

10 Reeves, *Lotus Sūtra*, 83; Watson, *Lotus Sūtra*, 31 참조.

선생, 그 기술이 이르게 해주는 경지에 도달한 선생이 되는 것이 어떤 것인지를 그들에게 보여주기 위해서다. 모든 존재가 보는 것 전체, 모든 존재의 온갖 다양한 마음 상태, 모든 존재의 온갖 망상, 또 그런 망상에 기초하여 이 모든 존재와 소통하는 온갖 방식들.

더구나 붓다는 그의 가르침을 듣는 사람들 각자가 사실은 보살, 곧 수행 중인 붓다임을 알게 해준다.[11] 여기에는 결단코 그리고 핵심적으로 성문과 아라한들이 포함된다. 그들은 자신들이 보살임을 부정한다. 그들은 모든 번뇌가 사라지고 영원히 윤회에서 벗어나는 상태인 열반을 향해 노력하고 있다고, 보살이나 붓다가 아니라 그저 아라한이 되려 한다고 믿었다. 이제 붓다가 그들에게 던진 전언은 사실 이런 것이었다. 열반을 향한 그대들의 노력, 깨달음이 목적이 아니라는 그대들의 그 부정, 그대들 자신의 행위를 붓다가 아닌 성문으로 느끼는 것, 이 모든 것들은 그 자체로 보살도菩薩道의 일부다. 그 기술을 배우러 세미나에 오는 것, 기술을 터득하려 애쓰는 것, 비록 수중은 없지만 수중에서 숨쉬기, 이것들은 모두 그대들에게 상급의 조수가 되는 법을 가르치는 간접적인 방법들이었다. 나 붓다나 조수들이 그대들에게 해왔던 것처럼 다른 사람들과 단호하게 소통하는 법 말이다. 이것이 '방편'의 의미다. 그대는 그대가 인식하고 있는 것보다 훨씬 더 많은 것을 하고 있으니, **그대의 방식을 바꿀 필요가 없다.**

그대가 지금 하고 있는 일이 무엇이든, 그대가 보거나 생각하는 붓다와 어떤 형태의 상호 작용을 하든, 심지어 산만하게 또는 장난으로

---

11 Reeves, *Lotus Sūtra*, 83; Watson, *Lotus Sūtra*, 31 참조.

모래에 붓다의 형상을 긁적이든 그 모두 깨달음의 작은 씨앗이 된다. 만약 그대가 셀 수 없는 겁 동안 삶을 거듭하면서 그것을 계속한다면, 그것은 그대를 완전한 깨달음으로 이끌 것이다. 여기에서 무수한 삶에 대한 문자 그대로의 믿음이 결정적인 것처럼 보인다는 사실에 주목하라. 이 작은 원인들이 결실을 맺기 위해서는 무수한 시간이 필요하다. 경전에서는 이 단계에서 이것이 어떤 형태로든, 아무리 사소하더라도 불교와 적극적으로 관련된 것들에 대해서만 명시적으로 언급된다는 사실 또한 주목하라. 붓다를 함께 무시하거나 비방하는 일은 미래의 깨달음을 위한 원인으로 아직 묘사되고 있지 않다. 이 두 가지 생각은 경전이 계속됨에 따라 근본적으로 훼손될 것이다.

『법화경』의 3장 「비유품譬喩品」은 이 점을 잘 보여주는 이야기를 들려준다. 집이 불타고 있다. 그 안에는 어린 아이들이 노느라 정신이 팔려서 타오르는 불길을 알아차리지 못하고 있다. 사실 아이들은 불이 무엇인지도 알지 못하며, 불이 났다고 알려주려는 아버지의 필사적인 노력도 알지 못하고 있다. 아버지는 아이들을 살리려고 여러 가지 방법들―아마도 강제로 아이들을 끌어낼 방법―을 깊이 생각한다. 그러나 그 대신에 그는 아이들을 구하기 위해 '우빠야(upāya)' 곧 방편을 떠올린다. 그는 아이들이 좋아하는 것, 아이들이 바라던 것을 따르기로 한다. 아이들은 놀고 싶어 한다. 비록 명시적으로 언급되지는 않지만, 세상의 수많은 소년들처럼 그 아이들을 사로잡는 놀이는 장난감 자동차 같은 것들과 관련이 있다는 사실을 우리는 추측할 수 있다. 여기에 염소가 끄는 장난감 수레에 사로잡힌 아이가 있다. 또 다른 아이는 사슴이 끄는 장난감 수레에 사로잡혀 있다. 소가 끄는 장난감 수레에 빠진 아이도 있다. 이런 욕망, 이런 것들을 갖고 노는 쾌락이 아이들을 위험에 빠뜨린다. 그런 욕망이나 쾌락은 아이들에게 자신을 집어 삼키려는 위험을 보지 못하게 한다. 아버지는 집밖에 진짜 큰 염소 수레가 기다리고 있다고 외친다. 염소 수레에 홀린 아이는 제 욕심에 이끌려 집에서 뛰쳐나온다. 아버지는 진짜 큰 사슴 수레와 소 수레도 있다고 말한다. 각자 개인적이고 특이한 방식으로 더 놀고 싶은 욕구가 있는데, 그것이 아이들을 더 근질근질하게 만들어서 밖으로 뛰쳐나오게 한다. 아이들을 위험에 빠뜨린 것은 정확하게 그 집착들과 쾌락들인데, 그 아버지가 아이들의 욕망을 더 크게 더 좋게 채워주겠다는 특별한 약속을 하자 그것들은 이제 아이들을 구하는 빌미가 되었다. 그렇지만, 밖으로 나온 아이들은 그 모든 것이 거짓말이었음을 알게 된다. 약속한 것과는 다르게 사슴 수레나 염소 수레도 없고 소 수레도 없다. 사실, 그것은 선전한 것보다 더 대단하고 훨씬 더 흥미진진하다. 약속은 했지만 존재하지 않는 수레들의 장점들까지 두루 갖춘 훌륭한 소 수레를 그 아버지는 아이들에게 하나씩 주었다.

그렇다면, 여기서 커다란 의문이 하나 생긴다. 아버지는 거짓말쟁이인가? 똑같은 의문이 돌고래 기법을 가르치던 빌 고타마에게도 제기될 수 있다. 돌고래 세계가 있다면서 사람들에게 그곳에 이를 수 있는 길을 가르치고 있었을 때, 그는 거짓말을 하고 있었는가? 그렇기도 하고 아니기도 하다. 이 경전에서 가장 재치 있게 표현된 구절에서 참으로 붓다는 이렇게 말한다. "사실 그 아버지는 약속을 지켰다. 아이들의 생명을 구하고 아이들이 온전하게 계속 살아가도록 해주면서 장난감도 주었기 때문이다!"[12] 다시 말해, '장난감'의 의미가 바뀌었다. 애매하다. 그대들이 좋아한다면, 그것은 일종의 말장난이다. 여기서 우리는 앞 장에서 공에 대해 논의한 일을 상기해야 한다. 어떤 것도 정체성이 고정되어 있지 않다. 정체성이라 생각되는 모든 것은 임시적인 것이다. 하나의 명칭을 올바르거나 참되게 만드는 것은 사람을 괴로움에서 해방시키는 데 이바지하는 일이며, 그것은 또한 명칭을 넘어서게 한다는 의미이기도 하다. 명칭은 참이 되기 위해서 자신을 무효화시키는 것이어야 한다. 아이들이 원했던 것은 특정한 장난감이었고, 그 장난감은 정체성이 모호하지 않은 고정된 실체로 여겨졌다. 아이들이 얻은 것은 '어떤 면에서는' 그들이 더 놀 수 있도록 해주는 어떤 것이었다. 바로 그들의 생명이다. 그들의 욕망만이 그들을 위험에 빠뜨리고 있었다. 그들의 욕망만이 그들을 해방시킨 것이었다. 그러나 그 과정에서 욕망의 대상은 의미가 바뀌었다. X를 원함으로써 그들은 Y를 얻을 수 있었는데, Y는 어떤 의미에서는 X의 일종이기도 하다. 그대는 성적 쾌락을 원할 수 있다. 붓다는 그대에게 명상 수행이 가능한 가장 강렬한 성적 쾌락을 만들어낼 것이라고 말해준다. 그대는 수행을 할 때, (불교 자료에 따르면) 일종의 강렬한 쾌락을 정말로 경험한다. 그러나 이것은 그대가 원래 추구하고 생각했던 그 성적 쾌락이 더 이상 아니다. 그 대신에 그것은 '성적 쾌락'에 대한 더 깊고 더 확장된 의미를 드러낸다. 비록 그것이 그대가 원래 생각했던 의미와 아주 다른 것으로 보이거나 정확히 반대되는 것으로 보일지라도 말

---

12 Reeves, *Lotus Sūtra*, 114-115; Watson, *Lotus Sūtra*, 58 참조.

172

이다.[13]

이 이야기에서 '화택火宅' 곧 불타는 집은 세상을 상징한다. 우리는 우리의 특이한 욕망에 붙들려 세상에 집착하고, 그 집착은 우리를 눈멀게 해 그 위험을 보지 못하게 한다. 붓다는 어떤 것에 대해 설법함으로써 명확하게 우리의 욕망에 호소한다. 그것은 열반이다. 열반은 괴로움의 소멸이다. 우리의 감각적 욕망들도 괴로움을 완화하려는, 즐거움을 얻으려는 욕망들이다. 그래서 열반은 모든 욕망을 부정하는 것처럼 보이지만, 사실은 더욱 숭고한 하나의 욕망이며 모든 욕망의 정수일 뿐이다. 모든 욕망이 원하는 것은 열반이며, 강압, 의존, 제약, 조건성, 괴로움, 무상 등으로부터 자유다. 그것은 성, 명성, 권력을 향한 욕망과 같지만, 그것들보다 더하다. 괴로움의 소멸이라는 이 약속에 매혹된 우리는 성문聲聞의 길을 추구한다. 그런데 그 불타는 집에서 나오면, 우리는 열반이 기대했던 것과 전혀 다르다는 사실을 알게 된다. 괴로움의 소멸은 우리가 상상했던 그런 괴로움의 소멸이

---

13 이것과 정확히 비슷한 일이 초기 팔리어 경전인 『우다나(Udāna)』의 한 이야기에서도 일어난다. 붓다의 사촌인 난다는 거룩한 삶을 실천하고 싶지 않았다. 왜냐하면 엄청나게 매력적인 샤카족 소녀와 사랑에 빠졌기 때문이다. 붓다는 "좋아, 네가 만약 거룩한 삶을 실천한다면, 내가 비둘기 발의 미녀들 500명을 너에게 주겠다고 약속하마"라고 말하고는 난다가 이 사랑스런 여신들의 신비한 환영에 빠지게 했다. 그 여신들에 비하면 샤카족 소녀는 '귀와 코가 잘린 채 뜸질한 원숭이'처럼 보였는데, 난다는 이들을 얻으려고 명상 수행을 하기로 했다. 그런데 그렇게 수행하자, 그는 명상의 즐거움이 성적 쾌락이 주는 환희를 훨씬 능가한다는 것을 알게 되었고 붓다의 그 약속을 없었던 것으로 했다. Udāna 3.2., in Thānnisaro Bhikku, Udāna: Exclamations, 48-50 참조.

아니다. 그러나 그것은 괴로움의 끝과 같은 것이다. (화택 이야기에서) 구조된 생명이 '일종의 장난감'이었던 것처럼. 괴로움의 실질적인 소멸은 괴로움이 제거되었다는 것을 의미하지 않고, 오히려 괴로움의 세계에 관여해도 그리고 온갖 망상이 괴롭혀도 방해받지 않는 가장 커다란 희열에, 그 참된 자유에 더 이상 아무런 장애물도 없다는 것을 의미할 뿐이다.

사슴 수레는 성문승聲聞乘이고, 염소 수레는 연각승緣覺乘이며, 소 수레는 보살승菩薩乘이다. 소 수레는 그들 모두가 얻는 것이다. 그들 모두는 참으로 보살이다. 그러나 받은 소 수레는 아이들이 불타는 집에 있는 동안에 약속 받은, 원했던, 상상했던 소 수레와는 정확히 똑같지 않다. 오히려 훨씬 더 웅장한 소 수레다. 그것은 사실 이 셋의 서로 다른 욕망들을 한꺼번에 충족시키는 소 수레다. 약속 받은 소 수레와 획득한 소 수레의 차이는 후자가 다른 두 수레를 포함한다는 점이다. 『법화경』 이전에 이해된 보살승과 『법화경』의 새로운 일깨움, 이 둘의 차이는 이제 보살승이 성문승과 연각승도 포함한다는 점이다. 그것은 보살의 경지에 대한 전체적인 개념을 부정하거나 무시한 길들 또한 포함한다. 빌 고타마의 중대 선언 이전과 이후의 뛰어난 조수들 사이에는 차이가 있는데, 그 차이는 뛰어난 조수라는 지위의 실질적인 형태가 명백한 교사들과 조수들뿐 아니라 초심자들과 학습자들을 포함하는 형태라는 점이다. 그들 모두는 사실상 뛰어난 조수들이다.

욕망과 욕망 없음 사이의 새로운 중도

『법화경』의 4장 「신해품信解品」에서 성문들을 대표하는 사리불은 이 모든 것이 자신에게 무얼 의미하는지에 대해 비유담 하나를 들려준다. 그는 말한다. "여러 해 동안, 저희 성문들은 보살들이 얼마나 대단한지에 대해 부처님께서 설하시는 것을 자주 들었습니다. 사실, 우리는 부처님의 대리인처럼 행동하며 때때로 보살도의 위대함을 새로운 불자들에게 이야기해야 했습니다. 그러나 우리는 우리 자신들, 우리의 길, 우리의 운명과는 아무런 관계가 없는 것에 대해 말한다고 늘 생각했습니다. 우리는 이 모든 것이 다른 이들에 관한 것이라 생각했고, 마음속으로는 우리가 훌륭한 아라한들처럼 욕망에서 완전히 자유로워지리라 믿었음에도 왜 이 모든 영광—보살들의 모든 힘, 모든 중생의 마음과 욕망에 대한 지식, 수천억의 삶을 살며 온갖 다른 존재로 변신하는 일, 크나큰 자비심, 지혜의 변화무쌍한 형태들—에서 멀어졌는지 의아했습니다. 우리는 사성제에 대해서만, 우리의 괴로움을 분석하고 우리 자신의 괴로움을 소멸하는 일에 대해서만 알았고, 그것이 우리 이야기의 끝이라고, 우리는 결코 다른 삶을 받아 태어나지 않을 것이라 생각했습니다. 이제 부처님께서는 우리에게 이렇게 말씀하십니다. 우리 자신이 사실은 보살이라고, 우리도 이 광대한 보살의 삶을 살게 될 것이라고, 우리도 부처님 당신의 충만한 지혜를 물려받는다고, 우리가 붓다가 될 것이라고!" 붓다는 그 상황을 『법화경』 전체의 핵심이 되고 모든 천태사상의 관건이 되는 한 구절로 요약한다. "구하지도 않았으나, 우리는 그것을 쉽사리 얻었도다."[14] 다시 말해서, 우리는 결코 붓다가 되려고 하지 않았고, 그렇게 하려는 의도도 없었으며, 그 목표를 향해 어떠한 노력도 하지 않았다. 사실 우리는 그런 열망을 공공연히 거부했고, 우리의 괴로움을 끝내고 그것으로 우리 존재도 끝내는 것에 만족했다. 이제 우리는 알게 되었다. 그렇게 함으로써 우리는 자신도 모르게 실제로는 보살도를 수행하고 있었다는 사실을, 그리고 결국 붓다가 될 것이라는 사실을!

사리불은 그 자신과 다른 성문들을 어떤 아들에 견주면서 그 상황을 명확하게 설명한다. 그 아들은 어렸을 적에 그 아버지와 떨어져 혼자 가다가 길을 잃었다. 그 아버지는 아들을 찾아 사방을 뒤졌으나 끝내 포기하고 절망한다. 어디에서도 아들을 찾을 수 없었다. 대신에 그는 한 도시에 정착해 엄청난 부자가 되었다. 한편, 아들은 스스로 먹고 살아야 했고, 극도의 가난 속에서 그날 벌어 그날 먹었으며, 막품팔이하면서 떠돌았다. 그렇게 떠돌다가 참으로 우연히, 마침내 그 아버지의 호화로운 저택 대문에 이르렀다. 아들은 이 궁궐 같은 곳의 웅장함에 크게 겁을 먹었으므로 그곳에서 아주 조금이라도 자신과 관련지을 만한 것을 전혀 보지 못했다. 이곳에 있는 사람은 상상할 수 없을 정도로 그 자신과 다른 사람이고, 그와 전혀 공통점이 없는 사람이었다. 이 사람은 왕과 같은 사람이며 엄청난 권력과 세력을 지닌 사람이어서 내가 얼른 달아나지 않는다면 그에게 붙잡혀 군대에 가거나 강제

---

14 리브스가 번역한, "구하는 일조차 없었으나, 우리는 위대하고 훌륭한 것을, 지극히 드문 보배를 얻었도다"(Reeves, *Lotus Sūtra*, 142) 참조. 왓슨의 "우리는 위대한 미덕과 이익, 헤아릴 수 없을 정도로 드문 보석을 얻었으니, 구하지 않았으나 저절로 왔도다"(Watson, *Lotus Sūtra*, 81)와 비교해 보라.

노역을 하게 될 것이라며, 그는 두려워했다. 그 아버지는 이 볼품없는 빈털터리 사내가 문 앞에 서 있는 것을 보자마자 오래전에 잃어버린 아들임을 알아채고 아주 기뻐했다. 그는 하인들을 보내 아들을 데려오게 했지만, 아들은 너무 무서워서 기절할 지경이었다. 아들이 본래의 정체성을 잊어버렸기에 새로운 상황을 받아들일 처지가 못 된다는 사실을 깨달은 그 아버지는 방편을 쓰기로 했다. 아들을 그 도시의 가난한 곳으로 되돌아가게 하고는 허름한 모습을 한 두 사람을 보내서 가장 싼값에 일할 날품팔이를 찾는 척하게 했다. 이 일은 아들이 받아들일 수 있었다. 자기가 생각하는 자신과 자신의 가치에 알맞은 일이었다. 아들은 그 일을 맡았고 20년 동안 똥 치우는 일을 했다!

물론, 여기서 아버지는 붓다를 상징한다. 그 아들은 사리불과 다른 성문들을 상징한다. 이 점에 대해서는 본문이 좀 모호하지만, 헤어질 당시의 아버지는 아직 부자가 아니었다고 가정하는 것은 이치에 맞다. 붓다와 모든 중생은 처음에는 다함께 혈연관계로 맺어진 중생들, 똑같이 윤회의 상태 속에 있는 중생들이었다. 그들이 떨어져 있는 동안에 아버지는 부자가 되었는데, 이는 붓다가 깨달음을 얻었다는 것을 의미한다. 그러나 그때 이전부터 그와 모든 존재를 묶고 있던 인연의 끈은 그들 사이에 있는 하나의 미혹된 괴로움처럼 남아 있다. 똥 치우는 일은 성문도聲聞道의 수행을 비유한다. 망상을 깨끗이 씻어내면서 그저 자기 자신의 이익을 위해 순수해지려 애쓸 뿐, 그보다 더 위대한 목적이나 적극적인 목표는 없다. 이것은 초기불교에 대한 꽤 충격적인 비평이다!

때때로 그 아버지는 스스로 누더기를 걸치고 마름 행세를 하면서 그 아들이 더 열심히 일하도록 부추기거나 그 부지런함을 칭찬했다. 어느 정도 지나자 그 아버지는 아들에게, 아주 좋은 일꾼이기 때문에 집안의 하인으로 높여줄 테니 더 이상 똥구덩이에서 일하지 않아도 된다고 말했다.

물론 여기에 아이러니가 있다. 그 아들을 높여준 진짜 이유가 그가 한 일의 우수함과는 아무런 관계가 없다는 사실이다. 그는 처음부터 친아들이었다. 그 재산을 받아들일 수 있을 정도의 자신감이 생길 때까지 차츰차츰 나아갔을 뿐이며, 그 재산도 사실은 처음부터 그의 소유였고 그의 타고난 권리였다. 마찬가지로 성문들도, 불도에서 이룬 그들의 진보가 그들이 훌륭하게 해낸 일 덕분이라고, 그들이 새로운 무언가를 얻었다고, 그들의 상대적인 평화와 작은 깨달음은 자신들의 수행으로 성취한 것이라고 생각한다. 사실 그것은 항상 이미 자신들의 것이었던 것을 간신히 처음 맛본 일에 지나지 않는다. 그들은 심리적으로 차츰차츰 자신의 것으로 받아들일 준비를 하고 있었을 따름이다.

그런 뒤에 아들은 다시 또 높아진다. 그 집의 회계와 창고를 맡는다. 그는 그 집의 모든 상거래를 감독하는 일, 아버지가 가진 것을 정확히 아는 일, 모든 지출과 수입의 경로를 파악하는 일을 하게 될 것이다. 이것은 보살도에 대한, 붓다들의 찬란함에 대한, 심지어 그것을 다른 이들에게 다른 식으로 이야기하는 것에 대한 성문들의 지식을 비유한다. 그들은 "다른 사람의 보물을 세고" 이 모든 것들의 우수함을 열거할 수 있었지만 그 모든 것이 다른 사람에게 속한다고만 생각했지, 정작 자기 자신들, 자신들이 소유하고 있는 것들, 자신들의 운명에 관한 것들을 열거하고 있는 줄은 깨닫지 못하고 있었다.

아버지는 믿음직한 회계사에게 내 '아들처럼' 여기겠다고 말한다. 마치 붓다가 불자들을 자기 자식들에 비유한 것과 같다. 그러나 그 뒤에 죽음을 앞둔 아버지는 수많은 왕들과 대신들을 불러 모아 공식적으로 진실을 알린다. "이 사람은 내 친아들이고 늘 그래왔소. 내가 가진 것을 모두 그에게 맡기겠소. 그가 세고 있던 이 모든 보물, 다른 사람에게 속한다고 생각해 왔던 이 모든 보물은 사실 그의 것이오! 그리고 그는 늘 가지고 있었소!"

이 이야기에서는 두 가지 중요한 점을 주목해야 한다. 첫째, 방편의 위상이 여기에서는 공의 이론에서 볼 수 있는 이제二諦의 도식과는 아주 다르게 설계되어 있다는 점에 주목하라. 그 재산의 자원들—하인들, 건물들, 보물—은 아버지가 그 아들이 자신의 본래 신분을 최종적으로 인식하도록 이끌기 위한, 최종적인 깨달음으로 이끌기 위한 방편으로 사용된 것들이다. 그렇지만 이 자원들은 그 아들이 유산을 상속받을 때 버려지지 않는다. 반대로, 이것들이 유산이다! 이는 사람이 깨달았다고 해도 그 깨달은 경지가 모든 방편을 내버리는, 뗏목을 놓아주는 것이 아니라는 사실을, 인지할 수 있고 확정적인 모든 개념들, 관념들, 수행들, 형태들을 초월한 것이 아니라는 사실을 의미한다. 오히려 이러한 것들이 바로 깨달음의 내용이고, 다만 아주 다른 관점에서 그것들을 볼 뿐이다. 깨달음은 방편의 포기가 아니다. 깨달음은 모든 방편의 통달이다.

둘째, 이 이야기가 『법화경』의 핵심적인 개념을 어떻게 예시하는지 주목하라. "구하지도 않았으나, 우리는 그것을 쉽사리 얻었도다." 그 아들은 재산을 상속받으려고 하지 않았다. 그는 그 목적을 향해 전혀 노력하지 않았다. 그 재산을 가지려는 욕망도 전혀 없었다. 그렇다고 그가 어떠한 노력도 **전혀** 하지 않았다는 뜻은 아니다. 그것과는 아주 반대다. 그는 시종일관 부지런히 일하고 있었다. 그것은 그가 **전혀** 욕망이 없었다는 것이 아니라, 다만 그가 결국 이루게 될 그 목표를 향해 아무런 욕망이 없었다는 것이다. 사실, 그는 목적을 이루려는 욕망이, **다른 무언가**에 대한 욕망이 필요했다. 그는 최저임금을 벌면서 해고당하지 않으려는 욕구가 필요했다. 실제로 그는 자신의 욕망을 추구하는 데 완전히 헌신했는데, 그것이 그 욕망을 넘어서기 위한, 그가 꿈에서조차 생각지 못한 것을 얻기 위한 유일한 방편이었다. 우리가 '불타는 집' 이야기에서 보았듯이, 여기 수단/목적 과정이나 욕망의 구조와 관련해서 근본적으로 그릇된 인식과 잘못된 설명이 있다. 그리고 이것이 불교의 중심적인 문제에 대해『법화경』이 크게 이바지한 일이다.

　초기에 불교의 독특한 돌파구였던 '욕망과 무욕' 사이의 중도! 우리는 우리의 욕망들을 버리지 않아야 한다. 반면에, 욕망들을 실제로 충족시킬 수 있는 것처럼 여겨서 심각하게 받아들여서도 안 된다. 아니, 원하는 것은 무엇이든 원하고 진심을 다해 추구하라. 그러나『법화경』에서 들은 적 있듯이 이 또한 알아야 한다. 이렇게 추구해서 결국 얻게 될 것은, 그대가 무엇을 얻으리라 생각했든 간에 그대가 얻기를 원했던 것이 아닐 것이라는 사실, 그대가 열심히 일해서 얻으려고 했던 것이 확실히 아닐 것이라는 사실, 아니면 적어도 원하던 것만은 아니라는 또는 궁극적으로 원하던 것이 아니라는 사실 말이다. 욕망의 충족은 기대했던 만족을 가져다주지 않을 것이다. 그것은 전혀 예상하지 못한 것, 지금 당장은 꿈조차 꿀 수 없는 것을 얻게 해줄 디딤돌이라는 게 드러날 텐데, 그것은 그 과정에서 그대가 얻으려고 무진 애를 썼던 것을 포괄하고 또 파기한다. 그러니 그렇게 계속 욕망을 가지고, 그 욕망대로 성취하기 위해 온힘을 다하라. 그리고 동시에 그대의 욕망이 헛된 것이고, 속임수이며, 체계적으로 잘못된 방향이라는 것도 알아라. 이것은 욕망 없음도 욕망도 아니다. 새로운 중도中道다.

『법화경』의 7장 「화성유품化城喩品」에는 또 다른 이야기가 있는데, 똑같은 점을 훨씬 더 쉽게 설명해 준다.[15] 몇몇 산악인이 보물을 찾으러 험한 길을 나섰다. 그들은 지치자 돌아가기를 원했다. 이때 통솔자가 이건 매우 부끄러운 일이라 생각하고 방편을 써서 그들이 계속 나아가 도록 했다. 그는 (편리하게도!) 신통력을 써서 바로 앞에 아름다운 화성化城을 만들어냈는데, 거기에는 그들의 기운을 북돋고 쉬게 해줄 화려한 휴양 시설과 온갖 여흥과 오락 거리들로 가득했다. 그는 그들에 게 말했다. "이제 조금만 더 가면 된다. 그러면 휴식을 취하고 원하는 대로 실컷 즐기면서 기운을 되찾게 될 것이다." 그곳은 바로 가까이 눈앞에 있었으므로 그들은 계속 걸어서 그 가공의 성으로 들어갔고, 실컷 즐기면서 멋진 시간을 보냈다. 그런데 그들은 그곳에 머물면서 보물에 대해서는 다 잊고 싶었다. 그러자 통솔자는 성을 사라지게 하고는 그 모두 방편일 뿐이었다고, 신기루였다고 말한다. 이 발표는 『법화경』 자체를 설파하는 순간과 같다. 그는 말한다. "그대들은 이제 쉬었으니, 진짜 보물이 있는 곳으로 계속 갈 수 있다." 다시금 그

---

15 Reeves, *Lotus Sūtra*, 198-199; Watson, *Lotus Sūtra*, 135-136 참조.

화성化城은 성문의 열반을 나타낸다. 그것은 진짜가 아니다. 그들을 계속 나아가게 하려고 그들 눈앞에서 흔들어대는 가짜 당근일 뿐이다. 그러나 그들이 화성을 향해 전진해 갈 때, 그들은 **또한** 그 너머에 있는 보물을 향해 전진하고 있었다는 사실도 주목하라. 그들이 내디딘 걸음들은 동시에 두 가지로 효과가 있었다. 그들을 화성에 더 가까이 가게 했고, 또 보물이 있는 곳에 더 가까이 가게 했다. 그러나 그들은 자신들이 그렇게 하고 있다는 것을 알지 못한 채, 근처의 행락지로만 향하고 있다고 생각한 채 보물이 있는 곳으로 전진해 갈 수 있었을 따름이다. 여기서 다시 전하고자 하는 바는 이것이다. 저 허깨비 성을 원하라! 그것을 위해 일하라! 그것은 완전한 실패가 될 것이다. 왜냐하면 그 성은 신기루일 뿐이기 때문이다. 그럼에도 그곳에 가고자 한 그대의 욕망은 건전하고 필요한 것이며, 그런 욕망이 그 성 너머로 그대를 데려갈, 진짜 보물이 있는 곳으로 데려갈 유일한 길인데, 이는 그 욕망과는 전혀 다른 것이다. 다시 한 번, 욕망과 욕망 없음 사이의 새로운 중도.

깨달음과 망상 사이의 새로운 중도: 성불의 보증

『법화경』이 진행됨에 따라, 우리는 이 비유담들 사이에서 기별記別－미래에 성불할 것이라는 보증－을 받는 인물들을 하나씩 만나게 된다.[16]

---

16 〈역주〉 기별記別은 붓다가 제자에게 미래에 성불할 것이라고 예언하고 약속하는 것이다. 이 기별은 주는 붓다 쪽에서는 수기授記가 되고, 받는 제자 쪽에서는 수기受記가 된다. 이 책의 저자는 '성불의 보증(assurance of Buddhahood)'이라고

이러한 기별은 텍스트가 계속 이어지면서 확장되어 더 많은 사람들을 포함하는데, 그들 각자에게는 매우 구체적인 보증, 구체적인 과거와 구체적인 미래가 주어진다. "그대들은 과거에 이러이러한 사람이었고, 미래에는 이러이러한 이름과 이러이러한 특성을 지닌 이러이러한 붓다가 될 것이다." 자신의 아득한 과거와 아득한 미래에 대해 묻는 중생들 각자에게, 붓다는 그의 현생 이야기를 긴 과거와 긴 미래라는 훨씬 더 큰 맥락 속에 넣어서 이야기해 준다. 이것은 붓다가 말한 바, 즉 어떤 개별적인 일이 거쳐 온 또는 더 중요하게는 어떤 개인이 거쳐 온 인과적 과정에 대한 구체적인 사실 모두를 붓다만이 붓다와 함께 안다고 말했을 때 의미하고자 한 바를 잘 보여준다. 이것이 붓다들이 "그들이 어떻게 나타나는지, 그들의 본성이 무엇인지, 그들이 무엇으로 만들어져 있는지, 그들이 무엇을 할 수 있는지, 무엇을 하고 있는지, 그들의 원인이 무엇인지, 그들의 조건이 무엇인지, 그들의 영향은 무엇인지, 그들의 결과는 무엇인지, 그리고 처음부터 끝까지 이 모든 요소가 똑같이 궁극적이고 또 궁극적으로 동일하게 되는 방식"에 대해서 아는 것이다. 스스로 알지도 못한 채 이 인물들은 모두 오랫동안 붓다가 되기 위해 노력해 왔고, 그들의 구체적인 행위와 수행 (또는 특히 붓다가 되려는 의도를 부정한 것들조차) 모두 이 목적으로 이어지는 자원이고 원인이었으며, 미래에 그들은 이러저러한 외모, 환경, 추종자 무리 따위를 가진 이러저러한 붓다가 될 것이다. 이 모든 것—망상적인 아득한 과거로부터 깨달음을 얻어 장엄해진 아득한

표현했다.

미래에 이르기까지 전체의 진행 과정, 원인과 결과—은 한 조각이다. 처음부터 끝까지 그들은 똑같이 궁극적이고 또 궁극적으로 동일하다.

『법화경』의 10장 「법사품法師品」으로 가면, 이 보증의 확장은 새로운 국면을 맞는다. 그것은 이제 텍스트의 독자, 곧 **그대**에게로 향한다. 텍스트의 독자로서 그대들 또한 미래에 성불한다는 보증, 곧 기별을 받는다. 정확히 말하면, "이『법화경』을 듣고 이 경전을 한 순간이라도 기뻐하는 사람"은 성불할 것이다. 사실, 한문으로 쓰인 본문은 이 순간에 그들은 **이미 붓다가 되었다**고 말하는 것 같다.[17] 다시 말해서, **그것이 참이라면** (실제로 그것을 참으로 받아들여야 하는 것이 아니라) 그게 무슨 의미인지를 이해하는 사람, 여기서 말하는 개념의 불가사의한 함의를 이해하는 사람은 그런 결과들을 활성화시켰다. 이것은 『법화경』의 특성인 기묘한 '자기 검증 구조'다. 왜냐하면『법화경』은 **재맥락화**(recontextualization)에 대한 가르침이기 때문이다. 이것은 사물들(사람들, 수행들)의 의미와 정체성이 이 사물들을 새롭고 더 큰 맥락 속에서 볼 때(예컨대, 과거와 미래의 더 넓은 지평과 연결 짓거나 붓다의 시선으로 볼 때) 어떻게 완전히 바뀌는지를 보여주는 한 방법이다.

이제, 재맥락화를 위해 그대들이 해야 할 일은 새로운 것을 그것과 병치시키는 일이다. 이는 자동적으로 새로운 맥락을 만들어낸다. 무언가를 '재맥락화'라는 개념 자체로 재맥락화하기 위해서 그대가 해야 할 일은 재맥락화가 무엇인지를 분명히 하는 것이다. 이런 개념을 자기-실현하는 힘은 어린아이에게서 '유머' 개념이 나타나는 것과

17 Reeves, *Lotus Sūtra*, 227; Watson, *Lotus Sūtra*, 162 참조.

다소 유사하다. 아이는 자기 주위에서 사람들이 웃는 것을 볼 때, 일반적으로는 아이 자신도 웃기 시작한다. 아이가 웃긴다고 생각하는 것은 어른들이 즐기고 있는 그 농담의 내용, 아이가 전혀 이해하지 못할 수도 있는 그 내용이 아니라 사람들이 웃기는 것을 찾아내고 있다는 사실 바로 그것이다. 이 어른들이 이따금씩 이렇게 이상야릇하게 온몸을 떨며 소리 지르기 시작한다는 바로 그 사실 자체가 우스운 것이다. 웃기는 것이 무엇을 의미하는지 누군가에게 보여주려면, 그저 웃으면 된다. 웃음 자체가 우습다! 우스움이 우습다! 같은 방법으로, 재맥락화에 대한 『법화경』의 개념은 그 자체가 우리 경험의 재맥락화다. 그것은 우리 자신의 경험을 새로운 맥락 속에 밀어 넣는다. 그래서 『법화경』을 듣는 것, 『법화경』이 무엇을 말하고 있는지 이해하는 것, 경전의 다른 인물들이 그것에 대해 듣고 아주 기뻐하는 방식을 보는 것은 스스로 그것에 아주 기뻐하는 일이다. 이 가르침에 따라 재맥락화됨으로써 그들이 어떻게 해방되는지를 이해하는 일은 그 자체가 이 가르침에 의해 재맥락화되고 해방되는 일이다.

우리는 이 상황이 잃어버린 아들에게 일어났던 일과 비슷하다는 사실을 알아차릴 수도 있다. 그 아들은 자신이 다른 사람의 보물을 세고 있다고 생각했고, 나중에야 그렇게 함으로써 자신의 보물을 소유하게 되었다는 사실을, 다른 사람의 보물이 실제로는 자신의 보물이었다는 사실을 알게 되었는데, 그는 단지 그러한 사실들을 알아차림으로써 보물에 접근할 수 있었다.

『법화경』의 모든 독자들과 청중들에게 이런 기별을 주는 것은 2장 「방편품」에서 준 기본적인 가르침의 단순한 확장일 뿐이다. 붓다는 오로지 보살들만 가르친다. 붓다가 누구를 가르치든 그는 보살이다. 그대가 불교 경전을 읽고 있다면, 붓다가 그대를 가르치고 있는 것이다. 그래서 그대는 보살이다. 따라서 언젠가 그대는 붓다가 될 것이다. 그러므로 그대의 현재 활동은 붓다가 되는 과정의 일부다.

10장 「법사품」은 이 점을 확실히 이해시키는데, "이 경전으로 한 순간만이라도 기뻐한 사람들은 모두 미래의 붓다일 뿐 아니라, 모든 존재를 구제하겠다는 보살의 서원에 따라 이 세상 여기에 태어나기로 선택한 과거의 보살이기도 하다"고 말함으로써 말이다. 다시 말해, 그들은 이미 보살이다. 그들의 과거의 맥락과 미래의 맥락 둘 다 성불을 향해 열려 있다. 이런 식의 주장은 나머지 『법화경』에서도 아주 흔하다. 지금 그대가 A를 하고 있다면, 그대는 과거에 XYZ를 했다. 예컨대, 그대가 지금 이 경전을 좋아하거나 듣거나 가르친다면, 그대는 보시를 바친 것이고 과거의 수억만 붓다들을 가까이서 만난 것이다. 이런 진술들은 두 가지로 다르게 읽힐 수 있다. 첫째로 더 명백하게 문자 그대로 읽으면, 현재의 활동은 **과거에 무언가를 했다는 표시**이거나 결과라는 것이며, 그래서 그대가 지금 이걸 하고 있다는 사실은 그대가 과거에 했어야만 하는 일을 보여주거나 드러내는 것이다. 그러나 이런 진술들의 더 깊은 의미는 경전의 다른 데서도 그런 진술을 하면서 썼던 몇 가지 방식들에 의해 깊이 간직되어 있는데, 현재의 활동은 **과거를 변화시키는 것**이며 이 현재의 과거가 그렇고 그런 것이 되도록 만드는 것이라는 뜻이다. 다시 말해, 대승의 공 이론에 뿌리를 둔 모든 활동은 해명할 수 없는 모호성을 갖는다는 점을 감안할 때, 현재의 활동은 아득한 과거가 현재를 재맥락화하는

것만큼 과거를 재맥락화한다. 현재의 활동은 과거로 소급해서 영향을
끼친다.

지금 그대가 『법화경』으로 기뻐하고 있다는 사실은, 과거에 그대는
이런 특정한 범부로 여기 태어나기를 서원했던 위대한 보살이었음을
입증하는 것이다. 과거는 현재의 한 작용이다. 과거는 이 현재의 과거이
며, 결코 확정된 것이 아니고 항상 변화하고 있다. 미래도 마찬가지다.
『법화경』의 가르침, 그대가 하고 있는 일이 보살도라는 가르침을
기꺼워한다면, 그대는 미래의 성불과 과거의 보살행을 아우른 현재를
살고 있는 것이다. 그것이 현재의 구조다. 그것은 뒤에는 보살행이
있고 앞에는 성불이 있는 현재다. 더 엄밀하게는, 현재는 그 안에
그 구조의 일부로서 과거와 현재를 품고 있다고 말할 수 있다. 이
현재의 과거성過去性은 보살행이고, 이 현재라는 순간의 미래성未來性
은 성불이다. 윤회전생이라는 이 오래된 인도의 관념이 끼어든 이
새로운 작품『법화경』에서 끈질기게 윤회전생의 교리에 초점을 맞추는
이유가 이것이다. 그리고 시간에 대한 우리의 이해에 새로운 개념과
구조를 제공하는 이 가르침은 아마도『법화경』의 가르침에서 가장
심오한 차원일 텐데, 천태사상에서 가장 놀랄만한 것들 대부분은
여기에 기초해 있다. 『법화경』의 나머지 부분에서 초점을 맞추게
될 것은 바로 이 시간의 구조에 관한 질문이다.

시간과 초시간성 사이의 새로운 중도: 과거가 현재를 만든다

『법화경』은 10장 「법사품」 이후에 새로운 서사로 전환해서 시간,

재맥락화, 성불 등에 대한 이런 개념들을 극적으로 생생하게 표현한다. 땅속에서 갑자기 나타난 거대한 탑이 하늘로 치솟는 것으로 시작되는 초현실적인 드라마가 펼쳐지는데, 그 탑은 무시무시한 우주선처럼 사부대중의 머리 위에 떠 있다. 불교 전통에서 탑은 실제로 무덤이거나 성골함이다. 그것은 입멸한 붓다의 조각들(뼈, 치아, 머리카락)을 안치해 둔 사당인데, 전통적으로 공경과 숭배의 장소가 되었다. 그러나 이 오싹한 장면에서 어떤 큰 음성이 탑에서 나더니 이렇게 말한다. "참 좋도다, 석가모니 붓다여! 그대는 모든 중생을 위해 이『법화경』을 설하나니, 그 모든 말이 참되도다!" 대중이 모두 깜짝 놀랐다. 그들은 무슨 일인지 여쭈었고, 붓다는 그들에게 이 탑에는 다보多寶라는 붓다의 (통상적인 탑처럼 죽은 몸의 일부가 아니라) 살아있는 온몸이 계신다고 이야기했다. 문제는 그 붓다가 수억 년 전에 (일반적으로 '죽었다'는 뜻으로 이해되는) 열반에 들어가셨다는 사실이다. 그러나 지금 여기서『법화경』의 가르침이 그를 소생시킨 것처럼 보인다. 그는 자신이 살아있을 때 한 서원을 따라서 왔다. 즉, 아무리 오랫동안 입멸해 있었다 해도, 이 경전을 설하는 일이 있을 때마다 그는 나타나서 이를 찬탄하며 증명할 것이다.

　대중은 오랫동안 입멸해 있었던 이 붓다를 보고 싶어 한다. 석가모니는 그들에게, 이 서원이 작동하는 방식으로 자신의 '국부적인 형상들' 모두를, 자신의 화신들 모두를, 지금 그 자신이 온 우주에 드러낸 갖가지 분신들 모두를 자신이 이 한곳에 모아야 한다고 이야기한다. 그 뒤에 탑이 열리면, 우리는 그 안의 붓다를 볼 수 있을 것이다. 그는 그 탑 아래에 수십억의 '다른' 붓다들, 다른 보살들, 다른 존재들을 불러 모은다. 분명히 그들 모두는 현재 여기 있는 존재들을 해방시키기 위해 나타난 이들이며, 실제로 석가모니 자신을 대신한 형태들, 대신한 주체들, 화신들이다. 여기서 다시 우리는 잃어버린 아들이 아버지의 보물을 세고 있었던 일에서 본 것과 같이 처음에 '다른 것'으로 생각했던 것이 '자기 자신'으로 드러난다고 하는 주제를 보게 된다. 붓다의 모든 분신들이 한곳에 모이자마자 탑이 열린다. 석가모니는 대중과 함께 허공으로 올라가서는 손수 탑을 열고 다보불多寶佛 곁에 앉는다.[18] 두 붓다가 탑에서 나란히 앉아 있다. 동아시아 불교예술에서 아주 대중적인 주제다.

여기서는 무슨 일이 일어나고 있는가? 그 경전의 초기 부분들에서 다른 형태로 풀어낸 관념들에 대한 공상적인 서사를 보는 것은 어렵지 않다. 오랫동안 사라진 과거가 현재라는 더미의 일부로서 다시 나타나는 일은 현재의 소급력을, 재맥락화하는 『법화경』의 개념 자체가 과거를 재맥락화하고 변형시키는 방식을 잘 보여준다. 죽어서 사라진 것 같아서 더 이상 아무런 관련이 없어 보였던 저 과거가 이제는 『법화경』을 실천하는 현재의 이 순간을 확증하고 이 순간에 기여하게 된다. 그러나 그 풍부한 함축적 의미는 여전히 숨겨져 있다. 현재의 모든 활동 형태들이 한눈에 자신의 형태들로 보일 때까지는 말이다. 다른 모든 **순간**들이 재맥락화의 소급력을 가진 현재의 이 순간에 내재해 있는 것처럼 드러나듯이, 다른 **사람**들 모두 그들 자신이 자신에게 내재해 있음을, 자신의 형태들임을, 보살로서 화신의 일부임을,

18 Reeves, *Lotus Sūtra*, 240; Watson, *Lotus Sūtra*, 175-176 참조.

중생을 제도하여 성불로 나아가게 하려고 취한 수많은 형태들임을 또한 드러낸다. "그대는 우연한 보살이며 늘 그런 보살이었다"는 관념이 현재의 이 순간을 '에워싼' 모든 과거와 미래를 보는 방식을 변화시키는 것처럼, 그것은 현재의 모든 사물과 사람들에 대한 인식도, 그대 자신이 되는 이 경험을 '에워싼' 다른 모든 자아들에 대한 인식도 변화시킨다. 과거의 붓다가 이 재맥락화를 통해 온전히 살아있는 존재가 되는 것처럼, 현재의 붓다도 그것을 통해 온전히 살아있게 된다. 다른 모든 존재는 그를 대신하는 몸들이다.

두 붓다가 나란히 앉아 있을 때, 2장 「방편품」의 그 재미있는 구절이 극화된다. "다른 붓다와 함께하는 붓다만이 만물의 궁극적 실재를 깨닫는다." 여기에 그들이, 한 붓다와 한 붓다가 있다. 그것은 현재와 함께하는 과거를 의미한다. 『법화경』에서는 말한다. "그대는 붓다가 될 것이다. 그대는 미래의 붓다다." 이는 지금의 그대가 미래의 그대와 관련된다는 것을 의미한다. 미래의 그대는 붓다다. 붓다는 자신의 과거를 돌아보면서 지금의 그대를 본다. 그는 과거에도 자신이 붓다였음을 깨닫는다. 미래를 바라보는 과거와 과거를 바라보는 미래, 그것은 '다른 붓다와 함께하는 붓다'다. 『법화경』은 **미래를 전망하는 회고**의 이야기이다. 거기에서 그대는 그대가 될 (미래의) 붓다를 가만히 보는데, 이것은 저 붓다의 입장에서는 신생 붓다로서 그의 이전 자아인 그대를 돌이켜서 보는 것이다. 동일한 관계가 현재 이 순간에 있는 모든 존재—석가모니의 화신들로서 여기에 모여 있는 존재들— 사이에도 적용된다. 두 중생이 만날 때마다, 그것은 '다른 붓다와 함께하는 붓다'이며, 오로지 이 관계에서만 모든 사물의 궁극적 실재가 드러난다.

존재와 부재 사이의 새로운 중도: 붓다의 '영원한 삶'

두 붓다가 함께한 이 초현실적인 장면에 이어 대중은 모두 의심이
일었다. 그들은 여기 자신들의 세상에서 『법화경』을 실행하고 싶었고,
어떻게 하면 되는지 묻는다. 12장 「제바달다품提婆達多品」에서 붓다
는, "음, 꼭 해야 한다면, 그걸 했던 방식이 있지. 거기에 대승의
실천 수행법으로 꽤 표준적인 것들이 있으리라"[19]고 말하면서 계속
이야기한다. 그런데 놀랍게도 이것은 전혀 필요하지 않다고 말한다.
왜냐하면 『법화경』은 이미 여기 이 세상에서 항상 실행되고 있기
때문이다. 15장 「종지용출품從地涌出品」을 보면, 천만억 보살들이 땅
속에서 솟아나와 그들은 항상 이곳에서 『법화경』을 실행하고 있었다고
말한다. 그때 깜짝 놀란 구경꾼들이 이렇게 여쭈었다. "이 모든 보살들
은 누구입니까? 우리는 결코 그들을 본 적이 없습니다. 그들은 누구를
좇아 보살행을 시작했습니까? 누가 그들에게 처음 가르침을 주었습니
까?" 붓다는 자신이 그렇게 했다고 말하면서 이 모든 보살들은 최초로
보살의 서원을 했고 석가모니 붓다를 스승으로 삼아 보살행을 시작했
다고 말한다. 대중은 여쭈었다. "그렇지만 어떻게 그게 가능합니까?
우리는 언제나 부처님과 함께 있었고 그들을 이전에는 결코 본 적이

---

19 〈역주〉 구마라집이 한역한 『법화경』에 따르면, 여기서 말하는 표준적인 수행법이
   란 육바라밀, 자비희사慈悲喜捨, 삼십이상三十二相, 팔십종호八十種好, 사무소외四
   無所畏, 사섭법四攝法 등이다.

없습니다. 게다가 그들은 모두 엄청난 세월 동안 수행해 온 위대한 보살들입니다. 그러나 부처님은 40여 년 동안 붓다였던 분이고, 통상적인 상황에 따르면 보살은 완전한 붓다로부터 그분의 최초 가르침을 받을 수 있을 뿐입니다. 그것은 마치 건장한 젊은이가 백발의 늙은이를 가리키며 '저 사람은 내 아들이다'라고 말하는 것과 같습니다. 과거와 미래라는 시간의 직선적 배열이 모두 뒤얽혀버립니다."

이것은 『법화경』에서 최종적으로 중요한 계시를 위해 마련한 설정으로, 16장 「여래수량품如來壽量品」에 나온다. 붓다는 우리에게 인간이 상상할 수 있는 것 이상의 광대하고 무량무변한 공간과 시간을 상상해 보라고 한다. 그러고는 이렇게 선언한다. "훨씬 더 오랫동안 나는 끊임없이 이 사바세계에 있으면서 설법하고 교화하며 또 다른 백천만억 국토에서 중생을 인도하고 이롭게 했느니라. 이러는 동안에 나는 연등불燃燈佛 등의 붓다라 일컬어졌고 또 열반에 든다고도 말했노라. 이 모든 것은 다만 방편으로 설해졌을 따름이니라."[20]

연등불은 과거세에 석가모니에게 성불하도록 격려해준 붓다인데, 석가모니는 그 앞에서 보살의 서원을 했다. 전통적인 설명에 따르면, 석가모니는 연등불에게서 붓다가 될 보살로서 최초의 가르침을 받았고, 연등불에게 보살의 서원을 했으며, 연등불에게서 성불의 수기를 받았다. 연등불은 석가모니의 스승이며 그의 수련의 원천이다. 이제 그는 연등불이 그 자신이었다고 말한다! 그가 연등불의 모든 이야기를 만들어냈다고 한다! 그것은 그대가 깨달음을 얻을 때, 그대에게 영감을

20 나의 번역이다. Watson, *Lotus Sūtra*, 225-226과 비교해 보라.

주고 가르침을 준 이전의 붓다들 모두 현재 그대의 깨달음에 관련된 여러 양상들이 된다는 말이다. 그대는 그대 자신의 원천의 원천이 된다. 현재의 그리고 과거 다른 붓다들의 '화신들'과 마찬가지로, 한 사람의 과거에 있었던 모든 원인들과 조건들은 이제 이 새로운 현재 속에서 바뀌게 되고, 현재에 기능하게 되며, 재맥락화되어서 이 현재에 보이는 것의 부분들과 양상들로 변형된다.

붓다는 계속해서 이렇게 말한다.

중생이 내 앞에 오면, 나는 붓다의 눈으로 보면서 그들의 믿음과 능력을 알아차리고, 그런 뒤에 그들의 해탈에 필요한 것을 따라 나 자신은 이러저러한 이름을 가지고 이러저러한 수명을 가졌음을 설하고 내가 장차 열반에 들 것임을 말해주었다. … 내가 모든 경전에서 설한 것은 중생을 제도하기 위함이다. 때로는 나 자신을 설하고 때로는 다른 사람을 설하며, 때로는 나 자신을 내보이고 때로는 다른 이를 내보이며, 때로는 내 공덕을 내보이고 때로는 다른 이의 공덕을 내보인다. 이 모든 것은 참이며, 거짓이 아니다. 어째서 그러한가? 붓다는 세계의 속성을 있는 그대로 보고, 태어남도 없고 죽음도 없으며, 나타남도 스러짐도 없으며, 윤회와 멸도도 없으며, 그 모든 것은 실재도 망상도 아니며, 그렇지도 않고 그렇지 않지도 않다고 보니, 이는 삼계의 중생이 보는 것과는 전혀 다르다. 붓다는 이 모든 일을 똑똑히 그리고 잘못 없이 보지만, 중생이 온갖 선근을 일으킬 수 있도록 그들의 갖가지 성품들, 욕망들, 수행들, 분별들에 따라서 수많은 이야기, 비유, 속담을 끌어와 설법한다. 나는 이런 불사佛事를 잠시도 쉰 적이 없었고, 사라지지 않고 여기에 끊임없이 머물면서 내 수명이 무량하게 이어지는 동안 계속 그렇게 할 것이다.[21]

이것은 무엇을 의미하는가? 불교에서 모든 존재는 과거를 갖고 태어난다. 붓다 또한 과거를 갖고 태어났다. 초기불교에서 붓다의 과거는 보살이 되기 위해 거쳐 온 무수한 삶이라고 여겨졌다. 그리하여 그의 과거는 보살이 되기 이전에 미혹된 중생으로서 괴롭게 살아온 많은 삶들이었다. 『법화경』에서 붓다는 이것이 이야기의 전부가 아니라고 밝힌다. 그는 이미 오랫동안, 셀 수 없고 헤아릴 수 없이 긴 세월 동안 붓다였다고 말한다. 그가 분명히 미혹된 중생으로서 괴로워하며 살았던 또는 성불하기 위해 힘쓰고 있었던 그 과거의 삶 모두 사실은 이미 붓다의 삶이었다. 그것은 깨달음을 얻은 뒤의 삶이었다.

그러면, 깨달음은 무엇인가? 성불했을 때, 그 붓다가 깨달은 것은 무엇인가? 깨달음을 얻은 그 운명적인 날에 그는 몇 가지를 보았다고 한다. 첫째, 모든 중생의 전생들은 생겨남과 사라짐을 되풀이하는데, 그 행위(업)에 따라 이곳에 어떤 형상으로 나타났다가 한동안 그 상태로 머물면서 괴로움을 겪고 그 괴로움을 줄이려 애쓰다가 한층 더 업을 쌓으며, 그런 뒤에 허물어지고 흩어져서는 다시 어딘가에서 또 다른 형상으로 생겨난다. 이런 삶의 파노라마가 붓다의 마음에 나타난 것이다. 그가 직관한 그 시작 없는 역사 속의 생물들 가운데는 우리

---

21 나의 번역이다. Watson, *Lotus Sūtra*, 226과 비교해 보라.

자신들이 있었다. 우리도 그때 다른 형상으로 살아있었다. 어쩌면 개미나 낙타로, 또는 왕이나 신으로. 붓다는 보리수 아래에 앉아 있으면서 우리가 지나온 바로 그 긴 역사를 보았다. 그는 말했다. "세상의 모든 바닷물보다 또는 셀 수 없이 많은 삶 동안에 그대가 흘린 눈물들보다 더 많이 죽으면서 그대가 사랑한 이를 눈앞에서 죽게 하고, 그대가 사랑한 것과 헤어지고 그대가 미워한 것과 함께하도록 하는 것은 무엇인가?"

둘째, 붓다는 연기의 법칙 또는 '의존하여 함께-일어남'을 발견했다. 이것은 어떤 결과에 대해 단일한 원인은 없다는 것을, 모든 사태는 다수의 원인들이 합쳐져서 생긴다는 것을 의미한다. 우리에게는 자아가 있어서 그 자아가 우리의 의지와 욕망의 결과들을 일으키는 유일한 원인으로 작용하는 것처럼 보이지만, 그런 행위자로서 자아는 없다는 뜻이 여기에 함축되어 있다. 그 다음에 이것은 그러한 시도들—의지와 욕망의 결과들을 일으키려는 행위들—은 모두 필연적으로 우리 자신과 남들에게 괴로움을 야기할 수밖에 없다는 것을 의미한다. 그것은 어떤 특정 형상은 본질적으로 변할 수밖에 없다는 것, 어떠한 형상도 그대로 유지될 수 없다는 것, 어떤 것도 영속하지 않는다는 것 또한 의미한다. 다시 말하면, 무아無我, 고苦 그리고 무상無常이다.

이 두 가지 통찰은 어떻게 연결되는가? 보편적으로 적용되는 무아는 공空을 의미하기도 하는데, 그것은 존재론적으로 모호하다. 결코 하나의 정체성만 관계하지 않는다. 존재한다는 것은 늘 형상을 바꾸는 것이다. 누군가가 되는 것은 다른 누군가로 변하는 것이다. 딱 잘라 말하면, 우리가 누구인지에 대한 물음에는 최종적인 대답이 없다.

우리의 공과 무아는 삶과 경험과 나-다움의 배제가 아니라 비어-있음
이다. 공과 무아는 오히려 삶이 끊임없이 변화하면서 펼쳐내는 온갖
형태들의 광대한 배열이다.

붓다는 여러 해 동안 설법하면서 그 자신과 다른 이들의 전생담을
많이 이야기했다. 그러나 앞서 인용한 『법화경』의 구절에서 그는
이 이야기들을 문자 그대로 받아들여서는 안 된다고 말한다. 과거에
관한 이야기들은 청중을 깨우치기 위해, 그들의 과거와 미래에 대해
문제를 제기하기 위해, 그들의 현재 경험을 더 큰 맥락 속에 넣어
이해시키기 위해 필요한 것이라 했다. 그래서 어떤 의미에서는 우리의
과거와 그의 과거에 대한 이런 특이한 설명들은 문자 그대로 참이
아니다. 그것들은 관습적 진리에 속하지, 궁극적 진리에 속하지 않는
다. 그렇지만, 다른 관습적 진리와 마찬가지로 참이다. 그러나 여기서
일어난 일은 관습적 진리의 본질이 바뀌었다는 것이다. 관습적 진리는
관습적 진리들이 일관된 하나의 덩어리로 되어 있다기보다는 관습적
진리들이 갈마들면서 다수의 덩어리를 이루고 있는 것으로 드러난다.
중생의 변덕스런 요구와 관점에 따라 그 자체를 쉼 없이 옮기고 재배열
하고 새 방향으로 가게 하면서 부정하고 변형하고 재확인하며 각각의
진리를 다른 진리로 바꾸고 그 자체의 부정으로 발달시킨다는 점에서,
관습적 진리는 이제 그 자체 내에 궁극적 진리의 유동성과 상호 침투성
을 지닌다. 모든 관습적 진리는 다른 관습적 진리들로 가는 뗏목이며,
모든 진리의 목적이자 수단이다. 관습적 진리와 궁극적 진리가 하나로
수렴되었다.

다시 말해서, 이 특이한 이야기들은 붓다 자신의 자비심에서 나온,

괴로워하는 중생을 지금 마주한 데서 나온 것들이다. 바로 여기에 그 이야기들의 진리가 있고, 붓다의 현재 자비심이 표현되어 있다. 왜냐하면 『법화경』에서 붓다는 이 모든 중생은 자신과 동일하며 모두 붓다가 될 것이라고도 말하고 있기 때문이다. 나아가 그는 자신이 붓다처럼 보이기 전에도, 그저 보살이었을 때조차 사실은 이미 붓다였다고 말한다. 그것은 미래에 붓다가 될 우리에게도 똑같이 적용된다. 우리는 단지 성불로 가는 길에 있는 것처럼 보이지만, 성불로 가는 길 자체가 이미 성불이다. 『법화경』 2장 「방편품」에서 "붓다는 스스로 대승에 머문다"(佛自住大乘)라고 말했던 것처럼. 그 자신이나 다른 사람들의 모든 전생은 붓다의 현생이 드러낸 여러 양상들이다. 그의 깨달음은 도처에서 피어나고 시들면서 괴로워하는 유정들이 무한히 줄지어 있는 실상에 대한 깨달음이다. 여기에는 한순간도 그 정체성이 고정된 것은 없다고 하는 통찰이 함께한다. 이 수많은 형상들에서는 어떠한 정체성도 다 볼 수 있다. 붓다가 되는 것은 과거와 미래에 걸쳐 있는 이 다양하고 무한한 생명들 속에 있는 붓다 자체를 보는 것을 의미한다.

　우리가 때때로 막연히 붓다의 '영원한 삶'이라 부르는 것이 그런 것이다. 그의 전생은 모두 붓다가 아닌 존재였으나 "진실이고 거짓이 아니었다." 그러나 한편, 그의 전생은 모두 그가 이미 성불한 상태에서 이제 중생을 제도하려고 노력한 양상들이라고 하는, 그런 식으로 말해졌다. 10장 「법사품」에서 이미 보았듯이 『법화경』의 특성인 시간의 소급 개념을 여기서 보게 된다. 붓다가 되는 것은 어떤 사람이 항상 붓다였음을 의미한다. 그런데 항상 붓다였기 위해서는 붓다가 되어야만 한다! 붓다가 되는 것은 붓다의 과거를 갖는 것이다. 이 순간 붓다가 되는 것은 다른 모든 순간들을 보는 것이며, 다른 모든 존재를 참으로 성불의 현현으로 보는 것이다. 지금 당장 붓다가 된다는 것은 성불하는 현재의 관점에서 생각하는 과거와 미래의 모든 순간에 붓다가 되는 일이다. 붓다가 되는 것은 존재의 모든 형상이 어떻게 붓다가 되는지 그 방식을 아는 것이다.

우리 모두 과거를 갖고 태어나며 항상 과거를 갖고 있을지라도 그 과거는 지금의 우리가 누구인가에 따라서 변한다는 사실을 알고 있다는 것, 그것이 성불의 의미다. 우리 각자는 공간에서도 유한하지만 ―나는 나 자신이고 다른 사람이 아니지만― 다른 사람이 나에게 어떤 존재인지는 지금 내가 누구인가에 따라 달라진다. 보리菩提를 성취한 붓다는, 이전에 자신이었던 다른 모든 존재들 또한 붓다들이고 현재 성취한 보리의 양상들이며 현현이었다는 사실을 알았다. 그는 보살로 또는 미혹된 중생으로 살았을 때에도 붓다로 살았다는 사실을 알았다.

"무언가에서 자신을 알아본다"는 것은 무엇을 의미하는가? 녹음된 자신의 목소리를 듣는다고 상상해 보라. 그대가 생각한 것과 전혀 다르게 들려서 기이하고 당혹스럽다. 그러나 잠시 뒤 그대는 이 낯선 목소리에서 '그대'를 특징 짓는 것이 무엇인지 알아볼 것이다. 어렸을 때 그대를 찍은 낡은 사진을 본다고 상상해 보라. 그대는 당시 유행하던 우스꽝스런 옷을 입고 있다. 그대는 지금의 그대와는 아무 관계없는 일에 몰두하고 있다. 그러나 마침내 그대는 이것이 그대 자신이라는 것을 받아들이고 그것을 현재 느끼는 자아에 흡수한다. 그대의 몸속 장기들을 찍은 엑스레이를 본다고 상상해 보라. 그것들은 물컹물컹하고 꼬여 있으며 괴기스럽다. 그대가 자신에 대해 생각한 것과 전혀 같지 않고, 그대가 평소에 '나'라는 말을 떠올릴 때 의미하던 것과 전혀 다르다. 그렇지만 마침내 그대는 이런 것들이 가장 그대 자신과 가깝다는 것, 그대의 참된 자아라는 것을 알아보게 된다. 이런 이상하고 '나-같지-않은 것'들이 없다면, 나는 내가 되지 않았을 것이다. 그것들은 나보다 더 나 같다. 나 자신과는 달라 보이는 이 모든 면들을 통합하기 위해서는 나 자신에 대한 나의 개념이 확장되어야 한다. 이것이 붓다가 온갖 이상한 집착, 탐욕, 성냄, 망상을 가진 중생들을 바라보는, 그런 우리를 오늘 여기 있는 그대로 바라보는 방식이다.

중생들의 삶은 셀 수 없고 헤아릴 수 없을 정도로 많기 때문에 붓다의 삶은 '영원하다.' 무량하고 무한하다. 붓다의 삶은 우리의 삶으로 존재하며 또 우리의 삶 속에 존재한다. 우리의 삶 바깥에 존재하지 않는다. 붓다의 영원한 삶을 보는 것은 우리 자신의 성불을 보는 것이다. 붓다는 신이 일신교의 전통에서 영원하다고 여겨지는 그런 영원한 존재는 아니다. 그는 중생들과 독립된 존재가 아니며, 절연되고 한정된 일련의 순간들을 관통하며 과거에서 현재로 다시 미래로 이어지는 선형적 시간 내에서 어떤 고정된 정체성을 가지고 존재하지 않는다. 그는 시간 밖에 있지 않으면서 시간을 초월한다. 불교가 "모든 조건 지어진 상태는 영원하지 않다"는 기본 교리를 고수하고는 있지만, 이것이 어떤 의미에서 '영원한지'를 알기 위해서는 시간을 다르게 보는 법을, 바꾸어 말해서 우리 삶을 다르게 보는 법을 배워야 한다. 미래의 성불을 갈망하는 일은 그대가 현재 구현하는 과거를 변화시킨다. 그 일은 그대의 모든 과거들, 현재들, 미래들에 현존하는 붓다의 삶을 보는 것이다. 그것이 붓다의 무량하고 무한하며 영원한 삶이다.

『법화경』의 16장 「여래수량품」은 이를 잘 보여주는 또 다른 아버지와 아들의 우화를 들려준다.[22] 한 의사가 여행하고 있다. 그가 떠나 있는 동안에 그 자식들이 그의 약방에 들어가서는 분별없이 함부로 약을 먹었다. 그 아버지가 돌아와서 보니, 자식들이 심하게 아파 입에 거품을 물면서 취한 듯이 제 정신이 아니었다. 그는 자식들이 무슨 약을 먹었는지 알고는 곧바로 해독약을 준비했다. 그러나 자식들은 너무 정신이 나가서 해독약을 먹으라는 그의 지시에 주의를 기울이지도 않는다. 그는 자식들을 붙잡아서 강제로 먹일 수 없었다. 자식들은 계속 뱉어내면서 미친듯이 뛰어다녔다. 그래서 그는 '방편'을 생각해냈다. 그는 해독약을 먹으라는 지시와 약을 남기고서 자식들에게 다시 일이 있어 여행을 간다고 말하고는 길을 나섰다. 그런 뒤에 그는 자식들에게 너희 아버지가 길에서 죽었다고 알리면서 다시 말을 전했다. 아버지가 죽었다는 소식은 자식들에게 충격을 주어 정신이 번쩍 들게 했다. 그가 그들에게 남긴 것은 해독약과 그것을 먹으라는 지시가 전부였다. 절망과 슬픔 속에서 그들은 마침내 그렇게 했다. 그들이 건강을 되찾게 되자, 그 아버지는 돌아와서 그가 정말로 죽은 건 아니라고 말해준다.

붓다의 열반, 사라짐, 이 세계를 떠남 따위도 그러하다. 붓다의 부재는 그 자체로 가르침의 또 다른 방편이다. 사랑하는 아버지가 떠나고 갑자기 보살핌과 보호를 받지 못하게 되면 뒤이어 그 아버지를

---

22 Reeves, *Lotus Sūtra*, 294-295를 보라.

그리워하게 되는데, 이 그리움은 부재함으로써 더욱더 현존하게 된 아버지에게 과거보다 더한 관심을 쏟게 만든다. 그의 부재는 그의 존재를, 세상에서 그가 유효하다는 것을, 그가 자식들과 함께 여기 있다는 것을 나타내는 한 가지 형태다. 그가 거기에 있지 않을 때, 그는 그들을 위해 더욱더 '거기에' 있게 된다. 왜냐하면 누군가에게 '거기에' 있다는 것은, 그들에게 '현존'한다는 것은 그들에게 영향을 줄 만큼 힘이 있다는 뜻이다. 그리고 그의 부재야말로 그들이 그를 찾게 하고 그를 그리워하게 하며, 훨씬 더 깊이 그의 영향력을 느끼면서 이런 식으로 그에게 집중하게 만든다. 사실 거기에 있음과 거기에 있지 않음 둘 다 거기에 있음이, 이 세상에서 불사佛事를 하고 있음이 번갈아 나타난 형태다. 단순히 거기에 있거나 거기에 있지 않거나, 존재하거나 부재하거나, 그러하거나 그렇지 않거나 하는 그런 것은 결코 없다. 둘 다거나 둘 다 아니다. 거기에 있음은 가 버림의 한 방식이며, 가 버림은 거기 있음의 한 방식이다. 진실로 존재한다는 것은 존재와 부재의 갈마듦이고 상호 작용이며 능숙한 배치다. 여기서 『법화경』은 우리에게 또 하나의 새로운 중도를 제시한다. 있음과 있지 않음 사이의, 존재와 부재 사이의 중도.

현재의 실상을 받아들이는 일과 이상을 향한 진보적 변화 사이의 새로운 중도: 용녀와 상불경보살

초기불교 경전에서 붓다는 이렇게 말했다. "만약 사람 안에 절대적이고 무조건적인 영혼, 곧 자아가 있다면, 종교적 삶은 불가능하거나 불필요할 것이다." 당연하게도, 조건의 제약을 받지 않는 자아는 바뀔 수 없다. 자아가 이미 완벽하다면, 종교적 삶-그리고 모든 도덕적 향상, 진보를 위한 모든 노력-은 불필요할 것이다. 다른 어떤 것도 중요하지 않다. 이 무조건적인 참된 자아 외에는 모두 껍데기뿐인 망상이고 아무런 중요성도 없다. 반대로 자아가 불완전하다면, 종교, 도덕성, 노력은 불가능할 것이다. 아무것도 그걸 바꿀 수 없을 것이다. 그러나 우리가 이 책의 4장에서 보았듯이 대승의 어떤 종파에서는 우리는 모두 본래 깨달은 존재라고, 우리는 붓다와 동등하다고, 더 이상 얻을 게 없다고 주장한다. 어떻게 이런 상반된 관점들이 융합될 수 있을까?

이미 보았듯이, 『법화경』은 2장 「방편품」에 나오고 또 위에서도 논의한 "붓다와 동등하다"는 그 독특한 교리를 포함하는 것으로 읽힐 수 있다. 그러나 거기에서 붓다와 범부의 차이, 상상도 못할 붓다의 우월성을 심하게 과장해서 강조하며 이런 주장을 했다는 사실도 우리는 주목했다. 여기에도 새로운 중도가 있음을 우리는 알게 된다. 현재의 존재 그대로 완벽하다고 확신하는 일 그리고 사람이 항상 애쓰고 있는 급진적인 변신, 어울리지 않는 타자성을 대면하는 일 사이의 중도. 『법화경』에서 가장 유명한 두 인물-용녀龍女 그리고 상불경보살常不輕菩薩-의 이야기가 이 점을 가장 우아하게 역설하고 있다.

용녀 이야기는 많은 주목을 받았으며, 전통적으로 (1) 여성들, (2) 인간 아닌 존재들(그녀는 인도 신화에서 바다에 사는 뱀과 같은 용이다), (3) 순진하고 배우지 못한 사람들(그녀는 고작 여덟 살이었다고 전한다)의 성불 가능성을 지지한다고 간주되었다. 그러나 이 평등주의적 교훈을 중시하는 독자들은 그 이야기에서 나가(Naga, 반은 사람이고 반은 뱀인

202

존재) 소녀의 현재 몸과 조건을 깔보는 듯한 꼴사나운 사실도 동시에
마주해야만 한다. 대승의 전승에는 몇몇 여성들—『유마경』[23]의 7장에
나오는 천녀天女가 생각난다—이 있는 그대로 완전한 깨달음을 얻어서
바로 그 여인의 몸으로 붓다와 대등하다는 것을 보여주는데, 그들과
달리 나가 소녀는 붓다라는 전통적인 남성, 어른, 사람, 눈부신 인물로
변신한다고 전한다. 그 어린 용녀의 몸은 붓다의 몸으로 변한다. 경전은
그것이 즉각 일어난다고 강조하지만, 그래도 여전히 변화한다. 따라서
그러한 변화는 필요하다는 뜻을, 여성의, 아이의, 짐승의 몸 '그대로'
성불할 수 없다는 뜻을 넌지시 전하는 것 같다.

    그러나 그 이야기를 자세하게 들여다보면, 그것은 현재의 완벽함만
일방적으로 단언하는 것이 아니라 이 경전의 다른 부분들에서 묘사한
현재의 완전함과 미래의 변신 사이의 '새로운 중도'에 부합하는 더
심오한 점을 역설하고 있음을 알게 된다. 여기서 『법화경』의 「서품」을
떠올릴 수 있다. 거기에서 붓다는 '무량의처삼매'에 든 뒤에 머리에서
한 줄기 광명을 쏘아 곳곳에서 활동하는 모든 중생을 두루 비추었다.
이것은 붓다가 중생을 보는 대로 중생을 보는 방식이며, 붓다가 중생을
자기 성불의 일부로 보는 것이다. '무량의처삼매'가 우리에게 보여주려
던 것이 그것이다. 붓다의 마음이 모든 존재를 품는다는 것은 그들이
붓다의 세계라는 맥락에 놓인다는 것을, 붓다가 그들을 보는 것처럼
보이는 붓다의 경험에 놓인다는 것을 의미한다. 붓다가 그들을 보듯이

23 영어 번역본으로는 John, McCrae, trans., *The Vimalakīrti Sūtra* (Berkeley, CA: Numata Center for Buddhist Translation and Research, 2004), 127-131 참조.

그대가 그들을 본다면, 그대는 그들을 (이제까지와는) 다르게 보게 된다. 참으로 그 모든 것은 "모든 법은 붓다의 법이다"라고 말하는 소박한 방식이다. 붓다의 눈에 비친 모든 법은 변한다. 우리가 실제로 이야기하고 있는 것은 일승一乘인데, 이것이 우주가 붓다에게 보이는 방식이다. 우리가 그 맥락 속에서 그대 자신에 대해 이야기할 때, 우리는 그대가 붓다의 눈에 또는 붓다에게 또는 그대가 될 붓다에게 어떻게 보이는지에 대해 이야기하고 있는 것이며, 아울러 붓다의 눈에 보이는, 붓다의 빛에 던져진 이 모든 실천들에 대해 이야기하고 있는 것이다.

그럼, 용녀는 지금의 자신을 어떻게 변화시킬까? 용녀는 한 개의 보주를 붓다에게 바치고는 이렇게 물었다. "이 보주를 바친 일이 빠른 가?" 그것은 붓다의 손에 들어가자마자 내(용녀) 손에서 붓다의 손으로, 나에게서 그에게로 갔으니, 그녀는 붓다다. 그것을 옮기는 데 걸린 시간은 이 맥락에서 저 맥락으로 옮길 때와 똑같다. 내가 이 보주를 쥐고 다른 손에 놓아둘 때, 나는 다른 맥락에 그것을 놓아두고 있는 것이다. 왜 순간적일까? 그녀를 다른 것으로 대체하지 않고 있기 때문이다. 그녀는 단순히 붓다가 본 그녀 자신이다. 그녀가 붓다에게 건네준 보주는 삼천대천세계 전체의 가치를 갖는다고, 경전에서는 말한다.[24] 그것은 온 세계와 맞먹는다. 그 세계를 붓다의 손에 건네주었으니, 그대는 붓다다.

어떻게 그대가 붓다인가? 붓다가 그대를 붓다로 보았기 때문에

---

24 Reeves, *Lotus Sūtra*, 252-253; Watson, *Lotus Sūtra*, 188 참조.

붓다다. 그대를 붓다로 보는 붓다를 그대가 볼 때, 그것은 어떻게 붓다가 그대를 보는지를 그대가 보는 방식으로 1장 「서품」의 거기를 그대가 보고 있는 것이다. 어떤 특별한 방식으로 무언가를 보는 것은 그것의 다른 측면을 이끌어내며, 이런 모든 측면은 공이라는 개념에서 보면 그대가 본래 그것을 어떻게 보았든지 간에 참으로 그 본래의 것 자체의 일부에 지나지 않는다. 서로 다른 그대들 모두의 눈에는 지금 내가 어떻게 보이는가? 나는 지금 아주 많은 다른 사람들이며, 내가 말하고 있는 것은 많은 의미를 가진 것으로, 무한한 의미는 아니겠지만 적어도 몇 가지 의미를 가진 것으로 이해되고 있다. 그러나 동시에 이것은 내가 여러 가지 다른 것을 말하도록 하지는 않는다. 그리고 만약 우리가 있는 그 방에 어떤 특별한 관찰자, 곧 붓다가 있다면, 그는 훨씬 더 많은 의미들을 볼 수 있을 것이다. 어젯밤 축구 경기에 대해 내가 한 말에 사실은 불교의 진리에 대한 의미가 풍부하게 함축되어 있음을 그는 알 것이다. 내가 나 자신도 모르게 붓다로서 설법하고 있다는 것도 그는 알 것이다. 이렇게 붓다를 생각하는 것은 우리를 생각하는 붓다를, 우리를 붓다들로 보는 붓다를 생각하는 일이다.

나는 1장 「서품」에서 설명된 무량의처삼매에 대한 상징적 표현들이 여기에 있다고 생각하는데, 붓다는 그 삼매에서 모든 중생의 활동을 보고 있다. 이제 우리는 붓다가 보는 것을 볼 것이다. 그것은 우리에게 『법화경』이 무엇을 하려고 하는지, 무엇이 되려고 하는지를 말해준다. 그것이 붓다가 나머지 세상을 보는 방법이고 그 세상을 우리에게 보여주는 방법이다. 다시 말해서, 용녀는 재맥락화된다. 이것은 완전하게 변신하면서 동시에 정확히 동일한 상태로 남아 있는 것을 의미한다. 붓다가 우리를 붓다로 보는 한, 우리는 재맥락화된다. 전혀 변하지 않은 채, 용녀는 이제 아주 다른 존재로 보인다. 그것이 이 이야기에서, 항상 가능한 '다르게 보기'의 순간이자 '재맥락화'의 순간인 보주를 건네주는 그 순간성 속에서 용녀의 현재 상태와 그것의 완전한 변환을 긍정하면서 이 둘을 다 강조해야 하는 이유다. 그것이야말로 그대가 어떤 존재가 되더라도 이미 완벽한 존재라는 것과 성불이라는 지고한 상태로 완전히 변환한다는 것 사이의 중도이며, 그 둘을 긍정하면서 하나의 동일한 사태로 보는 일이다.

『법화경』의 20장 「상불경보살품常不輕菩薩品」에 나오는 상불경보살의 이야기에서 매우 유사한 것을 보게 된다. 이 보살은 여기저기 돌아다니면서 만나는 사람 누구에게나 "나는 감히 그대를 업신여기지 않노니, 그대는 보살도를 실천하고 있으므로 언젠가 붓다가 되리라"라고 말했다.[25] 여기서 주목할 점은, 그는 그대가 보살도를 실천한다면 그때 붓다가 될 수 있다고 말하지 않는다는 사실이다. 그대가 지금 하고 있는 것은 그대가 미처 모를지 몰라도 그 자체가 보살행이라고 그는 말하는데, 이는 위에서 논의한 대로 『법화경』의 일반적인 관점과 맞아떨어진다. 그 사람들은 아무것도 바꿀 필요가 없다. 하고 있는 대로 계속 해도 된다. 그러면, 그들은 무얼 하고 있는가? 음, 이 말을 들은 그들은 아주 짜증이 났다. "우리는 (그 자신 불교도로서 위대한 성취가 없었던) 이 하찮은 승려에게서 이런 공허한 수기를 받고 싶지

---

25 Reeves, *Lotus Sūtra*, 338; Watson, *Lotus Sūtra*, 267 참조.

않으며, 어차피 붓다가 되려고 애쓰지도 않는다." 그들은 그를 비웃고 때렸다. **그래도** 그는 그들에게 말했다. "그대들은 붓다가 될 것이다."

이야기는 계속 이어져, 그가 이 행동에 대해 크게 보상받았고─사실은『법화경』을 배워서─ 마침내 붓다가 되었다고 말해준다. 상불경보살은 현재 석가모니 붓다의 전생이다. 그를 괴롭힌 사람들은 그런 행동의 결과로 모두 아비지옥으로 떨어져 고통을 받았다. 그런데 여기에 반전이 있다. 이 과보로 그들은 다시 자신들에게 똑같은 것─즉,『법화경』그 자체이며 "그대들 모두 보살이다"라는 선언에 지나지 않는 것─을 말하는 그를 만나는데, 그 과보로 그들 모두 붓다가 된다! 그래서 정말로 그들은 자신들의 행동을 전혀 바꿀 필요가 없었다. 그를 물리치면서 괴롭히는 것까지 포함해서 말이다. 그것은 물론 아비지옥으로 이어지지만, 그 다음에는 성불로 이어진다.

여기에 다시 중도가 있음에 주목하라. 그대는 전혀 바뀔 필요가 없지만, 바로 이걸 들음으로써 완전히 바뀐다. 처음에는 성내고 아비지옥으로 갔다가 그 다음에는 붓다가 된다. "그대는 보살도를 실천하고 있다"는 바로 그 말─다시 말해서,『법화경』자체의 가르침─은 그들의 행위들을 재맥락화하는 것인데, 그것은 그 행위들을 정확히 있는 그대로 확증하면서 동시에 근본적으로 변화시킨다.

선과 악 사이의 새로운 중도: 제바달다

주목할 점은「여래수량품」의 의사 이야기에서 처음에 아이들을 아프게 만든 것이 정확히 아버지의 약이었다는 사실이다. 그릇된 방식으로 잘못된 시간에 복용한 치료약, 붓다의 방편, 깨달음의 지혜는 실제로 일상적인 망상의 원인이 된다. 사실, 온 세계는 붓다의 깨달음이지만, 우리의 망상은 다름이 아니라 부적절한 복용량과 시기, 사용으로 말미암아 우리를 해방시키기보다는 중독시키는 이 뻑뻑하고 잘못 해석된 깨달음일 뿐이다. 우리가 망상이나 악이라 여기는 모든 것, 우리 자신의 고약한 습관과 그릇된 생각, 우리 삶의 괴로움 모두 올바르게 보면 바로 붓다 자체의 삶과 깨달음이라는 것이 여기에 내포된 의미다.

그리고 사실상 『법화경』도 이 점을 다루고 있다. 12장은 본래의 구마라집 번역에는 없던 것으로 나중에 덧붙은 일종의 부록인데, 제목이 '제바달다(提婆達多, Devadatta)'다. 제바달다는 불교에서 (기독교의) 유다와 같은 인물이다. 붓다의 사촌이면서 계속해서 붓다를 시해하려고 했으며, 경쟁적인 승가 집단을 만들고 붓다의 몸에서 피를 흘리게 했다. 제바달다는 불교에서 가장 악랄한 죄를 지은 극악무도한 인물이다. 『법화경』의 이 「제바달다품」에서는, 제바달다가 사실은 아주 오래전에 현세의 붓다를 가르친 스승이었다고 말한다. 사실 붓다가 깨달음을 얻고 성불할 수 있었던 것은 오로지 제바달다와 맺은 훌륭한 영적 우애 덕분이었다. 더욱 중요한 것은, 제바달다가 현생에서는 생각과 행위 양쪽에서 순전한 악이지만 미래에는 경전에서 거론된 다른 모든 사람과 똑같이 성불할 것이라는 사실이다. 여기서 다시 불교화된 과거와 불교화된 미래에 의해서 현재(의 악)는 재맥락화되고, 그리하여 새로운 중요성을 갖게 된다. 성불과 극단적으로 대비가 되는 악조차 성불의 원인이고, 성불의 표현이며, 성불의 한 양상이다.

『법화경』이 기록되었을 때, 제바달다가 설립한 경쟁적인 종파가 여전히 인도에 존재했고 여전히 불교에 대항하는 이념으로 기능했다는 사실도 주목할 가치가 있다. 제바달다를 성불 안으로 통합함에 있어 『법화경』은 상충하는 이념들, 상충하는 세계관들, 상충하는 실천들과 가치들 간의 관계 위에 서 있다. 이 문제를 재고하도록 하는 이 경전의 함의는 천태사상에 영향을 줄만큼 결정적으로 중요하며, 현대적인 의미에서도 가장 혁명적이고 적절하다. 다음 장에서는 이런 의미들 가운데 몇 가지를 풀어낼 것이다.

7. 모든 관점의 상호 침투
─『법화경』에서 천태까지

우리는 동료 인간들에 대해, 그리고 그들을 헷갈리게 하는 갖가지 당혹스런 세계관들과 이상한 행동 양식들에 대해 무엇을 해야 하는가? 우리 자신들과는 전혀 맞지 않는, 우리의 가장 깊은 직관이나 헌신과 아주 상반되는 방식으로, 심지어 우리에게는 우스꽝스럽거나 어리석거나 사악해 보이는 방식으로 믿고 행동하는 그런 사람들에 대해 어떻게 설명할 것이며, 그들 속에서 어떻게 편안하게 또 책임감 있게 살 것인가? 인류의 목적과 세계, 선과 악, 진실과 거짓 등 참으로 중요한 문제에 대해 어떤 확고한 믿음을 가진 사람들은 근본적으로 다른 믿음을 가진 사람들을 어떻게 존중하며 대해야 할까?

  진실과 거짓은 상호 배타적이며 진실은 어떤 경우에도 거짓보다 바람직하다고 여기면서 자신들은 확실히 진실하다고 느낄 때 사람들이 이 문제에 대해 때때로 취하는 일반적인 접근법은 오류를 제거하고 무지한 형제들이 그것을 인식하도록 설득이나 다른 수단을 통해 열정적으로 노력하는 것이다. 이런 태도를 철학적이든 종교적이든 간에 '개종 독단론'이라 부르자. 이와 달리, 우리 자신의 제한된 인식 능력은 확고부동한 우리의 신앙에 대해서조차 절대적 확신을 갖지 못하게 하고, 그리하여 보편적으로 타당한 진리에 도달하려는 어떠한 노력도 하지 않으면서 우리의 믿음을 버리게 한다는 사실을 인정할 수 있다. 이런 입장을 철학적이든 종교적이든 간에 '허무주의적 회의론'이라 부르자. 아니면, 우리 자신의 (이것을 포함하는) 견해들이 다른 것들보다 더 정확하지 않다고 주장하면서 모든 신앙은 동등한 가치를 갖는다는 결론을 내릴 수도 있다. 그것을 '포용적 상대주의'라 부르자. 또 다른 대안은 우리의 깊은 신앙을 버리지는 않고 괄호 안에 넣어두고서 다른 신앙을 가진 이들과 사실상 일시 휴전을 하는 것이다. 그들을 존중하든 존중하지 않든 간에 풀 수 없는 문제는 논외로 두고, 그 대신에 모두가 동의하는 문제들에 집중한다. 그렇게 하면, 합의된 실제 목표가 있다고 가정할 때 그 목표를 달성하는 과정에서 다른 신앙들을 유용성의 측면에서 잠정적으로 평가하게 된다. 철학적이든 종교적이든 이런 입장을 '불가지론적 실용주의'라 부르자.

이들 각각의 입장에 수반되는 윤리적 그리고 철학적 문제들은 잘 알려져 있는데, 그것들에 대해 여기서는 자세히 말하지 않겠다. 『법화경』을 읽는 방식은 다양한데, 그 방식들은 무엇이 강조되느냐에 따라서 우리를 이 가운데 어느 입장에다 둘 수 있다. 그러나 전통적으로 천태의 해석자들이 이해한 방식으로 읽게 되면, 이 경전은 그 모든 입장과는 상당히 다른 입장을 우리에게 내보인다.

어떤 의미에서 보면, 『법화경』은 가르침들에 대한 가르침이며,

다양한 가르침들과 수행들 그리고 욕망들이 어떻게 조화를 이루는지에 대한 가르침이다. 그것은 성문들(또는 소승)의 교리와 수행이 그 반대로 보이는 가르침과 수행, 곧 보살(또는 대승)의 그것과 어떻게 조화를 이루는지에 초점을 맞추며 시작한다. 성문들은 스스로는 알아채지 못하고 있으나 실제로는 보살이며, 그들의 교리와 수행은 보살도의 일부로서 그들 자신과 남들에게 좋은 과보를 가져다주는 데 이바지한다. 이런 인식은 『법화경』에서 점점 확장되어 마침내 적대적인 종파의 창시자인 제바달다까지 껴안는다. 여기서 우리는 그의 수행이 어떤 의미에서는 보살행의 한 부분이라는 것을 알게 된다. 『법화경』은 어떤 관점을 가진 이들이 다른 관점을 가진 이들을 어떻게 생각할 수 있는지를 재고하도록 하나의 견본을 제공해 준다. 그것은 관념들에 대한 관념이며, 다른 관념들이 서로 '모순된다'거나 더 큰 관념에 포함된다는 것이 또는 서로가 '변형판'이거나 '확장판'이라는 것이 어떤 의미를 갖는가에 대한 관념이다. 다른 관점과 다른 종교, 욕망, 필요를 가진 이런 다른 사람들에 둘러싸여 살아가는 우리의 일상에서 가장 흔하면서 절박한 몇몇 관심사를 이렇게 숙고하는 일이 어떤 관련성을 갖는지에 대해 우리는 금방 알 수 있다. 놀랍지 않은가? 그것은 우리가 다른 사람과 상호 작용할 때마다 매일 마주하는 문제다.

개종시키려 선수 치는 종파적 술수?

앞서 보았듯이 『법화경』의 처음 몇몇 장들에서는 두 무리의 불교 신자들―성문들(그리고 연각들)과 보살들, 후자의 표현이지만 더 일반적으로는 소승과 대승이라 불리는 것 – 사이의 내적 관계에 집중하고 있다.[1] 경전이 이런 관계를 다룬다고 해서 이를 세계에 대한 모든 대립적인 신앙들의 관계를 이해하는 하나의 패러다임으로 이용하는 것은 언뜻 확대 해석으로 보일 수 있다. 해당되는 두 무리는 무시할 수 없는 핵심 신앙을 공유하기 때문이다. 예를 들어, 모든 사람은 붓다의 권위와 비할 데 없는 그 덕성, 그 지혜를 믿는다. 모두들 불교 안에서 설정된 일반적인 우주론적 틀을 받아들이며, 적어도 어떤 의미에서는 특정한 불교 교리(사성제, 연기법 따위)를 진실로 간주한다. 『법화경』의 의도를 아주 좁게 해석하는 이라면, 그저 대승에 대해서는 상호 인정된 가르침들에 대한 참되고 완전한 이해라고 단언하면서 소승에 대해서는 곡해나 편협한 이해라고 또는 삿되고 거짓된 이해라고까지 주장할지도 모른다. 근본적으로 다른 신앙을 품은 사람들이 어떻게 서로를 존중해야 하는지에 대한 일반적인 사안이나 서로 다른 믿음들의 관계에 대해 이것은 거의 말해주는 것이 없다. 그것은 어떤 종교의 특정 종파가 그 자신만이 전통적 교리에 대해 참된 해석을 할 뿐이고, 다른 종파들은 진리에 대해 하찮거나 아무런 가치가 없는 해석을 하고 심지어는 진리를 해치는 적이라고 주장하는 것에 지나지 않을 수 있다. 불교는 그 자체로 진리인 반면에 다른 종교나 신앙은 재고할 가치가 없는 것, 심지어는 논쟁에서 언급할 가치도 없는 것이라는

---

1 '소승'이라는 논쟁의 여지가 있는 용어가 대승과 『법화경』에서는 논쟁적 의도를 갖고 사용된다는 것, 그리고 해당 가르침의 옹호자들이 결코 자기 지시적으로 쓰지 않는다는 것을 모든 독자들이 이해하고 있다는 가정 하에서, 이 책에서는 이 용어를 편의상 따옴표를 하지 않고 쓸 것이다.

뜻이 함축된 가정이다.

물론, 이미 보았듯이 이런 식으로 경전을 이해하지 못할 만한 타당한 이유는 많이 있다. 고정되고 독립된 정체성들을 갉아먹는 공에 대한 대승의 광범위한 개념을 언급하는 일, '방편'에 방점을 찍으면서 그것을 다양한 가르침의 범위와 의미에 대한 이전의 가정을 되풀이해서 수정하는 것으로 보는 일, 텍스트를 어떻게 읽을 것인가에 대한 지침이 텍스트 안에 새겨져 있어 자기 지시적이라고 하는 일, 그리고 개인의 궁극적인 정체성과 수행을 판단할 결정적인 요소로서 훨씬 광범위한 시공간의 맥락을 환기시키는 일 등등. 『법화경』의 주요한 기법 가운데 하나는 특정한 사건과 개인에 대한 성격과 의미를 재평가해야 하는 맥락 속에서 광대한 시간을 상상하는 일이다. 이것은 몇몇 주인공들에게 이중적인 정체성을 귀속시킬 수 있는 방법들 가운데 하나다. 더 좁은 시간적 (그리고 때때로 공간적) 맥락 속에서는 그들이 한 가지 방식으로 보이게 되지만, 더 넓은 맥락에서는 다른 방식으로 보이게 된다. 단기적으로 볼 때 성문이라도 장기적으로 보면 보살이나 붓다가 될 수 있다. 이것은 단일한 개인이나 가르침, 수행에 다중적인 정체성이라는 딱지를 붙이게 해준다. 이런 선례를 따른다면, 두 가지가 명백히 모순되는 경우에도 단기적인 결과에 따라서만이 아니라 장기적인 결과라는 측면에서도 동시에 판단하는 원리를 채용하더라도 용서받을 수 있을 것이다. 『법화경』은 우리에게 그 자체의 주장을 보듯이 이념적 반대자들을 가능한 한 가장 큰 맥락 속에서 보도록 요구한다. 그러나 이것은 여러 방식으로 이해될 수 있는데, 어떤 것은 다른 것보다 더 급진적이다. 경전이 우리를 어디로 이끄는지 한번 보자.

전 지구적으로 개종시키는 선수 치기? 잠재적인 불교도인 비불교도들

『법화경』에서 앞의 열 개 장들은 이 사안에 대한 논의의 함의와 적용에 대해 부연해서 설명한다. 이 과정은 처음에는 순전히 불교적인 일이기만 한 것처럼 보인다. 일부러 성문의 문제에만 매달리고, 또 확장해서 설명하면서도 다른 신앙 체계들을 지지하는 이들이나 일반적인 인간에 대해서는 말하지 않고 있어서다. 이 경전은 점차적으로, 5장 「약초유품藥草喩品」과 7장 「화성유품」에서는 가장 명시적으로 그 범위를 확장해서 성문들의 경우와 중생의 경우 사이에 명료한 평행선을 긋는다. 만약 성문이 성불의 길 위에 있다고 한다면, 중생 또한 그러하다. 모든 중생은 성문들과 똑같은 배를 타고 있다.

그런데 그것은 어떤 배인가? 이전에 지적했듯이 10장 「법사품」의 한 문장은 이 문제에 대한 명세서를 내놓는데, 거기에는 경전이 소승불교의 신도들에 대해 주장하는 것이 무엇이든 간에 그것은 잠깐이라도 그 경전을 즐겨 읽는 사람들이 설한 법을 듣는 사람에 대한 주장이기도 하다는 점이 암시되어 있다.[2] 즉, 그 법을 듣는 이라면 누구라도 지고한 깨달음을 얻고 붓다가 된다. 경전은 법을 듣는 이들이 불교도여야 한다고 말하지 않으며, 심지어는 그 법을 받아들여야 한다거나 설법자

---

2 "그런 사람들은 법을 즐겨 설한다. 누군가 그것을 잠깐이라도 듣는다면, 그는 지고한 깨달음을 얻는다."(Reeves, *Lotus Sūtra*, 227) T9, 31a. 여기서 '그것'은 '법을 즐겨 설하는 사람들이 설한 법'을 가리키거나 더 넓게는 '법' 자체를 가리킨다고 할 수 있다. 우리는 여기서 논쟁 때문에 첫 번째인 더 좁게 읽기를 가정하지만, 두 번째 읽기가 여기서 한 주장에 훨씬 더 잘 들어맞는다.

의 즐거움을 공유해야 한다고도, 2장 「방편품」에서처럼 가볍게 머리를 숙여야 한다고도 말하지 않는다. 사실은 그들이 인간이어야 한다고도 말하지 않는다. 유일한 조건은 그들이 법을 듣는 것이다. 법에 대한 그들의 반응에 대해서도 여기에서는 전혀 언급되지 않는다. 이는 경전이 서로 다른 신앙을 가진 무리들의 관계에 대해 말하고 있는 것이 무엇이든 그것은 적어도 어떤 형태의 불교를 믿는 현재의 신도들에게만 국한되지 않는다는 것을 암시한다.

그러나 그것은 불법의 가르침 자체에만 여전히 매달려 있는 것처럼 보여서 그 적용 범위가 매우 좁다고 느껴질 수 있다. 이 텍스트는 적어도 법을 듣지 않는 사람에 대해서는 동일한 주장을 하지 않는다. 여기서 '법'이 석가모니 붓다의 말과 행동을 묘사한 것으로 추정되는 경전들에서 제시된 불법을 구체적으로 의미한다고 가정하면, 이는 그 법을 듣는 순간에 그것을 믿으라고 요구하든 말든 간에 여전히 불교가 모든 진리의 희유한 원천이라는 걸 의미한다. 그렇다면, 다른 신앙을 품고 있는 사람들을 향해 가져야 할 올바른 태도는 그들을 잠재적인 불교 신자로 보는 일일 것이다. 이것은 어쩌면 모든 존재를 불상을 빚을 원재료로 보거나 불교의 씨앗을 뿌릴 밭으로 보는 일종의 확장된 '개종 독단론'과 잘 어울릴 것이다. 다른 신앙을 가진 사람들 모두 잠재적 불교도로 간주되어야 한다.

여기에서 성문/보살/붓다의 관계를 적용하면, 『법화경』 2장 「방편품」에서 불법에 감응하는 사람은 누구나 붓다가 된다고 말하고 있기 때문에 우리는 그들이 잠재적인 불교도일 뿐 아니라 어떤 부류의 불교도가 되든지 붓다도 된다고 단언할 수 있다. 따라서 모든 존재는 잠재적인 붓다로 간주되어야 하고, 그들에게 불법을 설함으로써 실제 붓다가 되도록 해주어야 한다.

비불교도는 형성기의 젊은 붓다이니

그런데 『법화경』이 보살/성문 관계를 다루는 독특한 특징 가운데 하나는 성문이 그저 잠재적으로만 불교도, 보살, 붓다는 아니라는 것이다. 그 대신, 성문은 확실히 붓다가 된다고 보증한다. 따라서 불교에 대한 믿음은 어떤 형태로든 이미 미래의 성불을 보증하는 수기授記를 수반한다. 만약 이것이 그 정도라면, 그 주장이 10장 「법사품」에서 비불교도들에게까지 확장될 때, 그들을 **잠재적인 불교 신도**로, 나아가 **잠재적인 붓다**로 볼 뿐 아니라, 확신을 갖고 그들을 **미래의 불교도**로 그리고 똑같은 확신을 갖고 확실한 **미래의 붓다**로 보는 것도 올바른 태도다.

붓다는 불교 신도보다 훨씬 더 대단한 존재이기 때문에 이 지점에서 그림은 상당히 바뀐다. 붓다는 불법의 원천이고, 그 의미의 궁극적 권위이며, 지고한 가치의 화신이고, 믿음의 주체가 아닌 대상이다. 대승불교의 신도들에게 그는 궁극적으로 간절하게 되고 싶은 존재이기도 하다. 다른 신앙을 가진 사람들을 미래의 붓다로 여기는 것은, 스스로 붓다를 숭배하면서 성불을 열망하는 동안, 그들을 현재 자신이 숭배하고 있는 것의 초기 형태로, 자기 신앙의 근원이 되는 초기 형태로, 그리고 자신이 지극히 열망하는 대상의 초기 형태로, 확실히 가장 높이 평가하면서 스스로 바라보고 추종하는 것의 초기 형태로 여기는 일이다.

비불교도의 실천 또한 미래 성불의 원인이다

그러나 이것이 소승의 수행자들과 보살들의 관계에 대해 『법화경』이 말해주는 전부는 아니며, 그것은 우리가 불교도들과 비불교도들의 관계에 집어넣어 추정하는 모델이다. 그것은 소승의 수행들이 사실상 일승一乘—확실히 최종적으로 성불로 이끄는 가르침—의 일부라고 가르친다.[3] 소승의 수행들은 사실상 보살도의 일부. 성문과 연각의 소승은

---

3 이 경전은 삼승三乘의 관계에 대해서는 모호한 것으로 유명한데, 중세 중국에서 불교 논쟁의 마디점이 될 정도다. 경전의 3장 「비유품」에 나오는 '불타는 집 이야기'에 실제로 삼승(성문승, 연각승, 보살승) 또는 사승(四乘, 삼승에 일승 곧 불승을 더한 것)이 있는가? 다시 말해, 일승은 보살승과 같은가, 아니면 삼승을 훨씬 초월하는 무언가 다른 것인가? 이 문제에 관한 전반적인 개요는 Carl Bielfeldt, "Expedient Devices, the One Vehicle and the Lifespan of the Buddha," in Stephen Teiser and Jacqueline Stone, eds., *Readings of the Lotus Sūtra*, 62-82, (New York: Columbia University Press, 2009) 참조. 천태의 해석에서는 이 경전의 모호성을 의도적인 것일 뿐 아니라 고도로 숙련된 것으로 받아들인다. 그것은 보살승을 두 가지 다른 방식으로—다른 둘과 구별되는 것(그리하여 셋 가운데 하나)으로서, 그러나 다른 둘을 포함하기도 하는 것(그리하여 네 번째)으로서— 볼 수 있고 또 보아야 한다는 것을 나타낸다. 만약 네 번째가 있다면, 참으로 일승밖에 없다는 사실에 주목하라! 해석적 선택은 셋과 넷 사이가 아니라 셋과 넷/하나 사이에서 해야 한다. 천태종의 독법에서는 네 번째인 일승조차 앞의 셋, 곧 포괄하고 상호 침투하는 것으로 보이는 앞의 셋에 지나지 않는다는 것, 그래서 '넷/하나'조차 '셋'에 지나지 않는다는 것, 그리하여 여전히 셋만 있다고 말할 수 있다는 사실에 주목해야 한다. 따라서 결국 승의 수에 관해서는 절대로 틀릴 수 없다.

방편으로서 일승 밖에서 분리되어 있고 또 그것들이 최종 목적인 것처럼 따로 제시되어 있는데, 이는 정확하게 이것만으로도 특정한 유형의 유정有情들이 마침내 성불할 수 있기 때문이다. 만약 다른 어떤 방식으로 설해졌다면—즉, 그들이 일승을 수행해야 한다고 직접 들었다면— 그들은 그렇게 할 수 없었을 것이다. 이 진술에는 두 가지 결정적인 의미가 있다. 우선, 그것은 (그들은 보살도를 실천하지 않는다는 믿음 그리고 열반이 그들의 궁극적인 목적이라는 믿음을 포함하는 듯한) 소승의 믿음과 수행은 그 자체가 최종적인 성불로 이끄는 것에 속한다는 점을 의미한다. 즉, 이런 믿음과 수행은 형성기의 붓다가 젊을 때 생각하고 행동한 것으로 알려진 것 가운데 하나이기만 한 것이 아니다. 이런 소승의 것을 생각하고 행동한 일은 그가 최종적으로 성불을 이룬 일의 원인이기도 하다.

불교의 다른 종파들 간의 이런 관계를 불교도/비불교도의 경우로 확대하는 것은 비불교적인 믿음을 가지는 일과 부수적인 수행에 착수하는 일이 붓다가 될 수 있게 하는 원인들이며 최종적인 성불의 원인들임을 의미할 것이다.

비불교도이기 *때문에* 하는 비불교적 수행도 미래에 성불할 원인이다

위에서 굵은 글씨로 나타낸 진술에는 또 하나의 훨씬 더 심오한 의미가 있다. 보살행(불인佛因)이 아닌 그런 것들도 사실은 성불로 이끄는

셋이 옳고, 넷이 옳으며, 하나 또한 옳다. 여기서 우리는 천태종의 전통적인 독법을 따른다.

보살승의 일부라는 것, 다시 말해서 그런 것들 또한 성불의 원인이라는 것을 의미한다. 그뿐 아니라, 그런 것들은 **명백하게** 성불의 원인이 **아니라는** 그 사실 때문에 성불의 원인이라는 것도 의미한다. 즉, 몇 가지 이유로 보살행을 하고 싶지 않은 사람들, 성불에 관심이 없어 성불을 위해 아무것도 하지 않는 사람들의 경우에 보살행과 동일하다고 할 무아無我를 그들이 실행한다면, 그것은 명백하게 보살행이 아니기 **때문에** 사실은 보살행이다. 그들이 그때, 그들의 현재 조건에서 수행할 수 있는 것은 명백한 보살행과는 형식과 내용 양쪽에서 다를 수밖에 없다. 그 수행의 명백한 목적이 성불을 배제한다는 것, 바로 그 때문에 그들은 보살행을 성취하며 또 최종적으로 성불도 한다.

경전의 초기 부분에 나오는 많은 비유담은 목적을 이루는 (충분조건은 아니라도) 필요조건으로서 간접성이나 불명료함이 필요하다는 이런 개념을 잘 보여준다. (불타는 집에 있던 아이들은 밖으로 나와서 훌륭한 소 수레를 받는데, 이는 그들이 불을 피하려 애쓰지 않았고 또 훌륭한 소 수레를 가지려 애쓰지도 않았기 때문이다. 길 잃은 아들은 고귀한 신분을 받아들이게 되는데, 비천한 일들을 자신에게 알맞다고 여기며 받아들였기 때문이다. 여행자들이 보물에 이를 수 있었던 것은 그들이 보물보다는 허깨비 같은 화성化城에 이르려 애썼기 때문이다.) 이를 믿음이 서로 다른 경우로 확장하면, 비불교도들의 수행은 그들이 비불교도이기 **때문에** 초기의 붓다를 형성시키는 데 효과적인 수행임을 의미한다.

220

음악의 비유

내가 모차르트를 숭배하는 음악가이자 작곡가 지망생이라고 해보자. 온종일 모차르트의 걸작들을 연주하며 연습을 하다가 작품들의 완벽함에 깊이 감동한다. 그 걸작들은 내가 계속해서 어설프게 작곡을 시도하는 동안에 마음에 두고 있는 모델이다. 나는 작곡의 거장이라는 비슷한 위치에 오르고 싶어서 그 목표를 향해 모든 노력을 쏟아 붓는데, 그것만이 내 삶에 의미를 가져다준다.

그럼, 섹스 피스톨즈의 음악만 즐기는 사람을 나는 어떻게 생각할까?[4] 나는 "각기 자기 나름이다. 취향은 설명할 수 없다"고 말할 수 있다. 그건 포용적 상대주의의 입장일 것이다. 아니면, "이런 사람도 가끔 모차르트를 감상하러 올 수 있다"고 말할 수도 있다. 그것은 '잠재적인 붓다'의 입장일 것이다. 아마 나는 그 사람을 설득해야 할 의무가 있다고 느껴서 개종의 차원에서 무언가 시도를 할지도 모른다.

'잠재적인 붓다'의 입장은 내 태도에 상당한 전환이 있을 것을 나타낸다. 여기서 그에 맞먹는 이런 말을 할 수 있다. "이 섹스 피스톨즈 팬은 어느 날 모차르트를 감상하는 법에 대해 배울 수 있을 뿐 아니라 나중에 그 자신이 모차르트에 버금가는 작곡의 거장이 될 수도 있다. 그도 모차르트가 될 수 있다." 그 섹스 피스톨즈 팬은 어쩌면 자니 로튼이 되려는 열망조차 없었을 것이다.[5] 그는 자니 로튼을 감상하고

---

4 〈역주〉 섹스 피스톨즈(Sex Pistols)는 영국의 펑크 록 밴드다. 1975년에 결성되어 1978년에 멤버 한 명이 탈퇴하면서 해체되었고, 그 이듬해에는 다른 멤버가 헤로인 과용으로 사망했다. 1996년에 재결성해 공연하기도 했다.

즐기며 숭배하는 데 만족했다. 이제 우리는 그가 자니 로튼뿐 아니라, 그의 현재 관점에서는 아닐지라도 우리의 관점에서는 훨씬 대단한 어떤 존재, 곧 모차르트 자신이 될 수도 있다고 단언한다.

그러나 '미래의 어떤 붓다'라는 입장은 훨씬 더 큰 도약이다. 이것은 섹스 피스톨즈의 팬을 젊은 시절 모차르트로 간주한다는 것을 의미한다. 『법화경』에서 붓다의 수기에 의해서 암시된 미래에 대해 우리는 확실하게 아는 것이 전혀 없기 때문에 일상에서는 이와 대등한 것이 없는 듯이 보일 수 있다. 우리가 가장 가까이 갈 수 있는 것은 이전에 본 적 있는 전기물傳記物을 미리 결말을 아는 채로 보는 일이다. 앞 장면들에 등장하는 이 아이는 위대한 일을 성취하게 될 위대한 사람이다. 좀 더 가까이 가기 위해서는 공상 과학 대본에 의존해야만 한다. 간절한 모차르트 지망생인 나는 어떻게든 마법처럼 볼프강 아마데우스의 유치원 수업으로 때맞게 옮겨졌다. 알고 보니, 그는 섹스 피스톨즈의 엄청난 팬이다! 누가 알았겠는가? 나는 섹스 피스톨즈 팬을 볼 때, 마치 젊은 모차르트 자신을, 여전히 형성기에 있지만 몸을 가진 나의 우상을 마주하고 서 있는 것처럼 느껴야 한다.

'미래에 성불할 원인'이라는 입장은 훨씬 더 나아간다. 그것은 그의 현재 수행(아이팟으로 음량을 최대로 해서 〈신이여, 여왕을 지키소서〉[6]를

---

5 〈역주〉자니 로튼(Johnny Rotten)은 본명이 존 라이든(John Lydon)으로, 섹스 피스톨즈의 멤버였다. 밴드가 해체된 뒤에 '퍼블릭 이미지 리미티드'를 결성해 활동했으며, 이 밴드는 1994년에 해체되었다.

6 〈역주〉'신이여, 여왕을 지키소서'(God Saved the Queen)는 섹스 피스톨즈의 명곡으로, 영국의 국가國歌를 패러디한 작품이다. 영국 여왕과 왕실을 노골적으로

심취해서 듣는 일)과 믿음("이건 정말로 멋진 곡이야!")을 마침내 그를 모차르트가 되도록 해줄 원인들로 보아야 함을 의미한다. 여기서 나는 젊은 모차르트가 될 사람을 마주할 때 느낄 그런 매혹적인 경이와 존경의 마음으로 그를 바라보아야 한다. 그뿐만 아니라 그가 현재 섹스 피스톨즈에 매료된 일은 다행히도 사라지게 될 유감스럽거나 비정상적인 단계라는 생각, 그가 벗어나게 될 하찮고 주변적인 순간이라는 생각, 그는 다행하게도 그다지 영향을 받지 않을 만큼 강하다는 생각도 하지 않도록 삼가야 한다. 오히려 나는 그가 섹스 피스톨즈를 통해 누리는 현재의 즐거움을, 그리고 이 즐거움과 그 궁극에 대해 그가 가진 모든 믿음을, 그가 되어야만 하는 사람이 되도록 해주는 것들 가운데 하나로 보아야 한다. 지금 그가 섹스 피스톨즈에 빠져 있기 **때문에** 그는 마침내 위대한 클래식 작곡가가 될 것이다. 우리가 매혹되어 경이롭게 바라보아야 하는 것은 그 사람만이 아니다. 그가 믿고 즐기고 해나가는 것들에도 똑같이 매혹되어 경이롭게 보아야 한다. 우리는 잠재적 전향자로서 이단자만이 아니라 이단까지도 사랑해야 한다. 우리는 그가 자니 로튼을 통해 누리는 수동적인 즐거움을 이미 발달하고 있는 모차르트의 능동적인 기술로 여겨야 한다.

다른 종교들에도 적용

이 예술적 은유를 종교의 경우에 대입할 수 있다면, 이런 의미에서

비판한 이 곡을 기점으로 록 음악의 역사가 나뉜다고 한다.

『법화경』은 불교도들로 하여금 힌두교도, 유태인, 기독교인, 무슬림들을 잠재적 불교도나 잠재적 붓다로서만이 아니라 그들을 형성기에 있는 젊은 석가모니로도 보라고 강권할 것이다. 나아가 우리는 힌두교도의 신앙과 실천, 유태인의 신앙과 실천, 기독교인의 신앙과 수행, 무슬림의 신앙과 수행 따위를 그들이 석가모니가 되게 해주는 원인들로 보아야 한다. 그들이 야훼나 예수, 알라를 따르고 두려워하며 사랑할 때, 감히 이 '작은' 신들이 **되려는** 열망은 없고 그들에게 복종하기만을 바라더라도, 그것은 불교도들이 야훼나 예수나 알라보다 훨씬 더 위대하다고 여기는 어떤 존재, 곧 붓다가 **되도록** 그들을 이끌어줄 수 있는 부분임을 불교도들은 알아야 한다.

딱히 범신론도 아니고 상대주의도 아닌

그럼에도 내 지고한 가치의 초기 형태는 나의 존중을 받을 만하기도 하고 받지 못할 만하기도 하다. 나의 지고한 가치를 실제로 구체적으로 보여주는 상태에 이르기 위해서, 다른 가치를 믿는 사람이 나 자신이나 나와 같은 신조를 가진 다른 이들처럼 믿도록 먼저 전향해야 한다고 하는 경우에는 특히 그렇다. 지금까지 우리의 분석이 가져다준 것, 즉 모든 이단은 바로 이단(비불교도의 신앙과 실천)이기 때문에 최종적인 성불의 원인이라고 하는 보편적인 인정은 일종의 포용적 상대주의처럼 여겨질 수 있다. 그러나 『법화경』 텍스트 전체는 법-붓다의 법 또는 『법화경』 자체-을 가르치고 퍼뜨리고 듣는 일을 강조하고 있으므로 이런 이해와 어긋나 보인다. 왜냐하면 이 모든 사람들이 명백하게 불교도가 되고 그리하여 그들 자신이 붓다가 되는 과정에 있음을 아는 이들이라면 훨씬 더 좋을 것이라는 뜻이 내포되어 있기 때문이다.

　비불교도의 신앙과 실천이 정말로 성불의 원인이 되는 것은 바로 그것들이 비불교적이기 때문인데, 이는 **명백하게 불교도나 붓다가 될 준비가 되어 있지 않은 사람들에게만** 해당된다. 여태까지는 명백한 불교도와 명백한 붓다가 되는 일이 **결국** 필요했고, 이 명백한 정체성은 유례없는 특권을 누렸다. 그것은 다른 어떤 명백한 정체성보다 우월하며, 궁극적 진리와 독특한 관계를 가지고 있다고 한다. 우리가 바로 여기까지 와서 더 나아가지 않는다면, 전향시키려는 충동은 줄어들기보다는 대단히 커질 수 있다. 우리에게는 독특하지만 틀림없는 형태의 개종 독단론을 남긴 채 말이다.

　『법화경』은 사실 이런 식으로 읽혀 왔고 또 그렇게 이해될 수 있었다. 어쩌면 『법화경』은 다른 어떤 불교 경전보다도 더 불법을 그리고 더 구체적으로는 그 자체를 전파할 필요성에 대해 역설하고 있는지도 모른다. 2장 「방편품」에서는 표준적인 대승의 목적과 수행보다 훨씬 덜 고귀하거나 덜 유사한 수행들에 대해 이야기하는데, 그것들은 성문과 연각의 수행보다도 못하며 심지어는 불상이나 불탑에 별 생각 없이 '나무아미타불'을 한번 날리는 정도거나 아이들이 장난으로 불상에 낙서하는 수준이다. 그럼에도 이 모든 행위들 또한 일승一乘의 일부이며 그렇게 하는 모든 존재는 결국 붓다가 된다고 우리는 확신한다. 그러나 이런 사소한 행위들도 예외 없이 그 자체로 불교의 명백한 표상－불탑, 불상 등－과 관계가 있다는 사실도 주목해야 한다. 이 구절에서 우리가 내릴 수 있는 가장 큰 결론은, 조금이라도 불교와 접촉하면 그리고 그런 접촉에 약간이라도 긍정적인 태도나 반응을 하면 성불이 보장된다는 것이다.

법을 '듣는' 일과 관련해서 10장 「법사품」에서 이미 인용한 구절은 한 걸음 더 나아간다.[7] 우리는 거기에서 어떠한 반응에 대해서도, 더군다나 긍정적인 반응에 대해서는 듣지 못했다. 그렇지만 불법을 접촉하는 일은 여전히 '형성기의 젊은 붓다'라는 상태에 이르기 위한 필요조건이다. 성문/보살의 관계를 모든 불교도/비불교도 관계로 확장하는 일이 실제로 텍스트에 함축되어 있다는 것을 여태까지는 확신할 수조차 없었다. 왜냐하면 적어도 불교와―텍스트가 말하고 싶어 하는 것처럼 어떤 의미에서는 '붓다를 만나는 것'과― 관계가 있는 행동과 인식만이 최종적인 성불의 원인으로 간주될 수 있기 때문이다.

이것이 우리에게 남겨 주는 것은 (1) 비불교도의 모든 실천은 정확히 그것들이 비불교적이기 때문에 성불의 원인이라는 확신이고, (2) 알맞은 때와 곳에서 명백한 성불에 대해 설하는 일이 성불의 불가결한 조건이므로 절대적으로 필요하다는 것이다. 이는 모든 수행이 '옳지'만 제도로서 불교는 더없이 필요하다는 것을 의미한다. 첫 번째 입장은 급진적인 범신론(모든 존재는 성스럽고 따라서 선할 뿐만 아니라 모든 행위와 인식은 이 선을 깨닫는 원인이기도 한데, 이를 부정하는 이들에게도 해당한다)과 같은 것이며, 그렇게 보면 포용적 상대주의의 극치다. 두 번째 입장은 급진적인 절대론적 근본주의(불교만이 구제해 주며, 세상에서

---

7 〈역주〉 「법사품」에서 붓다는 약왕보살에게 "여래가 멸도한 뒤에 『법화경』이나 한 게송, 한 구절을 듣고 잠시라도 기뻐하는 사람이 있다면, 그에게 내가 아뇩다라 삼먁삼보리를 내리노라"고 말했다.

가장 중요한 노력, 진정한 가치를 갖는 유일한 자취는 다른 이들을 불교로 개종시키려 애쓰는 일이다)와 같은 것이며, 그렇게 보면 개종 독단론의 극치다. 우리가 지금까지 확립한 것을 감안하면 이것은 그 자체로 일관성이 있다 할 것이며, 이미 종교들 사이의 대화 문제에 독특한 기여를 했다. 가장 극단적인 관용과 가장 극단적인 독단을 단일한 용어로 통합하는 방법이 그것이다. 그러나 이것이 『법화경』이 제시한 문제에 관한 최종적인 언사인가?

들어야 하는 '법'이란 무엇인가?

이 가르침에 대해 더욱 풍부하게 이해할 수 있게 해주는 요소가 몇 가지 있다. 그것들은 이 문제에 관한 경전의 입장에 담긴 실제적인 함의를 결정적으로 바꾼다. 첫째는 '법(dharma)'이 실제로 무엇을 말하는지에 대한 질문이다. 여기서 '법'은 한 덩이의 교리, 관념, 신앙 또는 수행을 말하는가? 구마라집의 한역 경전을 읽은 독자에게는 그렇게 생각하지 않을 이유들이 있을 것이다. 하나는 『법화경』 2장 「방편품」에서도 주장한 것인데, "시방세계에는 이승二乘도 없나니, 하물며 삼승三乘이 있으랴!"[8]라고 하거나 더욱 강조해서 "시방의 모든 불토佛土에는 오로지 일승一乘의 법이 있을 따름이니, 붓다가 방편으로서 설한 것 외에는 둘이 있는 것도 셋이 있는 것도 아니니라"[9]라고

---

8 T9, 7b. 내가 번역한 것이다. Watson, *Lotus Sūtra*, 32와 비교해 보라.〔〈역주〉 원문은 다음과 같다. "十方世界中, 尚無二乘, 何況有三!"〕

9 T9, 8a. 내가 번역한 것이다. Watson, *Lotus Sūtra*, 35와 비교해 보라.〔〈역주〉

했다. 이 진술을 맥락 속에서 읽으면, 단지 불교의 다른 승乘들로 보이는 것이 사실은 대승에서 일승의 일부라는 것을 의미할 수 있다. 여기서 '법'은 '불법佛法' 곧 붓다의 가르침을 의미한다. 그러나 문자 그대로 읽으면, 한역漢譯된 원문의 '법法'이라는 글자는 더 포괄적이고 현상학적인 의미에서 받아들여지기 쉽다. 즉, '법들'로서 또는 경험의 모든 요소로서 말이다. 그것은 일승은 우주에 존재하는 모든 것임을, 우주 자체는 일승임을 의미한다. 모든 법은 일승에 지나지 않는다.

이런 독법은 경전의 가장 중요한 구절들이 강력하게 지지해 준다. 「방편품」의 게송에서, 석가모니는 소승의 제자들에게는 열반이 모든 괴로움의 끝을 뜻한다고 방편으로서 말한다. 그런데 이런 열반은 진정한 열반이 아니다. 괴로움의 소멸, 그리고 윤회의 끝은 열반 곧 적멸寂滅이 참으로 의미하는 바가 아니다. 그 대신에 석가모니는, "모든 법은 본래부터 끊임없이 적멸, 곧 열반의 상相이었다"[10]고 말한다. 이 문장에서 법은 모호함이 없이 다원적인, 세계적으로 널리 퍼진, 현상적인 법들이다. 예외 없이 경험을 이루는 모든 요소들이다. 그러나 쓰인 그대로 이 문장을 보면, 완전한 동사는 없는 것 같다. 이것으로 세 가지 해석 가능성이 생긴다.

1. "모든 법은 처음부터 그 자체로 〔다시 말해, 저절로, 있는 그대로, 더 '소멸되어야' 하는 것 없이〕 적멸의 상을 가지고 있다." 즉, 속성들 가운데 하나는, 어쩌면 모든 법 가운데서 결정적이거나 유일한 속성은 적멸의 상, 이미 '열반'인 상일 것이다. '적멸'은 '니르바나(Nirvana)'의

원문은 다음과 같다. "十方佛土中, 唯有一乘法. 無二亦無三, 除佛方便說."〕

10 구마라집은 이렇게 한역했다. "諸法從本來, 常自寂滅相."

뜻을 글자 그대로 번역한 것이기 때문이다.

2. "모든 법은 처음부터 단 하나의 상相에 지나지 않는다. 적멸." 즉, 법의 실제 모습은 공의 열반적 본성이고 적멸이며, 그 밖에는 아무것도 없다. 겉으로 보이는 그것들의 모든 특성들, 생겨남, 사라짐, 서로 다른 점, 그리고 열반과 다른 점 모두 진짜가 아니다.

3. "모든 법은 처음부터 그 자체로 영원히 적멸의 상이다." 그것들의 모든 특성들, 생겨남, 사라짐, 서로 다른 점, 그리고 열반과 다른 점 모두 사실은 열반의 실제 모습이다.

이런 독법은 『무량의경無量義經』에 나오는 핵심 구절과 문법적으로나 교리상으로 유사한데, 이 경전은 『법화경』의 핵심적인 의미를 요약한 중국의 텍스트로서 전통적으로 『법화경』의 서문 역할을 한다. "한량없는 의미는 하나의 법에서 생겨난다. 그 법은 곧 (어떤 고정된) 상이 없다. 그와 같이 고정된 상이 없는 것은 예외 없이 상이 되지 못할 상이 없으므로 모든 현현을 나타낸다. 상相으로도 무상無相으로도 헤아릴 수 없으므로 '진실한 상'이라 부른다."[11] 여기서 의미는, 모든 법은 각각 적멸 자체가 나타나거나 보여주는 한 방식이라는 것이다. 하나의 법, 한정된 어떤 것을 보는 일은 열반의 여러 얼굴 가운데 하나, 그 특성 가운데 하나, 그 상相들 가운데 하나를 보는 것이다. 모든 것은 열반의 상相이다. 진정한 열반은 텅 빔도 아니고 경험의 소멸도 아니다. 오히려 무한한 특성을, 즉 지각 있는 경험의 모든 특징을 갖추고 있다.

---

11 "無量義者, 從一法生; 其一法者, 卽無相也. 如是無相, 無相不相, 不相無相, 名爲實相." T9, 385c.

그러므로 우리의 목적에서 보자면, 그 구절에 대한 두 번째와 세 번째 독법은 결국은 거의 같다. 관찰되는 모든 특색, 형상, 특성, 그리고 확정들은 진정한 열반이 자신을 보여주는 방식들이다. 진정한 열반은 붓다가 깨달은 것이며, 특정한 이원론적 구별 짓기로 확정하는 것을 넘어선다. 그러나 모든 구별 짓기는 그것을 표현한다. "붓다 자신이 대승에 머물고 있기" 때문에 이것은 모든 경험의 대상 자체가 일승의 일부라는 결론을 암시한다. 그렇다면 일승의 법과 접촉하는 것은 그저 어떤 경험이라도 갖는 일, 즉 중생이 되는 일일 것이다.

동아시아의 『법화경』 해석에 널리 퍼져 있는 독법이 이것이다. 이 해석을 따르면, 우주의 모든 현상은 그 자체가 '일승'이고, 붓다 자신은 거기에 머물고 있으며, 그 외에는 아무것도 존재하지 않는다. 그러므로 법과 접촉하는 일은 단순히 세상에 있는 것과 동의어가 된다. 법과 접촉하는 일은 '중생이 되는 것'이다.

모든 법은 일승이거나 일승이 아니거나가 아니다: 모든 법은 유일한 일승으로 읽힐 수 있다

모든 현상은 예외 없이 글자 그대로 일승이라고 주장하는 그 경전을 어떻게 이해할 수 있는지, 우리는 위의 논의를 통해 파악할 수 있다. 그러나 모든 법이 글자 그대로 일승이라고 한다면, 그리고 이런 일승과 접촉하는 것이 미래 성불을 보증하는 데 필요한 전부라고 한다면, 우리가 포용적 상대주의라고 서툴게 표현했던 것과 유사한 입장을 그 경전이 옹호하리라 기대할 것이다. 모든 존재는 이미 일승과 접촉하고 있다. 모든 존재는 이미 성불을 보장받았다. 어떤 견해를 품고 있든, 어떤 수행을 하고 있든, 어떤 것을 경험하고 있든 그것들 모두 이 성불의 원인이다. 그렇다면, 『법화경』은 스스로 할일을 잃는 말을 한 셈이다. 이미 어디에서나 가르치고 있기 때문에 그것을 새삼스레 가르칠 필요가 없는 것이다. 물론 이것은 그 본문에서 우리가 찾아낸 입장이 결단코 **아니다**. 이미 지적했듯이, 그 반대로『법화경』은 그것을 지지할 필요성에 대해 끊임없이 말하고 또 끊임없이 정열적으로 선전한다. "그것은 궁극적으로 개종 독단론의 전형이다"라는 심각한 의심을 일으킬 정도로 말이다. 이 명백한 모순을 어떻게 해결해야 할까?

19장 「법사공덕품法師功德品」에서는『법화경』을 수지하는 모든 이들을 위해 이렇게 주장하고 있다. "그가 설하는 모든 법은 그가 어떤 마음으로 다가가 설명하든 실상實相과 어긋나지 않는다. 그가 속세의 경전이나 세상 다스리는 일이나 경제적 활동에 관해 설한다 해도, 그 모두 정법正法과 일치한다. … 이 사람이 무엇을 생각하든, 무엇을 헤아리든, 무엇을 말하든 모두 붓다의 법이며, 모두 과거세의 붓다들이 경전에서 이미 설하신 것이다."[12] 여기에는 모든 법, 모든 경험, 모든 관념, 모든 수행이 예외 없이 일승의 일부라고 하는 또 다른 글귀가 있는 것 같다. 그러나 본문에서는 "이 모든 법이 일승**이다**"라고 **단호하게** 주장하지 않으려 애쓰는 것처럼 보인다는 점에 유의해야 한다. 그 대신, "모든 것은 일승이다"라는 주장 자체가『법화경』을 실제로 수지하고 있는 누군가에 의존하고 있는 것처럼 그리고 있다.

---

12 T9, 50a. 내가 번역한 것이다. Watson, *Lotus Sūtra*, 263과 비교해 보라.

『법화경』을 수지하는 사람에게는 모든 신앙이 『법화경』의 일부다. 위에서 밝힌 것처럼 『법화경』에서 확장된 의미로 말하고 있다면, 이런 자격은 무의미해질 것이며 경전이 그 자체의 전파를 주장하는 일을 우리가 설명하는 데에 아무런 도움이 되지 않는다. 그런데, 일승에 대한 불교의 이 독특한 가르침을 (이 독특한 불교 텍스트에서는 분명히 그렇지 않지만) 좁은 의미로 받아들인다면, 우리는 다른 문제에 직면한다. 지금으로서는 누군가 『법화경』을 설하면 그가 하는 모든 말이 『법화경』이라는 뜻이다. 우리는 이것을 단순히 "모든 것은 적어도 일승의 부분들로 해석될 수 있다"는 의미로 받아들일 수 있다. 그 부분들이 실제로 일승으로서 기능하게 하려면, 모든 것은 일승이거나 일승일 수 있다는 불교의 가르침과 분명하게 접촉할 필요가 있다.

『법화경』을 수지하는 사람에게는 갖가지 모든 것이 일승이다. 그것들 자체는 일승인가 일승이 아닌가? 여기서 경전의 입장은 공의 가르침과 어긋나지 않는다. 그것들은 그렇지도 않고 그렇지 않지도 않다. "~이거나 아니다"처럼 '이분법적 구별'은 모든 법의 실상을 정당하게 다루지 못한다. 16장 「여래수량품」에서 말하듯이, 법들은 "그렇지도 그렇지 않지도" 않으며, 보이는 방식 그대로도 아니고 확실히 다른 방식도 아니다. 사물들은 확실히 어느 쪽도 아니다. 이 또한 그것들이 어떤 식으로도 해석되기 쉽다는 것을, 그리고 그런 사실로 말미암아 모든 것은 일승의 부분들로 해석될 수 있다는 것을 의미한다. 모든 법을 일승으로 해석할 수 있게 하는 것은 "모든 법은 일승으로 해석될 수 있다"는 관념과 접촉하는 일, 다시 말해서 실제로 『법화경』(의 몇몇 판본)에 나오는 일승에 대한 실제적인 가르침과 접촉하는 일이다.

이것이 경전에서 포용적 상대주의와 개종 독단론이 수렴되는 것처럼 보이는 것을 설명해 준다.

그 이상의 결정적인 반전

이제 모든 것이 불법佛法으로, 성불의 양상으로 보일 수 있겠지만, 우리가 모든 법의 불성을 보기 위해서는 명확하게 불법을 설하는 이를 만나야 한다. 만약 우리가 이 불성이, 불법의 성질을 띤 이 상相이 실제로 존재한다는 고정되고 배타적인 관념을 갖고 있다면, 아직도 꽤 한쪽으로 치우쳐 있는 것이다. 그런데 『법화경』이 참으로 흥미로워지는 부분이 여기다. 우리는 위에서 이 경전이─침묵, 고요, 업을 짓지 않음, 성문의 괴로움 소멸 따위가 아닌─ 붓다의 행위와 지혜가 '진정한 멸도滅度'라고 하는 기이한 주장을 하는 것을 보았다. 위에서 보았듯이 모든 법은 그 행위와 다중성에서는 열반 같은 '소멸'의 특성이거나 적어도 그런 특성을 갖는다고 주장한다는 사실에도 불구하고, 이는 철학적으로 정당화될 수 있다. 경전 자체는 그렇게 하려고 하지 않지만 말이다. (천태의 모든 존재론은, 다중성과 행위 자체가 진정한 적정寂靜이며 일방적으로 특성을 제거하는 것보다는 더 참되게 적정하다는 식으로 상세히 설명하려는 시도로 간주될 수 있다. 모든 '행위'의 본질은, 그리고 끝장나는 것은 바로 이 일방성이다. 본질적으로 우리가 아는 세상의 다양한 흐름보다 전체적인 고요함과 비어 있음을 강조하기 위해서는 더 많은 '작업'이 필요할 것이다.)

우리가 듣기로는, 성불이 **진짜** '멸도'다. 그러나 '멸도'는 글자 그대로의 의미로는 보살이 아닌 성문의 명백한 이상을 나타내는 단어다! 성불에 이르는 것은 진정한 의미에서 비보살의, 성문의 명시된 이상에 이르는 것이다. "그들은 붓다가 될 것이다"라고 말할 때, 그 말은 그들이 참으로 **자신들의** 이상을 성취할 것임을 의미한다. 그들이 단지 아라한이 아니라 보살임을 스스로 깨달을 때, 나중에 텍스트에서 말하듯이 그들은 '비아라한'이 아니라 '참된 아라한'이 된다.

잠재적으로 아주 실망스러운 결과를 피하려면, 이 점을 신중하게 고려해야 한다. 어떤 유태인이 기독교로 개종해서는 "이제야 나는 진정한 유태인이다!"라고 외치는 것을 기독교인이 상상한다면, 어떻게 될까? 다른 모든 유태인들, 자신이 기독교인임을 인식하지 못하는 유태인들은 참된 유태인이 아니라는 것을, 그들은 유태인의 진정한 언약을 이행하지 못했다는 것을, 그 언약은 오로지 기독교로 성취될 수 있었다는 것을 의미한다. 이것이 유태인들과 기독교인들에게 더욱 유익한 종교간 대화를 하도록 촉진할 것이라는 점은 의심스럽다. 우리는 어떤 무슬림이 기독교인에게 이렇게 말하는 것을 비슷하게 상상해볼 수 있다. "이슬람으로 개종해야만 그대는 진실로 기독교인이, 즉 예수의 신봉자가 될 것이다. 예수가 신의 아들이라는 관념을 거부해야만 그대는 진실로 예수를 따르게 될 것이다. 왜냐하면 예수는 하나님이 아들을 가진다는 관념을 거부한 무슬림이기 때문이다." 다시 말하지만, 이것은 기독교인들과 무슬림들의 종교간 대화를 거의 촉진하지 못할 것이다. 『법화경』은 성문들로 하여금 자신을 성문이 아니라 보살이라고 확인한 뒤에 선언하도록 했을 때, 이런 비슷한 것을 내비치고 있는가? 확실히 2장 「방편품」의 한 대목이 이를 암시하고 있는데,

거기에서 붓다는 이렇게 선언한다.

만약 내 제자가 스스로 아라한이나 벽지불이라 선언하면서도 모든 부처님 여래가 오로지 보살들만 가르치고 교화했다는 사실을 듣지도 깨닫지도 못했다면, 이 사람은 내 제자가 아니며 아라한도 아니요 벽지불도 아니니라. 그리고 사리불아, 어떤 비구나 비구니든지 자신은 이미 아라한과를 얻었다고, 이것이 자신의 마지막 몸이라고, 완전히 열반을 이루었으므로 더 이상 궁극의 깨달음을 구하지 않을 것이라고 선언한다면, 너는 알아야 하느니, 이 사람은 증상만인(增上慢人, 교만하여 깨달았다고 거짓 주장하는 자)이다. 왜냐하면 진실로 아라한과를 얻은 비구라면, 이 가르침을 믿지 않을 수 없기 때문이다.[13]

본문은 계속해서 한 가지 예외를 제시한다. 문제의 그 비구가 이 가르침을 접할 기회가 없었을 경우다. 이 가르침(그가 성문일 뿐 아니라 보살이기도 하다는 가르침)을 접했으나 믿지 않으면서도 성문임을 자처하는 자는 바로 그 때문에 진정한 성문이 아니다. 따로 떼서 이 대목을 읽으면, 다음 사실을 암시한다. 진정한 성문과聲聞果는 성문과가 궁극이 아니라는 사실을 인식하는 지혜를 포함해야 하며, 성문과라는 이상을 보살과菩薩果의 반反-성문적 가치에 종속시키지 않은 채 붙들고 있는 성문이라면 범위를 벗어난 것이고 참으로 불교도조차 아니라는 사실을 인식하는 지혜를 포함해야 한다는 것이다. 기회가 주어졌을

---

13 T9, 7c. Watson, *Lotus Sūtra*, 33과 비교해 보라.

때 성불에 통합하는 것을 완강하게 거부한다면, 성문과로서 성문과의 가치는 여기서 극도로 떨어진다. 전혀 가치가 없다. 이것은 위에서 제시한 "모든 법은 일승이다"라는 암호 같은 범신론과 격렬하게 충돌하는데, 독단적으로 개종을 권유하는 극단적 형태의 또 다른 사례처럼 보인다.

다시 말하지만, 이것은 전체 그림이 아니다. 우선, 경전은 끊임없이 보살과 붓다들이 계속해서 성문을 **생산한다**고 주장한다는 사실에 주목해야 한다. 반면에, 그들은 일부러 성문으로, 반-보살로, 그들 자신의 보살행의 일부로 나타난다.[14] 사실, 이것은 사람이 만날 수 있는 모든 성문들은 보살에게 주어지는 존경을 받아야 한다는 것(마찬가지로 모든 유태인과 무슬림도 선택받은 기독교인으로 또는 그리스도로 대접받아야 한다)을 의미한다. 그것은 그들이 보살일 **수** 있기 때문만이 아니라 이미 경전에서 **모든** 성문은 진실로 보살이라고, 성문 제자는 전혀 없다고 주장했기 때문이기도 하다. 그러나 이것은 여전히 전통적

---

14 가령 왓슨의 번역을 보라. 거기에서 붓다는 이렇게 말한다. "그러므로 보살들은 성문이나 연각인 체하며 무수한 방편을 써서 온갖 중생을 교화한다. 그들은 스스로 성문이라 주장하며 불도에서 멀리 떨어져 있다고 말하는데, 그렇게 해서 무수히 많은 이들을 해방시키고 그들 모두 불도를 성취하게 한다. 간절하지 않고 게으르고 나태할지라도 그들은 차츰차츰 성불에 이를 것이다. 안으로는 비밀하게 보살로서 행동하지만, 밖으로는 스스로 성문의 모습을 보여준다. 그들은 생사가 싫어서 욕망을 줄여가지만, 사실은 불토佛土를 청정하게 하고 있다. 대중 앞에서 그들은 삼독을 가진 것처럼 보이거나 삿된 견해를 가진 징후를 나타낸다. 이런 식으로 내 제자들은 방편을 써서 중생을 구한다."(Watson, *Lotus Sūtra*, 146-147)

인 대승의 의미에서 '내부 대 외부'라는 대조의 문제다. 자신들은 성문이 아니라는 사실을 그들은 은근히 잘 알고 있지만, 다른 사람들에게는 계속해서 성문의 모습으로 나타난다.

좀 더 놀랄 만한 일은 경전에서 여러 사람들이 성취한 불국토를 성불의 수기를 받을 이들에게 반복해서 묘사하는 것이다. 그곳에 얼마나 많은 성문 제자들이 있을지에 대해 되풀이해서 밝게 이야기한다. 성문의 과보는 결코 끊어지지 않지만, 그것은 우주의, 보살도의, 성불 수행의 영구적인 그리고 영구적으로 승인된 특징인 것처럼 보일 수 있다. 기독교인의 활동이나 그리스도 자신의 활동 모두가 계속해서 유태인이나 무슬림으로 나타나고 또 자칭 유태인이고 무슬림인—이 경우에는 비밀스러운 기독교인이 아니라 스스로 비기독교인임을 완전히 믿고 있지만— 많은 학생들을 만들어낸다면, 동등해질 것이다. 기독교인은 자신의 몇몇 학생이 비기독교인이 되도록 가르쳐야 하고, 유태인은 자신의 몇몇 학생이 유태인이 되지 않도록 가르쳐야 한다. 그러나 여기에서도 사물들은 일시적인 장치에 지나지 않는다. 이것은 결국 그들로 하여금 성문의 지위를 내버리게 만드는 일시적인 방편이라는 주장이 여전히 제기될 수 있다. 경전의 앞부분에서 성문들이 (성문의 지위를 버리는) **대신** 자신들은 이제까지 보살이었다는 말을 들었을 때 하는 걸 보았던 것처럼. 여태까지는 보살로서 보살에게 계속 부여된 일방성이나 우월성에 어떤 한도가 있었다.

종교적 정체성 또는 그런 종류의 정체성에 관한 정말 급진적으로 평등주의적이거나 상호 포용적인 함의는, '진정으로' 성문이나 아라한이 되는 것이 무엇을 의미하는지에 대해 경전이 더 면밀하게 설명해줄 때에만 확실히 드러난다. 성문은 아라한이 되어 적정寂靜에 이르기를 열망한다. 『법화경』에서는 성문인 그들이 실제로 성문이 아니라는 것을, 성취해야 할 아라한과가 없다는 것을, 최종적인 적정이 없다는 것을 깨달을 때, 마침내 '진정으로 성문'이고 '진정으로 아라한'이며 '진정한 적정'에 이른다고 말한다. 경전은 터무니없는 말장난으로 보이는 것을 통해 이런 놀라운 주장을 내놓는다. '성문聲聞'은 "소리를 듣는다"는 뜻인데, 처음에는 법을 설하는 석가모니 붓다의 '목소리'를 개인적으로 '들은' 제자들을 의미했다. 보살이 된다는 것은 **보편적으로** 붓다의 '목소리가 들리게' 한다는 것이다. '아라한'은 "보시를 받을 만한"을 뜻한다. 그들은 보살이기 때문에 모든 사람들로부터 **보편적으로** 보시를 받을 자격이 있다.[15]

위에서 보았듯이 참된 적정은 모든 법의 궁극적인 실제 상태인데, 모든 행위와 다양성에서 그것들에 어떤 편견도, 어떤 일방적 허위도 더해지지 않을 때 이르게 되는 상태다. 이전에 본래의 옹호자들이 받아들였던 것보다 훨씬 더 문자적으로 받아들이면서 적정을 밀어붙이는 것은 그것을 모든 법의 행위와 다양성으로 이해하게 만드는 일이다. 다시 말해, '다수성'이 고요해졌을 뿐 아니라 '단일성' 또한 고요해졌다는 뜻이다. 고요함은 **보편적으로** 적용되었다. 이것은 사실 성문의 가치와 개념을 그가 현재 지키고 있는 것과는 다른 가치들에 종속시키는 문제가 아니라는 것을 의미한다. 그들은 오히려 더 멀리까지 밀어붙이고 있다. X가 '진정으로' X가 된다는 것은 X가 부분적으로뿐 아니라

---

15 T9, 18c. Watson, *Lotus Sūtra*, 94-95와 비교해 보라.

모든 방향에서, 모든 양상에서, 모든 시간에서 보편적으로도 X다워야 함을 의미하는 것 같다. 그것은 아라한이 되어야 함을, 정확하게 성문의 공인된 가치들을 유지해야 함을 의미하는데, 사실은 더욱더 그렇다.

이것은 성문이 자신을 성문이라 불렀을 때 그 의미하는 바가 무엇이 었는지 실제로는 몰랐다는 것을 의미한다. 그것이 다시 보편적으로 확장되지 않는다면, 이것 또한 위험할 정도로 거들먹거리는 입장—그 대가 참으로 어떤 사람인지 또는 무슨 의미가 있는지 그대는 모르고, 오로지 내가 아는 입장—이 될 수 있다. 그것은 이것이 나에게도 적용되어야 함을 의미한다. 그대 자신의 가치에서 정말로 의미하거나 암시하는 것이 무엇인지 그대가 모르는 것처럼 내 자신의 가치에서 정말로 의미하거나 암시하는 것이 무엇인지 나도 모른다. 그것은 단지 우리가 실재가 무엇인지를 모른다는 것뿐만이 아니다. 우리가 실재를 무엇이 라고 **생각하는지조차** 모른다는 것이다.

우리는 우리 자신이 하는 생각의 의미를 알아차리지 못한다. 우리가 생각하고 있는 것 전부를 알지 못한다. 우리는 자신이 X에 대해 생각하고 있다고 생각할 수 있지만, 사실은 잘못된 생각이고 실제로는 Y를 생각하고 있었다. 우리가 현재 판단하고 있는 대상이 무엇인지 또는 그런 판단이 어떠한지 우리는 알지 못한다. 다시 말해서, 이것이 우리가 하고 있는 행위가 전혀 아닐 때 우리는 S를 P로 간주한다고 믿을지도 모른다. 그러나 오히려 S를 'P 아닌 것'으로 간주한다. 우리는 X를 믿는다고 생각할지 모르지만, 사실은 이것에 대해 잘못 생각하고 있다. X에 대한 우리의 믿음이 실제로는 Y에 대한 믿음이라는 것이 붓다에 의해 알려질 수 있다. 생각하거나 판단하는 바로 그 행위는

다 드러낸, 투명한 자료가 아니다. "나는 S를 P라고 판단한다"는 엄연한 사실이 아니다. 생각하는 사람도, 대상에 대한 생각도, 생각 자체도 결정할 수 있는 성품을 갖고 있지 않다.

이것은 내가 원하는 것-가령, 보살이 되는 것, 붓다가 되는 것-에 대한 현재의 내 개념이 전혀 정확할 수 없다는 것을 의미한다. 보살이나 붓다가 되는 일에는 내가 지금 깨닫고 있는 것보다 더한 것이 있다. 이것이 무엇인지에 대해 경전은 이미 몇 가지를 우리에게 보여주었다. 보살이 되는 일과 붓다가 되려는 일에는 성문이 되는 것, 적정을 구하는 것, 성불 추구를 거부하는 것 따위가 포함될 수 있다. 이것이 나에게 드러나 보일 때, 성불에 대한 나의 개념-자칭 보살로서 내가 열망하고 있었던 것에 대한 조건-은 수정된다. 나는 이제 내가 숭배하고 열망해 왔던 것에 대해 더 많이 알고 있다. 거기에 내가 배제했던 것, 나를 배제했던 것, 그리고 바로 그 자체를 실제로 배제하는 것까지도 포함된다는 것을 안다. 그 자체의 모든 특정 개념은 불완전하다는 지식도 포함되며, 그것에 대해 내가 실제로 무얼 생각하는지에 대한 나의 무지가 "명백히 상충하는 체계들은 그 자체를 방편적으로 드러내는 것이었음"을 보여주는 초대장 구실을 한다는 것도 포함된다. 즉, 붓다가 되려고 애쓸 때 내가 하고 있는 일의 전부를 나는 아직 알지 못한다고 들었고, 그리하여 놀랍게도 나는 '비-성문과'(보살과)뿐만 아니라 '성문과'에 대해서도 완벽하게 구체화하려고 노력해 왔던 것이다. 나의 신앙, 나의 행동, 나의 욕망들은 실제로 '진정한 성문과'를 추구하는 일의 일부다.

이 경전의 한역본에서 또 다른 애매한 표현을 읽을 때면 이 점이 더 부각된다. 산스크리트 판본에서 10장 「법사품」의 한 구절은 『법화경』을 다음과 같이 칭송한다. "그것은 성문의 법에 대한 최종 결정을 내리고, 그리하여 〔그것, 곧 『법화경』은〕 모든 경전의 왕이다." 그런데 고전 한문 문법의 특성은 구마라집의 판본에서 쓰인 열 개의 한자가 다음과 같이 읽히도록 만들었다. "그것은 성문의 법을 결정적으로 완결하여 모든 경전의 왕이 되도록 그것〔곧, 성문의 법〕을 드러낸다."[16] 이것이 천태종의 해석에서 이 문장을 이해하는 방식인데, 여기에서 경전의 의미에 대한 결정적인 진술이 형성된다. 왜냐하면 이렇게 읽으면 이 문장은 성문의 가르침 ─ 적정, 윤회에서 벗어남, 무념무상, 성불을 삼가기 등에 대한 것 ─ 이 실제로 모든 불교의 궁극적 목적이고 최상의 불법이라는 것을 의미하기 때문이다. 이것이 무얼 의미하는지는 이미 보았다. 성불에 대한 보살의 명시적인 목적은 그들 자신이 의식적으로 붙들고 있는 가치들(모든 형태의 지식, 자비로운 행위 따위)만이 아니라 정확히 성문이 의식적으로 붙들고 있는 가치들도 완전히 구체화한 예시라는 게 드러난다. 붓다는 진정한 성문과를, 진정한 소멸을, 진정한 적정을 성취한 사람이다.

이런 점들을 더 넓게 불교도/비불교도의 경우에 그리고 일반적으로 상충하는 신앙들의 관계에 적용하면, 그림은 확 바뀐다. 첫째, 그것은

---

16 "決了聲聞法, 是諸經之王." 왓슨은 "그러나 그들이 성문의 법을 규정하는 이 심오한 경전을 들으면, 경전들의 왕인 이것을 들으면"(*Lotus Sūtra*, 167)이라고 번역했다. 한문 문법은 그 문장의 주제를 나타내는 지시어가 매개 구절을 뛰어넘지 못하게 하는데, 그래서 '시是'라는 완전한 연결사는 자연스럽게 앞선 구절에 붙는다.

나의 이상이 나의 이상만이 아니라 그대가 현재 품고 있는 그대의 이상(의 '실제'판)까지도 구체적으로 예시한다는 것을 암시한다. '실제' 판은 그것을 선택적으로가 아니라 보편적으로 적용하는 훨씬 철저한 형태다. 달리 말하면, 그대에게 그대의 이상을 버리라고 말하지 않는다. 오히려 그대의 이상이 정확하다고, 그대가 아는 것보다 더 정확하다고 말한다. 그것은 내가 숭배하고 가치를 두는 것이 실제로 마땅히 그대 자신의 신으로―이 경우처럼 정확히 나의 신과 대조되는 신일지라도 ― 여겨진다는 것을 의미한다. 나아가 위에서 열거한 고려 사항들을 적용하면, 그대가 진술한 이상이 나의 이상을 배제하거나 반박하기 **때문에** 그것은 나의 이상에서 실현된 것의 일부다. 이는 그대의 현재 신앙과 수행이 나의 이상으로 이어질 뿐 아니라 그 반대이기도 함을 의미한다. 나의 현재 신앙과 수행이 그대의 이상으로 이어지고 있다는 것, 그 원인이라는 것이다! 나는 그대의 이상의 초기 형태이기도 해서 나의 현재 신앙과 수행을 통해 무심코 그것을 향해 노력하고 있다. 아라한들은 '붓다의 지혜와 행위, 모든 형태의 지식'을 얻고 싶어 하지는 않는데, 그럼에도 그들은 정확히 그것들을 거부함으로써 얻으려 한다. 보살들은 '적정'에 이르고 싶어 하지는 않지만, 그럼에도 정확히 그것을 거부함으로써 거기에 이른다.

내가 음악을 비유로 들면서 처음에 그대에게 말한 것이 이것이다. "그대는 옳다, 자니 로튼이 그 **전부**다. 인생에서 참으로 중요한 것은 허무주의적인 반항이고 정력적인 자해이며 음조 없는 노래고 시끄럽고 힘찬 화음이다. 그러나 실제로 **진정한** 허무주의적 반항, 정력적인 자해, 무조성無調性, 시끄럽고 힘찬 화음은 오직 모차르트라야 성취한다. 그러니 그대는 모차르트가 될 것이다. 즉, 자니 로튼을 그토록 사랑하는 그대는 **진정한** 자니 로튼이 될 것이다. 모차르트를 거부하는 일이 모차르트가 모차르트가 되는, 곧 진정한 자니 로튼이 되는 방법이다. 게다가 모차르트를 공부하고 있는 나는 사실 초기의 자니 로튼이다. 나의 모차르트 공부, 모차르트처럼 되려는 나의 시도, 나의 자니 로튼 거부는 언젠가 나를 진정한 자니 로튼으로 만들 것이다. 더 철저하게 보편적으로 자니 로튼을 사랑함으로써 그대는 모차르트가 된다. 그리고 더 철저하게 보편적으로 모차르트를 모방함으로써 나는, 모차르트가 되는 것이 자니 로튼의 미학을 완전히 구현하는 것임을 배우게 될 것이다."

이것은 종교로 확장될 수 있을 뿐 아니라 모든 중생이 의식적으로든 무의식적으로든 품고 있는 이상에까지 확장될 수 있다. 성불은 이 모든 이상의 '진정한' 실현이고, **그것들은 모두 우리에게 붓다가 되는 것이 무엇인지에 대한 또 다른 차원을 드러내 보여준다.** 이는 내가 그대에게 그대라는 가치가 지닌 실제 의미가 무엇인지 가르쳐줄 뿐 아니라 그대 또한 나에게 나의 영웅에 대한 결정적인 무언가를 가르쳐 주었다는 것을 의미한다. 내가 성문을 보기 전이라면, 끊임없이 중생을 자유롭게 하려 애쓰는 붓다를 '적정寂靜한' 존재로 특징 지을 생각을 하지 못했을 것이다. 성문을 만났을 때, 나는 성불이 무엇인지 파악할 또 다른 방법이 이것이라는 것을 배웠다. 성불은 '진정한' 적정이며, 진정한 성문과다. 이를 다른 종교로 확장한다면, 이렇게 말해야 할 것이다. "성불은 내가 생각한 것처럼 단지 바라문 의식들, 동물 희생, 그리고 존재론적 일원론 등을 거부하는 것만이 아니다. 성불은 바라문

의식들, 동물 희생, 일원론 등의 진정한 **완성**으로 이해되어야 한다."
무슬림을 보면, "알라에게 복종하는 그대는 사실 붓다가 되기 위해
배우고 있다"라고 말해야 할 뿐 아니라, "그대는 알라의 모든 특성을
진정으로 구현하려고 배우고 있으며, 알라를 떠나서는 진실로 아무것
도 아니다"라고도 말해야 한다. 일단 그렇게 말한 뒤에는, 내가 '붓다'의
의미를 나 자신이 품은 이상의 의미로 바꾸었음을 더 깨달아야 한다.
성불의 속성들 가운데 하나는 '진정한 군주권'(알라가 군주권을 나타낸다
고 가정하면), '절대적인 독특함'(알라가 독특함을 나타낸다고 가정하면),
또는 '진정한 창조력'(알라가 창조주를 나타낸다고 가정하면)이라는 것이
밝혀진다. 나는 일신론자들과 섞이기 전에는 그걸 알지 못했다.

　기독교인을 만나면, 나는 이렇게 말한다. "기독교인이 되는 것은
보살행의 일부다. 성불의 한 원인이다. 계속 그렇게 하라." 그 다음에
이렇게 말한다. "붓다가 되는 일은 진정한 그리스도가 되는 것이다."
또 이렇게 말한다. "이제 나는 붓다에 대해 더 많이 안다. 그것은
완전한 의미에서 기름 부음을 받은 자, 죄를 대속한 자, 십자가에
못 박히고 다시 일어난 자가 되는 것을 의미한다" 등등. 유태인에게서
나는 성불이 진정한 형태의 계명 준수, 역사성, 선택받음, 사명, 주변성
또는 (개인마다 유대교의 이상을 다르게 떠올릴 수 있겠지만) 그대가
생각한 것이라는 사실을 배운다.

　위에서 언급한 성가신 경우를 받아들이면, 이 점에 관한『법화경』의
가르침을 유태인에게 적용하는 기독교인은 "기독교로 개종한 유태인
만이 진정한 유태인이다"라고 말하지 않고, 이렇게 말할 것이다. "우리
기독교인들은 사실 그리스도께 순종할 뿐 아니라 그리스도가 되려고

한다. 그대들 유태인들은 기독교인의 젊은 형태고, 따라서 그대들 또한 젊은 그리스도들이다. 그러나 결정적으로, 그대들은 지금 하고 있는 것보다 더 철저하게—율법을 지키면서 그리스도의 '메시아됨 (messiahship)'을 거부하는— 유태인이 됨으로써만 더욱 성숙해지고 그리스도가 될 것이다. 그리스도를 더 철저하게 거부하는 일이 그대들을 그리스도로 이끌 유일한 실천이다! 그리고 이것은 우리 기독교인에게 그리스도가 되는 것은 바로 다음의 의미에서 철저하게 유태인이 되는 것임을 드러내 보여준다. 보편적으로 그리스도를 거부하고 율법을 지키는 일, 모든 것에서 오래된 계명과 역사에 충실함을 보이는 일, (예컨대) 메시아로서 (또는 무엇으로서든지) 모든 역사적 개인을 거부하는 일. 그것이 마침내 그리스도, 신의 아들, 우리 자신이 되기 위해서 우리도 해야만 하는 것이다."

불가능할지도 모를 '법화경화한' 무슬림은 기독교인에게 이렇게 말할 것이다. "그대는 참으로 모든 행위의 유일하고 진정한 주체자인 알라 외에는 누구도 되지 않으니, 그것은 알라에 대한 진정으로 철저한 복종이며 무슬림의 진정한 신앙이다. 이는 신에게는 아들이 있고 그 아들은 이런 특별한 사람이며 다른 사람은 아니라는 그대의 믿음을 밀어붙이면서 더 철저하게 기독교인이 됨으로써 가능하다. 그리고 이것은 또한 알라에게 복종하는 사람이 아니라 알라 자신이 되는 것을 의미한다는 것, 그리고 이것은 다른 사람이 아닌 이 특별한 사람을 아들로 둔 신에 대한 믿음을 수반하며 예언자 무함마드를 거부할 것을 요구한다는 것을 알게 될 때, 나는 진정한 무슬림이 될 것이다."

여기에서 위태로운 것은 다른 무엇보다도 겉보기에 좁혀질 것 같지
않은 간극이다. 신과 피조물은 영원히 분리되어 있다는 일신론자의
주장과 불성은 내재하며 모든 중생과 성불은 분리되어 있지 않다는
불교의 확약 사이의 간극 말이다. 불교의 확약은 모든 중생은 예외
없이 절대적 존재와 어떻게든 연결되거나 그 존재에 관여한다는 것뿐
아니라 각자는 그 자체로 절대적 존재의 가장 완전하고 지고한 화신이
기도 하다는 주장이다. 여기서 발전한 관점에서 보자면, 마지막 분석에
서처럼 신학적인 미묘함을 통해서 일신론을 피조물의 완전한 내재성
같은 것으로 해석하는 몇몇 예외적인 일신론자들에게 우리가 동조할
필요는 없다. 예컨대, 수피들은 알라 외에는 어떠한 행위자도 없다
(Wahdat al-Wujud)고 주장한다.[17] 오히려 '분리'는 항상 '비분리'의 한
형태이기도 하다는 것 그리고 '비분리'는 항상 '분리'의 한 형태라는
것을 보아야 이 간극은 메워진다. 각각은 생각에서든 현실에서든,
이 세상에서든 저 세상에서든 항상 다른 쪽을 수반한다.

앞으로 이어질 장들에 나오는 이런 관념에 대한 천태의 완전한
설명에서 보겠지만, 확실히 분리의 실현이 더 깊어질수록 비분리와
공존함을 더 많이 나타내며, 반대의 경우도 마찬가지다. 영원히 다가갈
수 없는 신의 초월성, 신과 피조물의 존재론적 분리는 모든 중생과

---

17 〈역주〉 '와다트 알 우주드'는 존재의 단일성 또는 통일성을 뜻하는 말로서,
이슬람의 신비주의라 할 수피즘(Sufism)의 기본 교리다. 이 교리를 따르는 이들을
수피라 한다. 수피즘에서는, 신은 모든 존재의 토대이며 그 외에는 아무도 없다고
한다. 또 인간과 신 사이에는 본질적인 통일성이 있다고 믿는다. 다시 말해,
신과 그 피조물은 본래 하나이므로 인간은 신과 합일할 수 있다는 것이다.

붓다의, 존재와 공의, 절대자와 의존적 존재의 완전한 상호 내재성을 말하는 또 다른 방법이다. 그리고 모든 중생에서 가장 작은 벌레까지 그 자체가 붓다, 온전한 붓다, 바로 붓다이며 그것으로 말미암아 다른 모든 존재들과 서로 관통한다는 사실은 그 자체가 피조물들이 신으로부터 영원히 그리고 모든 피조물들이 서로 영원히 분리되어 있음을 말해준다.

그렇다면, 종교 간의 대화는 이런 주장이 어떻게 그리고 어떤 의미에서 이해될 수 있는지에 대한 하나의 탐색이 될 것이다. 이는 (1) 다른 신앙을 가진 사람들이 개종해야 하는지, (2) 그들이 존중받아야 하는지 또는 자신들의 행위를 계속해도 되는지, (3) 우리와 그들 사이에 어떤 공통점이 발견될 수 있는지, 그리고 (4) 그들이 우리의 신앙을 이국적이거나 간접적인 형태로 표현하고 있는지 여부를 결정하는 일과는 무관하다. 『법화경』의 이상, 곧 성불은 분리와 초월, 타자성 자체를 포함해서 모든 특정한 가치들, 신앙들, 수행들을 수렴하고 상호 포섭하는 도달점이다. 상충하는 가치들로 보이는 것은 그것들이 서로 여분의 속성임을, 상호 포섭함을 드러낸다. 물론 각각의 특정 가치가 그 극단까지 나아가고 그 자체의 확신에 철저하게 보편적으로 부합하려고 끝까지 애쓸 때 그렇다. 그 가치들은 보편화하는 언어유희에 노출될 때 상호 포섭한다. 지금 우리 자신이 몰두해야 할 일은 어떤 종류의 보편화하는 언어유희가 다른 사람의 가치들로 말장난하면서 우리 자신의 가치들에 내재해 있던 새로운 차원들을 드러내는지를 찾아내는 것이다. 다른 신앙들을 만나는 일은 우리 자신의 보이지 않는 면, 억압되어 있던 절반을 만나는 일이다. 타자성을, 심지어

갈등을 경험하는 일은 우리 자신이 알아차리지 못한 이중적 의미와 만나는 일이다.

위에서 '성불의 기별記別'은 중생을 미성숙한 붓다로 보는 입장이며, 이 기별에 따라오는 '결과의 확실성'과 정확히 등가라 할 것이 인간의 경험에는 없다고 말했다. 나는 또 두고두고 보는 전기물이나 시간 여행을 하는 공상 과학물을 그 대체물로서 제시했다. 그런데 사실 우리는 결과에 앞서 이러한 확실성의 경험을 한번 하는데, 그것은 날마다 모든 사람에게 일어나는 일이다. 바로 기억이다. 우리는 과거의 사건을 떠올릴 때, 그 뒤에 일어날 일을 이미 아는 입장에서 그것을 돌이켜본다. 그대가 나중에 사랑에 빠질 사람과 할 첫 번째 데이트를 체험하기로 결정하고 마음속으로 그날을 차근차근 짚어 나가면, 그대는 사실 하나의 경험을, 정확하게 똑같은 사건'의' 경험을 하고 있는 것이다. 그러나 그대는 그것을 다르게 경험하고 있다. 그것이 어떻게 될지 알고 경험하고 있다. 이것으로 그것에 관한 모든 것이 아주 다르게 보인다. 불확실해 보였던 것들이 모두 이제는 미래의 즐거움이나 슬픔, 미래의 성공이나 실패의 초기 형태로서 보인다. 아무 관련이 없어 보였던 것들이 모두 이제는 우리 안에서 가장 깊은 반응을 일으킨 것들, 뼛속까지 우리를 뒤흔든 것들, 우리가 자신을 보는 방식을 변화시킨 것들의 초기 형태로서 보인다.

우리는 이 모든 것이 어디로 향하는지, 이 모든 것이 무얼 의미하는지 모르고 있던 과거의 우리 자신을 경험한다. 우리는 자신의 무지를 보면서 동시에 현재의 지식으로 뒤덮여 있는 것도 본다. 술집에서 그저 어떤 여인으로만 보였던 사람이 사실은 그대 아내, 그대 아이의 엄마, 그대 인생의 사랑 따위의 초기 형태라는 것, 그때 그녀의 모든 태도와 행동이 그녀를 그렇게 만든 원인들의 일부라는 것을 알면서. 우리가 서로 재보고 싸우고 견뎠던 것들이 사실은 사랑에 빠지는 과정이었다는 것을 우리는 이제야 돌이켜보고 알 수 있다. 그때 그대가 미워했거나 거부했던 그녀에 관한 것들이 나중에 그대 안에 깊은 울림을 주고, 그대 자신에 대해 더 많은 것을 가르쳐 주며, 그대의 가장 깊은 열망에 대한 생각에서 그대가 무엇을 간과했는지를 드러내 보여주는 것임을 알면서 이제 되돌아본다. 그대는 그녀를 보면서 아직 인정할 준비가 되어 있지 않았으나 나중에 자신과 깊이 관련되어 있음을 알게 된 자신의 그런 면들에 저항했고, 또 융합될 수 없다며 꺼려 왔던 자신의 이상하게 상충되고 억눌린 면들, 이전에는 자신을 위태롭게 할 것이라 여겼던 자신의 생소한 면들, 사실은 그대 자신의 (이전에 잘못 생각했던) 욕망들을 충족시켜줄 세상의 여러 면들 따위에 저항했다. 이상적인 고문 장치를 제공하는 뒤틀린 형식으로 쓴 냉소적인 최악의 각본, 정확히 그대의 상처에 맞는 발톱들, 그대에게 아주 잘 어울려서 그대 안의 무언가가 가져야만 했던 모직 셔츠 따위는 받아들이면서도 말이다.

『법화경』의 가르침은 우리가 현재의 삶을 〔미래의〕 붓다가 기억하는 전생으로 경험해야 한다는 것이다. 이는 현재를 기억된 과거로 경험하는 것을 의미한다. 나의 현재는 붓다가 기억하고 있는 그의 과거다. 우리의 현재 삶은 **기억**을 **경험하기**라는 독특한 형태로 된 붓다의 전생이다. 그대가 어디로 가고 있는지, 그대가 무엇을 하고 있는지, 그대가 무엇을 생각하는지에 대해서만이 아니라 내가 어디로

가고 있는지, 내가 무엇을 하고 있는지, 내가 무엇을 생각하는지에 대해서도 현재의 나에게는 불확실하지만, 〔미래의〕 붓다는 이들 둘이 서로에 대해 아주 많은 것을 드러내게 되리라는 사실을, 각자는 다른 하나의 보이지 않는 다른 면이라는 사실을 아직 몰랐을 때 그게 어떠했는지를 기억한다. 이 붓다를 경배하는 일은 그가 우리를 이전의 자신으로 회상해 주기를 기대하는 것이다. 이렇게 상상해 보라. 바로 지금 그대가 자신의 삶을 경험하는 일, 현재의 그대 경험은 붓다가 자신의 전생을 회상하는 것이기도 하다고. 그대는 붓다가 기억하는 전생이다.

8. 천태

─그대라는 다중 우주

공空에서 삼제三諦까지

물음: 공과 이제론의 개념(이 책의 2장과 3장)을 불성과 본각(4장)에
더한다면, 그리고 『법화경』에서 암시한 욕망과 욕망 없음, 시간과
무시간, 선과 악, 깨달음과 망상 따위가 둘이 아니라는 불이不二를
제시하는 '새로운 중도'에서 여러 가지 관점들의 상호 침투라는 개념(5
장, 6장, 7장)을 통해 훑어본다면, 그대가 얻는 것은 무엇인가?
대답: 천태불교.

　의식 있는 존재들과 그들이 살고 있는 세계의 관계에 대한 천태의
관점은 대단히 과도하게 단순화된 재진술인데, 이렇게 표현할 수
있다. 경험에서 일어나는 모든 사건, 기능 또는 특성은 함께 일하는
모든 유정물有情物과 무정물無情物의 행위다. 경험의 모든 순간들은

이 특정한 형태 속에서 특정한 실체나 경험으로서 현현하는 실존적 현실의 전체다. 그러나 이 '전체'는 다중적이어서 환원할 수 없으며, 다음과 같은 방식으로 즉시 통합되어 환원할 수 없다. 한껏 상충하고 대조되며 가치론적으로 다양한 양상들은 이런 전체성의 결과들 각각에 -'찾아낼 수 있다'는 의미에서- 돌이킬 수 없는 방식으로 존재한다. 선과 악, 망상과 깨달음, 성불과 극악무도 등은 모두 어느 사건에서나 "본래부터 동반한다."

그런데 더 중요한 점은 이런 다중적 실체들이 가상적으로든 개념상으로든 '단순하게 위치하지' 않는다는 것이다. 모든 경험을 수행하는 행위자인 '전체'는 이렇게 다양하게 '본래부터 동반하는' 실체들이나 특질들이 가방 속 조약돌처럼 나란히 배열된 그런 집합이 아니다. 오히려 그것들은 '상호 포섭'한다. 정확히 말하면, 그 가운데 어느 것이든 다른 모든 것들을 포섭한다. 각각이 전체고 각각의 특질은 다른 모든 특질을 포섭하지만, 그럼에도 어느 것도 결코 뿌리 뽑을 수 없다. 세상의 붓다는 세상을 모두 붓다로 만들면서 모든 장소를 '성불'이라는 특질로 넘치게 한다. 세상의 마구니는 세상을 모두 마구니로 만들면서 '극악무도함'이 퍼지게 한다. 붓다와 마구니 둘 다 항상 세상에 있다. 그래서 세상은 항상 **전적으로** 성불의 세계이면서 **전적으로** 극악무도한 세계다. 경험의 매순간은 항상 완벽하게 속속들이 망상, 악, 괴로움이며, 동시에 완벽하게 속속들이 깨달음, 선, 즐거움이기도 하다.

천태교학은 『법화경』이 우화들을 통해 그리고 설명하지 않은 서사적 단서들을 통해 제시한 불이不二의 개념을 받아들이고 공과 이제二諦

에 적응해서는 불교 수행에 이바지할 수 있는 풍부한 철학적 설명과 실천적 응용법을 제공한다. 『법화경』은 우빠야(upāya, 방편)를 불교의 주요 특징으로 만들었고, 모든 수행이 성불을 향해 나아간다면서 그 모두 일승에서 통합된다고 주장했다. 천태교학은 이 모범을 따르면서 방대하고 복합적인 체계를 구성해서는 알려진 온갖 형태의 불교 수행과 비불교도의 수행까지 설명하고 융합하는 데에 이용하는데, 그 모든 수행은 갖가지 다른 사람들과 때에 적합하고 유익해서 받아들일 만한 방편들이다.

천태교학은 아무것도 거부하지 않으며, 알려진 모든 가르침과 수행을 상호 연결된 체계로 조직한다. 그 체계는 이중 구조여서 흥미롭다. 그것이 처음에는 대승을 소승 위에 두고 또 『법화경』을 다른 대승 위에 두고 있어 위계적인 것처럼 보인다. 그러나 재맥락화를 통해 정체성을 재정의한 개념이 여기에 적용되고, 『법화경』이 위계에서 꼭대기라는 점이 작용할 때 다른 모든 부분들을 일승의 여러 양상들과 동일한 것으로 만드는 소급적 효과가 있다. 이는 앞의 두 장(6장과 7장)에서 『법화경』의 함의를 곰곰이 생각하면서 본 그대로다. 그것은 곧, 어떤 가르침이나 수행, 행위도 단 하나의 의미만 갖지 않는다는 말이다. 그 의미는 맥락에 의해서 결정된다. 그래서 주어진 교리나 수행은 어느 것이나 궁극적 진리로도 볼 수 있고, 더 부분적이고 오직 국부적인 또는 덜 중요한 진리로도 볼 수 있다.

세상의 다양한 가르침과 관념, 시각들을 모두 융합하는 천태교학의 체계는 모든 것을 두 번, 세 번, 무한 번 보면서 각 항목의 의미를 재평가하고 진전시키는 체계를 제공하는데, 그것은 마치 더 넓고 넓은 관계들 속으로 들어가는 것 같다. 소승의 가르침은, 더 좁은 맥락에서 보면 '덜 중요한' 진리다. 그러나 일승의 맥락에서 보면 그 자체로 일승의 구체화이며, 심지어 일승에 독특한 표현을 제공한다. 다른 모든 독특한 관념, 신앙, 수행 등에도 동일한 말을 할 수 있다. 단 하나의 의미만 갖는 것은 없기 때문에 모든 것은 무엇이든 의미할 수 있다. 천태교학에서는 '가르침들을 분류'했는데, 이는 각 교리가 어떤 맥락에서 그리고 어떤 방식으로 그 많은 것들 각각을 의미하는지를 상세하게 설명하는 복잡하고 까다로운 방법이다.[1]

천태불교의 교리는 어떻게 이런 결론에 이르렀으며, 거기에 담긴 인간적 함의는 무엇인가? 천태교학은 밀접하게 관련된 두 가지 토대에 바탕을 두고 있다. 삼제三諦의 이론, 그리고 "임시적인 것을 열어 실상을 드러내는" 이론. 문제의 핵심, 천태종이 이룩한 가장 근본적이면서 광범위한 불교 혁신은 **이제**二諦의 모델에서 **삼제**三諦의 모델로 이동해 간 것이다. 이제는 관습적 진리(속제俗諦)와 궁극적 진리(진제眞諦)다. 삼제는 관습적 진리(가제假諦), 궁극적 진리(공제空諦), 그리고 중제中諦다. 중제는 관습적 진리와 궁극적 진리 사이의 불이不二이며, 그 둘의 상호 포섭이며, 그 둘의 다른 이름이다. 중제는 관습적 진리

---

1 천태교학의 분류 체계에 대한 전반적인 기능을 요약하려고 여기서 그 세부 내용으로 들어갈 필요는 없다. 세부 내용에 관심이 있는 사람은 내가 쓴 *Evil and/or/as the Good: Omnicentrism, Intersubjectivity, and Value Paradox in Tiantai Buddhist Thought* (Cambridge, MA: Harvard University Asia Center, 2000)과 *Being and Ambiguity: Philosophical Experiments with Tiantai Buddhism* (Chicago: Open Court, 2004)를 참조할 수 있다.

또한 궁극적 진리이며 궁극적 진리 또한 관습적 진리라는 것을 의미한다. 그리고 그 둘의 구별 자체는 바로 관습적이지만, 바로 이런 이동에 의해서 관습적인 것은 관습적일 뿐 아니라 궁극적이기도 하므로 바로 이 구별은 그 자체로도 궁극적이라는 것을 의미한다. 천태교학에서는 이 이동을 단순히 이제를 곰곰이 생각하다가 그 논리적 결론에 이른 것으로 간주한다. 그 유래와 함의에 대해 이해하도록 해보자.

이 책 2장에서 일찌감치 이제에 관해 논의했다. 인도의 불교 철학자들이 발전시킨 이 개념의 본래 설명에 따르면, 우리가 세상에 대해 구체적으로 말할 수 있는 것은 기껏해야 '관습적 진리'일 뿐이고, 이 진리는 공이라는 '궁극적 진리'로 건네줄 일종의 뗏목 구실을 한다. 이 공은 하나의 견해나 이론, 개념으로서 공이 아니라, 모든 견해로부터, '사물들'에 대한 모든 개념들로부터 그리하여 모든 괴로움으로부터 해방이라는 표현할 수 없는 경험으로서 공이다. 사물들이 어떻게 존재하는지 또는 무엇인지에 대한 모든 견해는 초월하고 버려야 한다. 어떤 관념들은 관습적 진리들─예컨대 (1) 절대적인 것에 대한 또는 하나의 전체로서 세계에 대한 형이상학적이고 종교적인 이론들, 그리고 (2) 세상의 사물들에 대한 비관습적 견해들─로 간주되지 않는다는 사실도 상기하라.

인도의 이제론에는 일종의 위계가 있다. 먼저 거기에는 실재에 관한 모든 철학적 이론들을 포함하는 명백한 허위가 있다. 그리고 관습적 진리가 있는데, 그것은 자아와 타인, 원인과 결과 따위를 포함하며, 괴로움, 사성제, 무아에 관한 불교적 관념들도 그리고 하나의 개념으로 간주되는 '공'도 포함한다. 이런 관념들은 도구가 되어 그들 자신을 넘어서 공의 경험으로 이어지는데, 그것은 모든 견해로부터 해방이다. 관습적 진리들은 도구적 가치를 지녔지만, 사물에 대해서는 어떤 것도 '참'이 아니었다. 공은 세상을 경험하는 어떤 방법도 가장 궁극적 의미에서는 항상 거짓이었다는 것을 의미한다. 그리고 관습적 진리는 참으로 한두 가지 밖에 없다. 첫째는 상식적인 일상의 말, 특정한 공동체에서 일상적으로 쓰이는 정확하고 일반적인 사물의 이름들이고, 둘째는 불교적 관념들이다. 이 모든 것을 '진리'로 간주하는 이유는 그것들이 우리를 괴로움에서 해방되도록, 그리고 이러한 관념들 자체에서 해방되도록 이끄는 데 쓰이기 때문이다. 그것들에는 그것들 자체를 넘어서도록 우리를 이끄는 힘이 있다.

대조적으로 천태교학의 삼제론에서는, 모든 특정한 견해와 사물은 거짓이라는 결론 대신에 모든 것은 궁극적으로 참이라고 결론을 내린다. 모든 가능한 견해는 동일하게 진리다. 수준들 사이에 더 이상 위계가 없으며, 명백히 거짓인 범주도 없다. 『법화경』 4장 「신해품信解品」의 '잃어버린 아들' 이야기에서 '방편'(아버지의 재산)은 아들을 깨달음에 이르게 한 것일 뿐 아니라, 그가 깨달았을 때 실제로 받은 것이기도 함을 기억하라. 마찬가지로 천태교학에서 '관습적 진리'는 우리가 깨달음에 이르렀을 때 버려야 할 것이 아니라, 오히려 거기에서 얻고 터득해야 하는 것이다. 게다가 그걸 빼면 아무것도 남지 않는다. 가능한 모든 진술들, 관점들, 관념들, 개념들 그리고 입장들은 관습적 진리다. 그 기준도 동일하다. 성문과, 제바달다의 행동, 붓다의 극단적 거부 등이 성불의 원인이자 선행 조건이었던 것과 똑같이 모든 것은 성불로 이끄는 방편으로 쓰일 수 있다. 그래서 지금 우리에게는 삼제가 있는데,

그것은 모든 진술과 개념을 뛰어넘게 해주는 뗏목 같은 도구가 아니며 우리가 사물에 대해 편향된 특정 견해를 갖지 않도록 해주는 더 높은 최종적 진리도 아니다. 오히려 어떤 특정 사물을 바라보는 세 가지 참된 방법이다.

아무리 그대가 세계나 세계의 특정 부분을 하나의 전체로 보더라도 그것은 '관습적으로' 참이다. 전통적인 진리는 직접적으로 대립하고 모순될 때에도 몇 가지만 있는 게 아니라 무수히 많이 있다. 그래서 이제론에서는 이렇게 말한다. "이것은 잔이다"는 관습적으로 참이고, "이 잔은 공이다"는 더 높은 관습적 진리인데, 후자는 마침내 이 잔의 공에 대한 직접적이고 상상도 못할 경험으로 그리고 모든 괴로움에서 해방되는 경험으로 이어진다. 그런데 내가 이 '잔'을 가리켜 "이것은 코끼리다"라고 말한다면, 그것은 관습적 진리가 될 수 없다. 그 대상에 대해 대부분의 사람들이 생각하는 방식이 아니기 때문이다. 그것은 명백한 오류다. 그리고 만약 "이 표현은 신의 뜻이다"라고 말한다면, 그 또한 오류이며 관습적 진리라고도 할 수 없다. 왜냐하면 그것은 궁극적이고 보편적으로 적용 가능한 절대적 진리에 대한 관습적 용법을 넘어서 주장하려고 했기 때문이다. 그러나 천태교학의 삼제론에서는 "이것은 코끼리다"라고 말하는 것이 "이것은 잔이다"라고 말하는 것과 마찬가지로 참이다. 그리고 이 가운데 어느 것이나 "이것은 공이다"라고 말하는 것만큼이나 참이고, 정말로 이 잔/코끼리의 공을 '경험하는' 것만큼이나 참이다.

두 경우 모두 내가 가진 것은 이것을 **국지적으로 일관되게** 보는 방식인데, 이는 어떤 매개 변수 안에서 어느 정도의 시간 동안 어떤

258

관점에서 **그렇게 보인다**는 것을 의미한다. 그런 매개 변수들을 특정한 공동체나 언어 집단의 상식으로 공유하든 공유하지 않든 더 이상 중요하지 않다. 중요한 점은 그렇게 보이도록 할 수 있다는 것, 어디에 서든 단 한 순간이라도 그렇게 보인다는 것이다. 이제와 공의 이론에서 는 어떤 것도 진실이 아니다. 천태교학의 삼제론에서는 **모든 것이** 진실이다. 이렇게 국지적으로 일관되게 사물을 보는 방식 외에 여분의 '공'은 필요하지 않다. 공은, **국지적으로** 일관된 것은 무엇이든지 **세계 적으로는** 역시 일관되지 않다는 것을 의미한다. 즉, 모든 요소들이 고려될 때, 사물이 나타나는 본래의 방식은 더 이상 모호함이 없이 존재하지 않는다. 이를 이해하기 위해서는 표 8-1을 숙고하라.

표 8-1. 맥락의 한 기능으로서 존재론적 애매성

다음 도형은 무엇으로 보이는가?

O

대답: _____

아래의 도식에서 똑같은 도형이 무엇으로 보이는가?

-2   -1   O   1   2

대답: _____

지금은 무엇으로 보이는가?

M
N
-2   -1   O   1   2
P
Q

지금은 어떠한가?

```
                    O
                    M
                    N
   -2      -1       O       1       2       O
                    P
                    Q
```

위에서 둥근 도형을 오로지 하나의 맥락으로만 본다면, 그 정체성은 분명하다. 그것은 숫자 영(0)이다. 그러나 동시에 다른 맥락을 더하면, 그 도형은 애매해진다. 이제 숫자 영으로도 읽을 수 있고 영어 문자 오(O)로도 읽을 수 있다. 계속해서 맥락을 더할 때마다 그 정체성은 더욱더 애매해진다. 그리고 우주의 만물을 동시에 고려할 때, 우리가 처음에 부여한 그 정체성은 점점 더 애매해진다. 일련의 숫자들로만 보면, 그것은 영이다. 이것이 국지적 일관성이다. 이 잔을 그저 잔으로만 볼 때, 나는 똑같은 일을 하는 셈이다. 다른 많은 요인들, 맥락들, 관점들, 보는 방식들을 간과한 채, 범위를 관련된 요인들로 좁혀서 그것을 애매함이 없는 하나의 사물, 잔으로 보이게 한다. 만약 내가 그것을 구성하는 분자들이나 그것이 내보내는 에너지, 또는 다양한 서사 맥락에서 쓰이는 용도, 또는 그것의 먼 과거와 먼 미래를 고려한다면, 그 '잔-다움(cupness)'은 애매해진다. 그것은 동시에 다른 많은 것들이면서 많은 다른 이야기들의 일부다. 그것은 에너지 변환을 나타내는 스크린 위의 영상이나 살인 도구이기도 하고 예술 작품이나 문 버팀쇠이기도 하다. 지금 그대 자신이나 그대의 행동에 대해서도 마찬가지다. 그것들은 우리의 시야를 그것들 주위로 좁히는 한에서만 애매하지 않다.

이것이 천태교학에서 말하는 '공'의 의미다. 존재론적 애매성. '애매성'이라는 용어는 대개 우리가 사물을 보는 방식만을 가리킨다. 모든 것은 그 자체로 단순히 있는 그대로라고 우리는 가정한다. 그러나 우리는 그것에 대해 불분명한 견해를 가질 수 있다. 이것인지 저것인지 아직 알 수 없다. 우리는 적어도 원리상 둘 중 하나여야 한다고 가정한다. 공의 관념은 이것이 '존재론적으로' 참이라고 하는 관념이다. 즉, 그것은 사물들의 존재 바로 그것과 관련이 있다. 그것들이 공이라고 말하는 것은 비어 있다는 뜻이 아니다. 비어 있다고 하면, 확정된 무언가가 될 것이기 때문이다. 그것들이 그 자체로 **애매하다**는 것을 의미한다. 다르게 말하면, 모든 것은 어떤 각도에서 보든, 얼마나 철저하게 알든, 얼마나 포괄적으로 정보를 수집하든 간에 그렇게 보이는 것, 그렇게 볼 수 있는 것 **이상**(more)이다. '무언가'(잔, 의자, 코끼리)가 되도록 하는 성격은 구별되는 특성을 여럿 갖지만, 모든 '무언가'는 무언가로서 존재하기 위해서 '그 이상의 것임'이라는 특성을, 무엇으로 결정되든 항상 넘치는, 어떤 각도에서 볼 수 있는 것 **이상**의 특성을 추가로 갖는다.

그러나 이 '이상(more)'은 본래의 '알려진' 부분을 바꾸지 않은 채 그대로 두지 않는다. 오히려 그것을 재맥락화한다. 우리는 항상 빙산의 일각을 보고 있다. 그러나 그 '일각'조차, 그것은 그 이상의 무언가였다는 사실을 우리가 알기 전의 그것이 더 이상 아니다. 땅바닥에 흰 구슬처럼 보이는 것이 놓여 있는 걸 우연히 발견했다고 상상해 보자. 그대는 그것을 둥글고 작으며 흰 것으로 경험하고는 곧바로 그 구슬에 대해 생생한 태도를 구축한다. 그것은 집어서 굴리고 갖고 놀며 주머니에 넣을 수 있는 것이다. 그런데 집어서 들려고 하던 그대는 그것이 땅바닥에 들러붙어 있음을 알게 된다. 그대는 들어 올리지 못한다. 그걸 파내려 애쓰다가 그대가 팔 수 있는 것보다 훨씬 더 깊이 뻗어 있다는 걸 알게 된다. 그것은 더 큰 물건의 끄트머리고, 그 물건은 긴 막대기나 원통형 관처럼 보인다. 그런데 더 깊이 파들어 가자, 대략 12cm 정도 되는 좁고 가는 것이 바깥으로 뻗어 있음을 알게 된다. 그것은 원뿔 끝의 뾰족한 부분이다. 그대가 더 깊이 팔수록 이 원뿔은 바깥쪽으로 확장된다. 6m 정도 내려갔을 때, 부드럽고 비늘에 덮인 물질에 박혀 있는 원뿔의 끝이 나온다. 그때 땅이 우르르 소리를 내면서 뿔이 둘 달린 거대한 괴물이 땅속에서 나타난다. 그 괴물은 150m가 넘고, 그 뿔은 각각 12m나 되며 끝은 길고 날카롭다. 그대는 그 뿔 하나를 파내고 있었던 것이다. 그저 땅바닥에 놓인 구슬로 보였던 것이 사실은 그 뿔 가운데 하나의 끝부분이었다. 이제 다시 그 끝부분을 보라. 그대는 그것이 둥글다고 경험했다. 그런데 전혀 둥글지 않다는 게 드러났다. 그럼에도 그것은 전혀 변하지 않았다. 그대는 아까 본 것을 여전히 보고 있는데, 그것은 날카롭다. 그것은 희지도 않다. 땅바닥과 대비되어 희게 보였지만, 이제 괴물의 뿔을 전체적으로 보니 대부분이 녹색 반점들이고 흰색이 여기저기 있는 패턴이다. 전체적으로 그 뿔은 끝부분을 포함해서 모두 녹색으로 보인다. 움직일 수도, 주머니에 넣을 수도, 갖고 놀 수도 없다. 오히려 면도날처럼 날카롭고 위험해서 피해야 한다. 그럼에도 그대가 본 것 가운데 어떤 것도 없어지지 않았다. 더 큰 맥락과 더불어 더 나은 정보로 보완했을 따름이다.

천태교학에서는 모든 것을 이렇게 본다. 무언가를 본다는 것은 그것의 '전부가 아닌 것'을 본다는 뜻이다. 우리는 늘 세계의 작은 조각을 보고 있지만, 세계의 모든 조각은 그것이 세계의 일부라는 사실에 의해서 변화하고, 세계의 나머지 부분들에 의해서, 나머지 공간과 나머지 시간에 의해서 재맥락화된다. 사실 우리가 모든 것을 본다면, 아무것도 보지 못한다. 본다는 것, 무언가를 '거기' 있는 것으로, '실재'로서 받아들이는 것은 그것을 맥락 안에 두는 것이고, 그것을 그 자체 이외의 어떤 것, 그것이 아닌 어떤 것과 대조하는 것이다.

모든 것을 보는 것은 아무것도 보지 않는 것이다. 내가 온 우주는 '둥글다'고 말한다면, 이것은 이치에 맞지 않을 것이다. 이 둥근 것은 둥글지 않을 것인데, 왜냐하면 그것이 둥글게 되기 위해서는 그 **바깥에** 둥글지-않음이 있어야 하기 때문이다. 그것을 둥글게 만들기 위해서는 무언가가 경계를 지어야만 하는데, 우주는 그 둥글함-바깥쪽도 부분으로 포함하고 있기 때문이다. 내가 온 우주는 뾰족하다고 말하더라도 이 또한 이치에 맞지 않을 것이다. 이 뾰족함은 뾰족하지 않을 것이다. 왜냐하면 뾰족함이 뾰족해지기 위해서는 그 **바깥에** 뾰족하지-않음이 있어야 하기 때문이다. 그렇다면, 온 우주는 뾰족하다고 말하는 것은 온 우주는 둥글다고 말하는 것과 마찬가지임을 의미한다. 그 바깥에는 어떤 것도 존재하지 않기 때문에 전체에 대해서, 온 우주에 대해서 구체적으로 확정지을 수 없다. 왜냐하면 모든 것이 특정하게 구체화되려면 그 바깥의 무언가와 대비되어야 하기 때문이다.

우리가 말하거나 생각할 수 있는 것은 모두 유한한 것의 영역에서 오며, 무한한 것에는 적용될 수 없다. 그러나 천태교학의 핵심은 전체에 대한, 무한한 것에 대한 어떤 확정을 포함하지 않고서는 유한한 것을 말할 수 없다는 것이다. 내가 "이것은 뾰족하다"고 말한다면, "이것이 뾰족한 정도로 온 우주는 그렇다"라는 것으로 가정해야 한다. 나는 그렇게 말할 수 없다. 온 우주는, 온 우주가 뾰족할 수 있는 것보다 더 "이 공깃돌은 뾰족하다고 할 정도로" 될 수 없다. 그러나 이 또한 온 우주는 "이 공깃돌이 뾰족하지 않은 그런 정도다"라고 말할 수도 없다는 의미다. 어느 쪽이든 똑같이 합당하며, 어느 쪽이든 똑같이 부당하다. 그렇다면, 내가 말할 수 있는 것은 이것이다. "이 공깃돌은 둥글게 보이지만, 이 둥글함은 둥근 것 이상의 것으로, 둥글지 않은 것으로 항상 드러나는 그런 것이며, 그 반대의 경우도 마찬가지다. 둥글함은 '그보다 더 많음'이다. 둥글함과 둥글함-아닌 것은 서로 상대를 포섭한다."

　우리는 '관습적 진리'와 '궁극적 진리'를 각각 '국지적 일관성'과 '세계적 비일관성'으로 다시 번역함으로써 천태교학의 입장을 더 잘 이해할 수 있다. 관습적 진리는 어떤 실체 X에 대해 식별할 수 있는 일관된 어떤 정체성을 가진 것으로 파악한다. 궁극적 진리는, 전통적으로 공의 경험은 이 일관된 정체성이 일시적으로만 일관된다는 것, 모든 맥락에서 그리고 모든 관점에서 일관적이지는 못하며 그리하여 세계적으로 일관성이 없다는 것을 드러낸다. X는 비-X 요소들, 비-X 원인들, 비-X 선행 조건들, 비-X 맥락들로 속속들이 분석할 수 있는데, 그것들은 X의 외재적인 것들이 아니라 그 구성 요소임이 드러난다. 여기에 X'로서' 존재한다고 말할 수 있는 비-X의 요소들, 원인들, 선행 조건들,

맥락들을 따로 떼놓고는 X를 발견할 수 없다. 이 '로서'는 '세 번째 진리'—중심성, X로서 이 대상의 정체성과 그 정체성의 소멸 간의 대조로서 동일성의 관계—가 의미하는 바를 나타내는 속기법으로 간주할 수 있다.

내가 "나는 이 책을 문 버팀쇠로 쓰고 있다"고 말한다면, 이는 이 실체가 동시에 두 가지 다른 정체성을 갖고 있다는 것을 의미한다. 그것은 진실로 책이라는 존재이며, 그것은 진실로 문 버팀쇠라는 존재다. 그래서 그것은 X와 비-X에 대한 것이다. 여기에 X로서 존재하는 이런 비-X 요소들은 X 자체에 더 관심을 기울일 때에만 드러난다. 그것들은 바깥에서 들어오지 않는다. 관련된 어떤 점들을 고려할 수 있음에도 배제해버릴 만큼 우리의 관심 분야를 임의로 좁혀버릴 때에만, X는 배타적으로 X로만 보인다. 그 구성 요소들, 선행 조건들, 맥락들에 주의를 기울이면, 바로 이 똑같은 것 X가 비-X로도 읽힐 수 있다는 사실이 드러난다. 그러므로 겉보기에는 상반되는 두 가지 입장인 이제二諦가 동일한 것을 말하는 두 가지 다른 방법이라는 게 드러난다. (1) 식별할 수 있다는 것은 일관성이 있다는 것이고, (2) 일관성이 있다는 것은 국지적으로 일관된다는 것이며, (3) 국지적으로 일관된다는 것은 전 세계적으로는 일관되지 않는다는 것이다. 이렇게 이동하면, 이제론에서 나온 세 번째 범주인 '평범한 오류'가 그림에서 떨어져 나온다. 모든 일관성, 심지어 갈마드는 형이상학적 주장들조차 동일한 배를 타고 있고, 모두 국지적으로 일관되고/세계적으로 비일관된 정체성들이다. 어떤 진술의 진실성은 단지 주어진 관점에 대한 그 일관성에 있으며, 이는 항상 관련성의 범위를 임의로 제한한 결과다.

모든 고려 사항들을 한꺼번에 살펴 헤아린다면, X는 모순 없이 일관된 단일한 정체성을 전혀 갖지 못한다.

공의 이론에는 늘 한 가지 문제가 있었다. 공은 전혀 '관점'이 아니어야 했고, 실재에 대해 어떤 것도 단정하지 않는 것이어야 했다. 그러나 조금이라도 무언가를 한다면, 다른 관점을 부정하거나 배제한다면, 천태교학의 관점에서 그것은 여전히 하나의 관점이다. 왜냐하면 특히 무언가가 되는 것은 그저 다른 것을 배제하는 것이기 때문이다. 그것이 하나의 '사물'이 존재하는 전부다. 그것이 하나의 '관점'이 존재하는 전부다. 공의 이론은 공의 초월성 문제 주위를 맴돌면서 무한 회귀에 빠져든다. 어떤 진술로도 그걸 표현할 수 없다. "모든 것은 공이다"라고 해도 마찬가지다. 그것은 생각하거나 말할 수 있는 것을, 세상의 모든 평범한 정체성 경험을 순전히 그리고 완전히 초월한다. 그것은 그것이 부정하는 것과 조금도 관계가 없고, 관계들의 체계, 조건부의 체계를 전적으로 벗어나기로 되어 있는 부정이다. 공은 엄밀히 말해서 '생각조차 할 수 없는' 것으로 되어 있다. 그런데 천태교학에서는 이 문제가 사라진다. 공은 여전히 매우 중요하지만, 그것은 무조건에 대한 **조건부** 주장일 따름이다. 한쪽에는 모든 조건부(구체성, 특수성)를 두면서 다른 한쪽에는 모든 무조건성(초월성, 불가사의함)을 두지 못한다. 모든 것, 모든 경험, 모든 정체성, 모든 행위는 똑같이 모호한 상황에 놓여 있다. 그것들은 모두 **조건적이면서 무조건적이고, 상상할 수 있으면서 상상할 수 없다.**

'공'에 대한 생각, 경험, 개념 또한 조건적이면서 무조건적이고, 상상할 수 있으면서 상상할 수 없다. 그것은 국지적으로는 일관적(조건

적, 상상할 수 있는)이지만, 세계적으로는 비일관적(무조건적, 상상할
수 없는)이다. 그것은 경험에서는 (정확히 공으로서 국지적으로 일관
된) 별다른 것으로 나타나지만, 이것에는 다른 모든 국지적 일관성처럼
그 자체 '그 이상의 것인 성질'이 따라다닌다. 거기에는 '공'이 가질
수 있는 개념 이상의 것이 있다. 공은 참신하게 표현하자면 '그 이상의
것임'이며, '그 이상의 것임' 자체는 그 이상의 것스럽다. 그것은 '그
이상의 것임'으로가 아니라 독특한 정체성들로 나타난다. 공깃돌,
뿔, 둥근, 뾰족한, 그 이상의 무언가, 그것을 훨씬 초월한 무언가,
단순히 '그 이상의 것임' 자체. 애매성은 그 자체로 애매하다. 둥글함은
둥글기만 한 것이 아니다, 그것은 애매하다. 그러나 애매함은 애매함이
기만 한 것이 아니다, 그것은 둥글기도 하다. 이것은 다른 모든 것에도
적용된다. 국지적 일관성과 세계적 일관성은 동일한 것을 말하는
두 가지 방식일 따름이다.

관습적 진리와 궁극적 진리가 동의어라는 사실은 중제中諦가 의미하
는 바다. 이 중제는, 원천, 가치, 의미, 목적, 기반이라고 하는 한자어
특유의 의미에서 이 일관성, X는 다른 모든 일관성의 중심이며 그
주위로 그것들 모두 모여들고 그 안으로 그것들 모두 포섭된다는
사실을 의미하기도 한다. '중中'은 양 극단 사이의 한가운데를, 상반되
는 둘의 어느 것도 아니지만 동시에 둘 각각에 똑같이 관여하는 이도저
도 아닌 지점을, 상반되는 것들 사이에서 불이不二의 지점을 가리킨다.
그것은 치우침이 없는 것, 기울어짐이 없는 것, 가능한 어떠한 명제나
실체에 대한 부정과 긍정의 수렴이다. 이런 의미에서 그것은 그 모두를
통합하는 포섭의 장을 나타냄과 동시에 모든 상반되는 것들의 포괄을

나타낸다. 그리하여 그것은 그것이 포섭하는 모든 실체들이 존재하는
근거이며, 각각의 정체성을 결정하는 서로의 관계망 속으로 그것들을
끌어들이는 무게 중심이다. 그것은 그 주위에 있는 모든 것들이 특별한
방식으로 서로 어우러지도록 결정하는 '애매성 제거자'이며, 자신을
에워싸고 도는 모든 것들에게 특정한 성격과 기능을 부여하면서 방향
을 정하는 중심이다.

　한자어 중中은 "안에 있는 것, 안쪽에서"를 그리고 또 "과녁을 맞히다,
어우러지다"를 뜻하며, 진실로 그리고 정확히 각 실체의 실재인 것을
뜻한다. 그래서 각 실체가 임시적으로 존재하면서 동시에 공空이고
중中이라 말하는 것은, 각 실체가 국지적으로 일관되면서 세계적으로
일관되지 않는 동시에 다른 모든 일관성을 결정하는 중심이라고 말하
는 것이다. 저 중심은 그 모든 일관성에 관여하고, 그 모두를 에워싸고
포함하며, 그것들의 특정 기능과 특성의 토대 노릇을 한다. 모든 X는
여기서 X로 나타나는 모든 비-X의 특성들을 포괄한다. 그 특성들은
X가 일시적으로 구체화된 것으로서, 포섭하는 범주, 본질, 의미, 근거,
운명 따위의 역할을 한다. X는 전체에 걸치는 존재 양식으로서 다양한
모양으로 표현되는데, 이제 그것은 예외 없이 모든 비-X의 요소들을
포함하는 것으로 보인다. 각 실체는 다른 모든 실체들의 존재로 말미암
아 애매해질 뿐 아니라, 같은 방식으로 그 자체의 관점에서 이 다른
실체들의 애매함을 없애주기도 한다.[2] 그것들은 모두 포섭하는 자의

---

2 X는 말하자면 노래와 같다. 비-X의 모든 요소들은 이 노래의 양상이거나 순간이며,
　이것들이 노래를 노래답게 만든다. 박자, 곡조, 편곡, 심지어 주변적인 맥락도
　여기에서는 이 '노래'로서 존재한다. 그런 것들로서, 전체로서 '노래'는 이 요소들

위치에 있기 때문에 마찬가지로 포섭되는 위치에도 있는 것이다. X가 되는 것은 국지적으로 일관된 것(x), 세계적으로 일관되지 않은 것(비-x) 그리고 상호 포섭하는 '~로서'(모든 비-x의 형태로 자신을 표현하는 X, 그리고 X의 형태로 자신들을 표현하는 모든 비-x)가 되는 것이다.

천태교학의 두 번째 기둥은 "임시적인 것을 열어 실상을 드러내는" 개권현실開權顯實의 개념이다. 이것은 국지적 일관성과 세계적 비일관성의 관계를 더 구체화하는 방법인데, 그 둘은 동의어일 뿐 아니라 돌이킬 수 없을 정도로 상반되기도 하며, 사실은 그 대립에 의해서만 동일하다. 임시적 진리는 선행 조건이고 전제이며 확실히 변별적인 의미에서 궁극적 진리의 원인이지만, 그것은 오로지 엄격하게 궁극적 진리를 배제한 것이기 때문이다. 바로 여기에서 우리는 중제中諦가 나타내는 상반된 것들의 '불이'가 정확히 무얼 의미하는지 보게 된다. 하나도 아니고 다름도 아닌, 하나이면서 동시에 다르기도 한 독특한 존재 방식이다. 어떻게 그런가?

우리는 이것을 매우 흔하지만 종종 간과되는 경험의 구조에서 이끌어낸 모델을 통해 직관적으로 이해하는 데서 시작할 수 있다. 농담의 설정과 결정적 한 방 사이의 대조적인 관계가 그것이다. 다음을 숙고해보라.

각각에서 하나의 존재 양식으로 존재하며, 그 요소들을 빼면 노래는 없다. 이 조율이라는 존재 양식은 이들 요소들로만 존재한다. 포섭하는 것과 포섭되는 것 사이의 일방적인 관계는 여기에 적용되지 않는다. 각각의 요소는 그 자체가 중심이다. 이는 더 나아가 '노래 자체'만이 아니라 박자와 편곡, 맥락 등도 여기에서는 곡조로서 존재한다고 말할 수 있는 것 같다.

〔설정〕 수의사의 대기실에서 낯선 사람 둘이서 수다를 떨고 있었다. 한 사람이 다른 사람에게 자기 개를 데리러 왔다고 말했다. "그 녀석에게 몇 가지 검사를 하고 있소. 그 녀석은 별나게 생물학적으로 기형이지요. 코가 없이 태어났소."

다른 사람이 말했다. "그래요? 그 녀석은 어떻게 냄새를 맡죠?"[3]

〔결정적 한 방〕 "어휴, 지독해!"

구조에 대해 이야기해 보자. "그 녀석은 어떻게 냄새를 맡죠?"라는 물음을 들었을 때, 그것은 마치 개의 후각 해부학과 그 돌연변이에 대한 진지한 의문이자 진지한 호기심의 표현처럼 보인다. 거기에는 진지함, 사실성, 전혀 반어적이지 않은 정보 따위의 특성들이 묻어 있다. 그 진술에는 웃기는 것이 전혀 없다. 그런데 결정적 한 방이 오자, 그 설정이 소급해서 우습게 된다. 그 설정은 '냄새'라는 단어로— '냄새를 맡다'에서 '냄새가 나다'로— 말장난을 함으로써 재맥락화되었기 때문에 우스워지는데, 그 단어는 새로운 맥락 속에 들어가면 하나 이상의 정체성을 갖도록 되어 있다.

『법화경』에 대한 천태교학의 특정한 이해를 바탕으로 볼 때 여기서 중요한 점은, 설정이 우스운 것은 정확히 설정이 우습지 **않아서**라는 사실이다. 다시 말해서, 설정이 이미 우스웠다면, 잠시라도 진지하게

---

3 〈역주〉 원문은 "How does he smell?"이다. 이는 "그 녀석은 어떻게 냄새를 맡죠?"와 "그 녀석은 어떤 냄새가 나죠?"로 두 가지 해석이 가능하다. 설정에 따르면, 전자의 해석이 예상되는 상황이었다. 그런데 본문에서 돌아온 대답은 "어휴, 지독해!"라는 것이다. 이는 상대의 물음을 후자로 해석한 데 따른 반응이다.

받아들이지 않았다면, '냄새'에 내재한 두 가지 대조되는 의미는 웃게 하고 실제로 재미있게 만드는 데 필요한 방식으로 결코 충돌하지 않았을 것이다. 설정은 진지하고, 결정적 한 방은 재미있다. 그런데 결정적 한 방을 들었던 지점에서 그 설정을 되돌아보면, 그 설정 또한 재미있다. 결국, 우리는 결정적 한 방만 재미있다고 말하지 않는다. 농담 전체가 재미있다고 말한다. 설정은 아직 웃기지 않은 상태에서 웃긴다. 그것은 단지 웃기지 않았기 때문에 웃긴다.

이는 『법화경』에서도 똑같고, 인생에서도 똑같다. 그대는 깨달았다! 대승불교에서 "모든 사람은 깨달았다! 모든 사람은 붓다다!"라고 말하는 것이 그것이다. 그러나 그대가 붓다가 되는 방식은 농담의 설정이 웃기는 방식이니, 붓다가 **아님**으로써 붓다다. 보리菩提를 향해, 무언가 다른 것을 향해 애씀으로써, 그러나 불교에서 줄곧 선호했던 기법인 자각을 다시 마음에 떠올리거나 재맥락화하거나 확장함으로써, 바로 그 일상의 자잘한 일들, 상호 작용하려고 애쓰는 일들, 조건들과 괴로움 그리고 통제력의 부족을 다루려는 일들은 성불의 수단이기만 한 것이 아니다. 그것들은 중생의 삶이면서 그 자체가 보리菩提다.

'임시적이고' 관습적인 진리, 국지적 일관성은 설정이다. '궁극적 진리,' 공, 세계적 비일관성, 존재론적 애매성은 결정적 한 방이다. 여기서 중요한 것은 익살스러움의 특질을 공유하는 그 둘―설정과 결정적 한 방―의 대비와 그 둘의 궁극적 정체성을 모두 지키는 일인데, 저 특질은 결정적 한 방이 일단 나오자 농담이 하나의 전체로 여겨지면서 그 모든 최소 요소들이 지니게 된 그런 것이다. 설정은 진지한 반면에 결정적 한 방은 우습다. 결정적 한 방의 우스움은 설정의 진지함에 달려 있고, 그 둘 사이의 대조와 차이에 달려 있다. 그런데 결정적 한 방이 나타나면, 설정이 소급해서 우스워지는 경우도 있다. 이것은 그 둘을 가르던 본래의 대조가 유지되면서 소멸된다는 것을 의미하기도 한다.

우스움도 진지함도 결정적 한 방이 시작된 뒤에는 동일한 것을 의미하지 않는데, 그것들 본래의 의미가 그 대조를 규정하는 상호 배타적인 성질에 달려 있기 때문이다. 설정은 진지한가, 우스운가? 둘 다. 그것은 진지한 만큼 우습고, 우스운 만큼 진지하다. 결정적 한 방은 진지한가, 우스운가? 둘 다지만, 흥미롭게도 앞의 경우와는 다른 방식으로 그렇다. 확실히 우습다. 그러나 진지하기도 한가? 그렇다. 왜 그런가? 설정이 나왔을 때는 '우습다'와 '진지하다'가 서로 다른 의미를 갖기 때문이다. 우리는 처음에, '우습다'는 "내가 그것을 들었을 때 웃는 것" 또는 그런 어떤 것을 의미하고, '진지하다'는 "나에게 우습지 않은 정보를 주는 것" 또는 그와 비슷한 것을 의미한다고 생각했다. 그런데 이제는, '우습다'도 "내가 진지하게 받아들이는 것, 내가 웃지 **않는** 것, 내가 진정으로 고려하거나 울부짖거나 비탄에 잠기는 것까지" 의미할 수 있다는 사실을 안다. 그러나 이것은, '진지하다'가 "우스운 것이나 진지한 것으로 드러날 수 있는 것"을 의미한다는 사실 또한 의미한다. 그래서 '우습다'와 '진지하다'는 이제 둘 다 "우습고 진지한 것 둘 다로 나타날 수 있는 것, 우스우면서 진지하다"를 의미한다. 각각은 이제 하나의 중심으로서 다른 것을 포섭한다. 그것들은 상호 포섭한다. 결과적으로, 낡고 실용적인 진리의 표준이 여기서는 더욱 자유롭게 적용된다. 모든 주장, 진술, 입장은 적절하게 재맥락화

272

된다면 모두 해탈로, 즉 독자적인 극기克己로 이끌 수 있다는 의미에서 진실이다. 반대로 적절하게 맥락화되지 않으면, 어떤 것도 해탈로 이끌지 못한다.

우리는 위의 내용을 다음과 같이 좀 더 공식화해 말할 수 있다.

1. 모든 현상은 일관성이 있다. 즉, 그것은 서로 다른 요소들－(a) 그것을 구성하는 요인들, 그 내적 부분들이든 또는 (b) 시간적으로 선행하는 원인들이든 또는 (c) 그 대조되는 개념적 맥락들이든(즉, 무엇이든 그것이 '아닌' 것과 질적으로 대조되는 것으로, 그것이 이 특정 실체를 확정짓는 데 본질적이라고 생각되는 것)－의 결합(응집)이다. 맥락과 내용은 이 관점에서는 같은 배를 타고 있는 셈인데, 이 대상이 현상적으로 나타나려면 －'일관적'이거나 '읽을 수' 있고 식별할 수 있으려면－ 다수의 요인들, 곧 모양과 기반, 구조의 요소들, 원인이 되는 조건들이 합쳐져야 한다. 여기서 결정적인 것은 이 요인들이 이질적이라는 점, 그 요인들은 그것들이 구성하게 되는 대상과 식별 가능한 방식으로 현상적으로 다르다는 점이다.

2. 모든 일관성은 국지적 일관성이다. 그것은 한정된 범위의 관련성 내에서만 이렇게 또는 저렇게 일관된다. 즉, 그 판독 가능성은 일정한 규모, 틀, 또는 초점의 방향을 고정하는 데 달려 있다. 정확하게 이것이라고 하는 그 정체성은 그것이 어떻게 보이느냐를 또는 그것과 동시에 보이는 다른 요인들의 수를 현상적으로 제한하는 데 달려 있다.

3. 모든 국지적 일관성은 세계적으로는 비일관적이다. 모든 맥락을 동시에 고려하고 또 모든 적용과 양상을 이용할 때, 본래의 일관성은 사라지고 애매함이 남는다.

4. 세계적으로 비일관된 모든 국지적 일관성은 다른 모든 국지적 일관성을 포섭한다. 본래의 내용이 비일관된 것이 될 때 남은 애매함은 백지 상태가 아니라 대등하게 다른 내용으로 읽힐 수 있는 것이다.

5. 모든 포섭은 상호 포섭이다. X를 Y로 읽을 수 있을 때, Y 또한 X로 읽을 수 있다. 각각의 실체는 다른 모든 실체로, 다른 모든 실체의 일부로 읽을 수 있으며, 다른 모든 실체를 그 일부로서 포섭하는 전체로 읽을 수 있다. 각각의 실체는 확인할 수 있고, 존재론적으로 애매하며, 두루 퍼지는 것처럼 두루 퍼져 있다.

그렇다면, 삼제三諦는 사실상 어떤 대상이나 상태를 바라보는 세 가지 다른 방식이다. 각각은 다른 두 가지를 함축하며, 각각은 다른 두 양상을 포함하면서 그 대상 전체를 묘사하는 하나의 방식이다. 이 잔은 **잔**이다. 이것은 임시적 진리, 관습적 진리, 국지적 일관성이다. 이 잔은 **잔이 아니다**. 이것은 궁극적 진리, 공, 세계적인 비일관성이다. 잔이 된다는 것은 잔이 아니라는 것이다. 이것은 그 중심성, 그 불이不二, 그 절대성이다. 잔이 된다는 것은 국지적으로 일관된 다른 것이나 상태가 된다는 것이다. 잔-아닌 것, 코끼리, 초고속도로, 의자, 완벽한 깨달음 따위. 그것은 한층 더 나아간 중심성의 함의이고, 모든 일관성의 상호 포섭이며, 각각의 전부 및 각각으로서 존재다. 이 잔은 이 잔**으로서** 모든 것이며, 가능한 모든 존재 방식이며, 온 우주다. 반대로 잔은 다른 모든 실체들에 퍼져 있으며, 어디에서나 발견될 수 있다. 그대는 온 세계이며, 가능한 모든 각도에서 그대**라고** 생각되는 모든 것의 모든 상태다. 실체가 있는 곳이면 어디서든 그대-다움 또한 그곳에서도 읽히기 위해 존재한다.

그리하여 삼제三諦는 만물을 바라보는 세 가지 번갈아들지만 상호 함축하는 방법이다. 그러나 서로 함축하는 이 독특한 관계는 결정적으로 중요한 결과를 낳는데, 그 결과는 이제二諦의 관점이 공유하지 못하는 것이다. 대승불교의 공 이론에서는 반야바라밀 문헌의 요체를 간결하게 정리한 『반야심경』의 관용 어구를 빌어, "색은 공과 다르지 않고, 공은 색과 다르지 않다. 색이 바로 공이요, 공이 바로 색이다"라고 주장하는 것이 일반적이다. 이것은 가끔, "모든 것은 그 전체가 정확히 공이다, 공은 초월적 원리나 근원적 토대가 아니라 여기에서도 다만 만물을 바라보는 대안적 방법이다"라는 의미로만 받아들여지기도 한다. 공은 물과 같고 만물은 파도와 같아서, 실제로 그것들은 전체로 여겨지는 동일한 것에 붙은 두 가지 이름일 뿐이다. 만물'의' 공은 사물들 자체가 있는 곳을 떠나서는 어디에도 없다. 만물과 그 만물의 공은 외연外延이 같다. 특정한 사물들에 있어서도 마찬가지여서, 이 잔의 공은 이 잔과 외연이 같다. 잔이 있는 어디에나 그 잔의 공이 있다. 잔의 공은 이 잔 이외의 어떤 것이 아니다.

그렇지만 이 이제二諦의 견해는 어떤 형이상학적 물질이나 편재하는 기본 물질에 대해 말할 수 있는 것과 구조적으로 다르지 않다는 사실에 주의하라. "모든 과자는 정확히 밀가루 반죽이고, 밀가루 반죽은 정확히 과자이며, 과자는 밀가루 반죽과 다르지 않고, 밀가루 반죽은 과자와 다르지 않다." "모든 물체는 물질이고, 물질은 물체이며, 물체는 물질과 다르지 않고, 물질은 물체와 다르지 않다." 여기서 주장하는 바는, '물질'은 '모든 물체'와 외연이 같으며 그것들은 실제로 두 가지 다른 실체가 아니라는 점이다. 잔의 물질은 잔과 외연이 같다. '물질'은

'모든 물체'를 바라보는 다른 방식일 따름이다. 우리는 "모든 물체는 에너지다"라고도 말할 수 있다. 에너지는 모든 물체와 외연이 같으며, 모든 물체 외의 다른 어떤 것이 아니다. 그 반대의 경우도 마찬가지다. 구조적으로 이것은 다음과 같이 말하는 것과 다르지 않다. "만물은 신의 의지가 표현된 것이고, 신의 의지는 만물 안에 표현되어 있다. 사물이 존재하는 방식은 신이 행사한 의지와 다르지 않다." 여기서 주장하는 바는 '사물이 존재하는 방식'과 '신이 행사한 의지'가 외연이 같다는 것, 동일한 전체성을 바라보는 두 가지 방식일 뿐이라는 것이다. 구조적 의미에서 이 모든 주장은 위에서 언급한 방식으로 이해되는 "색은 공이다"라는 주장과 같은 형태다. 그러나 이것은 천태교학의 견해와는 거리가 멀다.

천태의 삼제에서 구체화된 공의 확장된 개념은 훨씬 더 극단적인 것을 추구한다. 우리는 그것이 반야바라밀 문헌과 다른 공식으로 표현되지만 예컨대 초기의 명상 텍스트에서처럼 좀 더 거슬리는 특이성이 적용된다는 것을 때때로 알게 된다. 그 텍스트에서 자신의 호흡에 집중하는 보살을 두고, 지의智顗는 불쑥 이렇게 단언한다. "공을 떠난 호흡은 하나도 없으며, **어떠한 공도 이 호흡을 떠나서 존재하지 않는다.**"(離空無息, 離息無空)[4] 지의의 진술은 '모든 물질'이나 '모든 현상'에 관한 것이 아니라, 아주 구체적인 하나의 현상에 관한 것이다. 호흡, 바로 지금 여기서 일어나고 있는 들숨과 날숨 말이다. 이것은 내 앞의 이 잔을 떠나서는 공이 없다고 말하는 것과 같다. "이 잔을 떠나서

---

[4] 지의智顗, 『육법묘문六法妙門』(T46, 553a). 굵은 글씨는 필자의 표시다.

276

는 공이 없다"는 말은 "물질을 떠나서는 공이 없다"나 심지어 "잔의 공은 잔 자체를 떠나서는 어디에도 없다"고 하는 것과는 매우 다르다. 오히려, "이 특정 과자를 떠나서는 어디에도 밀가루 반죽이 없다"거나 "이 특정한 잔을 떠나서는 어디에도 물질이 없다"고 말하는 것과 같다. 그것은 지시되는 것이 되기 위해 '밀가루 반죽'이나 '물질'과 구조적으로 전혀 다른 어떤 것을 요구한다.

그리고 그것은, 공空이다. '공'은 만물과 외연을 같이하는 것의 이름으로, 만물과 동일한 것의 이름으로 제시될 때, '과자 반죽'이나 '물질'이나 '에너지' 또는 '신의 의지'처럼 행동하지 않는다. 왜냐하면 공은 문자 그대로 의존하며 함께 생기기 때문이다. 구성적 취약성. 구성적 일시성. 구성적 조건성. 독자성의 결여. 구성적 맥락-의존. 구성 요소의 상호 작용, 구성적 관계: 존재한다는 것은 상호 작용하고 있다는 것이다. 요컨대, 이것은 다른 것에 구성적으로 열려 있음을 의미한다.

그런데 만약 그것이 구성적이라면-즉, 어떠한 존재의 구성에 본질적이라면-, 다른 것에 필연적으로 무한하게 열려 있다. 왜냐하면 그 열려 있음에 제한이 있다면, 어떤 존재를 더 많은 영향이나 상호 작용과 차단시키는 어떤 수준에 이른다면, 그것은 (존재의 전체이든 존재의 명시할 수 있는 절대적 기반이든) 다른 것에 열려 있어야 한다는 규정에서 제외되어 하나의 실체, 비조건적인 실체가 되기 때문이다. 그러므로 "다른 것에 무한하게 열려 있음"은 '존재하는'과 동의어가 된다. 그러나 다른 것에 열려 있다는 것은 정확히 그 정도로 애매하다는 것이다.

그렇다면, 한마디로 '공의 의미'는 **무제한적인 애매함**이다. 그것이 천태불교에서 말하는 '공'의 진정한 의미다. 이제 그 의미는 더욱 분명해 진다. "무제한적인 애매함을 떠나면 잔은 없다. 이 잔을 떠나면 어디에 도 무제한적인 애매함은 없다." 이것을 어떻게 이해해야 할까?

첫째는, 다른 것에 원인이 되기 쉬운 것─비실재성─으로서 무제한적 인 애매함은 바로 이 잔의 생산에 필수적이라는 단순한 의미로 받아들 인다. 만약 사물들이 공이 아니라면, 그것들은 생겨날 수 없고 결정될 수 없으며 존재할 수 없다. 모든 것이 정적靜的인 것이 되고, 어떤 인과관계도 일어날 수 없으며, 어떤 것도 될 수 없기 때문이다. 그리고 아무것도 될 수 없다면, 아무것도 있을 수 없다. 만약 원인들, 조건들과 얽힌 한 사물의 관련성을 없앤다면, 그 사물을 없애는 것이다. 바꿔 말하면 이렇다. 존재하는 것은 무엇이든 그렇게 되었기 때문에 바로 지금 그것이다. 게다가 그것은 존재하고 있을 뿐이며, 그것은 일시적 과정이기 때문에 지금 그것일 뿐이다. 그대가 그 사물의 지속 시간을 없애버리면, 그 사물을 없애게 된다. 즉, 그대가 그 일시성을 없애버리 면, 그 사물을 없애게 된다. 영원한 장미는 장미가 아니다.

동일한 것을 약간 변형하면 공시적인 의미에도 적용된다. 사물들이 조건적인 게 아니라면, 그것들은 결정될 수 없고 확인될 수 없으며 어떤 특성도 가질 수 없고 존재하지 못한다. 존재한다는 것은 그 밖이 있다는 것이다. 무엇이라는 것은 다른 무언가와 대비된다는 것이며 무엇을 제외한다는 것이다. 무엇이라는 것은 무엇이 아니라는 것이고, 그래서 '무엇이 아님'은 '조건적인' 것이 되는 데 필요한 전부다. 왜냐하면 그것은 X─아님이라는 '조건에서만' X가 존재할 수 있다는 것을 의미하기 때문이다. 어떤 장소, 시간, 조건들에서는 'X임'이라는 상태가 적용되지 않는다.

그렇지만 좀 더 면밀히 살피면, 우리가 보편적인 인과적 결정론이라는 상식적인 견해를 받아들이더라도, 이것은 어떤 특정한 항목에도 적용된다. 만약 어느 한 항목을 제거하면, 그것이 아무리 하찮은 것일지라도 다른 모든 것들은 변하게 되고 사라지게 된다. 모든 것은 상호 의존적이기 때문이다. 그러나 이것은 여전히 이렇게 들린다. "잔이 없다면, 손도 없고 발도 없게 된다. 사실, 하늘도 없고 강도 없고 땅도 없고 역사도 없고 중생도 없고 물질도 없다." 어떻게 그것은, 인과적 상호 의존의 범위를 넘어서 추상적이고 불변하는 것처럼 보여 "공은 없다"고 하는 데까지 가는가?

위의 도식적 애매성 사례(표 8-1)를 다시 숙고해 보라. 영문자 O가 잔을 나타낸다고 해보자. 영문자 I는 저기 저 탁자를, 또는 내가 증오하는 적들을, 또는 내 욕망의 대상을, 또는 내가 이전에 이해한 대로 세상에 대한 무대 장치 같은 사실을 나타낸다고 해보자. 내 잔과 저 탁자가 단일한 체계의 일부인 것처럼 O와 I는 단일한 지각 체계의 일부다. 나의 생활세계,[5] 내가 살아온 세계, 모든 조각들이 어울리는 곳. 내가 이런 식으로 보기 때문에 잔은 자신을 이런 식으로 나에게 보여준다. 잔이 자신을 이런 식으로 나에게 보여주기 때문에 나는 이런 식으로 본다. 내가 사는 세상은 탐욕/성냄/망상/이상의 세계이며, 내 지각의 모든 요소는 그 전체적인 관점에서 서로 어우러지는

---

5 〈역주〉 '생활세계'를 뜻하는 원문은 'Lebenswelt'인데, 이는 현상학의 용어다. 일상생활에서 주관적으로 직접 경험하는 세계로서, 과학의 객관적 세계들과 구별되는 것이다.

방식에 의해 채색된다. 이 도형을-가령, 숫자가 아닌 글자로- 보는 한 가지 방식에 집착하는 내 망상의 구체적인 특질은, 그것과 어우러지는 다른 모든 실체들이 동반하는 망상적 관점을 전체적인 체계에, 그 구성적인 비-X들에 끌어들인다. 특정한 방식으로 이것을 보는 일은 거기에 수반되는 특정한 방식들로 다른 것들을 보게 만든다.

그 뒤에 누군가가 나에게 공空에 대해 가르쳐 준다. 영문자 O는 애매하며 맥락에 의존한다는 사실, 또 전혀 바꾸지 않아도 그것을 숫자 영으로 또는 동그라미로, 심지어 삼각형의 한 모서리로도 읽을 수 있다는 사실을 알게 하려고 말이다. 내가 O를 '영문자 O'로 보지 않게 되자, I를 '영문자 I'로 보게 만들었던 맥락 또한 제거된다. 이제 'I'도 풀려나서 더 큰 단계의 애매함으로 들어가는데, 그것은 L의 소문자나 숫자 일, 또는 손가락 하나를 세운 그림 따위가 될 수 있다.

이제 나는 O를 볼 때, 내가 보고 있는 것을 영문자 O나 숫자 영으로 똑같이 타당하게 묘사할 수 있다. 그러나 내가 묘사할 수 있는 것이 하나 더, 참으로 내가 볼 수 있는 것이 하나 더 있다. '무제한적 애매함' 자체다. '무제한적 애매함'이라는 감각은 '영'이나 '영문자 O'라는 감각보다 더 개념적이거나 추상적이지 않다. 어떠한 경우에도 나는 그 도형을 직접 그것으로 본다. 그렇지만 무제한적 애매성을 결코 **전면적으로** 볼 수는 없다. 나는 늘 무제한적인 애매한 것으로 나타나는 이전의 어떤 도형으로서 그것을 본다. 다시 말하면, 나는 영문자로서 O를 단지 영문자로 보기보다는 그 이상의 무엇을 가진 것으로 보고, 그것이 '숫자' 안으로 흘러들고 또 그 '문자적 성질' 바로 그 안에 있는 그리고 '문자적 성질'로서 가지는 다른 무한한 의미들 속으로 흘러든다는 것을 이해한다.

일단 이 무제한적인 애매성을 알아챈 나는, 그 도형을 '애매한 영문자 O'로 또는 '애매한 숫자 영'으로 볼 수 있다. 그러나 동시에 이것을 일단 본 나는, 참으로 그 **도형**을 더 이상 **전면적으로는** 결코 보지 못한다. 이 특정하게 한정된 도형이 되도록 내가 **없애고** 있는 것은 언제나 이전의 '더 많음'이나 애매함이다. '문자로 읽히는 애매한 도형' 과 '숫자로 읽히는 애매한 도형'으로 보이는 것을 나는 똑같이 잘 표현할 수 있다. 내가 보고 있는 것은 '무제한적으로 애매한 도형'이지 문자가 아니다. 이 경우에 문자적 성질은 문자를 변경하는 애매함이라 기보다는 애매함을 변경하는 주체다. 다시 말해, 그것은 무제한적인 애매성'의' 도형이지, 더 이상 도형'의' 애매성은 아니다. 무엇이 주어이 며 무엇이 술어인지에 대해서도 애매함이 있다고 말할 수 있다. 이것이 철저한 애매성이 갖는 더 깊은 의미다. 무제한적인 애매성은 어느 모로 보나 명확한 문자와 똑같이 구체적이고 직접 감지된다.

이제 묻는다. 영문자 O의 무제한적인 애매성은 숫자 영의 무제한적 인 애매성과 똑같은 무제한적인 애매성인가? '무제한적인 애매성'은 이 두 가지 구체적인 예시에 똑같이 적용되는 추상 명사라는 의미에서 그 둘은 전혀 똑같지 않다. 정확히 말하자면, 무제한적인 애매성은 확실히 어떤 한 도형의 무제한적인 애매성이 될 수 없는 일종의 지각이 다. 이 도형이 그 애매성을 제한할 것이기 때문이다. 무제한적인 애매성 은 '확실히 어떤 것이 아님'을 의미하므로 '확실히 영문자 O가 아님'은 '확실히 숫자 영이 아님'과 똑같은 '확실히 아님'이다. 그것들은 동일한 '무제한적인 애매성'의 두 면이다. 그러나 주어와 술어 사이의 무제한적인 애매성을 감안할 때, 우리는 더 엄격하게 그 무제한적인 애매성은 두 경우에 똑같지도 않고 다르지도 않다고 말해야 한다.

더 묻는다. 영문자 O의 무제한적인 애매성은 영문자 I의 무제한적인 애매성과 똑같은 애매성인가? 여기서 대답은 똑같다. 이것은 덜 분명하지만, 정확히 똑같은 논증이 적용된다. 한 사물의 무제한적인 애매성은 다른 사물의 무제한적인 애매성과 다를 수 없다.

이것은 공을 쪼갤 수 없는 것으로 보는, 전적으로 그 구체적인 사례들 각각 안에 그리고 각각으로서 존재하는 것으로 보는 화엄철학의 개념에서 골라낸 관념이다. 그런데 천태교학에서는 좀 더 비틀었다. 묻는다: 영문자 I의 무제한적인 애매성은 영문자 O 또는 숫자 영이라는 결정된 존재 없이 존재하는가? (이제는 그 애매성이 아니라 그 결정성.) 천태교학에서 대답은, "아니다"다. I가 **무제한적으로** 애매한 것은 영문자 O의 성질이 존재하기 때문이다. 만약 '영문자 O'의 결정성을 없애면, 영문자 I는 무제한적으로 애매하지 않을 것이다. 무엇으로 읽힐 수 있는지 그 애매성에 명확한 한계가 생길 것이다. 그러면 우리는 그것이 '영문자 O'가 될 수 없다는 것을 확실히 알게 된다. 왜냐하면 그러한 일관성이 없고, 그러한 지각이 없으며, 그러한 관념이 없고, 그럴 가능성이 없기 때문이다. 마찬가지로 숫자 영의 특성(그 애매성이 아니라 그 결정성)이 없다면, 영문자 I나 다른 어떤 것에도 무제한적인 애매성은 없을 것이다. 확정짓는 것은 모두, 어떠한 무제한적인 애매성도 어떤 결정을 위해 존재하도록 다른 어떤 도형이든 읽을 수 있는 무언가여야 한다. O의 성질이 존재하지 않음은 다른 항목의 애매성에 제한을 두게 되고, 마침내 그 항목을 애매해지지 않고 존재론적으로 명확해지게 만든다. 만약 이 잔이 바로 이런 식으로 이 잔으로 확정되지 않는다면, 아무것도 공이 되지 않을 것이다. 우리가 화엄에서처럼 "모든 것은 공의 본질에서 일어나는 것"(성기性起)을 이야기하지 않고, 천태의 맥락에서 "삼제의 본질에 모든 구체적인 현상이 내재되어 있음"(성구性具)을 이야기해야 하는 까닭은 이것이다.[6]

사실, 무제한적인 애매성과 확정성 사이에도 애매함이 있다. 확정적이라는 것은 똑같이 무제한적으로 애매한 것으로 읽힐 수 있으며, 그 반대의 경우도 마찬가지다. 확정적이라는 것은 놓아두기와 초월하기의 두 단계 몸짓의 절반이 되는 것이다. 시간적 용어로 말하면, 현재에 있다는 것은 과거에서 애매함을 명확히 없애고 미래를 열고 나아가는 것이다. 현재에 있다는 것은 미래를 갖는다는 것이다. 미래를 갖는다는 것은 현재에 있다는 것이다. 확정적이라는 것(현재)은 반박과 반전(미래)에 열려 있다는 것이다. 다른 말로 하면, 무엇이 되는 것은 무엇으로서 인지되는 것이고, 인지되는 것은 어느 정도 떨어져서 인지되는 것이며, 좀 떨어진 특정한 어떤 지점에서 보인다는 것은 그 무엇이 되기 위해 그 특정한 곳에서 해석되는 것이라야만 무엇이

---

6 〈역주〉 화엄의 성기性起는 만법萬法이 그대로 진여眞如이며 진여 그대로가 만법이라는 것이며, 천태의 성구性具는 진여는 본래 선과 악, 깨끗함과 더러움을 다 갖추고 있다는 것이다. 바다와 파도로써 비유하면 이렇다. 바다는 바다일 뿐이고 파도는 다만 인연 따라 나타난 것에 지나지 않는다는 것, 바다의 본성에 파도는 없다는 것이 성기다. 이와 달리, 바다는 본래 갖가지 파도의 성질을 갖추고 있다는 것, 즉 파도는 바다에 잠재해 있다는 것이 성구다.

된다는 것이다.

무언가로 해석되는 것은 대체할 수 있는 해석들에 열려 있다는 것이다. 어떤 공간에 어떠한 위치를 갖는 존재는 공간 자체의 존재를 내포하며, 그것은 다른 위치들에 있는 존재를 내포한다. 어느 정도 거리(distance)에 있는 존재는 다른 정도로 떨어진 거리들의 존재를 내포하고 있으며, 그래서 어느 정도 떨어진 거리에서 볼 수 있다는 것은 필연적으로 다른 정도로 떨어진 거리에서도 볼 수 있다는 것이다. 실재한다는 것은 대체 가능한 많은 지점에서 볼 수 있다는 것이다. (상상 속의 것만 단 하나의 방식으로 또는 하나로 한정된 방식들로 볼 수 있다.) 존재한다는 것은 무한하다는 것이며 무한히 다양하다는 것이다. 이것이 세 번째 진리인 중제中諦다.

따라서 이 잔을 이 잔으로 파악하는 일은 동시에 다른 모든 실체를 제한하면서 제한하지 않고 규정하면서 규정하지 않는다. 그것은 다른 모든 실체를 어떻게든 이 잔과 공존해야 하는 무언가로, 잠정적으로 일관된 어떤 체계에 이 잔과 함께 들어가도록 하는 무언가로 규정한다. 그것은 다른 모든 실체를, 그 다른 실체는 하나의 양상이나 구체적 실례로 읽을 수 있어야 한다고 하는 '추가적인 결정이 가능한 것'이라고 규정하지 않는다. 어떤 존재 방식이라도 존재 방식들을 확장해서 그것을 통해 그리고 그것으로서 다른 어떤 존재 방식을 읽을 수 있어야 한다. 이 잔이 없다면, 저 모자는 모자가 되지 않을 것이고, 그리고 모자로서 무제한적인 애매함도 되지 않을 것이다. 모자인 것, 무제한적인 애매함으로서 모자인 것, 그리고 모자로서 무제한적인 애매함인 것은 동의어인데, 모자로서 무제한적인 애매함인 것과 잔으로서 무제한적인 애매함인 것 또한 마찬가지다. 그런 것이 삼제三諦다.

우리는 여기서 "각각의 사물은 망상이다"라는 말은 "각각의 사물은 궁극적 실재다"라는 것과 정확히 동의어라는 점도 알게 된다. '망상'은 무엇을 의미하는가? 적어도 망상이 **아닌** 것("모든 것은 망상이다"라는 명시적 설명에 의해 제거된 것)과의 대조가 없을 경우, '망상'은 바로 "항상 그리고 구성적으로 다르게 보일 수 있어서 그 존재하는 모든 특성이 더 이상 분명하지 않다"는 것을 의미한다. 내가 보는 것이 이 도구들을 사용하는 **지금** 그리고 **여기서**는 공룡처럼 보이지만, 내가 더 가까이서 또는 더 오랫동안 또는 어딘가 다른 곳에서 또는 다른 도구를 가지고 살펴볼 때, 나는 그것이 실제로는 나무와 석고와 철사들로 만든 영화 소품이라는 것을 깨닫게 된다. 더 많은 시간과 더 많은 관점이 주어지면, 공룡은 모든 분자에서도 '비-공룡'임이 밝혀진다. 공룡의 속성 각각도 비-공룡의 속성(목재의 성질, 실의 성질, 생명력 없음 등)으로 읽힐 수 있었다. 하나의 사과가 진짜 사과처럼 느껴진다. 그래서 한 입 베어 먹지만, 밀랍으로 만든 것임을 알게 된다. 그것은 '가짜' 사과이며, 그 '사과다움'은 망상이었음이 드러났다. 그러나 '밀랍의 성질'이 진짜가 아니라면, 어디에도 특권적인 실제성이 없다면, 그때 이것은 이 '밀랍의 성질'이 멀리서 바라볼 때는 '사과다움'을 드러내는 것으로 밝혀진다는 점도 의미한다.

그래서 '망상'은 "다르게 볼 수 있는 모든 면에서"만을 의미한다. 그러나 '실재'는 **정확히 동일한** 것을 의미하는 것으로 드러난다. 실재하는 것은 일차원적이거나 단지 한 사람이 한 번에 상상하는 그런 것이 아니라, 에둘러 말할 수 있고 다른 쪽에서 볼 수 있으며 연속성은 있지만 맥락이 다른 데서 나타나 그 자체의 다른 면들을 보여줄 수 있는 그런 것이다. 한 사물이 나타날 수 있는 방식에 일정한 제한이 있다면, 그 사물은 실재라기보다는 하나의 환상일 것이다. 엄밀히 말해서, 한정된 것들은 존재할 수 없다! 망상/무한정은 만물이 존재하는 데 필수적인 양상이다. 이것이 삼제를 번역하는 또 다른 방식이다. 존재하는 것은 결정된 것이고, 한정된 것이고, 무한한 것이고, 실재하는 것이고, 망상적인 것이고, 조건 지어진 것이고, 무조건적인 것이고, 대등하게 결정된/결정되지 않은 다른 모든 것들인 것이다.

애매함은 영(0)과 **동의어다**. '공'은 '이 잔'과 동의어다. '잔'은 '공'의 다른 이름이다. '신의 아흔아홉 개나 되는 이름들'처럼, 이것들은 무한하고 무조건적인 실체에 대한 똑같이 적절하고 똑같이 부적절한 다양한 명세다. 이 잔은 '잔'이나 '공'으로 불릴 수 있다. 이 공은 잔으로 나타나고 또 잔의 가능성을 담고 있는 우주에서 다른 어떤 것으로 나타나는데, '공'이나 '잔'으로 불릴 수 있고, 또는 '숫자'로, '로마 제국'으로, '물질'로, '신의 뜻'으로, '순수악'으로, 또는 '지복의 빛'으로, '연필깎이'로, '스파게티 괴물'로, '맹렬하게 윙윙거리며 거꾸로 나는 사각의 원'으로, '목성의 궤도를 도는 주전자'로, '오하이오주 데이턴에 있는 콜럼버스 동상 근처의 땅에 쏟아진 200그램의 물' 따위로 불릴 수 있다. 이것들 모두 **이것**과 동의어이며, 이것은 (무한히 애매하게) 존재하는 유일한 사물/비사물을 지시하는 한 방법일 뿐이다. '공'은 추상적이고 보편적인 개념의 이름이 아니라, 구체적인 단수의 실체에 대한 지시어이자 거의 고유 명사다. 모든 것인 그 실체는 온갖 존재 양태를 다 갖추고 있고 그 자체의 모든 왜곡된 견해를 그 자체로서 그리고 다른 모든 것으로서 받아들이는 모든 관점을 포함하고 있는데, 그것은 단순히 단수가 아니라는 점을 그리고 이것들 각각은 단순히 그 자체가 아니라는 점을 필요로 한다.

이리하여 우리는 담연湛然이 다음과 같이 주장했을 때 말하고자 한 바를 이해할 수 있을 것이다. "법계(法界, 모든 현상의 전체 영역)는 삼제의 다른 이름일 뿐이다."(法界秖是三諦異名)[7] 삼제는 법계라는 어떤 개별적인 것에 대한 추상적 사실을 가리키는 한 방법이 아니다. 삼제는 법계 자체의 직접적이고 구체적인 지시요 이름이다. 법계는 공空이 아니다. 그것은 공성空性이다. 그것은 임시적으로 놓인 것이 아니라, 임시적인 놓아둠이다. 그것은 중심, 절대, 불이不二가 아니라, 중심성, 절대성, 불이성不二性이다. 이것이 우리가 일상에서 경험하는 상호 배타적이고 결정된 구체적이고 개별적인 것들—이 탁자, 저 의자—에 대해 담연이 그것들은 그 자체가 '관습적 진리의 작은 부분'(世諦少分)[8] 이라고 주장한 까닭이다. 그것들 자체는 세제世諦 곧 관습적 진리이지, 그저 어떤 진술이 관습적으로 참일 수 있게 하는 무언가가 아니다.

그대는 떠 있는 손가락이다

이런 관념을 시각화해서 직관적으로 알게 해주는 유익한 방법이 있다. 그대의 눈앞 15cm쯤에 양손의 집게손가락을 들어라. 손가락 너머로 배경의 벽에 초점을 맞춰 응시하라. 그리고 이제 두 손가락 끝을

7 담연湛然, 『지관보행전홍결止觀輔行傳弘決』(T46, 174c).
8 담연, 『지관의례止觀義例』(T46, 451c).

약간 당겨 떨어지게 하라. 거기 허공에 양끝이 손가락인 작은 소시지가 떠 있는 게 보이는가? 양쪽 끝에 손톱이 있어야 한다.(그림 8-1) 그것은 천태의 우주에서 '별개의 실체'가 어떤 것인지를 보여준다. 그것은 그대의 현재 범위 안에서 다른 두 실체들, 곧 그대의 두 집게손가락 '사이'에 위치해 있다. 그것은 두 집게손가락과 별개다. 그것은 '또 하나의' 실체다. 그러나 실제로 그것은 그것과 경계를 이루면서 에워싸고 있는 완전히 다른 실체들로 만들어졌고, 새로운 형태로 복제되었으며, 떠다니는 소시지의 작은 꾸러미에 싸였다. 오른쪽 손가락의 왼쪽 끝은 왼쪽 손가락의 오른쪽 끝에 포개져 있으며, 그 결과는 중간에 떠 있는 새로운 실체, 끝이 둘인 손가락이다. 이것은 우리 모두 경험하는 일상의 범주에 속하는 실수다.

우리는 각각의 사물을 상호 배타적인 다른 실체들의 연속체 가운데 배열된 별개의 실체로 본다. 그러나 실제로 각각은 그 주위에 있는 모든 각각의 것들이며, 우리 시각의 특정한 주름을 통해 우리 시각에 구체화된 것이다. 그리고 그대 자신도 그렇게 떠 있는 소시지일 뿐이다. 그대가 그대의 몸처럼, 그대의 마음처럼, 자아로 둘러싼 존재의 작은 꾸러미처럼 느끼는 것은 사실은 그것들 주위의 온 세상이며, 겹겹이 접어서 포갠 망상이다. 소시지의 내용물은 소시지를 둘러싸고 있는 것과 똑같다. 그것은 자기를 가리키는 것을 가리키지만, 그것을 가리키는 것 자체는 다른 모든 것을 향해 바깥으로 가리키고 있다. 그대는 세상이지만, 이 독특하게 교차하며 거꾸로 된 형태에서 위는 밑으로, 밑은 위로 옮겨가고 안팎이 뒤집어졌다. 잠시 멈추고, 그대 자신을 이렇게 떠 있는 손가락으로, 온 우주를 '그대'라는 거꾸로 된 형태

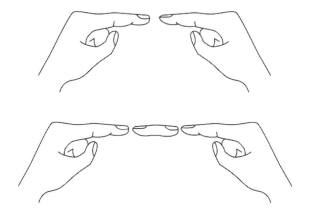

〈그림 8-1〉 합성된 가상의 양끝 손가락은 천태의 우주에서
'별개의 정체성'을 보여준다.

안에 포개 넣은 채 떠 있는 손가락으로 느끼도록 해보라.

　호르헤 루이스 보르헤스가 쓴 이야기 〈신학자들〉은 이 관념에 대한 몇 가지 놀라운 점을 환기시킨다. 그것은 원수지간인 두 사람의 영혼이 죽은 뒤에 한 영혼의 일부가 된 이야기다. 경쟁자인 두 신학자, 아우렐리아노와 후안 데 빠노니아는 '어릿광대'라 불린 이단 종파에 대한 논박과 박해에서 서로 앞서려고 애썼다. 이 이교도들이 내세우는 끔찍한 교리는 이러하다. "모든 사람은 두 사람이며, 진짜로 존재하는 사람은 **다른** 사람, 곧 천국에 있는 사람이다. 또한 우리의 행동들은 거꾸로 반사되므로 우리가 깨어 있으면 다른 우리는 잠들어 있고, 우리가 간음하면 다른 우리는 순결을 지키고, 우리가 훔치면 다른 우리는 후하게 베푼다고 그들은 상상했다. 우리는 죽으면 다른 우리와 합쳐져 그가 될 것이라고, 그들은 믿었다." 둘 다 이 이단들에 대항해서

펜으로 싸우는 정통 신학자들이었음에도 아우렐리아노는 경쟁자인 후안 데 빠노니아의 글에서 파문당한 어릿광대파의 관념을 지지하는 것으로 읽힐 수 있는 애매한 구절들을 지적해 화형에 처해지도록 했다. 보르헤스가 이야기를 끝맺는 전형적인 방식이 여기에 있다.

이 이야기의 끝은 은유로만 들려줄 수 있다. 시간이 존재하지 않는 천국에서 일어나기 때문이다. 아우렐리아노가 하나님과 이야 기하고는 하나님이 종교적 차이에 별로 관심이 없어서 그분이 그를 후안 데 빠노니아로 생각한다는 것을 알게 되었다고 말할 사람도 있으리라. 그러나 그것은 혼란의 책임을 신의 지성 탓으로 돌리는 일이 될 것이다. 천국에서 아우렐리아노는 헤아릴 수 없는 신의 눈에 그와 후안 데 빠노니아(정통파와 이단자, 증오하는 자와 증오 받는 자, 고발자와 희생자)는 한 사람이었음을 알게 되었다고 말하는 것이 더 정확하다.[9]

그럼에도 천태교학의 요점을 충분히 말하기 위해서는 보르헤스의 사랑스런 환기를 더욱더 확장시켜야 한다. 동글함은 뾰족함과 반대지 만, 알고 보니 그것들은 똑같은 것의 '부분들'이었다. 사실, 그것들은 별개의 두 부분들도 아니고 바로 똑같은 것이었다. 그리고 앞선 예에서 양쪽을 가리키는 소시지 손가락은 왼쪽을 가리키는 손가락과 오른쪽을 가리키는 손가락과는 반대였지만, 알고 보니 양쪽을 가리키는 소시지

9 Jorge Luis Borges, "The Theologians," translated by Andrew Hurley, in *Collected Fictions* (New York: Penguin, 1998), 201-207.

손가락은 왼쪽과 오른쪽을 가리키는 두 손가락과 똑같은 것이었다. 이런 예와 달리, 천태에서는 왼쪽을 가리키는 손가락과 오른쪽을 가리키는 손가락 자체들도 참으로 똑같다! 이렇게 상상해 보라.

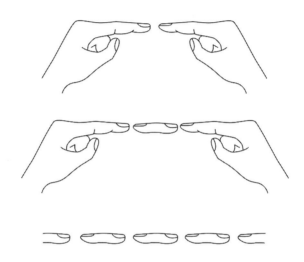

〈그림 8-2〉 별개의 실체(여기서는 떠 있는 소시지 손가락들)는 뚜렷이 구분되지만, 각각은 모든 실체의 겹치기로 이루어진다.

이 손가락들 양쪽은 소시지 손가락처럼 정확히 비실제적이다.(그림 8-2) 그 모두 같은 상황에 있다. 그래서 실제로 우리는 두 개의 '진짜' 손가락들 사이에 있는 소시지 손가락뿐만 아니라 세 손가락 모두 소시지와 똑같은 그런 상황도 상상해야 한다. 각각은 완전히 똑같은 방식으로 다른 두 손가락들로 만들어지므로 우리는 최종적이고 되돌릴 수 없는 어떤 출발점에서 멈출 수 없다. 각각의 손가락은 소시지 손가락이 다른 두 손가락으로 환원될 수 있는 것과 동일한 방식으로 다른 손가락들로 환원될 수 있지만, 동시에 각각은 오른쪽 손가락과 왼쪽 손가락이 소시지 손가락을 만든 것처럼 다른 손가락들을 만드는 원재료로 구실한다. 그리고 각각은 그 자체로 구별될 수 있는 실체로서, 다른 것들과 다르다. 왼쪽을 가리키는 손가락은 오른쪽을 가리키는 것도 아니고 소시지 손가락도 아니며, 그 반대의 경우에도 마찬가지다. 모든 것은 똑같이 허상이며, 똑같이 실제다. 이는 모든 것들에, 심지어 양쪽의 손가락들에도 해당되는데, 그것들은 우리의 실험에서 착시 현상으로 겹쳐진 것이 아니라 '사실'이고 '실제'다. 저 다른 손가락들조차 차례로 서로 겹쳐져서 만들어진 떠 있는 손가락일 뿐이다. 실제로 모든 가능한 견해와 자질 전체 외에는 망상의 기원이라 할 종착지는 없으며, 그 전체는 각각의 장소에서 별개의 작은 소시지–손가락으로 나타난다.

이 상황에 대해 생각할 만한 또 다른 방법은 자석을 끌어오는 일이다. 자석은 남쪽과 북쪽 '극'을 가지고 있다. 남극에서 북극을 떼어놓고 싶다면, 반으로 자를 수도 있다. 그러나 그렇게 할 때, 우리는 각각의 반쪽이 여전히 북극과 남극을 가지고 있다는 사실을 알게 된다. 그것을 몇 번이나 자르더라도 전체에 속하는 여러 가지 특성들의 집합이 그 별개의 부분에서도 발견된다. 남극적 성질과 북극적 성질은 이전에 전체 자석의 맥락에서 순수하게 북쪽 부분이었던 데서도 그리고 이전에 남쪽이던 부분에서도 전부 발견된다. 이것이 천태의 우주에서 그것이 존재하는 방식이다.

우주는 하나의 거대한 자석이지만, 북쪽과 남쪽 대신에 3천 가지 다른 독특한 면을 갖는다. 나-다움, 너-다움, 기차, 태양, 개, 죽,

역사적 사건들, 웃음, 눈물, 망상, 깨달음. 그런데 이 가운데 어떤 것을 분리하려고 하면, 결국 그것은 또 다른 완전한 '자석'이 되어서 그 또한 3천 가지 면 모두를 갖는다. 이 나-다움 또한 너-다움이란 부분, 기차라는 부분, 대양이라는 부분, 개라는 부분 따위를 갖는다는 사실이 밝혀진다. 내가 너를 마주볼 때, 그것은 '나-와-너'가 '너-와-나'를 마주보고 있는 것이다. 그것은 '나-와-모든 세계'가 '모든 세계-와-나'를 마주보고 있는 것이다. 그것은 온 우주가 온 우주를 마주보고 있는 것이다.

우리는 항상 다른데, 우리가 어디를 가든 하나의 그대와 하나의 나라고 하는 두 가지 다른 면이 있어서 결코 합쳐져서 단일한 성질의 공허하고 무관심한 곤죽으로 변하지 않기 때문이다. 그러나 '나-와-너'는 '나-와-너'와 대조를 이루기 때문에 실제로는 전혀 대조가 없다. 똑같은 것이 대조의 양쪽에서도 발견된다. 우리는 똑같지도 않고 다르지도 않다. 우리는 자기 자신과 나누어져 있어 단순한 단일체로 통합될 수 없지만, 바로 그 이유로 말미암아 우리는 서로 떼어놓을 수 없는 존재다. 솔직하게 말하면, 우리 각자는 매순간 절대적이며, 모든 것이 나타나고 모든 것에서 나타나는 중심이다. 모든 것은 우리가 변화된 몸이며, 우리는 모든 것이 변화된 몸이다.

그대는 무엇이며 어떻게 보이는가

너는 누구인가? 나는 누구인가? 우리는 우리가 다른 사람들이, 사회가, 세상이나 세상의 어떤 부분이 아무렇게나 그리고 좀 매정한 눈으로 우리에게 꼬리표를 붙이는 방식, 우리를 보고 분류하는 방식 이상의 존재라고 생각하고 싶어 한다. 왜냐하면 다른 사람들이 우리를 어떻게 보는지에 대해, 그리고 그들이 그렇게 피상적으로 또 그토록 격분시키는 이질적인 사항들에 따라 우리를 보는 데 대해 통제할 만한 힘이 우리에게는 거의 없기 때문이다. 우리는 실제로 다른 사람이 우리를 어떻게 생각하는지에 대해 결코 확신할 수 없다. '다른' 사람의 주관성은 영원한 수수께끼이며, 우리가 아무리 많은 사랑과 존경의 고백을 성공적으로 확보하더라도, 항상 필연적으로 또 구조적으로 의심의 요소, 불안의 요소는 있다. 그 사람들은 거짓말을 하는 걸까? 그들은 1분쯤 지나서도 여전히 그렇게 생각할까? 나는 어떻게 확신할 수 있을까?

우리는 다람쥐 쳇바퀴, 유사流砂, 거울로 가득한 방이 있는 유령의 집처럼 이런 궁지가 주는 끔찍한 불안에서 벗어나기 위해 그것을 우리에게 되비출 수 있는 다른 사람에게 그것을 각인시킴으로써 어떤 안정된 존재가 되려고 애쓰고 있는데, 그렇게 해서 우리는 누구나 생각할 수 있는 것을 훨씬 넘어선 '진정한 자아'를 우리가 가지고 있다는 결론을 내리고 싶어 한다. 우리는 우리의 진정한 자아를 보는 신을, 우리가 동시대 사람들의 피상적인 견해들을 무시하는 것을 인가해 주는 신을 믿을지도 모른다. 왜냐하면 신은 깊숙이 들여다보고 우리의 진정한 자아를 알기 때문이다. 그러나 그것이 불안에 대한 안전장치로서 계획된 것이라면, 우리는 여전히 우리의 존재를 **또 다른 존재**의 관점에 넘겨주고 있다는 그 명백한 이유로 말미암아 이것은 금세 역효과를 낳는다. 신이 우리를 어떻게 보느냐는 우리가 참으로 무엇인지, 우리가 참으로 가치 있는지에 대한 '최종 판단'이다. 우리 자신이 동의하지 않더라도 말이다!

어쩌면 우리는 우리의 진정한 자아와 우리의 진정한 가치에 대해 인간들이나 신들에게 "우리가 어떻게 보이느냐"라는 이 전체 물음에 전혀 영향을 받지 않는 어떤 것으로 생각하려 애쓸지도 모른다. "우리는 그냥 지금의 우리다!"라고 우리는 선언할 수 있다. 우리는 자연의 한 사실이라고, 또는 누구나 알든 누구도 모르든 간에 우리는 순수한 자아, 아트만(ātman)이며 그것은 만물의 근원인 절대적 실재요 바로 브라흐만(Brahman)이라고. 그러나 여기에는 문제도 있다. 누군가에게 또는 다른 사람에게 인식된 적이 없이 또는 적어도 인식될 일이 없이 무언가가 그저 '그러하다'고 하는 것은 실제로 무엇을 의미하는가? 사실, 우리가 우리 자신은 다른 사람들의 관점과 관계없다고 도전적으로 선언할 때, 우리는 **자신에 대해** 하나의 관점을 갖고 있는 것이다! 그것은 이제 우리 자신의 경험, 곧 우리 존재의 나머지 부분에 대해 관점을 가지면서 특정한 방식으로 생각하는 경험의 한 순간이다. 여전히 계속해서 마주치고 판단하면서 의견을 갖고 이름을 짓고 정체를 확인한다. 누군가는 그래도 우리를 '좋게 생각해야' 한다. 우리 자신! 더 정확히 말하면, 우리는 시간 속에서 존재하기 때문에 적어도 우리의 경험을 만드는 매순간마다 일종의 관계를 맺도록 결정되어 있다. 한 순간이 다른 순간을 만나고 숙고하고 정체를 확인하고 판단한다. 이러한 이유로 의식은 끊임없이 깊은 불안에 사로잡힌다. 그것은 항상 더 많은 확인을 필요로 하는데, 각각의 확인은 계속해서 슬그머니 빠져나가고 있어 다시 새로운 확인이 필요해진다.

그래서 "나는 어떻게 보이는가?"라는 훨씬 더 얄팍해 보이는 질문에서 "나는 누구인가?"라는 이 질문—어쩌면 질문들의 질문—을 떼어놓는 일은 불가능할지도 모른다. 천태에서는 '무언가인 것'은 "무언가가 어떤 관점에서 누군가나 다른 사람에게 어떻게 보이느냐"에 지나지 않는다는 사실을 받아들인다. '그것인 것'에는 다른 일관된 의미가 결코 없다. 그러나 이런 통찰이 가져오는 악몽 같은 불안감, 즉 인간의 조건에 특유한 공포에 대한 해법은 더 밀고 나가는 것, 더 온전히 깨닫는 것, 더 빠르게 나아가는 것이다. 왜냐하면 그대가 다른 사람을 만날 때, 실제로 그대는 다른 모든 사람을, 다른 모든 존재를 만나고 있는 것이기 때문이다. 아귀가 그대를 먹을 만한 음식으로 탐욕스럽게 바라볼 때, 또는 아수라가 분노와 조롱의 눈빛으로 그대를 바라볼 때, 또는 신이 그대를 비웃듯이 동정하며 바라볼 때, 이 모든 경우에 **모든 존재가 그대를 바라보고 있고**, **모든 존재가 그대를 판단하고 있으며**, **가능한 모든 방법으로 그대를 판단하고 있다!** 그들은 또한 그대를 바라보는 보살이며, 자비심으로, 긍정적으로, 그대의 상황에 전적으로 공감하면서 그대를 보는 보살이다. 그리고 그들은 그대를 바라보는 붓다이기도 하다. 따라서 그대를 붓다로서, 그 자신에 대한 표현으로서, 그리고 참으로 모든 존재의 중심으로서, 궁극적 실재로서 바라보며, 심지어 그 자신을 낳은 존재로서 그대를 바라보기도 한다.

사실은 위에서 보았듯이, 그대가 무정물을 볼 때나 과거의 기억을 떠올릴 때, 또는 어떤 경험을 할 때에도 그것은 여전히 두 존재의 만남이다. 그러므로 그것은 삼천대천세계와 삼천대천세계의 만남이기도 하다. 그것은 모든 방식으로 모든 존재를 바라보는 모든 존재다.

그대가 어떻게 보일지에 대한 두려움, 그대가 무엇인지에 대한 두려움은 그것을 온전히 받아들임으로써 해소된다. 항상 그대를 가능한 모든 방법으로 볼 수 있는데, 그것은 항상 그대가 가능한 모든 존재라는 것을 의미한다.

변하지도 않고, 똑같이 그대로 있지도 않는

여기서부터 우리는 시간과 무시간성에 대한 『법화경』의 '새로운 중도'를 발전시킨 천태교학의 시간 개념을 파악할 수 있다. 가장 단순하게 우리는, 천태의 불교도들에게 시간은 단지 계속적으로 "실재를 드러내기 위해 임시적인 것을 여는 것"이라고 말할 수 있다. 그것은 과거가 변하지 않은 채 남아 있는 자기-재맥락화의 부단한 과정이며, 그럼에도 각각의 재맥락화와 더불어 끊임없이 변화하는 것이다.

한 순간에 모든 과거의 재맥락화가 이루어진다. 이런 개념을 확실하게 파악하는 일은 그릇된 생각—과거, 현재, 미래의 상호 침투라는 그리고 각각의 실체 안에 모든 실체가 "본래 내포되어 있다"는 천태의 개념은 진정한 창조성을 모조리 차단하는 우주를 그린 정적인 그림 같은 것으로 이끌 수도 있다는 생각—을 피하는 데 결정적으로 중요하다. 왜냐하면 천태에서 시간의 각 순간은 변화하는 사건들의 새로운 꾸러미만이 아니라 '영원한 원리들'—어디에나 있는 조건들, 규정들, 필요조건들, 규칙성, 일관성, 법칙들, 보편성—의 새로운 꾸러미도 가져오기 때문이다. 각 순간은 우주에 있는 모든 것의 성격, 그리고 모든 과거와 미래의 성격을 새롭게 결정하는 새로운 시공을 효과적으로 창조한다.

시간이 지나가기 위해서는 두 가지 다른 상태, 곧 과거와 미래의 대조가 있어야 한다. 현재의 순간이 조금이라도 '일어나기' 위해서는 현재의 순간이 과거의 순간과 달라야 한다. 그러나 이 다름이 나타나기 위해서는 두 순간이 어떻게든 서로 대조되어야 한다. 대조되려면 그 둘은 공존해야 하며, 그것은 대조되기 위해 둘 다 거기에 있어야 함을 의미한다. 그러나 그것들이 정말로 다르면서 상호 배타적이라고 한다면, 이것은 불가능하다. 어떤 상태가, 적어도 질적으로 구별되는 두 실체가 발생하는 데에는 다수의 원인들이 있다.

유한한 어떤 상태, 확인 가능한 성격을 갖는 어떤 상태가 다른 상태와 대조되고 다른 상태를 배제한다는 사실은 가장 근본적이다. 괴로움과 괴로움-아님은 오로지 지금의 그것들이라 할 수 있고, 의미 있게 말할 수 있는 것은 서로 대조되고 서로 배제함으로써 그렇게 존재한다는 점이다. 이 대조와 배제는 그것들을 정의하고 정체를 확인하는 데에 필수적이기 때문에 결코 없앨 수가 없다. 그것은 '바깥을 갖는' 그 정체성에 '내재되어' 있다. 그래서 그 정의의 중심에는 일종의 모순이 있다. 그것들은 그것들 자체의 유일한 원인일 수 없으며 그것들 자신의 명백한 속성일 수도 없는데, 이것들은 정확히 그것들이 분명하게 배제하는 것들에 항상 의존하기 때문이다. '단일(oneness)'하게 보이는 모든 것들의 심층에는 이 근본적인 '둘임(twoness)'이 숨어 있다.

이것은 모든 것들을 철저하게 '일시적인 것'으로 만들기도 한다. 나는 나이지만, 나인 것은 '나-와-너'인 것이다. 너는 너지만, 너인 것은 '너-와-나'인 것이다. 이런 상태들 가운데 어느 것도 영원히

그러할 수 없으며, 또 '둘인' 전체에 대해 유일하게 가능한 해석일
수도 없다. 괴로움과 괴로움-아님은 갈마든다. (여기서는 속도와
비율, 심지어 순서도 아무 관계가 없다.) 조건적인—즉, 하나 이상의
원인을 갖는, 그 자체가 또는 그 자신의 '본질'만이 원인이 되지 않는—
것은 필연적으로 일시적이다. 그것만으로는 결코 그 자신의 연속적인
존재를 확보할 (또는 'X 더하기 비-X'라는 전체 둘은 언제나 비-X보다
는 X로 해석되거나 느껴질 것이라는 사실을 확보할) 수 없다. 괴로움의
우려는 그 자체가 일종의 괴로움이며, 이 우려는 괴로움-아님에도
가만히 숨어서 존재한다. 왜냐하면 그것은 어쩔 수 없이 괴로움으로,
그리하여 공포, 불안, 두려움, 불안감 따위로 되돌아갈 수밖에 없기
때문이다. 불가능하겠지만 지복의 상태가 무한히 지속된다고 할지라
도, 이 조건성의 의미에서는 그것도 '일시적'일 것이다. 그것은 그것과
대조되는 괴로움으로, 그것의 밖'으로서' 그 안에 있는 괴로움으로
'다시 읽힐' 위험에 항상 놓여 있어서 그것도 똑같이 괴로움의 상태로
해석될 수 있다. 유한한 것은 재해석될 수 있는 것이기 때문에, 이렇게
끊임없이 재해석될 위험이야말로 피할 수 없는 괴로움의 본질이다.

　주어진 어떤 유한한 것은 그것이 어떻게 해석될지, 어떤 정체성을
갖게 될지 결코 단독으로 보증할 수 없다. 이것은 언제나 맥락에,
그 밖의 요인들에 의존한다. 그러나 이것들은 유한하고 조건적인
존재—다시 말해서, 자신에게 일어나는 일의 유일한 원인이 결코 될 수
없는 존재, (적어도) 하나로 위장된 둘인 존재—의 필연적 귀결이다.
요컨대, 문제는 고전적인 불교의 문제인데, 바로 자아의 개념이다.
그렇지만 이것은 위의 방식으로 정의된, 구체적으로 어떤 자아를

하나의 '사물'로 받아들이는 것을 의미한다. 존재하는 것과 존재하지 않는 것이 서로 배제할 것이라는 이유로 다른 것이 아니라 고정된 본질과 어떤 특성들의 꾸러미를 가진 하나의 실체나 상태 또는 조건으로서, 어떤 특성들의 집합을 명확하게 내포하면서 배제하는 실체로서 받아들이는 것. 그런데 그것이 사물들을 그토록 철저하게 일시적인 것으로 만들기 때문에, 바로 그 때문에 그것은 또한 그것들을 영속적인 것으로 만든다. 어떠한 순간도 완전히 '끝나는' 일은 전혀 불가능하다. 왜냐하면 순간들 사이의 절대적 차이는 그것들의 절대적 정체성만큼이나 식별하기가 불가능하기 때문이다.

그래서 고전 불교가 제시했고 이 책의 3장에서 서술한, 순간순간 정체성이 초현실적으로 도매급으로 변환하는 일은 현상학적으로 말하면 분명히 이야기의 전부가 아니다. 만약 그렇다면, 심리학자들이 대상 영속성─인생의 초년기에 영아들이 흔히 갖게 되는 감각─이라 부르는 것이 출현하기 전에 경험하는 정신병적 세계에 대해 말하고 있을 것이다. 내가 작은 수건 뒤로 숨은 뒤에 까꿍 하고 얼굴을 내밀면, 아기는 깜짝 놀란다. 아기에게는 내가 더 이상 보이지 않을 때, 나는 사라졌다. 그리고 내가 다시 나타난 것은 기적 같이 새로 등장한 것이나 마찬가지다. 아기에게는, 보이지 않는 것은 그 순간 존재하지 않는다. 어른들에게는, 더 이상 보이지 않는 것은 단순히 '다른 곳'으로 간 것이다. 불교의 여러 종파들은 이에 대해서 아기가 옳고 어른은 틀렸다고 말할 것이다! 이런 관점에서 대상 영속성에 대한 전체 관념은 그릇된 인식, 원초적인 오인誤認이다.

무언가가 다른 곳으로 갈 때, 그것은 사실상 다른 것이다. 그래서 무언가가 다른 곳으로 간다는 것은 불가능하다. 다른 곳으로 가는 일은 다른 무엇이 된다는 것이다. 무상無常과 공空의 표준적인 교리에 담긴 함의는 그런 것이다. 그러나 천태교학에 따르면, 아기도 어른도 맞지 않다. 각각의 정체성은 실제로 현재의 맥락에 의해 결정되기 때문에 그것은 다른 맥락으로 옮겨가더라도 단순히 '똑같은 것'으로 남아 있을 수 없다. 그러나 동시에 그것은 항상 **다른** 맥락에, **둘 이상의** 맥락에 관여한다. 따라서 그것은 **둘 이상의 정체성**을 갖는다!

이런 맥락들 가운데는 그 이전의 맥락에 있던 그 직전의 정체성이 있다. 과거의 순간은 현재의 순간을 위한 또 다른 맥락이다. 발은 몸에 붙어 있기 때문에 발이다. 발이 잘리면, 붙어 있던 것은 분리되어 (곧바로) 발이 아니게 된다. 그러나 그것은 또한 다른 무언가—공간에 있는 어떤 것이 아니라 시간에 있는 어떤 것—에 붙어 있기 때문에 발이다. 발이던 직전의 상태. 발은 발이던—즉, 몸에 붙어 있었던— 이전의 역사와 연결됨으로써 역시 맥락화되는 한, 발로 남아 있다. 그래서 발이 잘린 것을 볼 때 나는 여전히 이전에 붙어 있었던 상태의 맥락에서 그 발을 보고 다른 발에 대해서는 유사한 형태의 몸들에서 볼지도 모르는데, 따라서 한동안은 발이 남아 있다. 그것은 대충 그 자체로 남아 있다. 그것은 그런 과거를 가진 정체성이 아닌, 그런 과거를 가진 일종의 연속성을 갖는다. 실제적인 대상 영속성은 없으며, 한 정체성을 다른 정체성으로 끊임없이 무작위로 대체하는 일도 없다.

우리는 초기불교에서처럼 만물은 일시적으로 존재한다고 말할 수 있지만, 이제는 이것이 '일시적인-영속적'을 의미한다는 것을 안다. 우리는 '영속적인-일시적'이라는 의미로 만물은 영속적이라고 말할 수 있다. "어떤-모든 것은 영속적인-일시적이다"와 "모든-어떤 것은 일시적인-영속적이다"라는 의미로 어떤 것들은 영속적이고 다른 것들은 일시적이라고 말할 수 있다. 그러나 이것은 '영속적인-일시적'이 진정한 진리라는 것을 의미하지 않지만, '영속적'과 '일시적' 둘 다 일방적인 왜곡이라고 하는 사실에 주목하라. 그것이 천태교학에서 '배타적인 중심'이라고 비판하는 것이다.

오히려 '영속적'이 실제로는 '일시적인-영속적'을 의미하는 것처럼 '일시적인-영속적'은 실제로 '영속적'을 의미하거나 실제로 '일시적'을 의미한다. 왜냐하면 일시적인-영속적은 영속성으로서 또 일시성으로서 나타나며, 이들 각각은 전체의 단순한 일부가 아니라 전부이기 때문이다. 영속적인 것은 이미 일시적인 것이기도 하며, 다른 영속성은 없다. 일시적인 것은 이미 영속적인 것이기도 하며, 다른 일시성은 없다. 모든 것이 우습고, 모든 것이 진지하며, 모든 것이 우습고-진지하다. 각각은 세 가지 모두에 대해 완전히 동등한 동의어다. 각각은 진리에 대해 동일하게 적절한-부적절한 묘사다.

똑같은 것이 다른 모든 경우에도 적용된다. 우리는 '괴로움-기쁨'이라는 의미로 모든 것은 괴롭다고 말할 수 있고, '기쁨-괴로움'이라는 의미로 모든 것은 기쁨이라고 말할 수 있다. '마음-물질'이라는 의미로 모든 것은 마음이라고 말할 수 있고, '물질-마음'이라는 의미로 모든 것은 물질이라고 말할 수 있다. 우리는 '신-신의 부재'라는 의미로 신은 있다고 말할 수 있고, '신의 부재-신'이라는 의미로 신은 없다고 말할 수 있다. '허상-실재'라는 의미로 모든 것은 허상이라고 말할 수 있고, '실재-허상'이라는 의미로 모든 것은 실재라고 말할 수 있다.

"어떤-모든 것은 참-거짓이고 모든-어떤 것은 거짓-참이다"라는 의미로 어떤 것들은 참이고 어떤 것들은 거짓이라고 말할 수 있다. '진보-정체'라는 의미로 역사적 진보가 있다고 말할 수 있고, '정체-진보'라는 의미로 역사적 정체가 있다고 말할 수 있다. '악-선'이라는 의미로 사회는 악이라고 말할 수 있고, '선-악'이라는 의미로 사회는 선이라고 말할 수 있다. 우리는 "우리-모두는 가끔-항상 기쁘고-슬프고, 가끔-항상 슬프고-기쁘다"는 의미로 가끔은 기쁘고 가끔은 슬프다고 말할 수 있다. 기타 등등.

우리는 언제 어떤 말을 할지를 어떻게 선택해야 하는가? 어떤 의미에서는 만물을 말할 수 있다고 한다면, 바로 지금 우리는 무얼 말해야 할까? 일반적으로 말해서, 우리는 이 특정한 상황과 맥락에서 괴로움으로부터 해탈하는 데 가장 도움이 된다고 판단하는 것이라면 무엇이든 말해야 한다. 그러나 천태의 맥락에서 그것은 **일방적인 집착에서 자유로워지는 데** 가장 도움이 된다고 판단하는 모든 상황에서 말해야 함을 의미한다.

모든 순간의 영원성 그리고 모든 경험의 궁극적 실재

이것은 정확히 천태에서 내건 충격적인 구호, "모든 순간은 영속적이다"와 "보이는 것은 궁극적 실재다" 같은 그런 구호의 상태다. 이 구호들은 물론 말하는 그대로를 의미한다. 어떤 순간도 결코 끝나지 않으며, 아무리 오랫동안 누군가에게 나타나더라도 그것은 모든 것이 나오고 또 모든 것이 되돌아갈 궁극적 실재, 모든 것을 설명하고 떠받치고 유지하는 궁극적 실재다. 이는 충분히 진실이다. 그 반대 또한 진실일 것이다. 그러나 이런 특정한 주장들은 고전적인 천태의 저술들에서 강조되는데, 이는 다른 쪽으로 쉽게 기우는 아주 흔한 일방적 편견들을 상쇄하기 위함이다. 사물의 일시성 그리고 겉모습의 기만적 성격은 다른 불교 종파에서도 강조하기 때문에 천태에 다가간 사람은 실재의 이런 면을 이미 잘 인식할 것이고 실제로 그것에 집착할 위험에 놓여 있으리라 추정된다. 그래서 천태에서는 그 반대를 주장하면서 똑같이 진실이라고 한다.

이것은 일시성에 몰두하는 불교의 전통적인 선입견에 반대하려고 **영속성**을 새롭게 강조하는 경우에도 마찬가지다. 우리는 이를 위해 토대를 보는 데서 시작했다. **모든 순간은 영원히 지속된다.** 이것은 어떻게 해서 참인가? 한 순간이 한 순간이 되기 위해서는 그것과는 다른 순간들에 둘러싸여 있어야 한다. '지금'은 '그때'와 달라야 한다. 그러나 그것은 '지금'이 '그때'와 **관련되어야** 함을 의미한다. 저 '그때'는 자신을 규정하게 해주는 상대이자 필연적으로 대조를 이루게 해주는 '지금' 세계의 일부다. 이 대조는 '지금'과 '그때'의 내부이거나 외부이거나 어느 한쪽일 수 없다. '지금'은 실제로 '지금-그때'고, '그때'는 실제로 '그때-지금'이다.

이것은 M의 순간과 M+1의 순간에 존재하는 것의 완전한 전체를 고려하면 이해하기 쉽다. M에서 사물의 상태는 M+1에서 사물이 생겨나게 하는 힘을 갖는다고 생각된다. 그러나 M+1의 순간이 올 때 M의 순간이 가버린다면, 그 M은 무언가를 할 만한 M+1에 '이를' 수 없다. 그것은 이미 가버렸고, 존재하지 않으며, 그러므로 아무것도 할 수 없다. 그런데 M+1의 순간이 올 때 M의 순간에 있던 사물이 계속 존재한다면, 시간이 앞으로 나아가지 못했거나 번갈아 일어나는 두 존재의 전체 상태가 동시에 공존한다는 것을 인정해야 한다. M+1이 나타날 때 M(우리의 가설에 따르면, M+1을 가져올 힘이 있는 것)이 사라질 필요가 없다고 한다면, M은 영원히 반복해서 정확히 M+1을 계속 만들어낼 것이다.

두 경우에 모두, 시간의 존재는 불가능해지고 진정한 실체는 생겨날 수 없다. 과거는 현재와 미래 안에서 살고 있고, 미래는 과거에서 되찾을 수 있다. 그대의 어린 시절은 지금의 그대 안에 살아있고, 그것은 그대가 변하는 데 따라서 계속 변한다. 그대의 죽음은 지금의 그대 안에서 살고 있으며, 그대의 현재가 아무리 변해도 저 미래는 그 안에 있어 찾을 수 있다. 과거는 아직 끝나지 않았고, 현재의 매순간은 과거와 그 무한한 변화에 대해 더 많은 것을 드러내 보여준다. 현재는 결코 시작되지 않는다. 그러나 그대가 저 옛날을 되돌아보면, 거기에서 그대는 변하지 않은 현재의 모든 특성들을 찾아낼 수 있을 것이다.

모든 겉모습은 궁극적 실재다. 이것은 어떻게 해서 참인가? 대개 우리는 '겉모습 대 실재'라는 대조 속에서 그것을 믿는다. 가령, 뱀이라고 생각했지만, 자세히 살펴보니 밧줄인 것으로 밝혀졌다. 이것은 불교에서도 흔히 말하는 것이다. 자아가 있다고 생각했지만, 일시적인 것들이 모인 한 덩어리임이 드러났다. 또는 세상은 존재한다고 생각했지만, 그것은 오롯이 마음, 또는 불성, 또는 망상인 것으로 드러났다. 상식도 이렇게 가정한다. 유리잔의 테두리가 타원형으로 보이지만,

사실은 그것이 '실제로' 둥글다는 것을 나는 안다. 한쪽을 축소시키는 각도에서 보고 있을 뿐이다. 무지개는 겉모습일 뿐이다. 만지려고 쫓아가지만, 거기에서 아무것도 찾지 못한다. 그러나 구름들과 햇빛은 실재한다. 그것들은 실제로 있는 것이고, 실제로 존재하는 것으로 드러난다. 그런데 천태교학에서는 타원과 원 모두 참이라는 터무니없는 주장을 한다. 사실 둘 다 궁극적 실재이며, 모든 것들에서 그리고 모든 시간과 공간에서 찾을 수 있으며, 절대적인 것이다. '자아'와 오온五蘊, 둘 다 참이고, 둘 다 절대적으로 참이며, 둘 다 절대적인 것이다. 뱀과 밧줄, 둘 다 참이고, 둘 다 절대적으로 참이며, 둘 다 절대적인 것이다.

　모든 것은 망상이다. 모든 것은 실재다. 시간은 망상이 아니다. 시간은 가능한 모든 것의 망상이다. '시간'은 "그대가 그렇다고 생각하는 것은 이미 그렇지 않다"는 것을 의미하는 말이다. 실재하는 것은 무엇인가? 그대가 되돌아가서 다시 보고, 진위를 확인하고, 검증하고, 재검사할 수 있는 것. 그러나 문자 그대로 그대가 되돌아갈 수 있는 경험이란 존재하지 않고, 그래서 실재하는 것은 결코 없다. 망상은 무엇인가? 겉으로 보이는 것과는 다른 것으로 드러나는 것. 이것이 그렇지 않다고 할 사물은 전혀 없다. 뿔은 둥글게 '보였지만,' '뾰족한' 것으로 '드러났다.' 그러나 둥글함과 뾰족함 둘 다 똑같이 실재하지 않고 똑같이 실재한다. 각각은 어떤 맥락에서 보느냐에 따라 결정된다. 이름 붙일 수 없는 전체를 고려하면 그것들도 이름 붙일 수 없으니, 뾰족하지도 않고 둥글지도 않다. '둥글함'과 '뾰족함'은 동일한 사물에 붙은 두 이름이며, 그 사물은 둥글고, 뾰족하고, 둥글지도 뾰족하지도 않고, 둥글면서 뾰족하다.

"악은 본래 성불 안에 내재해 있다"는 저 유명한 천태교학의 주장에 대해서도 똑같이 말할 수 있다. 미래의 성불은 과거의 망상 안에 살아있고, 그래서 망상은 '성불-망상'이다. 과거의 망상은 미래의 성불 안에 살아있고, 그래서 성불은 '망상-성불'이다. 그러나 우리는 이 책의 마지막 장에서 위험하거나 허무주의적일 것 같은 교리의 복잡미묘한 함의를 맞닥뜨리게 될 것이다.

9. 천태의 관법
―천태를 경험하기

천태불교의 수행은 기법과 행법의 거대한 무기고이며, 상상할 수 있는 모든 약물을 사용할 수 있는 약국이다. 결국 천태불교는 『법화경』을 따르면서 모든 불교 수행을 (그리고 비불교 수행조차) 일승一乘의 일부로 여긴다. 어떤 것도 배제해서는 안 되며, 모든 것을 열려 있고 성불로 이어지는 것으로 보아야 한다. 이것이 바로 천태불교의 개조인 지의智顗가 지관止觀에 관한 저술에서 말하려던 것이다. 그는 자신이 알고 있던 불교의 전통적인 명상법들, 즉 소승과 대승의 명상법들 전부에 대해 실제적인 설명을 하고 그런 뒤에 천태의 삼제三諦에 입각한 명상법을 적용해 "그것들을 활짝 열어젖히고"는, 이런 방식으로 보완하고 재맥락화한다면 그 모두 궁극의 경지에 이르는 길이 된다는 것을 보여주었다.

　비록 그것이 매혹적이고 창의적인 업적이기는 해도, 그가 그것들을 교차시키고 단계를 만들고 서로 포갠 그 방대하고 복잡한 방법을 나는 거치지 않을 것이다. 지의의 처리 과정은 어떤 공식의 기계적인 적용이 전혀 아니고, 오히려 각각의 특정한 경우에 그 특정한 접근법이 어떻게 열릴 수 있는지를 발견하는 지극히 혁신적인 과정이다. 마치 재치 있는 고수가 심각한 발언에서 독특한 애매함이나 잠재적 아이러니를 찾아내서는 절묘한 순간에 그것으로 농담하는 것처럼 말이다. 지의는 모든 수행에 천태의 결정타를 날렸다. 그가 어떻게 그렇게 했는지 연구할 가치는 충분히 있다. 그러나 여기서 나는 지의의 접근법에서 파생된 천태지관天台止觀의 기본 과정에 대해 간략하게 설명할 것인데, 그 역사적 내력에는 별 관심이 없는 현대의 독자들을 위해 그 수행법에서 유용한 알맹이만 제공하고 싶다. 천태사상을 습득하고 실현하는 일은 어떻게 할 것인가?

삼천 겹의 떠 있는 손가락

천태지관의 기본 과정은, 나가르주나가 공에 대해 이론적으로 예시한 것들을 어떤 전제, 즉 주어진 대상은 특정하게 조건 지어진 실체로서 그 원인들과 결과들과는 상호 배타적이고 또 사실은 그것이 아닌 어떤 것과도 상호 배타적이라고 하는 전제의 귀류법을 통해 특정하게 적용한 것이다.[1] 이것은 그러한 존재에 대한 가능한 모든 인과적 설명—이른바 그것은 스스로 원인이 되고, 다른 것이 원인이 되고, 둘 다가 원인이

---

1 〈역주〉 귀류법歸謬法은 어떤 주장에 대해서 그 내용을 따라가다 보면 이치에 닿지 않는 내용이나 결론에 이르게 된다는 것을 보여줌으로써 그 주장이 오류라는 점을 증명하는 방법이다.

되고, 또 어느 쪽도 원인이 되지 않는다는 것 ─ 을 거부함으로써 이루어진다는 점을 상기해 두어야 한다. 이 과정은 지의가 몇 가지 다른 방식으로 우리의 의식 자체에 적용한 것이다. 가장 단순한 방식은, 내 마음이 외부의 세계를 인지하면 그 세계가 원인이 되어 내가 그것을 의식한다는 상식적 가정을 받아들인다. 다시 말해서, 내 의식과는 다른 어떤 것, 곧 나의 뇌와 외부에 존재하는 세계가 내 의식을 일으키며, 인지되거나 생각되는 대상과 그것에 대한 내 의식 사이에는 인과적 관계가 있다는 것이다.

동일한 논법의 형태가, 어떤 내용과 그것을 확정짓는 개념적으로 대조되는 내용 사이의 관계 ─ 예컨대, 검정과 하양 또는 긺과 짧음의 관계 ─ 에도 적용된다. 그리고 이미 명상의 한 형태로 보기 시작했고 또 더 자세히 고찰하겠지만, 결국 위의 두 가지 현실주의적 가능성을 둘 다 배제했다고 가정하면, 관련된 논법은 의식 자체에 순수하게 내재해 있다고 간주되는 자각의 순간 이후에 연속되는 순간들에도 적용된다. 어떤 경우든 요점은, 조건 지어진 유한한 실체를 가정하는 일은 임시적으로 다른 실체들과 맺는 그것의 임시적인 관계들 그리고 다른 실체들을 임시적으로 분리하고 제한하는 임시적인 경계들을 검토해볼 때 일관성이 없다는 사실을 보여주는 것이다. 이런 관계와 경계들이 불가능한 것으로 드러날 때, 그 대상은 원래 가정했던 그런 단순히 유한하고 조건적인 것이 아닌 것으로 드러난다.

우리는 첫 번째 접근법으로 이렇게 묻는다. 내 앞의 이 대상에 대한 나의 현재 의식을 설명하는 것은 무엇인가? 예컨대, 이 잔인가? 그냥 잔 자체인가? 그럴 경우에는 내가 존재하지 않더라도 그 잔에 대한 의식은 일어나야 하는데, 그렇지 않다. 그러면, 그냥 내 마음인가? 그럴 경우에는 내 마음이 일어날 때마다 그 잔에 대한 의식이 일어나야 하는데, 그렇지 않다. 일반적인 객관주의자의 현실주의가 가정하는 것처럼 이 둘은 함께하는가? 그러나 잔에 대한 의식은 그러한 잔이나 그러한 내 마음 어디에도 존재하지 않는다. 그리고 영에 영을 더해도 영을 넘을 수 없는 것과 마찬가지로, X가 X 아닌 모든 것과 서로 배타적이라고 가정할 때 X에 속하는 두 가지의 부재를 합쳐도 X의 존재를 생산하지 못한다. 어느 쪽에서도 생산하지 못하는가? 그렇다면, 잔에 대한 의식은 무작위로 언제 어디서든, 예컨대 달의 표면이나 바닷속 같은 데서도 일어나야 하는데, 그렇지 않다.

우리는 또한 우리가 어떻게 생각하든 이 의문을 세계를 하나의 전체로 보는 우리의 인식에도 적용할 수 있다. 그것은 세상 때문에 존재하는가, 아니면 우리 마음 때문에 존재하는가? 아니면 둘 다인가, 둘 다 아닌가? 모든 것은 일관성이 없어서 거부되고, 그리하여 이 임시적인 실체는, 세계에 대한 우리의 인식은 실제로 상호 배타적인 실체가 될 수 없다는 결론에 이른다. 그것은 또한 그것이 (세상을) 배제하는 것처럼 보였던 것이고, 또 세상은 그것이다. 이것은 그 임시적 정체성인 공을 한정적인 것으로 본다는, 그저 그것이 아닌 모든 것을 배제하는 조건 지어진 실체로 본다는 의미로 여겨진다. 이것은, 천태에서는 나가르주나의 정통적 해석과는 반대로 삼제三諦－공空, 가假, 중中－가 서로 동일한 의미를 가질 수 있도록 공이 확장된다는 사실을 상기시키는 또 다른 방식일 따름이다. 그래서 귀류법을 통해 우리의 의식은 공이라는 점을 예시하면서 우리는 또한 그 공이 가假이고

중中－법계 자체의 모든 것을 포함한, 절대적인, 상호 포섭하는 전체성－임
을 보여주었다.

여기서 이 기법은 습관적인 개념적 틀을 지워 없애도록 설계되었는
데, 이 틀은 대개 우리가 경험하는 모든 순간을 이 경험을 방해하는
가정들로 채워버린다. 유한한 실체들의 상호 외재성에 대한 추측,
유한한 실체들의 상호 배타성에 대한 무반성적인 존재론적 몰입과
집착 등은 우리의 욕망에 의해 조건 지어지며, 반대되는 모든 상태들을
배제하기 위해 욕망의 대상이 필요하다. 이 가정에 귀류법을 적용하는
것이 이 기법이다. 현재의 경험은 다른 것들을 배제한다고, 비조건적이
지 않다고, 편재하지 않는다고, 모든 것을 포괄하지 않는다고－다시
말해서, 유한하다고, 한정적이라고, 애매하지 않다고, 그것이 아닌 것을
배제한다고－ 가정하는 현재의 이 경험에 대한 가능한 모든 설명은,
어떻게 현재의 이 경험이 지금 여기에 존재할 수 있는지, 어떻게
여기에 왔는지, 어디에서 왔는지 등을 이해할 수 없게 만든다는 사실을
보여줌으로써 말이다.

반대로 우리는 정당하게 이 순간이 다른 어떤 순간'과 똑같다'고
말할 수도 없다. 왜냐하면 그런 동일함은 참으로 다른 것임을, 이
순간이 똑같을 수 있게 하는 참으로 다른 상태의 존재를 전제로 하기
때문이다. 두 상태가 똑같다고 말하는 것은, "두 상태의 진정한 관계는
차이라기보다 동일함의 하나다"가 아니라 "둘로 보였던 것이 오로지
하나의 상태다"라고 참으로 오해시킬 만한 말하기 방법이다. 그러므로
이 경험은 다른 경험들 또는 상반된 경험들을 배제하는 정도로 특히
조건 지어진 실체일 뿐이라는 관념은 일관성이 없다. 다른 모든 것들을

312

또는 다른 어떤 것과 똑같은 것들을 모두 배제하고는 현재의 이 경험과 같은 그런 조건 지어진 실체는 결코 생겨나지 않는다. 그것은 얻을 수 없다. 다른 상태들이나 실체들은 전혀 없다. 현재의 이 경험이 무엇이든 그것은 '다른' 어떤 것일 수 있는 실체에 지나지 않는다.

이것이 무얼 의미하는지 찬찬히 살펴보자. 다시 그대 자신을 떠 있는 손가락처럼 느껴보라. 그대는 그대 주위에 있는 모든 것이 뒤바뀐 형태이며, 세계 위에 세계가 겹겹이 쌓인 것이며, 세계가 뒤집어진 형태이며, 그대 자신 너머를 가리키는 뒤바뀐 양면 지시봉이며, 그대 주위의 모든 것이 가리키는 대상이다. 그대를 가리키는 다른 손가락들은 무엇인가? 양쪽을 가리키는 그대, 바로 그대 존재가 가리키는 다른 손가락은 무엇인가? 다시 말해서, 그대가 마주하고 있는 외부 세계는 무엇인가?

천태의 관법에서 가장 집중적으로 적용하는 것은 관심觀心 곧 '마음을 관찰하기'다. 이것은 지의가 일념삼천一念三千을 밝히면서 쓴 가장 유명한 공식 어구로서, '각의(覺意, 뜻을 알아채기)' 또는 '수자의(隨自意, 자신의 뜻을 따르기)'로도 알려져 있다. 일념삼천은 "존재의 3천 가지 양상을 한 순간에 경험하기" 같은 것을 의미한다. 물론 '삼천三千'은 '모든 것'을 싸잡아 말하는 것이지만, 실제로는 그것보다 더 많은 어떤 것이다. 왜냐하면 지의 자신이 지적하듯이, 어떤 숫자든 무에서 무한대까지 모든 것의 전체성에 대해 말할 때는 똑같이 정확한 방식이 되기 때문이다.[2] 이 수 '삼천'은 명상 수행을 마음에 두고 구체적으로 만들어

---

2 T46, 54c. "궁극적인 의미에서는 삼천의 법은 말할 것도 없고 단 하나의 법조차 없으나, 관습적 진리에서는 삼천은 말할 것도 없고 무한한 법이 존재한다는

낸 것이다. 표 9-1은 그 수가 어떻게 해서 나왔는지를 보여준다.

표 9-1. 삼천법三千法의 파생

십법계+法界 x	십법계 x	십여시+如是 x	삼세간三世間 = 삼천三千
붓다(佛)	붓다	상(相, 모습)	오온五蘊세간
보살菩薩	보살	성(性, 성질)	
연각緣覺[3]	연각	체(體, 구성 성분)	
성문聲聞[4]	성문	력(力, 능력)	
천신天神	천신	작(作, 행위·작용)	중생세간
인간人間	인간	인(因, 직접 원인)	
아수라阿修羅[5]	아수라	연(緣, 간접 원인)	
축생畜生	축생	과(果, 인의 결과)	
아귀餓鬼	아귀	보(報, 연의 결과)	국토세간
지옥地獄	지옥	본말구경本末究竟	

사실을 알아야 한다!"(當知第一義中一法不可得, 況三千法! 世諦中一心尙具無量法, 況
三千耶!)

3 연각(Pratyeka)은 독각獨覺으로도 번역되는데, 독각은 스승 없이 스스로 깨달음을
얻었으나 결코 남에게 가르침을 베풀지 않는 이, 곧 깨달았으나 혼자이며 알려지지
않은 사람이다. 연각이란 용어는 인연법을 관찰함으로써 깨달았다는 뜻이다.
연각과 성문을 싸잡아서 때때로 '이승二乘'이나 '소승小乘'이라 하기도 한다.

4 성문(śrāvaka)은 문자 그대로 '소리를 듣는 이'인데, 사성제를 통해 생사의 윤회를
벗어난, 곧 아라한과를 증득한 불제자다.

5 아수라(Asura)는 인도 신화에 나오는 무서운 반신반인으로, 경쟁심이 강하고
병적으로 자기중심적인 존재다.

'존재하는 것'을 나열하는 이런 방식에는 몇 가지 특이한 점이 있는데, 주목하기 바란다. 첫째, 여기서는 '연옥'과 '붓다' 양쪽-즉, 한쪽은 삿된 생각들, 수행들, 그리고 극단적인 주관적 망상과 괴로움의 결과들, 다른 쪽은 깨달은 생각들, 수행들, 그리고 지고한 지혜와 해탈의 결과들-을 포함시키기 위해 특별한 주의를 기울이고 있다. 이것은 중요하다. 우리가 이 주관적인 상태들, 선이나 악 따위를 어쨌든 궁극적 실재 바깥에 있는 단순히 부수적인 현상으로 보지 않도록 일깨우기 때문이다. 그것들 자체가 궁극적 실재 안에 포함되어 있다. 이런 용어들을 포함함으로써 천태교학은 '모든 것'에 대한 모호한 개념에 조심하는데, 이런 개념은 순수하거나 중립적인 실체-마음, 물질, 에너지-만이 실재하는 것이라고, 또는 가치와 관점, 착함과 나쁨, 괴로움과 즐거움 따위 살아있는 존재들의 경험은 '모든 것'의 일부가 아니라고 생각하게 만들 수 있어서다. 경험의 매순간에 포함되어 있는 그리고 영원히 뿌리 뽑을 수 없는 '모든 것'은 저러한 좋고 나쁜 주관적인 상태들까지 모두 포함한다. 우리는 그것이 모든 것이며, 그뿐 아니라 이 모든 것을 보고 경험하는 가능한 모든 방법이라고, 이 모든 관점을 보는 모든 방법이라고도 말할 수 있다.

둘째, 기이하게도 십+을 의도적으로 중복하고 있고 동일한 것을 보는 방법들이 번갈아드는데, 그것은 대단히 중요하다. 십계+界는 어떤 중생이든 불교의 우주에서 그 자신이 있을 수 있는 모든 상태들이며, 가장 낮은 무지와 괴로움에서 가장 높은 환희와 깨달음까지 걸쳐 있다. 이런 상태들은 종종 상징적으로 해석되어 붓다의 경지는 깨달음을 경험한 순간을 나타내고, 보살의 경지는 자비를 경험한 순간을,

성문의 경지는 세상과 조용히 단절한 순간을, 천신은 대단히 세속적인 기쁨과 힘을 경험한 순간을, 그리고 아수라는 이기적인 분노와 투지, 짐승 같은 무지, 연옥의 괴로움 따위의 순간을 각각 나타낸다고 한다. 이들 용어를 몸의 윤회라는 거시적 차원의 상태만이 아니라 어떤 존재든 겪을 수 있는 미시적 차원의 일시적인 심리 상태로도 읽어야 하는 한 가지 이유는 십계 각각이 두 번 열거되어 있다는 사실이다. 이것은 각각의 법계가 다른 모든 십계를 '포함하고' 있거나 '구현하고' 있기 때문이다. 즉, 각각은 다른 어떤 것'으로' 보일 수 있으며, 사실 항상 다른 어떤 것'으로' 보이지 않는 것은 아무것도 없다. 그래서 우리는 잇따라서 하나씩 사람, 보살, 짐승, 천신이기만 한 게 아니라, 오히려 사람이면서 보살, 짐승이면서 천신, 붓다면서 마구니, 아수라면서 성문 등등이다.

보살은 전통적으로 사람으로, 짐승으로, 붓다로, 또는 아수라로 나타날 수 있다. 그러나 이것은 보살의 경지가 이렇게 '다른' 모든 상태를 포함한다는 것을, 보살이 되는 것이 때때로 사람이나 짐승이 되는 것을 배제하지 않는다는 것을 의미한다. 보살은 때때로 사람이나 짐승, 천신이 되는 경험을 할 수 있다. 그런데 이것은 사람이 보살의 경험을, 또는 마구니가 짐승으로서 경험을, 또는 성문이 아귀로서 경험 따위를 할 수 있다는 의미이기도 하다. 물론 이것은 무한히 진행된다. 이것들 각각이 포함된 법계들은 더 나아가 십계를 모두 포함하고, 그렇게 또 나아간다. 십十에 십을 곱하는 것은 그저 이런 상호 포함의 요인을 지적하고 또 '존재하는 것'에 대한 우리의 지관止觀에서 설명이 된다는 사실을 확실히 하기 위해서다.

　이처럼 중요한 또 다른 중복은 '삼세간三世間'에도 있는데, 거기에는 '오온五蘊'도 있지만 '중생'도 있다. 사실상 이것들은 동일한 것을 바라보는 두 가지 방식이다. 초기불교에서 가르친 것은 우리가 중생－너, 나, 길동, 춘향 등－이라 부르는 것이 실제로는 오온의 집합이라는 사실이다. 오온은 색(色, 물질적 형태), 수(受, 감각들), 상(想, 지각들), 행(行, 의지), 식(識, 인식의 순간들) 등이 일시적으로 생겨났다가 사라지는 비인격적인 과정들이다. 집합의 덩어리는 실재했고, 단일한 중생('자아')은 해로운 망상이었다. 삼천三千은 그 둘을 포함한다. 다시 말해서, '존재하는 것'의 총체 가운데서 사물들에 대한 망상들을 배제하지 않는다.

　앞서 보았듯이, 모든 사물은 똑같이 망상이고 똑같이 진실이다. 그대를 길동이로 보는 것은 그 목록에 있는 하나의 항목이다. 그대를 비인격적인 오온의 과정으로 보는 것은 그 목록의 또 다른 항목이다. 여기에도 간단한 방법이 있는데, 이 방법은 '존재하는 모든 것'에 대한 우리의 관법에서 명심해야 할 더 큰 원리와 몰이 막대기를 가리킨다. 서로 배제하면서 나란히 줄지어 서 있는 진짜 실체들의 덩어리를 생각해서는 안 된다. 그것에 대해 일부 잘못된 견해가 있을 수 있다. 오히려 잘못된 견해는 존재하는 모든 것의 일부다. 실제로 존재하는 것은 얼마쯤 잘못된 (즉, 한쪽으로 치우친, 국지적으로 일관된) 견해뿐이다. 그것 자체인 '것'은 없다. 사물은 보이는 한 방식일 따름이고, 그것에 대한 관점과 함께 온다.

　천태교학에서는 더 나아가 이렇게 주장한다. 어떤 하나의 관점을 가지려면 적어도 다른 관점이 하나 추가되어야 하는데, 그러면 관점은 무한히 필요해진다. 대개 우리는 한쪽에서 애매함을 빼내고는 그것을 '주관성,' '자유의지,' 또는 '미지의 미래' 따위로 부르고, 다른 쪽에서는 '실재'를 남겨두고서 그것을 '객관성,' '결정된 사실,' 또는 '확정된 과거'로 부른다. 천태교학에서 이것들은 분리될 수 없고, 전체에서 인위적으로 떼어놓은 양상들에 불과하며, 그것은 항상 고정되어 있으면서 열려 있고, 국지적으로 일관되면서 세계적으로는 일관성이 없다.

참으로 삼세간의 세 번째인 국토는 유정有情들을 보는 대안적 관점이기도 하다. 그것은 다만 전경과 배경을 180도 전환하는 회로다. 전경 중앙에 있는 유정과 함께 전체를 보면서 우리는 유기체-국토를 한쪽의 이름인—비인격적인 덩어리나 인격화된 중생 어느 쪽으로도 기술할 수 있는— '유기체'라고 부른다. 동일한 전체인 유기체-국토를 전경에 있는 국토와 함께 보면서 우리는 그것을 '국토'라고 부른다. 그것들은 두 가지로 다르게 보이는 동일한 형상이고 동일한 윤곽/내선內線인데, 볼록하게도 오목하게도 볼 수 있는 3차원의 정육면체를 2차원의 도면에 그린 것과 같다.

여기서 또 다른 요소는 구마라집 한역의 『법화경』 2장 「방편품」에서 가져온 '십여시十如是'다. 이는 붓다와 붓다 사이에서만 실현되는 '만물의 궁극적 실재'로서 거기에 주어진 것이다.[6] 이 십여시는 어떤 특정한

---

6 한문으로 십여시十如是는 다음과 같다. 여시상如是相, 여시성如是性, 여시체如是體, 여시력如是力, 여시작如是作, 여시인如是因, 여시연如是緣, 여시과如是果, 여시보如是報, 여시본말구경등如是本末究竟等. 글자 그대로 읽으면, "이와 같은 모습, 이와 같은 성질, 이와 같은 몸, 이와 같은 힘, 이와 같은 행위, 이와 같은 원인, 이와 같은 조건, 이와 같은 결과, 이와 같은 과보, 이와 같은 뿌리-가지의 궁극과

경험에 대해 공시적 설명과 통시적 설명 둘 다를 제공한다. 십여시에서 앞의 다섯 가지는 밖에서 보는 방식, 즉 그 내부 구조와 구성, 성격, 그 힘과 현재의 활동 등을 가리킨다. 그 다음 네 가지는 그것을 더 큰 맥락에 놓고서 그것이 시간의 흐름에 따라 발달하는 것을 쫓아간다. 그것을 낳는 (직접적) 원인과 조건(간접적 원인), 그리고 그 활동에 이어지는 결과들과 과보들. 공간적으로나 시간적으로나 그것의 전체 맥락은 이렇게 생겨난다. 그러나 이것들도 실제로는 별개의 요소들이 아님에 주의하라. 사실 열 번째 항목인 구경본말은 이 아홉 요소들의 상호 융합을 정확히 가리키는데, 그 아홉은 각각이 대등하게 궁극적이다. 즉, 그 전체 과정의 상징으로 한 가지 요소를 뽑아낼 때, 그 아홉

평등"이다. 이에 대한 의역은 표 9-1을 보라. 왓슨의 번역은 이러하다. "이 실재는 겉모습, 성질, 실체, 힘, 영향, 내적 원인, 관계, 잠재된 결과, 드러난 결과, 그리고 그 시종일관함으로 이루어져 있다."(*Lotus Sūtra*, 24) 이 경전의 산스크리트 판본에서는 정확히 이에 대응하는 것을 볼 수 없다. 잘 알려져 있다시피, 천태에서는 정교한 한자어 말장난을 통해 이 모든 용어들을 삼제三諦에 부합하도록 세 가지로 읽는다는 사실에 주목하라. 영어에서 그것은 이렇게 될 것이다. "Just so appearance, appearance just so, appearance so just; just so nature, nature just so, nature so just ···."(꼭 그러한 모습, 보기에 그러한 것, 그러한 대로의 모습; 꼭 그러한 성질, 성질 같은 것, 그러한 대로의 성질 ···.) 'Just so appearance'(꼭 그러한 모습)는 임시성을, 사물들 사이에서 구별을 나타낸다. 'appearance just so'(보기에 그러한 것)는 어떤 구체적 속성도 결정적인 이름이 될 수 없다는 공을 나타낸다. 'appearance so just'(그러한 대로의 모습)는 중도를 나타내는데, 'just'는 '고작'과 '완벽한' 둘 다를, 'so'는 '그러하게 있음'을 뜻한다. 그 차별성과 애매성은 둘 다 다른 것에 불과하며, 각각은 그 자체로 법계의 완벽하고 궁극적이며 절대적인 실재다.

각각이 대등하게 타당하다는 말이다. 열 번째 항목은 그 자체로 하나의
주장이니, 말하자면 1에서 9까지 항목들은 동일한 전체 과정을 보는
아홉 가지 다른 관점일 뿐이고 또 그것 자체로 그 과정의 열 번째
다른 관점을 내놓는다는 주장이다. 다시 말하지만, 별개의 독특한
삼천 가지 항목이 있는 것이 아니라 모든 사물을 모든 각도에서 온갖
방식으로 보는 한 가지 방식이 있고, 그래서 온갖 방식으로 보이는
그것들 자체를 보는 그런 방식들이 있으며, 그런 식으로 무한하게
있다.

  이것이 고전적인 천태의 관법에서 눈여겨보아야 할 세계다. 지의는
계속해서 우리에게, 이 흥미롭고 가지처럼 퍼지는 요소들의 무한한
배열, 사물들에 대한 관점들과 관점들에 대한 관점들의 무한한 배열은
바로 여기에서 그대가 경험하는 이 순간으로서, 그대가 그대가 되는
이 순간으로서, 그대-다음의 이 순간으로서 존재한다는 사실을 말해준
다. 사실, 지의는 그대의 현재 경험과 이렇게 맞물려 있는 다른 모든
경험들의 관계는 '한 사물'과 '그 특성'의 관계와 같다고 말한다. 여기에
진주가 있다. 그것은 희고, 단단하며, 둥글다. 흼, 단단함, 둥글음
따위는 그것의 특성이다. 지의는 이 삼천세계가 흼, 단단함, 둥글음이
라고, 그리고 이 순간의 그대는 진주라고 말한다. 그것들이 그대를
만드는 것이고, 그대를 구성하는 것이다. 그것들을 없애면, 그대는
더 이상 남아 있지 않다. 그리고 그대, 진주를 없애면, 그때는 이
흼, 단단함, 둥글음 따위들 또한 사라진다. 『법화경』 19장의 「법사공덕
품」에서 청정해진 몸을 묘사할 때 나온 마음과 세계의 관계와 같다.
"몸은 세계의 모든 형상으로 이루어진 거울이다."[7] 그대가 몸을 볼

320

때, 그대는 온 세계를 본다. 마찬가지로 그대가 그대를 볼 때, 바로 지금 그대의 마음을 볼 때, 그대가 보는 것은 온 세계다. 그대는 떠 있는 손가락이다. '그대를 둘러싸고 있는 저 밖의' 세계는 그대를 구성하는 세계이기도 하다.

더 구체적으로 관법의 맥락에서 지의는 삼천세계를 어떤 특성만이 아니라 구체적으로 사물의 시간적 특성과도 비교한다. 그 생겨남, 지속됨, 변화함, 사라짐(생주이멸生住異滅).[8] 사물과 그 생겨나고 지속

---

7 T9, 49c-50a. Watson, *Lotus Sūtra*, 261-262 참조.

8 『마하지관摩訶止觀』에는 다음과 같은 지의의 유명한 말이 나온다. "만약 어떠한 인식도 없다면, 그것은 물질의 끝일 것이다. 그러나 한 움큼이라도 인식이 있다면, 그것은 곧바로 삼천세계의 모든 양상들을 포함한다. 인식이 먼저 있고 삼천세계가 그 뒤에 온다고 말하고 싶지 않으며, 또한 삼천세계가 먼저 있고 인식이 그 다음에 온다고도 말하고 싶지 않다. 대신에 그것은 한 대상이 생겨남, 지속됨, 썩어감, 사라짐 따위 그 자체의 특성들에 의해서 변화되는 방식과 같다. 만약 사물이 이런 특성들에 앞서 존재했다면 그것들로 말미암아 변하지 않을 것이고, 그 특성들이 그 사물에 앞서 존재했다면 사물 또한 그것들로 말미암아 변하지 않을 것이다. 어느 쪽도 다른 쪽보다 앞설 수 없다. 오히려 우리가 '그 사물'에 대해 말할 때 언급하고 있는 것은 바로 이 변화하는 특성들이고, 우리가 이런 '변화하는 특성들'을 이야기할 때 언급하고 있는 것은 바로 그 사물이다. 자, 우리의 인식도 같은 방식이다. 마음이 모든 법을 낳는다면, 그것은 수직적 관계가 된다. 마음이 모든 법을 품는다면, 수평적 관계가 된다. 그러나 실제로는 수직적 관계도 수평적 관계도 있을 수 없다. 왜냐하면 인식 그 자체가 온갖 법이고, 온갖 법 자체가 인식이기 때문이다."(若無心而已. 介爾有心卽具三千. 亦不言一心在前 一切法在後, 亦不言一切法在前一心在後. 例如八相遷物. 物在相前, 物不被遷; 相在物前, 亦不被遷. 前亦不可, 後亦不可. 祇物論相遷, 祇相遷論物. 今心亦如是. 若從一心生一切法 者, 此則是縱; 若心一時含一切法者, 此卽是橫. 縱亦不可, 橫亦不可. 祇心是一切法, 一切 法是心故.) T46, 54a.

되고 변화하고 사라지는 일, 사물의 진행, 사물의 출현과 거기 존재함은 실제로 동일한 바로 그 실체를 가리키는 두 가지 방식일 따름이다. 나와 내 인생은 똑같은 것이다. 내가 내 인생을 포기한다면, 나도 남아 있지 못한다. '그대의 돈이나 그대의 삶'은 잘못된 선택이다. '그대'는 '그대의 삶'을 포기하고서 그래도 돈을 갖겠다며 어딘가에 있을 수는 없다. 그래서 그것은 그대와 세계, 그리고 그 자체를 보는 대안적 관점 전부를 위한 것이다. 세계는 그대의 삶이다.

지의의 걸작 『마하지관』에 나오는 가장 독특한 방법은 먼저 공간에서 그리고 시간에서 삶의, 세계의, 우주의 이 삼천법三千法 전부를 끌어내는 것이다. 『법화경』에서처럼 우리는 지평의 확장과 관련된 상상력 풍부한 훈련을 하게 된다. 각각의 법계, 각각의 존재, 각각의 국토, 각각의 모습과 성질과 몸과 힘과 행위가 그려지고, 마음에 떠오른다. 우리의 주의력은 그것들을 하나씩 고찰하기 위해 한껏 뻗는다. 우리는 우리가 인식하고 있는 모든 것을 인식하려고 해야 하며, 그 다음에는 하나 더 인식하려고 해야 한다. 더 이상 생각할 수 없을 때까지.

"그대가 인식하고 있는 모든 것을 인식하라"는 말은 그대에게 동어반복을, 필연적으로 진실인 무언가를 실행하도록 요구하는 것이다. 그러나 그 끝에 이르는 일은 역시 불가능하다. 언제나 무엇이 더 있다. 그대가 인식하고 있는 모든 것을 인식하는 일은 동어반복일 뿐 아니라 불가능한 것이기도 하다. 이 '필요하지만 불가능한 일'은 물론 삼제三諦다. 그것은 항상 하나를 더 인식하는 이런 훈련을 통해 나타나면서 의식의 내용을 생산하는 바로 그 구조를 드러내며, 추가된 각각의 항목이 '내가 인식하고 있는 모든 것'에 포함되어 항상 이미 거기에 있기도 하고 그 전체성 —의식의 매순간으로서 구체적으로 작동하는 삼제 —에 더해진 하나의 추가 항목이기도 한 이상한 방식을 드러낸다.

그런데 지의의 방법론은 이런 실현을 유도하는 매우 특별한 방식을 제공한다. 생각할 수 있는 것 —생각할 수 있는 **모든** 것, 또는 적어도 우리의 상상력이 지금 미칠 수 있는 만큼 생각할 수 있는 것 —의 이런 철저한 목록을 제공한 뒤, 지의는 우리에게 방금 이 모든 것들을 상상한 그 마음을 응시하라고 한다. 이 마음이 없었다면, 그런 것들이 나타났을까? 그것은 영화 영사기의 전구 또는 영사기를 작동시키는 전원과 같다. 그것은 이 가능한 모든 세계를 우리가 현재 인식할 수 있도록 생명을 주고 밝히는 핵심 항목이다. 우리의 마음이 이 모든 영상들을, 그것이 인지하거나 생각하거나 상상하는 이 모든 현실을 **만들어낸** 것 같다. 그런데 그 마음은 그것들을 마음 밖에 존재하는 것들로 만들어냈을까? 아니면, 그것들은 중간의 매개 같은 잔물결에 더 가까운 것일까? 마음은 그것들 안에 있는가, 아니면 그것들 밖에 있는가?

어떤 의미에서 우리 마음은 우주가 항성과 행성들을 망라하는 것처럼 이 모든 영상들을, 그것이 인지하거나 생각하거나 상상하는 이 모든 현실을 **망라하는** 것 같다. 그런데 우리의 마음은, 그것이 상상하고 만들어내는 그리고 다른 무언가를 포함하는 사물이고 영상들일까? 만약 그렇다면, 만약 어느 하나가 다른 것이 시작하기 전에 어떤 곳이나 때에 끝난다면, 그것들은 어떻게 접촉할 수 있으며 어떻게 서로 영향을 끼칠 수 있는가? 그것들은 바로 지금 이 마음에 나타난 우연적인 것들인가, 아니면 마음 자체의 일부인가? 마음의 본성은 무엇인가? 마음은 무엇인가? 그것은 바로 지금의 마음인가, 이 순간의 생각인가, 아니면 하나씩 차례로 존재하는 모든 것의 이런 영상들을 우리가 응시하고 있었을 때인 몇 분 전의 생각인가? 저 생각과 이 생각의 관계는 무엇인가? 그것들은 서로 배타적일 수 있는가? 다른 것이 시작하기 전에 하나가 끝난다면, 또는 그 둘을 포함하는 어떤 매개가 시작하기 전에 둘 다 끝난다면, 그들 사이에 어떤 영향력이 어떻게 전달될 수 있을까? 아니면, 현재 이 생각의 순간은 이전의 저 상상의 행위들을 간직하는 형태로 이전의 저 순간들을 포함하는가?

지의는 앞 장에서 논의한 천태의 이론적 개념들을 상기시키면서 이 한 순간의 생각은 본래부터 그 모든 세계를 포함한다고, 그저 포함할 뿐 아니라 **본래부터** 포함한다고 결론지었다. 그것들은 그 자체의 본성이어서 빼앗을 수 없다. 그것들이 없다면, 이 한 순간의 생각은 지금의 그것일 수 없다. 실제로 전혀 존재하지 않을 것이다. 게다가 이 순간의 생각은 본래부터 다른 모든 순간들의 생각을, 다른 모든 상상하는 방식을 똑같은 식으로 포함한다. 그것은 전적으로 그것들 안이나 밖에 있을 수 없다. 사실, 그는 우리에게 '포함'과 '생산'은 둘 다 물질을 기술하는 잠정적인 방식들이라고 이야기해 준다. 실제로 한 순간의 정신 작용은 이 모든 것들을 포함하지도 않고 생산하지도 않는다. 그것은 그것들**이다**. 진주와 그 흰색처럼, 왼쪽과 오른쪽 손가락들과 중간의 떠 있는 소시지 같은 손가락처럼.

손가락들이 이 작고 떠 있는 소시지 같은 손가락을 가리키고 있는 것처럼 세계가 그대를 에워싸고 있다. 그것들은 그것 밖에 있으면서 그것 안에 있다. 그것들은 그것과 대조되면서 그것을 구성하고 있다. 그것은 그것을 에워싸고 있는 모든 것이 거꾸로 겹쳐진 전치轉置다. 그리고 그대가 저 모든 것을 생각하고 있었던 때인 과거의 순간과 그대의 마음이 다른 형태와 색을 띠는 때인 미래의 순간, 이 두 순간은 현재의 이 순간을 에워싸고 있다. 두 순간들은 이 순간의 밖에 있으면서 안에 있고, 두 순간들은 이 순간과 대조되며, 두 순간들은 이 순간을 구성하는 전부이기도 하다. 이 순간은 그것에 앞서는 순간들과 그것에 잇따르는 순간들 전부가 거꾸로 겹쳐진 전치다.

붓다만이 붓다와 함께한다: 경험의 매순간이 곧 궁극적 실재다

위에서 우리는 십법계 가운데서 인간, 축생, 천신 따위의 법계와 더불어, 존재하는 모든 것에도 이렇게 동일하게 녹아들어 있는 법계는 '붓다'의 법계 곧 불계佛界라고 언급했다. 이 붓다의 경지에 대해서는 잠깐 멈춰서 들여다볼 가치가 있다. 경험의 순간마다 따라오는 이 '깨달음의 경험'은 정확하게 무엇인가? 이번에도 그것은 별개의 분리된 항목이 아니라 다른 모든 것들의 중첩이고 재포장이며 그것들을 보는 다른 방식이다. 그것이 『법화경』에서 묘사한 붓다의 경지인데, 이는 다른 아홉 법계에 추가되는 법계가 아니라 오히려 다른 아홉 법계를 보고 경험하는 어떤 방식이다. 구체적으로 말하자면, 그것은 다른 모든 경험의 법계를 보는 법계이며, 다른 법계들을 그 자체의 여러 양상들로 보고 그래서 서로의 양상들로도 보는 법계다. 그것은 다른 모든 법계를 '방편(upāya)'으로서 자기 자신에, 붓다의 경지를 표현하고 끌어내는 방식으로서 자기 자신에 통합된 것으로 본다.

『법화경』에서 붓다의 경지는 모든 조건부 상태들을 초월하는 것이 아니라, 가능한 모든 조건부 상태들을 방편으로서 상호 포괄하는 유용성이다. 방편을 초월하는 것이 아니라, 모든 방편으로 접근하는 길이고 모든 방편을 상호 포괄하는 것이라는 사실을 기억하라. 불계佛界에서는 다른 아홉 법계가 국지적으로는 일관된 것으로, 세계적으로는 일관되지 않은 것으로, 또 상호 포섭하는 것으로, 불이不二로, 방편으로, 붓다의 경지를 표현한 것으로 보인다.

초기불교에서는 경험을 감각 기관과 감각 대상이 조건부로 만난다고 분석했는데, 거기에서 인식 경험의 순간이 생긴다. 여기에 세 가지 요소들이 있다: 감각 기관인 육근六根, 감각 대상인 육경六境, 둘이 마주쳐서 생겨나는 결과적인 인식인 육식六識. 천태에서 경험은 여전히 마주침이지만, 그대의 감각 기관이 세계의 한 사물과 마주칠 때 그것은 모든 십법계가 모든 십법계와 마주치는 것이다. 한 마구니가 한 보살과 마주치는 것이다. 한 마구니가 한 마구니와 마주치는 것이다. 한 보살이 한 보살과 마주치는 것이다. 한 천신이 한 아귀와 마주치는 것이다. 그것은 성문과 아수라의 만남이다. 그리고 물론 붓다와 붓다의 만남이기도 하다.

탁자 위에 놓인 이 잔에 대한 그대의 경험은 한 붓다(그대의 눈과 신경계)와 함께하는 한 붓다(잔)다. 그리고 여기에서 『법화경』 2장 「방편품」에 나오는, 영감을 받아 공들여 표현한 그 불가사의한 구절을 만난다. "붓다만이 붓다와 함께 만물의 궁극적 실재를 깨닫는다."[9] 경험의 모든 순간은 만물의 궁극적 실재다. 왜냐하면 경험의 모든

326

순간에 (삼천세계로서) 붓다가 (삼천세계로서) 붓다와 함께하기 때문이다. 지의가 말했듯이, 경험의 한 순간에 온 우주가 온 우주를 만나며, 그 결과로 온 우주가 생겨난다.[10] 물론, 여기서 '온 우주'는 '삼천세계'다. 그것은 곧 모든 현상이 온갖 가능한 방법으로 모든 현상을 보는 것인데, 붓다가 본 대로 공空·가假·중中으로서, 만물을 통달한 것으로서, 자기 성불의 능숙한 표현이면서 간접적 원인으로서 보는 것이다.

천태지관의 정수

그대가 있는 세계를 이렇게 삼천 겹으로 묘사하는 그 특이성은 전통적으로 중세의 불교신화에 뿌리를 두고 있다. 우리는 아마도 훨씬 더 직설적이고 접근하기 쉬운 방식으로 천태의 접근법을 다시 공식화하는 데 손을 써볼 수 있을 것이다.

먼저 지적할 점은, 천태의 관심觀心은 '마음'이라 불리는 좀 일반적이거나 보편적인 실체에 대해서가 아니라 특별한 때와 곳에서 어떤

---

9 이 책 6장의 주석 5를 참조하라.

10 문장을 그대로 풀면 이러하다. "그것을 이와 같이 이해한다면, 감각 기관과 감각 대상이 만날 때마다 경험의 한 순간이 일어난다. 감각 기관은 8만 4천[이라고 말할 수 있는] 모든 현상의 보배 창고이며, 감각 대상도 마찬가지로 8만 4천 모든 현상의 보배 창고다. 그리고 경험의 한 순간이 일어나면, 그 또한 8만 4천 모든 현상의 보배 창고다. [예를 들어,] 붓다의 법계가 법계를 마주하고 그리하여 법계를 일으키니, 그래서 모든 것은 성불의 양상들이나 마찬가지다."(若得此解, 根塵一念心起. 根卽八萬四千法藏, 塵亦爾. 一念心起, 亦八萬四千法藏. 佛法界對法界起法界無非佛法.) T46, 9a.

중생의 삶에 일어나는 특정한 의식의 순간에 대해 구체적으로 명상한다는 것이다. 그러하므로 그것은 필연적으로 편향되고, 불완전하며, 조건적이고, 미혹되며, 또 괴롭다. 그것은 미혹된 마음에 집중하는 것이다. 그대라는 이 거울은 왜곡하는 거울이고, 그 주위의 세계를 뒤집고 돌려서 바꾸어버리는 것이다. 주된 왜곡은 어떤 것인가? 애매함을 없애는 것이다. 그 거울은 세계를 그 자신의 집착과 기획에 맞는 관리 가능한 형태로 보이게 하면서, 세계를 존재하게 하는 빛으로서 그리고 세계가 특정 상황처럼 움직이게 하는 에너지원으로서 기능한다. 그것은 삼천 가지 뚜렷하게 대조적이지만 서로 수반하면서 일치하는 방식으로 나타내기 위해서 이 세계를 걸러내고 가공한다. 마치 별개의 실제 손가락 삼천 개를 나란히 배열해 둔 것처럼 말이다. 거기에서 각각은 하나, 오로지 하나이며, 각각의 특성은 확실히 지금 그것이고 다른 것이 아니다. 하늘은 파랗고, 진주는 희고, 이것은 길고, 저것은 짧고, 나는 나고, 너는 너고, 이것은 즐겁고, 저것은 즐겁지 않다. 그 애매함을 없앰으로써 삼천 겹의 세계를 삼천 개의 분리된 명확한 항목들의 한 세계로 만들어 생기 있게 존재하게 하는 이런 행위가 바로 우리 명상의 주안점이다.

그렇다면, 우선 우리는 공의 진상에 대해 순수하게 지적으로 이해할 필요가 있다. 그것에 대한 경험적 통찰은 아직 **아니다**. 그것은 순수하게 논리적 근거 위에서, 우리가 경험하는 사물들의 '본질'은 세계에서 '저 밖에' 있을 수 없다는 사실을, 사물들 자체는 우리와의 관계를 벗어나서 뜨겁거나 차갑거나, 달거나 시큼하거나, 길거나 짧거나, 딱딱하거나 부드럽거나, 빠르거나 느리거나, 존재하거나 존재하지 않거나, 같거나 다르거나 할 수 없다는 사실을 이해한다는 의미다. 사실은 우리가 보는 모든 것의 가장 기본적인 특성 –"관찰자와 대조적으로, 관찰되는 대상인" 그것 – 자체는 그 대상에 고유한 주어진 사실이 아니다. 마주치게 될 대상으로서 존재를 포함해 사물의 이 모든 특성은 관찰자와 관련이 있다. 세상에 대한 우리의 이해는 전적으로 우리의 지각 기관 및 습관화된 개념과 관련이 있다. 세계를 어떻게든 잘게 잘라서 이 부분에는 같음을, 저 부분에는 차이를 부여하는 이는 바로 우리다. 한 '사물'이 시작되고 다른 '사물'이 끝나는 곳이 어딘지 알지 못하면, 무엇이 무엇인지에 대한 '단순한 사실들'도 있을 수 없다. 어떤 관찰자가 이렇게 자르고 베는 행위를 하지 않는다면, 세계는 분리할 수 있는 특성이 전혀 없는, 잘리지 않은 연속체다. 천태종의 위대한 대사 담연湛然이 말했듯이, 사물들 자체는 결코 자신들이 다른 것과 '똑같다'거나 '다르다'고 선언하지 않는다.[11]

공空 1. 이것은 우리가 그것을 가공하지 않으면 외부의 세계를 그렇게 구체적으로 상상하거나 생각할 길이 전혀 없음을 의미한다. 이를 깨닫는 일이 중요하다. 대신에 우리는, 그것은 완벽하게 특색이 없다고 말할 수도 있다. 그래서 순전히 첫 번째 단계로서, 우선은 이것을 나누어지지 않은 하나의 커다란 전체성으로 생각하는 것이 방편적으로 유용하다. 이런 통찰은 불교도들의 전유물이 아니다. 사실 그것은 갈릴레오까지 거슬러 올라가는 근대의 과학적 세계관에 기초하고 있으며, 유사한 관념이 데카르트와 로크에게서도 보인다. 이들은

---

11 담연, 『지관의례止觀義例』(T46, 542a).

이 관념을 가장 체계적으로 제시했다. 당시에는 사물의 일부 성질들—색깔, 소리, 냄새, 맛 등—이 온전히 관찰자에게 의존하는 것처럼 인지되었다. 그것들은 사물이 어떤 감각 기관에 끼치는 영향과 관계가 있었다. 이것들은 때때로 '2차' 성질들이라 불렸다. 그러나 다른 성질들은 참으로 관찰자와 독립해서 존재한다고 여겨져 '1차' 성질들이라 불렸다. 이것들은 강도, 범위, 운동, 수와 도형처럼 수량화할 수 있는 것들이었다.

물론 이런 관념은 서구 철학에서는 완전히 다른 목적으로 이용되었다. 정량적인 과학적 조사에서 적절한 대상을 찾을 수 있도록 주체로부터 객체를 갈라놓았다는 뜻이다. 그러나 관찰자와 독립해 있다고 추정되었던 '1차' 성질들조차 점점 문제가 되었다. 더 심사숙고할수록 그것들이 참으로 독립해 있다는 확신은 무너져 내렸다. 왜냐하면 버클리가 나중에 지적했듯이, 그것들은 '2차' 성질들과 완전히 독립해 있다고 생각할 수 없기 때문이다.[12] 그리고 칸트는 버클리의 관념론은 거부했으나, 그 대신 어떤 식별 가능한 실제적 내용을 경험 세계에 제공하는 모든 형태들과 범주들은 사물 자체보다는 우리의 타고난 지적 구조의 작동이라는 것을 보여줄 수 있다고 주장했다.[13] 우리는

---

12 George Berkeley, *A Treatise Concerning the Principles of Human Knowledge* (Indianapolis: Hackett Publishing, 1982), sections 14-15, 28을, 그리고 더 광범위하게는 *Three Dialogues betweeen Hylas and Philonous* (New York: Pearson Longman, 2007), 73-79 참조.

13 특히 이것들은 외적인 직관(지각)의 형태로서 공간이고, 내적 직관의 형태로서 시간이며, 그리고 통일성, 다양성, 전체성, 현실성, 부정, 제한, 실체-우연, 원인-결과, 공동의 상호주의, 가능성, 존재, 필연성 따위의 개념적 범주들, 그리고

330

그것들을 경험에서 이끌어낼 수 없지만, 또한 필연적으로 세계를 그런 식으로 경험한다. 그것들은 그러한 경험을 위해 필요한 조건들이다.

우리는 우리가 경험하는 것이 완전한 진리는 아니지만 적어도 부분적인 진리라고 생각할 수 있다. 흰 잔을 보면서 나는 거기에서 볼 수 있는 모든 것의 작은 일부만을 보고 있다고 인정할 수 있지만,

---

일설에 따르면 이 모든 것 안에서 또 이 모든 것으로서, 그 자체 다양성을 통합하는 상호 연결로서 활동하는 통각統覺의 종합적 통일체 등이다. 칸트는 종합적인 선험적 판단뿐 아니라 모든 경험의 근거를, 나아가 의식 자체를 경험하는 일과 비슷한 모든 참된 지식의 근거를 제공하면서, 이것들은 경험에 의해 생산될 수 없고 오히려 경험에 의해 추정되는 것임을 보여주려 한다. 이것은 물론 그의 첫 번째 비판서(『순수이성비판』)의 지나친 단순화이며, 내 견해로는 두 번째(『실천이성비판』)와 특히 세 번째(『판단력비판』)에서 흥미롭게 수정하면서 전환하는 칸트의 설명 전체와도 거리가 멀다. 말이 난 김에 우리는, 피히테와 셸링, 헤겔처럼 두 번째와 세 번째 비판서에서 단서를 얻고 또 경험과 비-경험의 구별에 의문을 제기하면서 공정한 경쟁의 장을 마련하여 저 칸트의 속성들을 우리의 선험적인 능력들에 포함시키려고 인과성과 필연성의 비판을 확장할 때, 천태의 견해와 가까워진다는 사실도 지적할 수 있다. 칸트가 주체와 객체로 나누고 원인과 필연성을 비-원인 및 비-필연성과 분리하는 것에 비해서, 우리는 그 잠정적인 분할 양쪽에서 둘 다 발견한다. 그 사물 자체는 어떤 것의 '원인'이 될 수 없고 우리 경험의 '외부에' 있을 수 없다. 왜냐하면 '원인'과 '외부성'은 각각 우리의 이해와 지각의 선험적 형태들이기 때문이다. 분리성 자체는 통일성과 마찬가지로 현상적이면서 칸트가 현상과 본체 사이에 존재한다고 주장하는 분리성을 포함한다. 두 영역을 가르는 분리성은 다른 어떤 분리성보다 더 실재적일 수 없고 또 우리의 이해가 만들어낸 통일성보다 더 실재적일 수 없다. 필연성과 자유에 대해서도 똑같다. 따라서 똑같은 필연성과 보편성은 예외 없이 분리성과 통일성 양쪽에 다 적용된다.

그럼에도 내가 보고 있는 것은 거기에 실제로 있는 것의 일부다. 나는 빙산의 일각을 보고 있다. 그러나 이미 보았듯이, 이 '일각'이라는 것은 그것이 보이지 않는 어떤 빙산의 일각인지 여부와 상관없이 동일한 일각으로 남아 있지 않다. 그 정체성은 그것을 일부로 갖는 전체에 의해 변화한다. 나는 이제 O를 보고 있다. 그런데 내가 보지 못하는 그 나머지 전체는 일련의 숫자인가, 일련의 글자인가? 그걸 알지 못한다면, 나는 내가 보고 있는 것을 알 수 없으며, 적어도 알파벳에서 N과 P 사이에 오는 문자를 보고 있다고 말할 수 없고 또 영을 나타내는 기호를 보고 있다고도 말할 수 없다. 영과 글자 O는 '2차 성질'이 될 것이다. O의 형상, 그 둥글함이 1차 성질이 될 것이다. 그러나 솔직히 그것은 '둥글다'라고 말할 수도 없다. 왜냐하면 그 나머지 전체가 드러나면, 그것은 맨 끝에 더 두꺼운 테두리가 있고 앞쪽은 축소되어서 우리의 관점에서만 원형으로 보이는 비스듬히 기울어진 타원형으로 밝혀질 것이기 때문이다.

불교의 다른 명상과 달리 천태의 관법은 마음을 '비우기'나 '가라앉히기'에 특별한 의미를 두지 않는다. 그것은 모든 개념화, 모든 상상, 모든 관념, 모든 생각들을 몰아내면서 그 순간에 말없이 특징도 없이 직접적으로 파악하려는 것이 아니다. 사실 천태의 시각에서는 어떤 견해나 생각이 전혀 없이 완전한 고요 속에 머문다 하더라도, 이것은 그 자체가 또 하나의 정신적 상태, 세계에 대해 구축한 또 하나의 망상적 환영에 지나지 않는다. 이는 중요한 점이다! 그러나 그것은 진실이 아니다. 그러니 이렇게 아무 특징 없는 세계의 환영을 마치 진실인 것처럼 여겨서 거기에 머물러서는 안 된다. 천태종이 다른 불교 종파들과 의절한 곳이 여기다. 왜냐하면 이 특징 없음 자체는 그대가 지적 관점에, 망상적인 차별적 인식에 기초해서 상상하고 있는 것에 지나지 않기 때문이다. 그렇지만 그대의 (미혹된) 마음에 이 특징 없는 세계에 대한 (미혹된) 생각을 잡아두고서 역시 그대의 (미혹된) 마음에 있는 다른 어떤 것—특징들, 속성들, 특성들의 세계—과 대조하는 일은 아주 필수적이다.

완전한 무지에 대한 이런 공상—이런 관념—에 골몰해 보라. 흰 잔을 보면서 자신을 떠올려 보라. "이것은 실제로 잔이 아니다. 이것은 실제로 희지 않다. 나는 이것이 무엇인지 전혀 알지 못한다." 세계에 대해 생각하면서 자신을 떠올려 보라. "내가 세계에 대해 진실이라고 생각할 수 있는 그 무엇도 진실이 아니다. 세계가 실제로 어떤 곳인지 나는 아무것도 모른다. 내가 진실이라고 생각하는 것은 모두 정말로, 궁극적으로 진실일 수 없다."

그런데 그대가 "보이는 그대로거나 이전에 보였던 그대로인 것은 아무것도 없다"고 말할 때, 그대는 보이는 것과는 구별되는 어떤 것을, 보이는 모든 것과 '다른 것'인 특별한 어떤 것을—아마도 특징 없는 거대한 공백을, 텅 빈 공간을— 마음에 그리고 있다는 사실에 주목하라. 이것은 그대가 보이는 대로의 세계와 대조하고 있는 어떤 것이다. 두 가지가 있다. 보이는 대로의 세계, 그리고 실제로 존재하는 세계인데, 후자는 이렇지 않으며 보이는 것이 아니다. 그대 마음에 이 두 그림을 하나씩 떠올려 보라. 이제 그것들을 서로 곁에 두라. 그것들의 공통점은 무엇인가? 그대가 그것들을 서로 곁에 두고서 비교하도록 하는, 그것들이 공유하는 매개는 무엇인가? 무엇이 그것들을 구별하는가? 그것들을 가르는 경계선은 무엇인가?

공空 2. 세계는 아무 특징 없이 비어 있지 않다. 세계는 보이는 그대로도 아니고, 나타나는 단 하나의 방식도 아니다. 붓다가 보는 세계는『법화경』16장「여래수량품」에서 말하는 것과 같다. "그러함도 아니고 그러하지 않음도 아니다."[14] 즉, '이런 방식'으로도 아니고 다른 어떤 특정한 '방식'으로도 아니다. 세계는 한 가지 방식으로 존재하는 것이 아니며, 어떤 사물도 한 가지 방식으로 존재하지 않는다. 단순히 '비어' 있거나 '특징 없이' 있는 것은 '그것이 존재하는 한 방식'이다. 그래서 그것은 비어 있을 수 없고 특징이 없는 것일 수도 없다.

그러면, 그것은 무엇인가? 여기서 우리는 다시 천태에서 공의 의미를 가져온다. 특징 없는 공백이 아니라 **애매함**. 허상인 것은 거기에 무언가가 있다는 것이 아니며, 심지어 세계에 차이들이 있다는 것도 아니다. 허상인 것은 어떤 방식으로든 명확하게 구별되는 것들이 있다는 것이다. 실제로 모든 것은 그것이 나타나는 방식으로 볼 수 있고, **적어도 하나의 다른 방식으로도** 항상 볼 수 있다. 적어도 하나의 다른 방식으로 항상 볼 수 있기 때문에 그것은 **무한한 방식**으로 볼 수 있다. 이러한 보기의 무한한 방식 밖에서는 '그것'이 존재하지 않는

---

14 붓다는 자신의 수명을 밝히기 전에 이렇게 말한다. "나, 여래는 삼계를 있는 그대로 알고 보느니라. 물러나는 듯 나타나는 듯하나 태어남도 죽음도 없고, 세상에 머무는 일이나 열반을 통해 사라지는 일도 없으며, 진실도 아니고 거짓도 아니며, 그러함도 아니고 그러하지 않음도 아니니, 삼계가 그 자체를 보는 것과 같지 않느니라."(如來, 如實知見三界之相. 無有生死, 若退若出, 亦無在世及滅度者, 非實非虛, 非如非異, 不如三界見於三界.) 구마라집의『법화경』(T9, 42c)을 내가 영어로 번역한 것이다.

다. 그것을 보는 이런 방식들은 실제로 그것인 한 가지 방식－그것을 보는 한 가지 방식－에 추가되지 않는다. 다른 '왜곡된' 모습과는 대조적으로 그것이 지닌 '진정한' 성질들을 드러내는 특권적인 관점은 없다. 어떤 특징과 속성을 지니고 나타나는 것은 그것이 나타나는 한 방법이다. 실제로 특징 없는 것으로 상상되는 것은 그것이 나타나는 또 다른 방법이다. 둘 가운데 어느 쪽도 다른 것보다 더 진실하지 않다.

이 애매함은 어렴풋함도 흐릿함도 의미하지 않는다. 때때로 (불교도를 자처하는 많은 이들을 포함해서) 도구적 이성이나 과학 기술, 주지주의의 적들인 낭만주의자나 경건주의자는 현실 자체가 유동적인, 끈적끈적한, 질척질척한, 부드럽게 날이 선 어떤 것이며, 그와 더불어 모든 것이 점진적인 혼합을 통해서 다른 것들과 마주치고 그것들에 흘러든다는 관념을 갖고 있다. 이 복잡하지만 다루기 어려운 곤죽은 우리의 왜곡된 인식에 의해 단단하고 굳으며 날카롭게 경계 지어진 것들로 단순화되고, 개별 명사들로 이루어진 우리의 언어와 경직된 추론에 의해 특징지어지며, 그것은 명확하고 분명한 관념에 사로잡혀 있고 오로지 그런 관념만 인지한다고, 그들은 믿는다. 그것은 우리가 여기서 취할 입장이 아니다.

우리는 '구별 짓기'를 정확히 마음의 특성으로, 마음이 하는 일로 인지하지만, 이런 이유로 이것을 비-분별적인 '다른' 것과 대조할 수 없다. 이것은 그 바깥에 있으면서 마음의 구별 짓기 과정과 **구별되어야** 한다. 천태에서는 이것을 막다른 골목으로 간주한다. 우리는 그 대신에 그 구별-짓는 마음의 왜곡된 행위를 마음 너머나 바깥에 있는 어떤 흐릿함이나 끈적끈적함을 상상하는 방식을 통해 초월할 수는 결코 없다. 왜냐하면 이것은 단지 똑같은 일이 더 많은 것일 뿐이고, 더 많은 '마음,' 더 많은 구별일 뿐이기 때문이다. 차라리 우리는 마음과 그 구별들을 완전히 피할 수 없고 완전히 편재하며 완전히 넘어설 수 없는 것으로 여기고, 그럼에도 바로 그 이유로 안에서 스스로 넘어설 수 있는 것으로 여겨서 안에서부터 작업을 해야 한다. 천태의 공사상이 가리키는 그 애매함은 정신적 구별로 만들어진 선명한 경계들과 공존하는 그런 것만은 아니기 때문이다. 그 둘은 동일한 사실에 대해 같은 넓이를 가진, 대체되는 이름들이다. 이것이 삼제三諦가 의미하는 바다. 뚜렷이 구별됨(일시적으로 두기, 국지적 일관성)은 정확하게 애매함(공, 세계적 비일관성)이고, 중제는 그것들의 정확한 가역성에 대한 통찰이며, 각각은 다른 것을 필요로 한다는 것, 사실 그것들은 서로 동의어일 뿐이라는 것이다.

　흐릿한 물건들을 상상해 보면, 이 물건들과 그것들의 흐릿함은 연관된 의미에서는 윤곽이 뚜렷하고 단단한 물건들에 못지않게 실제로 뚜렷하고 명료하다. 우리가 '뚜렷한'과 '명료한'으로 나타내려던 것은 '물성物性' 그 자체가 의미하는 것, 곧 **상호 배타성**일 뿐이다. 무언가가 "거기에 있다"고 말할 때, 무엇을 말하려는 것일까? 그것이 아닌 것은 무엇이든 배제한다는 의미이며, 이것이야말로 그것이 뚜렷하고 명료하게 그 자체가 됨을 의미하는 전부다. 이 개념은 잠정적인 대상에 적용되는 만큼이나 추상적 차원에서 어떤 특질이나 상태에도 적용된다. '흐릿함'이라는 상태는 존재하는가? 존재한다면, 그것은 윤곽이 뚜렷한 경계에 의해 (물질적으로 그리고/또는 개념적으로) '흐릿하지 않음'과 분리된다. '점진적 혼합'이라는 상태는 존재하는가? 존재한다면, 그것은 윤곽이 뚜렷한 경계에 의해 '전체적 분리'라는 상태와 분리된다. 명료함이 없다면, 그것 아닌 것과 확실히 분리되지 않는다면, 우리가 물질적 대상이나 한 대상의 특별한 상태에 대해 이야기하든 추상적인 정신적 개념에 대해 이야기하든 그것은 거기에 없다. 그것이 조금이라도 거기에 있다는 것, 다른 것이 아니라 명확하게 이것이라는 것, 그것이 바로 그 명료함, 그 경계성이 의미하는 바다. 사물들의 경계가 그것들의 애매성을 없애고, 그것들을 명확하게 이것이나 저것으로 만든다. 이런 경계가 느슨해지고 흐릿해지면, 해당 사물의 정체성과 범위는 그에 비례해서 느슨해지고 흐릿해진다. (그리고 느슨함과 흐릿함이라는 성질 자체는 이와 반대로 완벽하게 명확해지고 뚜렷해져서 '엄격하게 한정됨'과 '날카로운 분할'이라는 성질들과 반대되고 그것들을 배제한다.) 경계가 없는 나라는 영토가 없다.

당장 몇 분의 시간을 내서 그대가 보는 모든 것의 '명료함'에 주목하고, 상태들과 성질들의 명료함에도, 불명료함과 불명확함이라는 성질들에도 주목해 보라. 여기에 이 잔이 있다. 잔의 명료함에, 잔이 그 환경 곧 잔 아닌 것과 분명하게 분리되는 방식에 주목하라. 이 잔, 이 탁자, 그것들 사이에 그려진 공간 따위의 테두리, 경계, 윤곽에 주목하라. 이제 소리들로 한번 해보자. 소리들이 어디서 시작되고 끝나는지 보고, 안쪽 대 바깥쪽에 대한, 그 존재 대 부재에 대한 분명한 범위에 주목하라. 이제는 감정들에 대해 해보자. 그대는 뭔가 느끼는 걸 안다고 말한다. 그대는 '분노'를 느낀다고 말한다. 이 분노의 경계선을, 분노가 시작되고 끝나는 곳을 찾아보라. 그 분노가 다른 감정 상태들−차분함, 무관심, 기쁨−과 경계를 이루는 곳을 찾아보라. 분노가 되기 위해서는 그것이 다른 감정 상태들과 달라야 한다. 그것들과 다르기 위해서는 그것과 다른 감정들을 분리하는 어떤 경계가 있어야 한다.

분노의 명료함은 분노의 분노다움이고 분노로서 그 실제이며, 다른 어떤 것도 아니다. 잔의 명료함은 잔의 잔다움이고 잔으로서 그 실제이며, 다른 어떤 것도 아니다. 생각, 소리, 기억, 질감, 냄새, 풍미의 명료함, 그것은 생각다움, 소리다움, 기억다움, 질감다움, 냄새다움, 풍미다움이다. 명료함은 실제다. 사실성은 명료함이다.

그대가 어디를 보든, 그대의 생각이 어디를 향하든, 그대가 무엇을 느끼든, 그 명료함에 주목하라. 그 명료함은 모든 것의 존재다. 명료함이 없다면, 그것들은 거기에 있지 않고, 그것들은 애매성이 없어지지 않으며, 어떤 특정한 것도 없다. 세계에서 그대가 어디를 보든, 그대는 명료함을, 오로지 명료함을 볼 것이다. 세계는 명료함으로 만들어져 있다.

그대의 마음을 그대가 태어나기 이전의 시기로 돌려 보라. 이 생각이 하나의 경험이라면, 어떤 명료함이 있어야 한다. 다른 어떤 것보다도 그 시기의 영상에 대한 명료함이 있어야 한다. 이 명료함, 이 분명함, 애매하지 않음에 주목하라. 그대의 마음을 그대가 죽은 뒤의 시기로 향해 보라. 그 명료함에 주목하라. 지루함 같은 중간적인 상태에, 흔들리는 상태에 주목하라. 지루함은 지루함이 아닌 것(흥분, 기쁨, 슬픔)을 배경에 두고 있으면서 지루함으로서 자신의 명료함을 가진다는 사실에 주목하라.

어디에서나 그저 명료함을 알아채는 데에 시간을 써라. 그것이 현실과 같은 범위를 갖는다는 데 주목하라. 그대가 상상하고 느끼고 생각하고 보고 듣고 만지고 냄새 맡을 수 있는 것 가운데서 이 명료함을 결여한 것, 세부적으로 명료함이 아닌 것은 전혀 없다는 점에 주목하라. 조금이라도 '거기에 있다'는 것은 명료하다는 것이다. 이런 명료함은 그대 마음의 작용이다. 그대는 명료함을 보는 곳에서 그대 마음을 보고 있다.

이제, 그대의 마음에 대한 개념을 보라. 이 모든 명료함을 만드는 그대 마음의 개념을 보라. 명료한가? 명료하지 않다면, 그것은 거기에 있지 않으며, 명료하게 하고 애매함을 없애는 일을 할 수 없다. 생각은 자아를 세계와 구별하면서 둘 다 존재하게 하고 둘 다 명료해지게 한다. 분위기에 주목하라. 명료한가? 그렇지 않다면, 그것은 거기에 있지 않다. 그렇다면, 그것은 그대가 구별을 짓는 사람으로서 만든 것이다. 구별을 짓는 방법에 주목하라. 그것은 구별을 짓는 다른 방법들로부터 식별할 수 있고 구별할 수 있을 정도로 명료한가? 그렇지 않다면, 그것은 거기에 있지 않다. 그렇다면, 그것은 그대의 마음이, 보는 방법이, 생각하는 방법이 만들어낸 인공적 구성체다.

공은 세계가 존재론적으로 애매하다는 것을 의미한다. 가제(假諦, 임시적 두기)는 많은 요소들이나 대부분의 요소들이 조금도 애매하지 않게 나타나는 세계를 경험한다는 것을 의미하며, 그것들이 '저것'이 아니라 명확하게 '이것'으로, 양도할 수 없는 사실로, 애매성이 없는 것으로 나타나는 세계를 경험한다는 것을 의미한다. 마음은 다만 애매성을 없애는 과정이고, 사물들을 명료하게 그리고 서로 배제하게 만듦으로써 우리에게 실재하고 현재하도록 하는 과정이다. 그것은 특정한 별개의 정체성으로 만드는 '애매성 없애기'를 통해 우리와 관련된 일관된 세계를 살아있게 하고 조명하며 존재하게 하는 과정이다. 그러므로 그대가 무언가를 본다면, 그대는 그곳에서 작동하고 있는 그대 마음을 보고 있는 것이다. 그대가 무언가를 본다면, 그대는 그곳에서 그대의 (미혹된) 마음을 보고 있는 것이다. 그대가 어떤 실재를 본다면, 그 실재는―그 명료함은― 그대의 미혹된 마음이 만들어 낸 것이다.

텅 비고 특징-없음을 상상할 수 있는 것과 아주 똑같은 방식으로 애매성을 상상할 수는 없다. 흐릿한 것을 그저 상상하는 일은 되지 않을 텐데, 그 흐릿한 것은 다른 것과는, 즉 선명함과 명료함과는 구별되는 것으로 상상되기 때문이다. 그대는 하나의 선명하고 명료한 영역―애매한 것―을 다른 선명하고 명료한 영역―애매하지 않은 것―을 배경으로 해서 설정할 수는 없다. 말하자면 두 영역의 모든 것들 하나하나가 명료하게 구분되지만, 이 모든 명료함은 어떤 관점, 어떤 시각, 어떤 정신적 행위에 의해 무한한 애매성에서 걸러진 것이다.

이제 사물들을 구분하는 접촉면을, 그것들을 별개의 것으로 만드는 그것들 사이의 테두리를 살펴보자. 사물들 사이의 이런 경계들을 면밀하게 고찰해 보자. 여기서 공에 대한 지적인 논증을 적용할 수 있다. 전통적인 천태지관의 설명서는 유달리 시간적 측면에 집중하고 싶어 한다. 그대는 지금, 이를 테면 화난 순간에 이런 경험을 하고 있다. 그대가 성찰하기 전에 '화난 것'으로 확인했던 이 경험의 일부를 떼놓고 보라. 그대의 인식 영역에 있는 모든 것이 이 화난 감정은 아니다. 명료함의 다양한 수준이, 그리고 초기의 다른 생각들과 감정들이 함께 일어나 그것의 배경 상태가 되는데, 그 모든 것들은 '화남'과는 다르며 그것들에서는 '화'의 특질들이 나타나지 않는다. 게다가 그대는 항상 화가 나 있지도 않고, 미래에도 항상 화가 나지 않을 것이다. 이런 화의 경험은 영속하지 않는다. 그것에는 시작이 있었고 조만간에 끝이 있을 것이며, 심지어 지금도 그것을 다른 감각들과 분리하는 경계가 있다. 그 경계는 이 지각의 순간을 구성하는 경험들의 곤죽 안에서 그것이 시작되고 끝나는 곳이다. 화난 경험을 별개의 식별 가능한 경험으로 만들고 화를 다른 것과 상반되는 것으로 만드는 것은 그 경계다.

그 시작에 대해 생각해 보라. 그것은 '화가 나지 않은' 상태에서 나왔을 텐데, 아마도 그대가 누군가에게서 모욕적인 말을 들었거나 발가락을 찧은 상태였을 수 있다. '모욕'은 '화남'과 다르고 완전히 별개이며 질적으로 다른 경험이다. 그런데도 '모욕'은 '화'를 일으키는 원인(또는 적어도 조건)이다. 화가 나 있는 동안에 일어나는 화에 대해 생각해 보라. 그대가 의식하는 삶, 그대의 시간이 팽창하는 동안에 스며드는 하나의 성질로서 그것을 느껴보라. '화'는 '화 아닌 것'에서 어떻게 일어났는가? 화가 이르기 전에 '화 아닌 것'이 사라졌는가? 그랬다면, '화 아닌 것'은 화의 '원인'일 수 없다. '원인이 되는' 일을 하기 위해서는 무언가가 아직 거기에 있어야 하기 때문이다. 이미 사라진 것은 원인이 되는 일을 전혀 할 수 없다. 그러나 모욕을 당하거나 발가락을 찧는 순간은 '아직-화나지-않은' 순간이었다, 그렇지? 그런데도 그것은 화의 원인으로 받아들여져 왔다. 그 화는 **틀림없이** '화 아닌 것'에서 왔을 것으로 보일 것이다. 왜냐하면 우리의 통상적인 논리, 곧 우리의 통상적인 경험을 형성하는 논리에 따르면, '화'와 '화 아닌 것'은 존재하는 전부이기 때문이다. 어떤 중간 매개, 곧 발가락을 찧는 것도 아니고 화난 감정을 일으키는 것도 아닌 어떤 것, 원인과 결과 사이에서 영향을 전달하는 어떤 것이 있다 할지라도, 이것은 여전히 적용된다. 중간 매개와 일어나는 화―아직 화가 '아닌' 것― 사이에는 틀림없이 관계가 있으며, 그뿐 아니라 원인(모욕적인 것)과 매개―둘은 서로가 '아니며' 서로에게 상호 배타적이다― 사이에도 틀림없이 관계가 있다. 중간 매개는 당연히 '화 아닌 것'이기도 하다. 화가 나기 전에 일어나고 있었던 일은 무엇이든 어떤 형태로든 '화 아닌 것'이어야 하고, 그래서 화를 일으킬 유일한 원인은 '화 아닌 것'이다. 그럼에도 화가 났을 때 그것이 사라졌다면, 그것은 화를 일으키는 원인이 될 수 없었다.

다른 대안은 무엇인가? 화가 났을 때 그것이 사라지지 않았다고 하는 것이다. 그러나 그 경우, 화와 '화 아닌 것'은 동시에 존재했다. 이 두 가지 서로 모순되는 상태들, 화와 '화 아닌 것'은 적어도 전환하는 동안에 잠깐이라도 공존해야 한다. 그렇지만 또다시 이것은 우리의 통상적인 논리가 용납하지 않는다. '화가 난' 상태는 '화나지 않은'을 배제할 경우에 '화나지 않은'과 뚜렷이 구별되어 그 자체로 규정되고 경험될 수 있을 뿐이다. 만약 그 둘이 동시에 일어나고 있다면, 우리는 왜 이 '화난 것과 화나지 않은 것 둘 다'를 '화 아닌 것'이 아니라 '화'라고 이름을 붙이는가? 어쩌면 그대는, "좋아, 내 **일부**는 화의 원인인 화나지 않음을 경험하고 있고, 바로 그때 **다른 일부**는 화가 일어나는 것을 경험했다"고 말함으로써 이 논리적 모순을 피하려 할 것이다. 그러나

342

이 또한 말이 되지 않는다. 왜냐하면 그대 경험의 이 두 '부분들'이 어떻게 관련되어 있느냐 하는 것 때문이다. 또다시 그것들은 어딘가에서 공존해야 하고 또 관계를 맺기 위해서는 공통된 무언가를 가져야 하지만, 그렇게 하는 것은 논리적으로 불가능하다. 이번에도 그대는 그것들의 공존을 화도 아니고 '화 아닌 것'—아마 마음 자체—도 아닌 중립적인 제3의 매개로 옮기려 애쓸 수 있겠으나, 거기에서도 똑같은 문제가 생긴다. 어떻게 상호 배타적인 '중립적'과 '비중립적'이 공존해서 하나가 다른 것을 '차지하거나' '에워싸거나' 조금이라도 관계를 맺을 수 있겠는가?

그리하여 우리가 상상하는 순간들 사이의 경계들은 **일관되지 않다**는 사실을 우리는 알게 된다. 면밀하게 따져보면, 그것들은 이치에 맞지 않다. 그러나 이 순간의 명료함, 그 실재는 애매하지 않은 경계를 갖느냐에 달려 있다. 그 순간은 실제로 떠 있는 손가락과 같다. 그 바깥쪽(과거, 미래)은 그 안쪽이고, 그 안쪽은 그 바깥쪽이다. 사실 '화'나 '화 아닌 것'이라는 국지적으로 일관된 이름이 어떤 국지적 맥락 안에서 오로지 일시적으로, 잠정적으로 주어진다고 하면, 그것은 항상 '화-아닌-화'다. 그대가 들은 '화 아닌' 모욕은 모두 실재이면서 성불의 환희와 마구니 같은 망상의 고통을 다 '모욕'의 형태로 포함하고 있다. 그 모욕을 들은 그대, 모욕당하려고 거기에 있는 그대의 몸과 마음 또한 모두 실재이면서 성불의 환희와 마구니 같은 망상의 고통을 다 포함하지만, '그대'라는 형태로 포함하고 있다. 그리고 이 두 가지 형태의 실재 전체가 마주칠 때 일어난 화의 경험, 그것 또한 모두 실재이면서 성불의 환희와 마구니 같은 망상의 고통을 다 포함하지만,

'화'의 형태로 포함하고 있다. 이것을 느껴보라. 그대가 어떤 경험을 할 때마다 전체 다중 우주(주체)가 전체 다중 우주(객체)를 만나고 그것으로 전체 다중 우주(경험)를 일으킨다.

　이제 똑같은 것을 공간 속 사물들―그대의 몸, 이 잔, 저 탁자 등―의 명료함, 경계 있음에도 적용해 보라. 어디에서 '잔'은 끝나고 '잔 아닌 것'이 시작되는가? 그것들도 자체의 정체성을 갖기 위해서는 대조될 필요가 있다. 잔은 '잔 아닌 것'에 맞서서 지속될 때에만 잔이며, 이 '맞서 지속됨'이 일어나려면 그 둘이 하나의 경험에서 공존해야 한다. 잔에 대한 경험은 잔을 넘어서 주변 공간으로 확장되어야 한다. 그러나 그 경우에 잔과 '잔 아닌 것'은 동시에 잔**으로서** 경험된다. 대조되는 잔과 '잔 아닌 것'은 그 둘 사이의 **관계**이기 때문이다. 그것들이 관계를 맺기 위해서는, 이전처럼 시간의 한 지점에서가 아니라 그것들이 공유하는 어떤 매개에서, 그 둘을 에워싸는 어떤 공간에서, 그것들을 함께 모을 수 있는 어떤 영역에서 공존해야 한다. 이 영역은 잔과 '잔 아닌 것' 둘 다를 배제하지 않는 것이어야 한다. 그렇지 않으면, 그 영역은 그 자체가 배제되지 않고는 둘 다를 담을 수 없다. 그 둘 다가 나타나는 마음이나 공간, 그것은 어떻게 잔과 '잔 아닌 것'에 중립적일 수 있고 그럼에도 둘 다와 공존할 수 있는가? "잔과 잔 아닌 것에 중립적이다"는 "잔도 아니고 잔 아닌 것도 아니다"를 의미하는데, 이는 잔과 잔 아닌 것 둘 다를 배제해야 하는 것이다. 그럼에도 잔과 '잔 아닌 것' 둘 다 존재하는 하나의 지점이 적어도 있어야 한다. 그래야 그 둘이 비교되고 서로 유지되고 동시에 고려될 수 있다. (여러분은 4장으로 되돌아가 불성의 주요 상징으로서 공간의 낯설음에 대한 나의 논의를 재검토할 수 있다.) 다시 말해서, 공간에 사물들의 경계가 있다는 말은 이치에 맞지 않다는 것이 핵심이다. 사물들을 명료하게 구분하는 일은 실제로 가능하지 않다. 명료해 보이는 것들은 모두 떠 있는 손가락들이고, 항상 서로의 안에 있으며 항상 가정된 경계선 **양쪽**에 있다.

그래서 그대에게 나타난 것 같은 세계는 전혀 '거기에' 있지 않다. 거기에 있는 그것을 명료한 무언가로, 별개의 실체들로 구성된 것으로 만드는 것은 무엇인가? 이번에도 그것은 애매성을 없애고 구별 짓는 그대 자신의 의식인데, 그 의식은 그대가 경험하는 사물들의 모든 본질에 필수불가결한 원동력이다. 그대가 본질을 가진 어떤 세계를 본다면, 거기서 그대는 자신의 미혹된 마음이 작용하는 것을 보고 있는 것이다. 그대 마음을 보려거든, 그저 그대가 알고 있는 세계를 보라. 이렇게 차별화된 세계는 그대의 미혹된 마음 그 자체다.

이제 그대는 어디에서나 명료함을 보게 되었으니, 상상력을 발휘해서 외부로 확장해 보라. 그대가 알고 있는, 들은 적 있는, 상상할 수 있는 어떤 대상이나 상태에 마음이 멋대로 떠다니도록 내버려두라. 개, 진흙, 탁자, 고대 로마, 해왕성. 상상에서 존재하는 것들도 포함하라. 일각수, 붓다들, 마구니들. 감정적인 상태들도 포함하라. 슬픔, 기쁨, 놀람, 공포, 권태.

그대가 알고 있거나 심지어 '~에 대해' 아는 모든 것을 인식하라. 무언가에 대해 아는 것은 그 무언가를 그대 자신의 마음 안에 그리고 그 마음의 한 양상으로 존재하게 하는 방법이다.

그대는 그 있을 수 있는 미래를, 그 기억을, 그 경험을, 그 성격적 특정을, 그 사물을, 그 인물을 미워한다. **그대가 미워하는 것**은 정신적인 '대상'이다. **그것에 대한 그대의 미움**은 정신적인 '태도'다. 그대 자신의 마음이 드러내고 있는 '것들'에 그 '대상'과 그 '태도' 둘 다를 포함시켜라. 그것들은 단일한 정신적 사건의 부분들이다. 둘 다 '그대'의 양상이다.

그대의 몸을 훑어보면서 부분에서 부분으로 그대의 의식을 가볍게 던져보라. 손, 발, 다리, 배, 목, 머리. 그대가 그것들을 주목하는 일이 어떻게 그것들을 실체화하는지, 어떻게 그것들을 인식의 대상으로 삼는지, 어떻게 그것들을 별개의 대상으로 형성하는지 따위를 보라.

이제 똑같은 방식으로 확장해서 바깥의 세계를 훑어보라. 나무들, 집들, 그대가 아는 사람들. 그대의 인식이 어떻게 그것들을 실체화하는지, 그것들을 생동하게 하는지, 그것들을 존재하게 하는지, 어떻게 각각이 명료한 무언가가 되고 또 그대 인식의 떠도는 연기 모양이 되는지 따위를 보라. '십법계'나 '십여시'를 그대만의 방식으로, 근대적인 의인화된 형태로 창조하기에 좋은 한 가지 방법은 월터 휘트먼의 시집 『풀잎(Leaves of Grass)』에서 아무 쪽이나 펼치는 일이다. 휘트먼은 거대한 목록을 펼쳐서는 하나하나 이름을 붙이고 모든 것을 확인하고 자기 인식의 지평을 넓히고 그저 각각의 것을 분명하게 마음에 떠올리는 일을 잇달아 하고 있다. 그대의 상상력에 자극제가 되도록 휘트먼을 가까이에 두라. 각 항목이 갑자기 살아나는 것을 지켜보고, 그 명료함을 그대의 떠도는 인식이 형태를 갖고 하나씩 나타난 것으로 가정하라. 빈 곳들, 흐릿한 곳들, 대체 가능한 것들, 가장 좋으면서 가장 나쁜 것, 그대 자신처럼 가장 대단하면서 가장 하찮은 것들에 대한 그대의 인식도 포함하라. 모든 것을 인식하라. 이제 한 가지 더 알아두라. 중첩되는 것들도 잊지 말고 포함하고, '똑같은 것'을 바라보는 대안적 방식들도 포함하고, 가능한 일과 실제의 일을 다 포함하라. 그것은 이렇고 동시에 저렇다, 이것에 관해 나는 옳으면서 동시에 틀렸다, 나는 이것을 하면서 동시에 저것을 한다. 그 모두를 인식의 형태로서 포괄하라. 상상할 수 있거나 생각할 수 있는 모든 것은 만만한 대상이며, 여기서는 '세계'로, 여기서는 '마음'으로 간주되는 것 가운데 하나다.

이 모든 것을 그대 마음이 기능하는 것으로, 각각의 '무엇임(what-ness)'을 창조하는 것으로 인식하라. 어떤 '무엇임'을 어디에서 찾아내는가? 어떤 종류의 '무엇임'을 어디에서 찾아내든, 거기서 그대가 찾아내는 것은 그대 마음이다. 그대가 '무엇임'을 어디에서 보든, 거기서 그대가 보고 있는 것은 '그대'다. 이 '그대'는 무엇인가?

바로 여기서 우리는 "모든 것이 나다!"라고 외칠 수 있다. 일단은 그 관점을 탐구해 보자. 비록 잠시 뒤에 그것을 넘어설, 심지어 뒤집을 이유가 생길지라도 말이다. 이 경험에 이를 열쇠는 의지로서 (또는 욕망으로서) 자아와 인식으로서 자아를 구별하는 일이다. 자아에 대한 우리의 일상적인 직관은 세계를 우리의 욕망에 따라 나누는 것에 달려 있다. 현대의 발달심리학이 유아의 자아 감각 형성을 묘사하면서 지적하듯이, 우리의 의지와 일치하는 것은 무엇이든 자아로 인식하며, 우리의 욕망과 충돌하는—우리를 귀찮게 하는, 우리를 실망시키는, 우리를 다치게 하는, 우리 욕망을 가로막는— 것은 무엇이든 '비-자아'로 느낀다. 그러나 우리의 인식－바로 우리 자신의 인식－은 당연히 우리를 즐겁게 하는 것과 우리를 불쾌하게 하는 것을 모두 포함한다. 결국 우리 인식의 일부가 아니라면, 그것은 우리를 불쾌하게 할 수 없다.

우리가 우리 자신을 의지가 아니라 인식으로 보기 시작할 때, 우리는 모든 것이 자아의 일부라는 사실을 알게 된다. 우리의 인식은 자아와 비자아로 나누어지지 않는 것처럼 보인다. 그것은 또한 넘어가지 못할 경계가 없는데, 경계를 경계로서 경험하는 일 자체가 이미 경계를 넘어 지나가는 일이기 때문이다. 그러므로 인식으로서 자아는 실제로 바로 '나 자신'이, 나의 개인적 관점이나 나의 한정된 몸에 갇힌 자아가 아닌 것 같다. 그것은 모든 방향으로 뻗어 가고 존재의 전 영역을 뒤덮으면서 누구에게도 속하지 않으면서 모든 이에게 속한다. 조건 지어지지 않은 것, 열반 그 자체인 것 같다!

이것은 일반적인 불교도뿐 아니라 비불교도조차 고려하는 점이며, 즐거운 반쯤은 신비적인 직관을 불러일으킨다. 이것은 아마 "아트만은 브라흐만이다"라는 우파니샤드적 개념의 밑바탕에 깔려 있는 그런 유형의 직관일 것이다. 모든 것들은 진정한 자아의, 나의 내면 가장 깊은 데 있는 자아의 부분들이다. 그것은 선불교의 지성사를 구성하는 길게 이어진 순열의 시작에 서 있다. 천태교학은 같은 방법을 쓰면서 그것이 만들어내는 직관을 쓰지만 정확히 반대되는 결과에 이르는데, 이는 인식이 조건 지어지지 않은 것이라는, 그것은 실제로 나의 인식－나의 편파적인, 왜곡된, 개인적인 인식－이 아니라는 이런 느낌의 정확성을 세차게 거부하기 때문이다. 반대로 우리의 편파적이고 이기적인 욕망들이 제거되어 정화된 것처럼 보이는 그 인식은 사실 그것들에 완전히 조건 지어져 있다. 우리의 인식은 철저하게 의지와 욕망들에 젖어 있다. 존재의 전 영역을 뒤덮고 있는 이 인식은 사실상 완전히 조건 지어져 있으며, 어떻게 그것이 이런 존재들을 드러내는지와 관련해서는 우리가 누구인지, 어디에 있는지, 무엇인지, 어떻게 존재하는지에 완전히 의존하고 있다. 그 인식은 심지어 그것이 우리의 인식 영역에서 이 모든 존재들을 드러내는 것에도 완전히 의존하고 있다. 그렇기에 이런 식으로 천태교학은 의식에 대한 철저히 물리적인 설명과 양립할 수 있다. 그것은 지금 여기에 있는, 바로 이런 식으로 조건 지어져 있는 우리 몸의 한 기능이다.

그럼에도 인식은 우리가 조금이라도 가질 수 있는 태도에 대한 가능한 모든 상태를 포괄한다. "모든 것은 나다"라는 관법의 핵심은, 미워하는 요소들에도, 우리가 아는 세계의 중립적인 것처럼 보이는 요소들에도, 전혀 내가 아닌 가구와 무대 장치에도, 나 자신을 정의하기 위한 배경인 '나 없는 세계'에도 '나-다움'이 ─보편적인, 조건 지어지지 않은 자아의 성품이 아니라, 나의 편파적인, 탐욕적인, 어리석은, 반쯤 미친 특수한 자아가─ 속속들이 배어 있다는 사실을 드러내는 일이다. 그대의 인식을 이루는 모든 요소에 이 자성自性을 놓아두라. 그대의 개인적인 입장, 태도, 과거, 성격, 교육 따위가 실제로 그대 경험의 모든 요소들에, 인식의 모든 순간과 양상에 어떻게 존재하는지 주목하라. 그대 자아의 색깔이 세계의 모든 존재 하나하나를 어떻게 오염시키는지 보라. 부끄러움도 아니고, 바로잡으려는 어떤 의도도 아니며, 꾸짖는 태도도 아닌, 오히려 맹렬하다고 할 자부심으로 그렇게 한다.

  그대 이름이 길동이라면, 그대를 에워싼 온 세계의 길동-다움을 보되, 그대가 미워하는 것들 안에 가장 심하게 길동-아닌 것들도 포함시켜라. 그대 길동이 그것들을 너무나 미워하기 때문에 그것들이 아주 밉게 보인다는 사실에 주목하라. 이것이 편견이라고 생각하지는 마라. 그 대상에서 미움을 끄집어낸 이는 지당하게도 그대라는 사실에만 주목하라. 그대가 싫어하는 것들, 그대가 자신을 정의할 때 대조하는 것들이 정확히 그대의 이 입장에 의해 어떻게 물드는지를 알아차려라. 길동은 길동의 세계에서 어디에나 있다는 사실, 길동이 인식하는 모든 순간과 모든 양상은 직접적으로든 간접적으로든, 그 자체의 형태로든 그 반대로든 길동답다는 사실에 주목하라. 길동에 대한 전체의 놀이에서 길동의 스타일에 주목하라. 장치, 이야기, 배경 따위의 모든 세부 항목에서, 길동과 대조되는 형태에서라도 길동과의 관련성을 보라. 길동은 광대한 시간이 자신이 태어나기 전에도 또 죽은 뒤에도 펼쳐져 있다는 사실을 안다. 길동은 그가 존재하는지를 모르는 세계에 수백만 명의 사람들이 있다는 사실을 안다. 길동은 많은 사람들이 그가 편드는 것 전부를 싫어한다는 사실도 안다. 이 모든 것은 길동의, 인식으로서 길동의 양상들이며, 그것은 욕망으로서 길동의 확장이다.

  그러면, 이 길동다움은 무엇인가? 알고 보면, 길동다움은 어디에나 있으면서 어디에도 없는 어떤 것이다. 조건적인 길동다움은 무조건적인 것이다! 모든 가능한 실체들, 모든 특성들에 스며드는 데 확실히 성공하면, 그로 말미암아 그것은 그 자체의 독특한 특성을 잃어버린다. '길동-아닌' 어떤 것과도 반대되는 '길동'은 더 이상 없다. 그 성공은 그 추락이고, 그 추락은 그 성공이다. 그 국지적 일관성은 그 세계적 일관성이다. 그 진지함은 그 해학이다. 그대는 바깥 세계를 그 모든 변이와 접합 속에서, 그 모든 차이들 속에서, 그 모든 외부성 속에서 보면 볼수록 더 그대 자신을 본다. 그리고 가장 독특하고 특이한 그대를 자신의 내면에서 찾으면 찾을수록 그대는 바깥 세계를 더 발견하게 된다. 하나가 더 분명해지면, 다른 하나도 더 분명해진다. 세계가 그 자체는 그대 밖에 있으면서 그대와 다른 존재라는 것을 나타내면 나타낼수록—통제할 수 없고 이해할 수 없으며 예상치 못하고 동화할 수 없는 존재일수록— 세계는 그 자체가 그대 자신의 활동임을 더 드러내게 된다. 그리고 세계가 그대 자신이 한 일일수록 그것은 더 다채롭고 뚜렷하게 다른 쪽이 된다.

삼제三諦라는 '형식': 망상의 완전한 실현은 망상으로부터 해탈이다

그러면, 우리의 문제는 무엇이며, 그 문제에 대해 무얼 해야 할까? 검토해 보자. 일반적으로 불교에서 사람의 영적인 문제는 불순종이라는 의미에서는, 심지어 특정한 어떤 존재나 상태로부터 소외라는 의미에서는 죄가 아니다. 오히려 실존적 고통이다. 고통은 본질적으로 조건성의 작용, 말하자면 유한성 자체의 작용이다. 조건성은 (자아나 본질 같은) 단일한 원인보다 더 많은 원인들에 의존함을 의미한다. 모든 사건은 둘 이상의 이질적인 원인이 모인 데서 생겨나는 많은 결과들 가운데 하나다. 어떤 실체도 홀로 행동하면서 결과를 만들어낼 수 없다.

괴로움은 "내가 원하는 것과 실제 상황의 어긋남"을 의미한다. 괴로움은 인간의 욕망과 관련해서 규정된다. 이 욕망은 특정한 대상으로 여겨지는 즐거움을 향한 것만은 아니며, 오히려 즐거움의 지속적인 **유용성**, 원할 때 얻을 수 있는 힘을 향한 것이다. 얻는 것은 즐거움이지, 얻은 대상이 아니다. 드러난 모든 욕망의 대상 이면에서 사람이 참으로 원하는 것은, 원하는 것을 얻을 이 힘이다. 그러나 "원할 때마다 원하는 것을 얻을 힘을 갖는 것"은 "한 사람에게 일어나는 일의 유일한 원인이 된다는 것"을 의미한다. 이 개념은 무조건적인 것처럼 보일 것이다.[15] 그러나 그것은 사람이 '자아' — 곧, 자신이 가진 조건의 유일한 원인 — 가 되려고 한다면 필요한 것이고, 이런 관념은 괴로움을 끝내려는 상식적

---

15 인간이 원하는 것은 통제, 자유, 무조건성, 또는 니체의 말로는 권력 따위가 증가하는 정도라고 표현할 수 있다. 그러나 이것은 동어반복이다. 그것은 "내가 그렇게 되기를 원하면 그렇게 될 것이라는 점을 보증할 수 있게 되기를 원한다"는 뜻이기 때문이다. 거기에는 동어반복 외에도 자기 모순적인 역설도 포함된다. 왜냐하면 어떤 유한한 조건은 "권력이 있다" 해도 그 자체로 선이 되지 않고, 내가 원하는 정도까지 그리고 그것을 얻는 일(실제로는 그것을 다시 얻는 일이다. 특정한 대상을 원하려면 먼저 그것이 무엇인지에 대한 어떤 개념, 이전의 경험에서 이끌어낸 개념을 갖고 있어야 하기 때문이다. 이것은 시간이 지나도 나 자신을 원하는 자로서 유지할 힘을 갖고 있어야 함을 의미한다)이 그것을 얻는 내 힘을 나타내는 정도까지 선이 될 것이다. 원하던 것은 대상 자체가 아니라 내가 원할 때마다 그 대상을 얻을 힘이다. 비록 그것이 원하는 것으로 대상화되는 (그리고 내가 원하지 않을 때 — 미다스 왕의 피할 수 없는 황금처럼 원하지 않을 때 나에게 들러붙으면 좋은 것도 좋지 않게 된다 — 는 그것에서 벗어날 수도 있는) '힘'이라 할지라도 말이다. 이는 힘이 있을 수 있는 입장에만 갇혀 있는 것보다 힘이 있을 수도 힘이 없을 수도 있는 것이 실제로 더 힘이 있다는 사실을 의미한다.

인 시도를, 항상 경험하는 것의 유일한 원인이 되려는 또는 이미 그 유일한 원인임을 확신하려는 상식적인 시도를 떠받쳐 준다.

그렇지만 이것은 존재의 유한성(조건성)이 그것들과 가장 관련이 있는 사실이라면 불가능한 것이다. 따라서 인간을 위한 유일한 영적 해결책은 맨 처음에 조건성의 극복이라고 말할 수 있다. 그러나 이것은 조건 지어진 인간과 반대되는 무조건적인 다른 어떤 것—신, 브라흐만, 본체, 영원한 것—을 둠으로써 이루어질 수 없다. 이것은 첫째, 조건적인 것과 반대되고 대조되는 무조건적인 것 자체도 실제로는 조건적인 것이기 때문이다. 그것은 조건적인 것이 되지 '않음'에 의해 '조건 지어지며,' 그 조건이 없으면 그 자체가 되기를 그친다. 그것은 그것에 적용되지 않거나 그것에 관한 경우가 아닌 무언가에 의존하는, 확정되고 유한한 내용을 갖는다. 그리고 또 "이것은 이것이고 저것은 저것인" 한—각 존재가 그저 지금 그대로이고 그 외에 아무것도 아니며 단 하나의 확정된 정체성을 가진 것으로 받아들여지는, ~의 존재, 심지어 ~와 관계 또는 ~와 통합인 것인 한—, 무조건적인 것은 인간의 조건성을 경감시켜 주지 않는다.

진짜 문제는 조건성과 무조건성이 상호 배타적인 것처럼 보인다는 관념, 또는 유한성이 확정적인 존재에 대한 이야기의 끝처럼 보인다는 관념이다. 자, 존재는 유한성이지만, 알고 보니 유한성은 국지적 일관성이고 그것은 전 세계적 비일관성이다. 이는 사물들의 정체성이 결국 고정되어 있지 않다는 것을 의미한다. 그것들은 "자아가 없으며," 본질적으로 항상 그 반대들이 필요하므로 구성적으로 대조되는 X와 비-X는 "둘이 아니다." 진정한 해법은 '무조건성'의 다른 명확한 조건에 이르기 위해 조건성을 벗어나려는 것이 아니라, 오히려 무조건적인 것 안의 조건성과 조건들 안의 무조건적인 것을, 단일성 안의 이중성과 이중성 안의 단일성을 경험하는 법을 배우는 것이다.

　소외되고 불안에 시달리는 인간의 상태를 다루는 많은 방법을 상상할 수 있다. 가장 상식적인 것은 아마도 나쁜 것을 없애고 대신 좋은 것을 얻으면서 다른 것, 더 나은 것으로 대체하려 애쓰는 일일 것이다. 사람은 이상을 향해 노력하고 분투한다. 또 하나는, 이 소외는 단지 표면적이라는 점을, 그리고 그러는 한편 그 밑에서 그것을 포괄하고 가능하게 하는 것은 더 나은, 깨달은, 영원한 상태이며 이 상태는 문제를 해결하기 위해 기억하고 주의를 기울여야 하는 뿌리 깊은 존재라는 점을 보여주려 애쓰는 일일 것이다. 천태에서는 이 가운데 어느 접근법도 채택하지 않는다. 그보다는 편향되고 소외되고 유한하고 불안한 상태 자체에 초점을 맞추라고, 그리고 아주 특별한 의미에서 그것을 **온전히 실현시키라**고 우리에게 말한다. 우리의 조건성과 연약한 유한성, 그리고 그에 따르는 신경증 따위에서 벗어나려고 애쓰는 대신, 그것들 안에서 살라고, 사실 그것들이 **되라**고 지시하는 셈이다. 지의가 이렇게 말한 것처럼. "그것들 안에서 사는 것이 그것들로부터 자유로워지는 것이며, 그것들 안에서 살면서 온전히 실현한다면 그것들로부터 완전히 자유로워진다."[16]

---

16 "욕망은 번뇌기 때문에 거기에서 떠나는 것을 설한다. 그러나 욕망은 법문法門이기도 하므로 거기에 머무는 것을 설한다. 거기에서 떠나는 것은 곧 거기에 머무는 것이다. 거기에서 완전히 떠나는 것은 동시에 거기에 완전히 머무는 것이다. 거기에서 더 깊이 떠날수록 거기에 더 깊이 머문다. 거기에서 완벽하게 떠나는

354

천태의 인식론에서는 경험의 각 순간에 두 국지적 일관성(하나의 감각 기관과 하나의 감각 대상)이 만나 세 번째의 국지적 일관성(경험의 순간이 발생함)을 낳는다고 주장한다. 그러나 이 세 국지적 일관성은 모두 세계적으로 비일관적이면서 상호 포섭하기도 한다. 이는 최종적인 분석에서 각 순간에 모든 법계가 모든 법계를 만나고 그로 말미암아 모든 법계를 낳는다는 것을 의미한다. 경험을 하는 주체는 모든 주체, 모든 마음의 상태, 모든 객체다. 객체는 모든 주체, 모든 마음의 상태, 모든 객체다. 경험은 모든 주체, 모든 마음의 상태, 모든 객체다.

주체와 객체의 분열은 근절할 수 없으**면서**－본질적으로 각 장소에서 일어나면서－ 동시에 극복된다. 우리가 끝장내는 것은 주체와 객체가 없는 미분화된 연속체가 아니라, 오히려 주체-객체를 마주한 주체-객체다. 분열은 어디에나 있지만, 이런 식으로 독특하게 천태의 방식으로 극복되기도 한다. 왜냐하면 주체-객체의 대조가 명백한 대조의 **양쪽**에 있는 한, 그것들 사이에는 대조가 없기 때문이다. 각각은 어디에나 있고 또 그 분할도 어디에나 있지만, 또한 지양된 것으로서만 어디에나 있다. 그것 또한 국지적으로 일관되고, 세계적으로는 비일관되며, 모든 곳에 퍼져 있다. 주체와 객체는 하나인데, 왜냐하면 각각은 실제로 분열된 '주체-객체'여서 분할된 다른 쪽의 그것만을 마주하기 때문이다. 그럼에도 그 분할은 거기에 내재해 있다.[17] 따라서 유한성은 근절할

일은 거기에 완벽하게 머무는 일이기도 하다."(欲是煩惱, 是故說離; 欲是法門, 是故說住. 即離即住, 唯離唯住. 離深住深, 離極住極.) T34, 946a.

17 따라서 지각은 능력의 한 기능으로 간주된다. 이 능력은 본질적으로 주체에 수반되며 모든 시간과 공간의 자리에 수반된다. 가령, 차를 본다는 것은 무언가를

수 없는 보편적 조건이며, 천태의 실천에서 중심을 이루는 것은 이 역설의 실현이다.

천태의 관법에서 서술한 과정은 단지 자신을 유한한 것으로 보고 그 유한성을 명백히 하는 일이며, 그렇게 함으로써 그 세계적인 비일관성을 경험하면서 그 자신의 독특한 유한성에 내재한 보편성을, 그 상호 포섭을, 편만성遍滿性으로서 그 편만함을 경험하는 일이다. 그것을 보존하면서 동시에 극복하는 일은 불완전함, 잘못됨, 악에 대한 불편함, 불안, 죄의식, 우울함, 유한성 따위의 감각을 보편화하는 것이다. 천태관법의 단계는 다음과 같다.

1. 이런 불완전함, 부정확함, 잘못됨, 통짜로 진리를 보지 못함, 그리고 항상 모든 일을 필연적으로 오해함 따위에 대한 느낌을 예리하게 알아채는 것. 이 느낌을 받아들이고 그 모든 미묘한 징후들에서 그것을 명료하게 인식하는 능력을 개발해서, 그것이 이렇게 질적으로 잘못된 것임을, 자기를 에워싸고 자신과 대조되는 외관상 선하고 즐거운 것들조차 오염시키는 것임을 강렬하고도 정확하게 느끼도록

차로 식별하는, 그리고 바로 이런 식으로 바로 이 차를 식별하는 뿌리 깊은 능력을 드러내는 일이다. 이런 개념은 기억과 상상하기에도 적용된다. 어떤 영상을 회상하는 일은 능력이며, 마음에 저장된 가상의 대상을 복구하는 일이 아니다. 정말로 X를 인지하는 것은 틀을 짜고 집중하는 습관을 통해서 X로서 모든 것을 보는 능력을 갖는 것이다. X를 마음에 떠올리거나 기억하는 일도 정확하게 똑같은 것이다. X로서 모든 것을 보는 능력을 갖는 것이다. 실제로 두 경우에서 보고 있지만, 하나 이전의 요소들(항상 모든 것)을 특정한 형태로 조정하면서 국지적으로 일관된/세계적으로 비일관된 '~로서(as-ness)'의 형태로 보고 있다.

하라. (전통적인 천태종에서 참회 의식의 역할은 고전적인 명상 집중 및 교리의 적용과 결합된 것인데, 이런 필요성을 입증해 준다.[18])

---

18 가령, 『마하지관』에서 유용한 주요 관법 가운데 하나로 거론되는, 지의 자신의 수행에서 핵심 요소였던 '법화삼매참의法華三昧懺儀'를(T46, 13a), 그리고 전적으로 그것에 관해 쓴 별개의 텍스트인 『법화삼매참의』(T46, 949a-959c)에서 자세하게 설명한 그 의례적 과정을 보라. 비교종교사가들을 유혹하는 그런 편리하고 무반성적인 평행론으로 '참회'라는 글자를 혼동해서는 안 된다. 그 과정의 정당화, 목적, 절차 등은 일신교의 맥락에서 죄의 참회가 갖는 의미와는 거의 완전히 반대된다. 특히, 참의懺儀의 주안점이 망상, 유한성, 위반 따위의 보편성과 불가피성에 있다는 사실에 주목하라. 참회할 것은 특정한 때에 저지른 악행이 아니라, 미혹으로 말미암아 자신을 좌절시키는 (마음을 포함하는) 여섯 감각 기관(육근六根)의, 모든 중생의, 과거와 현재뿐 아니라 미래의 악행이다. 여기에는 **이런 악행과 미혹을 영원히 계속해서 저지를 것이라는** 전제가 깔려 있다! 게다가 육근의 잘못된 작동을 참회하는 것은, 그 작동이 붓다나 신 또는 부모나 누군가의 어떤 명령에 불복종한 것이기 때문이 아니라, 명백하게 육근 자체의 능력을 제한하는 것이기 때문이다. 그 미혹된 집착 때문에 여섯 감각 기관은 항상 바로 그 앞에 있는 완벽한 장엄을 보지도 듣지도 맛보지도 냄새 맡지도 느끼지도 생각하지도 못한다. 습관적인 편향된 집착으로 감각 기관들은 상호 포섭하는 모든 법계에 접근하지 못하고 또 모든 법은 그 자체의 악행들을 포함해서 이미 성불의 양상들이라는 것도 보지 못한다! 그러나 이런 내용과 목적의 불일치를 단호하게 주장하는 일이 다음의 사실을, 즉 고백하려는 충동은 공유하는 뿌리 깊은 인간의 추진력이라는 사실을, 또 천태의 참의, 로마 가톨릭의 고해성사, 의례적 결합, 진실 게임, 우정, 동아리 신고식 그리고 정신분석처럼 이질적인 법들에서 원인의 역할을 하는 것이 그 충동이라는 사실을 부정하는 것으로 받아들여서는 안 된다. 요점은, 이 동일한 요소가 그것이 놓이는 개념적 맥락에 따라서, 그리고 일정한 결과를 만들어내기 위해 다른 어떤 부분적 원인들과 합치는가에 따라서 그 용도가 철저히 변경된다는 사실이다. 그것은 단독으로는 원인 작용을 하지 못한다는 점을 공유하며, 또 모든 유한한 실체들에 특유하다고

2. 이 불완전함에 대한 느낌이 어떤 느낌인지, 이런 느낌을 느끼는 것이 무엇인지를 살펴라. 그 느낌이 그것에 대한 우리의 의식 이전의 감정적 이해에서 추정한 방식으로—그 밖의 어떤 것도 아닌 바로 이것으로 – 존재하는 것, 그것이 우리가 불쾌하게 느끼는 이 괴로움을 만드는 것이다. 그러나 그것이 이렇게 경험되는 것은 그것이 무언가와 대조되고, 명료해지고, 구획되고, 전부가 아닌 것이 되고, 유한해지고, 그것-아닌 것에 둘러싸이게 되는 것이다. 그 느낌의 가장자리에 대한 감각, 그것과 반대되는 느낌과의 접촉면을 찾아야 한다. 반대되는 느낌을 지금 느끼지 못한다면, 이 느낌도 느낄 수 없다. 반대되는 느낌을 느낀다면, 어떤 의미에서 그것은 이 느낌에 내재해 있는 것이다. 불완전함이 불완전함이 되기 위해서는 그 자체가 불완전해야 (모든 것이 아니어야) 한다.

3. 불완전함에 대한 느낌과 그것 너머에 있는 것 사이의 이 접촉면을 살펴보라. 그 접촉면은 한쪽이나 다른 쪽에 있는가? 그것은 질적으로 서로 배타적인 두 느낌이 겹쳐진 것인가? 그 느낌의 출현이 그것들의 국지적 일관성에 의존한다고 해도, 그 어느 것도 궁극적으로는 일관성이 없다. 그러나 그것들은 이 접촉면에 대한 세심한 주의, 재고, 재맥락화, 이해, 그리고 명상 따위를 견딜 수 없다.

그러므로 이런 한정됨과 잘못됨에 대한 느낌은, 자신의 미혹된 마음이 확정적이고 상호 배타적인 실체로 보이게 하려고 인식의 협소함에, 관련성의 범위 제한에 의존하는 듯이 보인다. 인식이 트여서

우리가 주장하는 결과적인 구성적 애매성을 공유한다.

더 넓은 맥락이 펼쳐질 때, 이 감각의 의미 그리고 이 감각으로 느껴지는 정체성은 바뀐다. 본래 그것에는 특정한 정체성이 없다. 그것은 존재론적으로 애매하고 (세계적으로 일관되지 않으며, 공이다). 이것은 그 자체의 존재만으로도 이 제한되고 편향된 잘못이 다른 모든 가능한 국지적 일관성으로 똑같이 읽힐 수 있다는 것을 의미하는데, 그 일관성들은 그것들 모두(상호 포섭)에 의해 널리 퍼지고 또 퍼져 있다. 이런 일관성들 가운데서 가장 중요한 것은 반대되는 상태다.

상호 배타적인 국지적 일관성으로만 볼 때, 이들 상태들 각각—예컨대, 우리의 모든 경험을 결정짓고 동기화하는 대조, 곧 괴로움 대 비-괴로움—은 다만 더 큰 전체, 즉 괴로움과 비-괴로움이라는 전체의 일부로 간주된다. 그러나 세계적으로 비일관되고 또 상호 포섭적인 것으로 볼 때, 각 부분은 전체를 포섭한다. 괴로움은 '괴로움/비-괴로움'이고, 비-괴로움 또한 '괴로움/비-괴로움'이다. 어떤 하나의 점도 모든 상태를 포섭한다. 따라서 잘못됨에 대한 이런 느낌이 존재한다는 것을 온전히 깨닫는 일은, 이런 느낌을 피함으로써가 아니라 잘못됨의 특질을 정확히 느낌으로써 그 잘못됨은 항상 자유와 불변하는 올바름을 현현한 것이기도 하다는 사실을 드러내려고 스스로 재맥락화하면서 잘못됨에 대한 느낌을 극복하는 일이기도 하다. 그것은 농담에 대해 '재미있는-재미없는' 무표정을 짓는 것과 같은데, 너무 재미없다는 이유로만 재미있다.

더 정확히 말하자면, 천태의 관법은 느낌의 결과적인 상태에 초점을 맞추지 않고 이 느낌의 진정한 원천에 초점을 맞춘다. 위에서 지적한, 습관적으로 의식을 좁히는 일 말이다. 한쪽으로만 좁아지는 이 과정은 악 가운데 악, 괴로움 가운데 괴로움이며, 집중의 대상이 되는 것은 바로 이것이다. 한 가지 방식으로만 분석하고 틀 짜기를 고집하면서 별개의 상호 배타적인 실체들을 파악하고 분리하는 의식의 이 강박적 발작을 온전히 깨달을 수 있을 때, 반대되는 상태와 그것의 접촉면을 (즉, 둘에서 하나를 보고 하나에서 둘을 보는 붓다의 상호 포섭하는 인식을) 조사할 수 있을 때, 해법이 생긴다. 그것 자체가 신경증의 강박적 발작으로서 국지적으로 일관되며, 그래서 세계적으로 비일관적이기도 하고, 그래서 상호 포섭적인 인식과 상호 포섭하기도 한다. 상호 포섭적인 인식은 의식의 강박적 발작이라는 이 신경증으로 나타나고 있다.

여기서 나는 대담하게 비정통적인 비유의 관점에서 이러한 정신적 훈련의 실제 경험을 서술할 것이다. 그대가 자신을 있는 그대로 가장 솔직하게 묘사하는 자전적 소설을, 즉 출세하려고 기를 쓰는 어리석고 게으르고 이기적이고 비겁하고 탐욕스럽고 심술궂고 도덕적으로 파탄하고 편향되고 혼란스럽고 소외되고 외롭고 불쌍한 개인으로 자신을 이야기하는 자전적 소설을 쓰고 있다고 상상해 보라. 그렇게 하려면 그대는 이 역겨운 인물의 환경도, 그가 그 환경과 어떻게 상호 작용하는지도, 환경이 그에게 어떻게 보이는지도 서술해야 한다. 온 세계와 각각의 구체적인 실체는 이 사악한 바보의 지각이 기능하는 것으로 보이고, 또 그의 망상들이 흠뻑 스며든 그리고 그의 탐욕과 미움과 망상 따위와 관련된 형태들로 나타나는 그의 생활세계의 양상들로 보인다. 모든 사건, 역사, 조건들, 세계의 특성들은 이 서술에 포함되겠지만, 이 중심인물의 욕심과 악의를 이야기하는 독특하고 왜곡된 형태로 포함될 것이다. 해와 하늘은 그의 해와 하늘-그에게는 성가신 것들, 그가 저주하는 대상들, 배은망덕, 심미적 태만-이다. 다른 이들의 괴로움도 거기에 있지만, 그것은 그 자신의 괴로움을 나타내거나 제한된 개선을 위한 그의 분투를 나타내는 양상으로서만, 그가 자기 연민을 일으키는 방아쇠로서 또는 활용해야 할 기회로서만 거기에 있다. 대단한 사건들이 그 배경에서 왔다 갔다 하겠지만, 그 자신의 좁은 선입견에 영향을 끼칠 정도로만 그의 의식을 지나갈 것이다. 이런 식으로 그의 망상은 세계에 두루 퍼지는 것 같다.

이런 슬픈 실존적 조건은 평소에 겪는 우리의 평범한 일상적 상황과 유사하다. 이 슬픈 실존적 조건을 기록하고 자의식적인 서사로 옮겨 쓰는 과정은 천태의 관법과 유사하다. 이렇게 기록하고 옮겨 쓰는 과정에서 흥미로운 변환이 일어나는데, 지금쯤 익숙해진 삼중 구조와 함께 말이다.

1. 가(假, 임시로 두기): 한편으로는 어떤 것도 변하지 않는다. 반면에, 이러한 삶을 정상적으로 살아내는 것보다는 훨씬 더 생생하고 꼼꼼하게 모든 것이 기록된다. 이 조건에 대해 상세하게 서술하는 일은 그것에서 떠나 해탈이라는 좀 이상화된 조건으로 옮겨가는 것이 아니라, 오히려 그것 안으로, 그것이 강화된 데로 옮겨가는 것이다. 어떤 사람은 그것이 이 과정에서 **더욱더 그 자체**가 되고 더 온전히 실현되며 그것이 무엇인지 더 명확해진다고 말할지도 모른다. 더 뚜렷하게 이기적인, 게으른, 소외된 등등.

2. 공空: 그러나 동시에 바로 이 사실 덕분에 어떤 변화가 일어난다. 첫째, 그것은 '텅 비어' 있다. 다시 말하면, 거리 두기와 틀 짜기가

확립되어 있고, 동시에 극도의 실현이기도 한 일종의 탈-실현하기다. 말하자면, '소설화되는' 것이다. 단순히 그것의 틀을 짬으로써, 또는 틀이 짜여 있다는 사실을 명백히 함으로써, 그것을 **다시 틀 짜기 할** 가능성은 드러난다. 세계를 명백하게 주인공의 왜곡된 의식이 결정한 것으로 보는 일은 동시에 그것이 **다르게** 보일 수도 있다는 점을, 다른 무엇으로 보일 수 있다는 점을 드러낸다. 그 공 또는 존재론적 애매성은 망상을 몰아냄으로써가 아니라 망상을 망상으로 봄으로써만 밝혀진다.

3. 중中: 그러나 동시에 경험의 이 왜곡된 흐름은 인식 가능한 **존재 양식**(style of being)이 되는데, 이는 서사에서 일어나는 특정한 사건들에만이 아니라 이론적으로 일어날 수 있는 어떠한 사건에도 적용할 수 있다. 이 존재 양식을 일단 파악하면, 무한한 수의 사건들은 그것을 표현하는 데에 사용될 수 있다.

사실 '양식(style)'은 천태의 삼제三諦에 대해 생각할 때 매우 유용한 방법이다. 반 고흐가 그린 꽃병 그림을 상상해 보라. 그것은 그냥 꽃병이고, 구체적으로 꽃병이고, 명료하게 꽃병이고, 꽃병-아닌 것이 아니다. 이는 임시로 있음이고, 관습적 진리고, 국지적 일관성이다. 그러나 그것은 실제로 꽃병이 아니다. 그것은 꽃병을 그린 그림이고, 한 무더기의 붓놀림일 뿐이며, 꽃병으로 틀을 지어 내놓은 가짜 꽃병이다. 이것은 공이고, 세계적 비일관성이다. 그러나 이 꽃병의 가짜 성질이 그것을 덜 꽃병으로 만들지는 않는다. 사실은 더 꽃병답게, 실제 꽃병보다 더 전형적인 꽃병으로 만든다. 그것은 정확히 비-사실적인 반 고흐의 양식으로 꽃병의 본질을 포착하는데, 무작위의 틀이

362

없는 '실제' 꽃병보다 훨씬 더 생생하게 또 강력하게 포착한다. 이것이 중제中諦이며, '꽃병'(임시로 있음, 관습적 진리)과 '그려진 꽃병-아닌 것'(공)의 수렴을 통해 만들어낸 꽃병다움의 궁극적 실재다. 그리고 이 꽃병다움의 독특한 형식에는 양식이 딸려 온다. 반 고흐의 꽃병 양식.

이제 이 특질, 이 양식은 꽃병에서뿐 아니라 다른 것들에서도 구체화 될 수 있다. 그 그림을 통해 꽃병이 반 고흐 양식을 어떻게 구체화하는지 를 일단 파악하면, 그 양식을 다른 것에도 확장할 수 있다. 반 고흐의 구름들, 별들, 꽃들, 건초 더미들. 반 고흐의 양식으로 구체화된 꽃병의 본질은 이제 구름들, 별들, 꽃들, 건초 더미들의 본질에도 서로 파고들 어 퍼진다. 그것은 모든 것이지만, 이 독특한 양식에서 그렇다. 이 양식은 모든 것을 통일하는 유일한 본체가 아니라 홀로 모든 것을 통일하는 무한한 본체들 가운데 하나이며, 모든 양식은 마찬가지로 일단 파악되면 실재의 전체로 표현되기 때문이다. 이것을 모든 것에 스며드는 양식으로 알아야 무한히 다른, 똑같이 모든 것에 스며드는 양식들의 공존이 드러난다. 이것이 중제다.

양식에서 뚜렷한 특성을 보여주는 영화 제작자를 생각해 보라. 가령, 코엔 형제.[19] 여기 『파고(Fargo)』가 있다. 미국 미네소타에 특유

---

19 코엔 형제(Coen brothers)는 형인 조엘 코엔(Joel Coen, 1954~)과 동생 에단 코엔(Ethan Coen, 1957~)을 가리킨다. 이들이 연출해 1996년에 개봉한 영화 『파고』는 미네소타 주를 배경으로 한 블랙 코미디이자 스릴러 작품이다. 파산 직전의 자동차 판매업자가 부유한 장인으로부터 돈을 뜯어내려고 범죄자 두 명에게 자신의 아내를 납치하라고 사주하고, 그 과정에서 살인 사건이 일어나며,

한 인물들에 관한 독특한 이야기다. 여기 등장인물들의 제한적이고 특별한 특이성은 관습적 진리, 국지적 일관성이다. 그러나 그들은 인위적인 틀 안에 존재하는 허구적이고 단순한 영상일 뿐이다. 공이다. 그들은 실제로 똑같이 배우들이고 깜빡거리는 빛이다. 즉, 그들은 실제 미네소타 사람들이 아니다. 그렇지만 정확이 말해서 이런 특이성은 이런 비실재이기 때문에, 이런 독특한 미네소타 사람들은 미네소타 사람들이 아니기 때문에, 코엔 형제의 양식은 그 인물들의 모든 행위와 말에 스며든다. 그것은 이제 영화의 경계 너머로 확장될 수 있다.

극장 밖으로 걸어 나오면, 정말로 모든 것을 코엔 형제스런 순간의 '유형'이 구체화해 보여주고 있는 것처럼 보기 시작하게 된다. 코엔 형제의 '느낌'이 모든 것들에 스며드는 것 같다. 이런 식으로 미네소타 사람들과 그대의 현재 삶은 상호 포섭한다. 각 항목은 다른 모든 특별한 것들에 스며든다. 이제 코엔 형제의 양식이 반 고흐의 양식에 스며들, 코엔 형제의 반 고흐 전기물을 상상해 보라. 그 양식은 아무것에나 표현될 수 있기 때문에 그 형제가 반 고흐의 그림들을 영화화하는 방식으로도 표현될 수 있다. 그러면 이제 코엔 형제의 영화를 위한 반 고흐의 포스터를 상상해 보라. 그 양식은 아무것에나 표현될 수 있기 때문에 고흐가 그 영화의 한 장면을 그리는 방식으로 온전히 존재할 수 있다. 각각은 다른 것에 스며들고, 그렇게 함으로써 모든 것에 스며드는 '대체 양식'을 분명히 나타낸다.

(『파고』의) 도덕적으로 파산한 주인공으로 돌아가 보면, 어떤 사건

만삭의 임산부인 경찰서장이 사건을 수사하는 일련의 일들을 다루고 있다.

이든 이 한심한 주인공의 세계관을 구체화해서 보여주는 것으로 상상할 수 있다. 어떤 것이든 무엇이든 이 양식에 들어맞을 수 있다. 이 양식은 이제 단순히 유한한 실체가 아니라, 어떤 구체적인 것'으로서' 표현될 수 있고 어떤 구체적인 것이 표현해낼 수 있는 것'으로서' 풍미요 특징적인 맛이다. 그것은 그 즉시 특별한 것 — 이 한심하고 소외된 존재 양식 — 이고, 특별한 것 모두에 적용할 수 있는 널리 퍼진 범주다. 그러나 널리 퍼진다는 것은 고정되고, 존재론적으로 애매성이 없으며, 단순히 자리잡은 실체로서 그 즉각적인 성격을 잃는다는 뜻이기도 하다. 그것은 존재 전체이며 예외 없이 모두 실체들이기 때문에, 그것과 대조될 수 있고 그래서 그 정체성을 다른 것이 아닌 이 특성으로 고정시킬 수 있는 그 자체 외에는 아무것도 없다. 그것은 모든 것에 다 스며들면서 또한 텅 비워지고 압도되며 그 본래의 확정성을 빼앗긴다. 하나의 '이것'이 되는 것은 그 모두가 되는 것이고, 특별한 어떤 것도 전혀 아니라는 말이다. 그것은 상호 포섭한다.

그러므로 상호 포섭에 대한 천태의 교리는 파괴적인 어떤 불량 요소가 포섭의 과정에 도입된다고 주장한다. 천태에서는 항상 일관성이 동시에 비일관성이다. 읽기 쉬운 일관성의 완전한 성취는 항상 그 자체의 전복을 가져온다. 국지적 일관성은 세계적 비일관성이다. 확정적인 것은 불확정적인 것이다. 다른 것들을 완전한 통합하는 일은 동시에 그 다른 것들에 종속되는 일이다. 사실 이 양쪽의 양상들을 다 나타내는 것은 참으로 똑같은 바로 그 절차다. 따라서 그 지긋지긋한 주인공의 사례로 되돌아가서, 어떤 친절한 행동이 우리 주인공의 이기적인 세계관에 포섭되어 있는 것으로 보일 때, 그것은 이기심의 또 하나의 사례일 뿐이며, 냉소적인 겉치레의 교묘한 한 조각이다. 그러나 일단 이기심 자체가 두루 퍼지게 되고 그리하여 그것이 포섭하는 실체들을 확실하게 결정할 힘이 없게 되면, 이 친절한 행동은 그것을 처음에 이기심의 기만적 형태로 읽은 것을 불안정하게 만드는 그 자체의 다른 양상들을 드러내기 시작한다. 항상 구성적으로 '거기에는 더' 있다. 그 본래의 확정성이 넘쳐흐르면 본래의 포섭자(이기심, 탐욕)를 감염시켜서 포섭이 상호 포섭이 된다. 괴로워하는 유한성이 해탈로 위장한 듯이 보였던 것과 마찬가지로, 해탈은 괴로워하는 유한성으로 위장한 것처럼 보인다. 잘 따져보면, 사악함은 단순히 어떤 장소에만 국한되어 존재할 수 없다. 우리가 생각할 수 있는 모든 시간과 공간과 상태 속에서 찾아낼 수 있을 정도로 두루 퍼져 있고 가득 차 있다. 온 세계가 사악함이다. 그러므로 깨달음 또한 일종의 사악함이다. 그러나 깨달음의 존재는 온 세계를 깨달음으로 만든다. 이것은 사악함 자체가 일종의 깨달음임을 알려준다.

우리가 이제 막 논의한 것은 천태수행의 구조를 아주 간결하게 보여준다. 신경질적인 의식이라는 '불안에 시달리는 통상적인 상태'에 별도의 맥락이 추가된다. 그 별도의 맥락이란 천태불교의 교리와 관법이다. 신경질적인 의식은 그것에 의해 대체되는 것이 아니라 보완된다. 이 보완의 결과, 신경질적인 의식은 이 보완적 맥락 이전보다 더 온전히 실현되고 전적으로 현실화되며 그 자체 더 명확해진다. 결과적으로 그것은 단지 자리잡은 하나의 상태로서 극복되기도 하고, 모든 것을 포섭하는 보편적 범주를 오히려 보편적 원리로서—확실히 가능한 모든 실체의 원천, 의미, 목적 그리고 숨겨진 정체성으로서— **나타내**

기도 한다. 그와 같이 그것은 바로 그 조건성 안에서, 바로 그 조건성으로서 무조건적이다. 그것은 이전보다 더 그 자체가 되고, 이전보다 덜 그 자체가 되며, 더 완전하게 그 자체 외의 다른 모든 것이 되는데, 이것들은 정확히 똑같은 과정의 세 가지 다른 이름이다. 사람이 그 안에 온전히 머물면, 그로 말미암아 그 안에서, 그것으로서, 그것으로부터 온전히 자유로워진다.

정신 작용을 자각하기 그리고 일시정지의 방법

지의는 천태관법의 이 핵심 형태에 대해 좀 더 기술적으로 서술하면서 정신 작용의 **과정** 자체를 끊임없이 자각하는 것이라 했다. 그때 그 과정은 가능한 모든 세계의 가능한 모든 특성을 다 포함하는 것으로 알려진 정신 작용의 **내용**과 분리할 수 없는 것으로 보인다. 이것은 어느 때 어느 곳에서나 실천할 수 있는 수행이다. 지의는 이 수행을 "정신 작용의 직접적인 활용에 대해 온전히 의식하고 자각하는 것"이라고 한다. 수행자는 자기 자각의 "방향을 거꾸로 해서" 집중의 과정 자체를 살펴보는데, 이는 일시적으로 생겨나고 사라지는 기능으로 간주된다. 이 기능은 뚜렷이 경험되는 대상들의 세계를 명확히 하고 드러내는 데에 결정적인 역할을 한다.

　별개의 사물들이 고정되고 완전히 연결된 이 세계, 객관적인 실재로 간주되는 객체의 전체성은 정상적으로는 나의 주관성과 분리된 것으로 여겨지지만, 이 명확한 객체들의 세계는 위에서 보았듯이 정신 작용의 이 과정과 결코 동떨어져 존재하지 않는다. 이 관법의 과정을 면밀하게 살펴보면, 이 집중 또는 정신 작용의 각 순간은 (1) 다른 순간들과 겹치지 않고 고립되어 있으며, (2) 어디에서도 오지 않고 어디로도 가지 않고 우주에서 혼자이며, (3) 처음에는 배제하는 것 같은 다른 모든 것들을 포함하고 있는 것으로 드러난다. 이것은 놀랍고 역설적으로 들리겠지만, 정확히 어떤 순간에 우리의 정신이 작용하는 과정을 알아차림으로써 직접 경험할 수 있는 것이다.

주의注意라는 정신 활동은 특별한 이유로 관법을 위해서 다른 모든 유형의 정신 활동, 내용, 상태 등에서 가려 뽑은 것이라고 지의는 말한다.

우리가 경험하는 모든 현상 곧 제법諸法의 근원을 궁구하면, 그 모두 우리의 주의注意가 만들어낸 것임을 알게 된다. 그러므로 이 과정을 원래 '주의의 자각'이라 말한다. 그런데 어떤 대상을 마주해서 일어나는 자각은 우리를 생명 없는 것들과 구별해 주는 데, 그것을 심心 곧 마음이라 부른다. 그 다음, 헤아리고 견주어서 대상을 자신과 그리고 다른 것들과 식별하는 주량분별籌量分別의 심리적 과정을 주의라 부른다. 별개의 대상들을 완전히 식별한 최종적인 상태는 식識 곧 의식이라 부른다. 그러나 이렇게 엄밀하게 세 가지로 구분한 마음 상태는 우리가 말한 진정한 자각이 아닌, 미혹된 견해에 떨어진 것이다. 이런 취지의 자각은, 마음 안에 주의와 의식이 정확히 그와 같이 존재하는 것도 아니고 전적으로 부재하는 것도 아니라는 사실을, 주의 안에 마음과 의식이 정확히 그와 같이 존재하는 것도 아니고 전적으로 부재하는 것도 아니라는

사실을, 의식 안에 마음과 주의가 정확히 그와 같이 존재하는
것도 아니고 전적으로 부재하는 것도 아니라는 사실을 깨닫는
일을 의미한다. 마음, 주의, 그리고 의식은 하나가 아니기 때문에
세 가지 다른 이름이 주어진다. 그러나 별개의 세 실체가 아니다.
그래서 그것들을 단일한 본성의 양상들이라고 말한다. … 결국
우리는 어떠한 동일함이나 그것들의 차이를 볼 수 없다. 따라서
주의를 관찰하면 그것은 이미 마음과 의식을 포함하고 있다. 참으
로 그것은 예외 없이 경험 가능한 현상 곧 일체법一切法을 모두
포함한다. 우리가 주의의 망상을 억누르기만 하면, 다른 모든
강박과 제약들을 완전히 파괴하게 된다.[20]

다시 말해서, 나의 자각을 별개의 객체들로 이루어진 객관적인
세계로 보이는 것에서 거두어들이고 그 대신에 나 자신의 마음으로
향한다. 즉 무엇보다도 온전히 별개인 것들 자체이지만 이제는 명백히
내 경험의 여러 양상들로 간주되는, 달리 말해 '의식'으로 간주되고,
애매성을 없애는 **완료된** 식별력으로 분간한 모든 구별된 객체들의
세계로 간주되는 이 전체 체계로 향한다. 이것들은 자신들을 의식의
대상들로 나타내 보이지만, 알려진 바와 같이 여전히 의식 체계의

---

20 『摩訶止觀』권2, "窮諸法源, 皆由意造. 故以意爲言端. 對境覺知, 異乎木石, 名爲
心. 次心籌量, 名爲意. 了了別知, 名爲識. 如是分別, 墮心想見倒中. 豈名爲覺.
覺者, 了知心中非有意亦非不有意, 心中非有識亦非不有識, 意中非有心亦非不
有心. 意中非有識亦非不有識. 識中非有意亦非不有意. 識中非有心亦非不有心.
心意識非一, 故立三名. 非三故說一性. … 終不見一異. 若觀意者則攝心識, 一切
法亦爾. 若破意無明則壞餘使皆去."(T46, 14c.)

일부다. 지의는 말한다. "나는 여기서 더 나아가 정신 작용, 헤아리고 대조하고 분리하고 식별하는 일, 분류하기 따위의 **과정**으로서 주의에 초점을 맞추어야 한다." 이것은 이와 똑같은 '의식'의 전체 내용도 포함하는데, 그 내용은 이미 완료된 것이 아니라 오히려 항상 완료되는 **과정**에 있다. 게다가 그것은 나의 맨 자각(심心, 마음)을, 대상들과 초보적인 차이를 느끼는 나의 감각을 무정물로서보다는 유정물로서 포함한다. 그런데 나는 이들 셋의 **중간 것**에, 항상 둘 다를 암시할지라도 순수한 주관성 자체의 맨 능력(마음먹기 또는 감지력 그 자체)과 별개의 객체들로 이루어진 완전히 경험된 세계 **사이에** 초점을 맞추어야 한다. 나는 사물을 이해하는 과정에, 세상에 내 길을 내는 과정에 초점을 맞춘다.

그래서 나는 아는 자와 알려진 것(마음과 세계) 사이에서 그리고 **과거와 미래 사이에서** 나의 현재 경험을 느끼면서 나의 세계를 둘러보게 된다. 이것은 나의 공간적 그리고 시간적 유한함 둘 다를, 나의 중간적인 속성을, 온 사방에서 다른 것들이 에워싸고 있는 나의 존재를 강조하는 하나의 방법이다. 나는 나의 현재 경험의 순간이 과거성과 미래성에 둘러싸인 일종의 섬이라는 사실을 알아차리는 법을 배워야 한다. 다르게 보자면, 나의 현재 경험은 감각 있는 정신 기관과 인지할 수 있는 뚜렷한 대상들의 세계 사이에 끼어 있는 섬이다. 현재를 둘러싸고 있는 그 과거성과 미래성을 느끼고, 그대의 자각을 양쪽에서 끼고 있는 그 감각 있는 몸과 감각 없는 세계를 느껴라. 나는 이전과 이후가 둘러싸고 있는 현재 이 정신 작용의 순간이다. 이는 곧 각각의 경험이 주의를 기울이는 현재 순간을 '아직 아닌'(미념未念) 과거의 순간과 '이미 지나간'(념이念已) 미래의 순간 사이로 느껴야 한다는 말이다.

내가 변함없는 대상―가령, 저 커튼들―에 주의를 기울이고 있을 때에도, 나는 대상 자체(별개의 대상들로 완전히 분화가 된, '의식'의 한 특징)에 초점을 맞추는 것이 아니라 그것을 시간적으로 시작이 있는 어떤 것으로 주목하는 과정에 초점을 맞추어야 한다. 즉, 나는 그 자체 대상인 커튼의 생산―디자인, 주문 순서, 커튼 공장, 직물 조달, 선적과 판매 절차 따위―에 대해서는 생각하지 않고, 오로지 그 커튼들에 대한 나의 주의력이 현재 생겨나는 것에 대해서만 생각한다. 나는 현재의 감각질感覺質[21]이 일어나는 것에 주의를 기울이고, 그것을 명백하게 경험으로 그리하여 시간적인 것으로, 시작이 있는 것으로 보아야 한다.

그런데 내가 주의를 기울이는 과정이 자아와 세계를 내포하고 포함하는 것과 똑같이 〔즉, 의意는 심心과 식識을 함축한다고 지의가 말한 것처럼〕, 주의를 기울이는 지금 이 순간은 과거와 미래를 내포하고 포함한다. 현재는 과거와 미래에 둘러싸여 있지만, 그것은 또 그 자체로 시간적이고, 지속 시간이 있으며, 시간의 흐름 속 퉁기기여서 이것 없이는 어떤 내용도 없다. 이것은 거기에 첫째 부분과 둘째 부분이 있다는 것을, 과거와 미래는 거기에 내재해 있다는 것을 의미한다. 만약 그것이 순간적이라면 특정한 내용을 가질 수 없지만, 그것이

---

21 〈역주〉 감각질(qualia)은 인지과학에서 쓰는 용어로, 어떤 것을 지각하면서 느끼는 주관적인 경험이며, 말로는 표현하기 어려운 특질을 가리킨다. 이는 곧 주체에 따라서 동일한 대상도 다르게 인지되거나 경험된다는 것이다.

순간적이지 않다면 그것은 현재이기만 한 것이 아니다. 과거들과 현재들로 더 나눌 수 있다. 경험에 비추어 보면, 외부의 과거와 외부의 미래라고 알려진 것들 또한 이 현재의 순간에 대해 실제로 외부적일 수 없다. 그런데 이것은 현재를 다른 어떤 것과 똑같다거나 다르다고- 즉, 단순히 유한하다고- 하는 '현실주의적' 설명을 일관성이 없는 것으로 만든다. 철저한 그리고 인과적으로 굴절된 설명을 지의는 선호했는데, 그의 스승인 혜사(慧思, 515~577)가 쓴 『수자의삼매隨自意三昧』에서는 그 설명이 현상학적 방식으로 더 직접적으로 표현되어 있다.

현재의 마음 상태가 완전히 지나가버린 이전의 마음 상태와 관계없이 일어난다면, 이 두 가지 마음 상태는 서로에 대해 아무것도 몰라야 한다. 단일한 마음 상태가 진짜로 단일한 것이라면 자신을 알 수 있다는 것은 있을 수 없다. 왜냐하면 참으로 단일한 마음 상태는 손가락 끝이 자신을 만질 수 없는 것과 똑같이 자신을 알 수 없기 때문이다. 만약 그대 마음이 이전과 이후의 구별이 없는 것이라면, 그대는 '영속론'(常)이라는 그릇된 견해에 빠지게 된다. 그러나 그대의 앞선 마음과 뒤이은 마음이 진짜로 다르고 서로 배제하는 것이라면, 그대는 '단멸론'(斷)이라는 그릇된 견해에 빠지게 된다.[22]

---

22 혜사, 『수자의삼매隨自意三昧』, "若未念心盡滅, 以欲念心自生者, 便是兩心各不相知. 心不能自知心, 如指不自觸指. 心亦如是. 汝若一心, 卽無前後, 復墮常中. 汝若二心, 生滅各異, 復墮斷中."(X55, 497b) 『수자의삼매』는 『속장경續藏經』(新文豐影印本. 台北: 新文豐出版社)에 실려 있다. 『속장경』은 이후로 X라고 표기한다.

현재의 마음 상태가 조금이라도 경험되기 위해서는 그 자체 현재로서 경험되어야 한다. 이는 그 자체를 이전의 상태와는 다른 것으로, '새로운' 것으로 인식해야 한다는 뜻이다. 현재로서 경험된다는 것은 과거의 상태와는 다른 것으로 경험된다는 것이다. 시작이 있다는 것은 조건적이라는 것을 의미한다. 특정한 어떤 것이 원인으로 작용해야 한다는 말이다. 만약 시작이 없다면, 그것은 경험될 수 없다. 끊이지 않고 이어지는 음색을 결코 알아차리지 못하는 것처럼, 물고기가 '물'이 무엇인지 모르는 것처럼 말이다. 말하자면, 나의 현재 경험을 인식한다는 것은 그 경험을 시작이 있는 것으로 인식하는 일인데, 이는 그 시작에 앞서는 과거를 배경으로 그것을 인식한다는 것, 과거와는 다른 것으로 그것을 인식한다는 것을 의미한다. 그러나 과거의 마음 상태와 다르다는 것을 인식하기 위해서는 그것이 적어도 과거의 그 마음 상태를 인식하고 있다는 사실이 필요하다.

무언가를 인식한다는 것은 그것을 현재의 인식에, 현재의 마음 상태에 존재하게 하는 일이다. 조금이라도 경험으로서 존재하려면, 현재의 마음 상태에 과거의 경험이나 과거성이 계속 존재해야 한다. 그러나 이는 일관적이지 않으며 불가능하다. 왜냐하면 과거와 현재는 당연히 서로 배제하기 때문이다. 만약 과거가 현재 안에 존재한다면, 그것은 과거가 아니다. 그러나 가설적으로 이는 현재가 존재할 수 없다는 것을 의미한다. 현재는 과거의 존재를 필요로 하기 때문이다. 과거는 현재에 부재할 수 없지만, 현재에 존재할 수도 없다.

이것은 일시성과 찰나성에 대한 불교의 전통적인 명상 수행법을 참신하게 확장한 것이다. 나는 그 자체와 그 자체가 아닌 것의 경계면에 특별히 집중하면서 먼저 각 경험의 시작과 끝에, 그 생겨남과 그 사라짐에 관심을 쏟고, 그 뒤에 그것이 다른 것으로부터 또 다른 것으로 변전하는 신비스런 일에 관심을 쏟을 것이다. 생겨나고 사라지는 것을 생겨남과 사라짐의 과정에서 떼놓고 인지하는 일은 불가능하다는 점, 그리고 마찬가지로 생겨남과 사라짐의 과정을 생겨남과 사라짐인 것에서 떼놓고 인지하는 일은 불가능하다는 점에 주목하라. 왜냐하면 '다른 것과의 관계'는 생겨남과 사라짐이라는 개념에 내재해 있기 때문이다.

　'공간의' 영역에서, 하나의 정지된 대상을 그 대상이 아닌 다른 것─그 대상을 배제하는 공간, 그것이 아닌 다른 원인들, 그 밖에서 대조되는 상태들─에 주목하지 않은 채 인지하는 일은 마찬가지로 불가능하다. 따라서 정확히 동일한 논증이 마음에, 그리고 그 마음─아닌 대상과 경계라고 할 것들에 적용될 수 있다. 마음─아닌 대상은 마음의 작용에서 없을 수 없고, 그럼에도 위에서 충분히 살펴보았듯이 그 둘이 상호 배타적인 것으로 규정되고 조금이라도 사실상의 실체로 간주된다면 그 대상은 마음의 작용과 함께 존재할 수 없다. 동일한 논증이 어떠한 의식의 내용에도 그리고 그 내용이 아닌 어떤 것에도 개념적으로 적용될 수 있다. 내가 흰색을 감지하고 있다면, 그것이 배제하는 것─가령, 검은색─과 그것의 관계는 무엇인가?

　마음의 작용 과정을 인식하는 경우에 드러나는 것은, 현재의 순간에 불가능하지만 필연적으로 과거성과 미래성이 존재한다는 점이다. 우리는 여기서 순간과 지속 사이의 구별이 무너지는 것을 보게 된다. 그리하여 지의는 이 수행의 목적을 다음과 같이 요약한다. "수행자는

자신의 심리적 상태 전부와 심리적 대상 전부가 일어나는 것을 되돌아
보며 검토하는데, 거기서 어떠한 움직임이나 변화, 근원과 마지막,
어디서 오고 어디로 가는지를 보지 못한다."[23] 이것은 경험의 각 순간이
모든 시간의 전체 세계이기 때문이다. 이 순간을 제한하고 배제하는
과거나 미래인 듯 보이는 것은 사실 순간에 이미 필연적으로 내재해
있다. 어떤 의미에서 그것은 실제로 이 순간의 **더 많은** 부분일 뿐이고,
처음에는 희미한 형태이던 '미래성 자체'에 이미 존재하던 것이 더욱
명확하게 분절된 것일 뿐이다. 그것은 어디에서 오지도 않고 어디로
가지도 않는다. 그런 의미에서 그것은 움직이지 않고 변하지 않는다.
마치 하나 안에 여럿이 이미 포함된 것처럼 찰나적인 순간에 지속이
이미 포함되어 있다. 하나로 나타나는 것은 이미 여럿으로 나타나는
것이다. 현재로 나타나는 것은 이미 하나의 과거-현재-미래로 나타나
는 것이며, 그와 함께 과거성과 현재성과 미래성의 바로 그 특질들에
본래 갖추어진 것으로서, 과거에서 현재를 거쳐 미래로 움직이는
일을 내적으로 포함하는 것으로서 나타난다.

　나는 각각의 경험을 찰나적인 순간으로, 과거와 현재의 무한성
안에서 하나의 섬처럼 떠 있는 섬광 같은 경험으로 바라본다. 그런
뒤에 나는 그 무한성이 섬광의 일부라는 것을, 그리고 전체의 움직임이
찰나적 순간에 내재해 있다는 것을 알아차린다. 섬광 같은 번쩍임조
차, 생겨남과 사라짐조차 그보다 앞서 이미 그곳에 있었던 것이 무엇이
든 거기에 내재해 있다. 현재를 바라보는 것은 과거와 미래를 보는

---

23 지의, 『마하지관』, "行者心數起時, 反照觀察, 不見動轉根原終末, 來處去處."(T46,
　　14c)

것이기도 하다. 마치 마음을 바라보는 것이 세계를 보는 것이기도
한 것처럼. 마음과 그 세계가 서로 포섭하는 것처럼 시간의 순간들도
서로 포섭한다.

더 구체적으로 말하자면, 지의는 주의 또는 의意의 과정에 대해
네 가지 결정적인 점을 이야기해 준다. (1) 그것(意)은 끊임없이 움직이
며, 움직임으로써만 존재한다. 아직, 이제 막, 동안, 지나간 등 네
가지 시간의 양상은 가장 식별이 가능하고 양도할 수 없는 표시들이다.
(2) 그것(意)은 다양한 지각과 행동들의 원천이다. 그것들을 별개의
특정한 대상들로 보아 애매함을 없애고 명확히 하면서 그렇게 나타나
도록 하는 것이 주의라는 의미에서 보자면, 모든 것은 그 과정을
통해 '생성된다.' (3) 그것(意)은 그 과정이 만들어내는 경험의 세계에
서 이 별개의 다양한 대상들과 대조되어 단일해 보인다. (4) 이들
대상들은 그것(意)의 외부에 독립된 존재를 가정하도록 하는 생산
방식이 아니라, 그것과 분리될 수 없고 연결되어 있으며 그것에 의존하
는 그런 방식으로 진행되는 과정을 통해 생성된다. 이 정신 작용이
끝나자마자, 그 생성된 것들도 없어진다. 스피노자의 말을 빌리면,[24]
그것이 그것들의 '내재적 원인'이다. 그것들은 한 순간도 그것에서
분리될 수 없으며 여전히 지속된다. 불빛이 꺼지면, 모든 대상들도
사라진다. 이런 의미에서 우리는, 나중에 천태의 전통에서 하듯이,
그것들은 단지 '그것의 생성'(조造)이라기보다는 '그것의 변형'(변變)이
라고 말하고 싶을 것이다.

---

24 Baruch Spinoza, *Ethics*, Ip18, in *Ethics and Selected Letters*, trans. Samuel
Shirley (Indianapolis: Hackett Publishing, 1982), 46.

우리는 이러한 관계를 파악하게 해줄 구체적인 영상이 필요하다. (1) 원천으로서 기능하는 끊임없는 운동, (2) 그 원천이 끊임없이 생산하는 다양한 모습들과 모양들, (3) 이것들과 대조되어 그것은 단일하게 보이지만 (4) 줄곧 그 원천과 분리될 수 없는 것. 우리는 이미 마음의 활동을, 내용에 활기를 주어 현실화하고 차별화하는 영사기의 전구나 기계의 동력원이 작동하는 것과 비교했다. 그러나 지의가 언급한 심리 작용의 모든 특질들을 받아들이기 위해 끌어올 만한 더 나은 것으로는 '분수'일 것이다. 단일한 지점에서 다양한 모양의 놀과 물결을 만들고 거품을 일으키면서 계속 물을 뿜어내는데, 그 움직임이 멈추면 그 모든 것이 즉각 사라진다. 경험의 세계는 이 세차게 내뿜는 상승 흐름이어서, 이런 하나의 유지 활동으로 구성되어 활기를 주며 존재하다가 멈추면 사라져버린다. 정말로 분출하는 상승 흐름은 수원水源 자체의 활동이다. 물방울과 거품은 원천의 물과 똑같은 물이며, 원천에서의 움직임과 분리할 수 없는 똑같은 움직임이다. 그것들은 서로 다른 둘이 아니다. 그대의 심리 작용이나 주의를 기울이는 과정을 그대의 세계를 이루는 내용들을 뿜어내는 그리고 그런 식으로 끊임없이 존재하면서 그 내용들을 지탱하는 분수로 생각하라. 그 원천이 식초로 만들어졌다면, 그 내용물들도 그러하다. 그 원천이 뒤흔들린다면, 그 내용물들도 그러하다. 그 원천이 느려진다면, 그 내용물들도 그러하다. 그 원천이 멈춘다면, 그 내용물들도 그러하다. 정말로 그 원천과 내용물들은 궁극적으로 별개의 둘이 아니기 때문에 그 원천에 해당되는 것은 무엇이든 그 내용물들에도 해당될 것이다. 그럼에도 그것은 그것들과는 다른 어떤 방식으로 존재하는 결과물들과는 달리 유일한 원천이다. 이것이 문제의 핵심이다.

그러므로 이런 식으로 모든 경험이 내재하고 지탱되며 실질적으로 공유하는 '원천'으로서 심리 작용을 확립한 뒤, 지의는 계속해서 이 심리 작용, 원천은 공하다는 점을 보여준다. 그것은 실제로 상호 배타적인 별개의 실체로 존재하지 않는다. 진짜 뚜렷이 구별되는 '모든 경험의 원천'은 없다. 심리적 의지는 그것이 창조한 것들이 활동하는, 생산하는, 단일한, 유지되는 데서만 심리적 의지 - '경험된 대상들의 세계'와 반대되는 '그대' -로 보인다. 그러나 그것은 활동적이지 않는 것으로, 원인이 되지 않는 것으로, 단일하지 않는 것으로, 유지하는 자가 아닌 것으로 밝혀진다. 왜냐하면 그것은 이제 이들 생산물들과 분리될 수 없는 것으로 보이고, 경험될 수 있는 것과 맞서는 다른 모든 타자성에서 나온 본질을 이런 식으로 공유하는 것으로 보이기 때문이다. 그것들과 그것 사이에 일관된 경계는 전혀 발견할 수 없다.

그대는 그대가 인지하고 있는 것과 그것이 인지하는 것 사이에 선을 그을 수 없다. 그것들이 실제로 분리되어 있다면, 그것들은 접촉할 수도 없고 겹칠 수도 없으며, 따라서 인지 작용도 일어날 수 없다. 그대는 바로 똑같은 이유로 해서 생산하는 자와 생산된 것 사이에, 하나와 여럿 사이에, 유지하는 자와 유지되는 것 사이에 선을 그을 수 없다. 그것들이 주장하는 바로 그것이 '되기' 위해 될 필요가 있는 것처럼, 그것들이 실제로 별개고 실제로 분리되어 있다면, 그것들은 어떤 관계도 가질 수 없으므로 하나가 다른 것에 영향을 끼쳐 생산하고 통일하고 유지하고 심지어 다른 것을 그 자체가 '아닌' 것으로 결정하는 역할을 하게 할 수 없다.

관법의 과정은 단순해서 처음에는 그대 자신을 대상과 대조되는 주체로 인지하고, 그 뒤에는 어떻게 모든 경험의 대상들이 예외 없이 주체인 그대의 행위를 통해 생산되고 유지되는지를 보며, 이어서 이 주체성의 구체적인 정체를 그리고 그것이 대상들의 수동적인 다양성과 어떻게 다른지를 탐색하는 것이다. 여기서 대상들은 주체'가 아니'지만 주체가 그저 단독으로 활동하면서 생산하고 유지하는 것들이거나 그 원인들, 결과들, 대조들로서 주체와 거리를 두고 있는 것들로 추정된다. 그런 뒤에, 그 둘은 쌍방으로 분리될 수 없다는 사실을, 그것들 사이에는 어떤 경계도 존재할 수 없다는 사실을, 전적으로 주체로서 또는 전적으로 대상으로서 경험하는 전 영역에서 어떤 것을 또는 그 일부나 약간을 식별하는 일은 불가능하다는 사실을 알게 된다. 그 대신에 어느 경험이나 다 전적으로 단일하지 못하고 오히려 다양해지며, 전적으로 능동적이지 못하고 오히려 수동적이며, 전적으로 유지하면서 포함하지 못하고 오히려 유지되거나 포함되며, 전적으로 원인이 되지 못하고 오히려 야기되든지 혹은 전적으로 야기되지 못하고 오히려 원인이 된다. 검토해 보면, 서로 대비해서 이런 특질들을 한정하는 경계들 가운데 어느 것도 명백하게 실재하지 않기 때문에 이 특질들 각각은 바로 다른 떠 있는 손가락들의 전체성을 감싸고 또 구성하는 '떠 있는 손가락'이다. 따라서 이 특질들 전부는 그 영역 어디에서나 동일하게 발견된다. 각각의 시각과 후각은 동일하게 그 자체의 미혹된 독특한 방식으로 법계의 전 영역에서 활동하고 통일하는 창조자이며 유지자인데, 그렇게 해서 그대 자신의 본래 주체성 또는 주체다움을 포함하기도 한다.

그러므로 이 과정은 주체와 대상의 차이를, 대상보다 주체가 되는 특질-다시 말해 생산된, 유지된, 포함된, 수동적인, 다양한 등에 반대되는 생산자, 유지자, 포함자, 활동, 하나됨의 위치에 있음- 을 예리하게 알아차리는 것으로 시작한다: 경험의 이 영역에서 대상보다는 주체인 것처럼 느껴지는 '생산자다움,' '유지자다움,' '포함자다움,' '능동적임,' 그리고 '단일성'을 경험한다. 그리고 나서 분수의 물기둥이 분출되어 활동하는 것처럼 그 대상이 주체에 전적으로 의존하는 것으로, 심지어 포섭되는 것으로 우리의 경험에 제시된다는 사실에 주목하라. 그러나 그 다음에 우리는 주체와 대상 사이의-생산자와 생산되는 것, 유지자와 유지되는 것, 포함자와 포함되는 것, 움직임과 고요함, 하나와 여럿 사이의 - 경계들은 어떤 일관된 방식으로도 풀릴 수 없다는 점에 주목하면서 더 나아간다.

'공'을 예증하는 일은, 해당되는 사물-이 경우에는, 적극적으로 식별하는 생산적인 심리 작용의 이 한 순간, 곧 분출하는 분수-은 그 이전의 것들 및 결과들과 분리될 수 없으며 대조되는 그 주위의 것들과도 분리될 수 없다고 말하는 것과 다르지 않다. 그것을 제한하는 것처럼 보이던 그런 것들-원인들, 대상들, 이전 상태들, 미래 상태들, 가능한 상태들, 대조되는 상태들-은 공의 분석을 통해서 모든 지점에서 그것과 분리될 수 없다는 것, 모든 곳에서 그것에 스며든다는 것, 그 자체의 개념 정의에 내재해 있다는 것을 드러내는데, 그것은 별개의 것으로서 그렇게 "결코 생기지 않는다"고 말하는 까닭이 여기에 있다.

이것은 또 '다양성,' '고요함,' '포함되는 것,' '생산되는 것' 등과 반대되는 '단일성,' '활동,' '포함하는 자,' '생산하는 자' 등의 추상적 자질들에도 들어맞다. 그것이 이런 특정한 성질을 가진 특정한 것으로서 거기에 존재하기 위해서는 그것이 아닌 것, 곧 다른 성질들과 대조되어야 한다. 그 대조는 경계에 달려 있지만, 경계의 위치는 알아낼 수 없다. 그렇다면 움직이는 단일 생산자이자 유지자에게 속하는 모든 경험의 총체적인 '단일성'으로서 경험의 영역을 경험한다면, 그것은 모든 경험의 총체적인 단일성에는 '아무것도 없음'을 의미하며, 움직이는 단일 생산자이자 유지자이면서 다른 것과는 정반대인 것을 발견할 수 없다는 말과 같다. 어떤 경험이든 전부를 포함하면서 예외 없는 것으로 보일 때 (즉, 모든 것이 '경험의 이 순간' 안에 포함되므로 거기에서 배제되는 것이 전혀 없을 때), 그것은 공空인 것처럼 보인다. 그러므로 그것은 하나도 아니고 여럿도 아니며, 하나이면서 여럿이다. 생산하는 자도 아니고 생산되는 자도 아니며, 생산하는 자이면서 생산되는 자다. 포함하는 자도 아니고 포함되는 자도 아니며, 포함하는 자이면서 포함되는 자다. 움직임도 아니고 고요함도 아니며, 움직임이면서 고요함이다.[25]

---

25 지의는 이 상황에 대해 꽤 흥미로운 비유를 내놓는다: "[경험이 어떻게 일어나는지에 대해 전혀 설명할 수 없다는 것이 문자적으로는 참일지라도, 자아, 타자, 둘 다에서 그리고 모든 것이 비일관적이지 않다는 사실 등에서 인과성을 보여주었기 때문에] 가장 편리한 설명을 따르면, 우리는 [인과성의 '양쪽' 모델을 쓰면서] 무명(無明, 편향된 인지적 집착)이 법성(法性, 모든 법계의 상호 포섭하는 무조건적 실재)에 형태를 부여하고, 그리하여 우리가 경험하는 모든 현상(一切法)을 낳는데, 그것은 잠이라는 현상이 마음에 형태를 부여할 때 꿈속의 온갖 일들이 일어나는 것과 같다. 마음과 객관적 조건들이 합쳐지면, 세 가지 삼천세계의 모든 성품과 형상이 마음에서 일어난다. 하나의 (법)성[즉, 여기서는 꿈꾸는 동안에는 숨어

있으나 항상 존재하고 작동하는 잠자는 이의 완전한 의식에 비교되는, 무조건성의 애매한 상호 포섭]은 적지만 전혀 없지 않으며, 무명〔여기서는 잠과 꿈속의 일들에 비교되는, 상호 배제하는 다양한 대상들을 우리가 경험한 세계]은 무수히 많으나 확고하게 존재하지 않는다. 우리가 가리키는 '여럿'은 하나이기도 한데, 이 여럿은 배타적으로 여럿이 아니다. 그리고 우리가 가리키는 '하나'는 여럿이기도 한데, 이 하나는 있지 않다. 그러므로 우리는 이 마음을 생각으로 헤아릴 수 없는 대상(불사의경不思議境)이라 부른다. 그대가 만약 한 순간의 마음〔이미 보여주었듯이 통시적으로든 공시적으로든 공이면서 생겨나지 않는 것. 위의 주석 7을 보라]은 그 자체가 무수한 마음이라는 사실을 〔무수한 마음을 낳는다는, 수반한다는 사실을] 파악하면, 그때 그대는 이 모든 마음의 일들이 마음의 한 순간(공)이고, 그래서 〔마음은 비록 하나지만] 하나가 아니고 〔여러 현상은 여럿이지만] 여럿이 아님을 알게 된다. 따라서 존재의 어떤 한 요소가 존재하자마자, 모든 것은 그 존재의 요소를 표현한 것이기도 하다는 사실, 그 요소를 표현하는 그 모든 것들은 저 하나의 요소에 지나지 않는다는 사실, 그 하나는 하나가 아니고 그 여럿은 여럿이 아니라는 사실 또한 성립된다."

그리고 나서 지의는 계속해서 동일한 것을, 생산자로서가 아니라 생산된 것으로서, 주체가 아니라 객체-존재의 어떤 총합, 그리고 경험된 특성-로서 인식의 영역에 본래 존재하는 다양한, 생산된, 유지된, 정적인 현상들 각각에도 적용한다. 각각은 이제 다른 모든 것으로 나타나는, 생산하고 유지하는 단일성의 역할에도 동등하게 참여하는데, 그 단일성은 다른 모든 것들이 능동적으로 통합하며 지각하는 주체로서 돌아가는 곳이므로 거기에서 그것들은 여럿도 아니고 하나도 아니다. 따라서 각각의 양식들은 다른 모든 것의 양식과 상호 포섭한다. 각각은 퍼지는 것이면서 스며드는 것이고, 포섭하는 것이면서 포섭되는 것이다.

지의의 『마하지관』(T46, 55a-b)에 나온다: "若隨便宜者應言無明法法性生一切法. 如眠法法心則有一切夢事. 心與緣合則三種世間三千相性皆從心起. 一性雖少而不無, 無明雖多而不有. 何者. 指一爲多多非多, 指多爲一一非少. 故名此心爲不思議境也. 若解一心一切心, 一切心一心, 非一非一切." '일심一心'은 바로 앞의 단락에서 '사구四句'의 분석을 통해 '공'이라는 것을 보여주었다. "當知四句

求心不可得, 求三千法亦不可得. 既橫從四句生三千法不可得者, 應從一念心滅
生三千法耶心滅尙不能生一法, 云何能生三千法耶. 若從心亦滅亦不滅生三千法
者, 亦滅亦不滅其性相違, 猶如水火二俱不立, 云何能生三千法耶. 若謂心非滅非
不滅生三千法者, 非滅非不滅非能非所, 云何能所生三千法耶. 亦縱亦橫求三千
法不可得, 非縱非橫求三千法亦不可得. 言語道斷心行處滅, 故名不可思議境."
모든 법을 생산하는 마음은 그 자체에서도, 다른 것들에서도(즉, 법들에서도),
둘 다에서도 또는 둘 다가 아닌 데서도 생겨나지 않는 것으로 보였다. 그것은
전혀 생겨나지 않는다. 이는 또한 그것이 전혀 확정된 실체가 아님을 의미한다.
(왜냐하면 동일한 것이 시간에서 경계들[이전/이후]에 적용되듯이 공간에서
경계들[안/밖]에도 적용되기 때문이다.) 그것은 '어떤 것'이 아니다. 다른 실체들
을 배제할 수 있는 실체가 아니다. 따라서 그것은 '공'이다.

이제, 특별히 어떤 것이 아닌 이 공한 마음은 만들어내고(造) 갖추며(具) 궁극적으
로 모든 현상과 동일한(即) 것으로 보인다. 각의삼매覺意三昧의 언어로 말하면
이것은 즉의지실제即意之實際인데, (미혹된, 의도적인) 심리 작용과 동일한 궁극
적 실재는 불성佛性이기도 하고 일체법一切法이기도 하다는 것이다. 이것이 '하나'
와 '공'의 관계다. '하나'는 이미 분석되어 공으로 보이는 대상을 가리킨다. 다시
말해서, 여기서 '일심一心'은 처음에는 전통적인 실체나 임시적으로 결정된 실체였
음에도 여기에서는 이미 공인 것으로 보이는 무언가로 제시된다. 따라서 첫
번째는 공에서 관습적인 것으로의 전이에 관한 것이고, 두 번째는 관습적인
것에서 공으로의 전이에 관한 것이며, 세 번째는 중도에 관한 것이다. '모든
마음의 상태'(一切心)는 임시적인 것으로서 또 관습적인 것으로서 처음의 마음을
포함한다. 모든 마음은 이미 확립된 공과 동일한 것임이 밝혀진다.

우리는 이것을 명료하게 다시 쓸 수 있다: "一念一切法, 一切法一念, 非一非一切,
非念非法, 非心非色, 亦念亦法, 亦心亦色."(경험의 한 순간은 생산하고 갖추는
것이고 사실상 모든 현상인 것이며, 이 모든 다양한 현상은 경험의 그 한 순간이다.
그래서 한 순간은 한 순간이 아니고, 여러 현상은 여럿이 아니다. 둘의 어느 쪽도
경험이기만 하거나 현상이기만 한 것이 아니고, 둘의 어느 쪽도 마음이기만 하거나
물질이기만 한 것이 아니다. 그럼에도 둘 다 경험이면서 현상이고, 마음이면서 물질이

의식하는 주체로서 마음이 공인 것으로-다시 말해, 잠정적으로 정의하는(곧, 그 다수의 경험들을 활동하고, 통합하고, 생산하고, 유지하는) 표식이었던 이 네 가지에 대해 애매한 것으로- 드러날 때, 대조되는 다른 모든 실체들도 동시에 공인 것으로, 임시적으로 있는 것으로, 중도인 것으로 드러나는데, 이제 우리는 그 이유를 알 수 있다. '원천'인 마음을 해체하는 일은 마음이 창조한 모든 것들을 해체하는 일이기도 하다. 마음이 부정될 때, 그것들 모두 부정된다. 그리고 그것이 그로 말미암아 비-유한이고 무조건적인 것으로 보일 때, 그것들 모두 비-유한이고 무조건적인 것으로 보인다. 그것이 삼제三諦로 드러날 때, 그것들 모두 마찬가지다.

모든 것을 마음으로 보고 그런 뒤에 마음을 공空, 가假, 중中으로 봄으로써, 우리는 각각의 사물이 공이고 가이며 중인 줄을 안다. 왜냐하면 마음은 모든 대상을 포섭하고, 각각의 대상은 마음을 포섭하기 때문이다. 그리하여 우리는, "모든 것은 오로지 마음이다," 또는 "모든

다.) 또는 이렇다: "一念無念一切法, 一切法一念無念, 非一非無非一切, 亦一亦無亦一切法."(경험의 한 순간은 경험의 한 순간이 아니고, 그것은 생산하고 갖추는 이것, 그저 모든 현상인 것이다. 그리고 모든 현상은 생각 없음이고 한 생각인데, 그래서 어떤 것도 하나가 아니고, 아무것도 아닌 게 아니며, 여럿도 아니다. 각각은 하나이고, 각각은 아무것도 아니고, 각각은 모든 현상이다.) 그러므로 문장은 계속 이어져 동일한 공식을 마음이 다양하게 '생산한' 내용들 각각에도 적용한다. 한 덩어리가 모든 것으로 나타나고, 모든 것이 그 덩어리이며, 그래서 하나는 하나가 아니고 여럿은 여럿이 아니다. 하나의 특성은 그 본래의 특성을 공으로 만들면서 모든 것을 그 특성의 현현으로 만들지만, 다른 것들로 된 이 전체성은 이제 이 공의 특성인 것처럼 보이고, 그리하여 다시 하나는 하나가 아니고 여럿은 여럿이 아니다.

384

것은 색色일 뿐이다"라고 똑같이 말할 수 있다. 말하자면, 참으로 "모든 것은 냄새일 뿐이다, 모든 것은 소리일 뿐이다, 모든 것은 맛일 뿐이다, 모든 것은 닿임일 뿐이다."[26] 지의의 표현으로는, "모든 것은 집착일 뿐이다, 모든 것은 미혹된 견해일 뿐이다"[27] 또는 "모든 것은 생겨남일 뿐이다, 모든 것은 머묾일 뿐이다, 모든 것은 달라짐일 뿐이다, 모든 것은 사라짐일 뿐이다."[28]

관법에서 이런 관념을 경험하는 간단한 길이 있다. 일시정지 방법을 적용하는 일이다. 이 방법을 쓰기 위해서는 먼저 의식의 흐름을, 연속적인 경험들의 흐름과 끊임이 없는 그 변화를 가려내야 한다. 시간의 흐름을, 하나의 심리 상태에서 다른 심리 상태로, 하나의 집중 행위에서 다른 집중 행위로, 하나의 심리 대상에서 다른 심리 대상으로 전이되는 것을 인지하라. 끊임없는 경험의 전이에 주목하고, 한 순간이 그에 앞서는 경험과 어떻게 다르고 그에 이어질 경험과 어떻게 다른지 주목하라. 집중 조명이 무대의 장면들을 잇따라 하나씩 비추듯이 경험들에 대해서도 하나씩 집중하면서, 한 생각에서 다른 생각으로, 한 광경이나 소리에서 다른 것으로, 한 기억에서 다른 기억으로, 한 관념에서 다른 관념으로 주의력이 쏜살같이 움직이는 것에 주목하라.

---

26 지의는 『사념처四念處』(T46, 578c)에서 이렇게 말한다. "원만한 가르침으로 설하자면, 오로지 색이 있고 오로지 소리가 있고 오로지 향기가 있고 오로지 맛이 있고 오로지 닿음이 있고 오로지 의식이 있다고 말할 수 있다."(若圓說者, 亦得唯色唯聲唯香唯味唯觸唯識.)

27 『觀無量壽佛經疏妙宗鈔』, "唯愛唯見唯色唯香."(T37, 206a)

28 『觀無量壽佛經疏妙宗鈔』, "唯生唯住唯異唯滅."(T37, 201b)

비추는 빛과 장면을 어째서 분리할 수 없는지, 그 둘이 어째서 단일한 행위의 일부인지, 어째서 하나가 다른 것을 따라오는지, 어떻게 경험의 다른 영역들을 밝히는지, 보고 느끼고 경험하는 것이 어떻게 다른지를 보라. 이 구름 같은 주의력이 이 형상에서 다른 형상으로 잇따라 바뀌는 것을, 시각, 소리, 느낌, 생각으로 된 하나의 전체 세계가 다른 세계로 잇따라 바뀌는 것을 보라.

주의력을 쏟는 그 과정을 한번 보기로 하고, 필름의 장면들처럼 그것을 순간들로 잘게 잘라보라. 현재의 경험을 멈추게 하고 전이가 일어나지 않도록 하는 '멈춤' 버튼이 있다고 상상해 보라. 머릿속에 사진기가 있다고 상상해 보라. 사진을 액자에 끼우는 것처럼 모든 것을 틀 속에 넣어 바라보라. 지금 그대 앞에 있는 것을 무엇이든 보고, 그런 뒤에 얼른 눈을 몇 번 감았다가 떠보라. 그대의 눈을 사진기 셔터로 만들고 특정한 순간을 그대의 망막에 시각적으로 기록하라. 나중에 이 장면을 정확하게 그려 달라는 부탁을 받은 것처럼, 상상력을 발휘해서 가능한 가장 선명한 그림을 얻으려 애써라. 모든 것이 어중간한 몸짓이나 서투른 자세이기는 해도, 저 옛날 네덜란드의 뛰어난 화가들이 그린 것처럼 이렇게 기댄 사람, 저렇게 흘끗 보는 사람, 숙이는 사람, 기지개를 펴는 사람 등 어떤 몸짓을 하다가 중간에 얼어 붙은 것 같을 것이다. 자신의 몸으로 이렇게 해보는 것도 도움이 될 수 있다. 갑자기 "얼음!" 하고 소리치면, 그대는 어떤 몸짓을 하고 있든 간에 신체적으로 그대로 멈춘다는 것을 알게 된다. 몸이 (특히 눈알의 움직임이) 멈출 때 대체로 마음은 더 잘 멈출 수 있는데, 이것이 전통적으로 몸을 움직이지 않은 채 고정된 자세로 명상하는 한 이유다. 사진을 연달아서 한 장씩 보라. 각각의 순간은 그대가 지금 경험하는 모든 것의 총체일 것이고, 그래서 이 경험의 한 순간에 집중함으로써 그대는 온 우주에도 집중하고 있는 것이다. 경험의 이 순간을 바라보는 것은 외부의 세계를, 산과 강, 하늘, 사람들, 동물들, 느낌들, 기억들, 그리고 예상들을 바라보는 것이기도 하다. 왜냐하면 이 모든 것들은 이 순간의 마음의 일부이기 때문이다.

지금 그대가 무얼 경험하고 있든지 간에 그 경험을 그에 앞서는 모든 것과 그에 뒤따르는 모든 것에서 분리해 보라. 지금 그대가 경험하고 있는 것에 주목하라. 경험의 그 순간을 과거와 미래에서, 한 순간 전에 경험한 것과 한 순간 뒤에 경험할 것에서 베어내라. 베어낸 이 조각들을 가능한 한 '얇게' 만들어서 그것들이 지극히 얇은 단일한 주의력으로 구성되도록 하라. 계속 이렇게 하고 난 뒤에 한 순간 전에는 그대가 다른 어떤 것을 보고 있거나 생각하고 있었다는 사실을 떠올려 보라. 그리고 잠시 후에는 그대가 다시 다른 어떤 것을 보거나 경험할 것임을 예견해 보라.

이제, 이 세상에서 단 하나뿐인 이 하나의 행위를, 이 별개의 다른 한 순간을, 과거와 미래 사이에 끼어 있는 세계에 대한 이 하나의 분별을 살펴보라. 자신에게 물어보라. 바로 직전의 경험은 이 경험과 분리된 별개의 것인가? 그것은 안에 있는가, 아니면 밖에 있는가? 그것들 사이의 경계는 어디에 있는가? 그대는 현재의 경험이 이전의 것과 대비되어 구별됨으로써만 존재한다는 사실에 주목할 것이다. 그러나 이전의 경험이 실제로 이미 지나간 것이라면, 그대는 이것을 대조할 수 없고 어떤 대조도 경험할 수 없을 것이다. 따라서 얇게 베어낸 현재를 정지 화면 안에서 경험할 수 없다. 이 순간이 이 순간이 되도록 하기 위해서는, 이전의 순간은 비교되어야 할 현재이면서 더 이상 현재가 아니라 명확하게 지나간 과거이기도 **해야** 한다. 앞선 순간은 이 순간에 내재해 있지만 여기에서 배제되어 있기도 하다.

지의는, "근원도 없고 목적도 없이 어디에서도 오지 않고 어디로도 가지 않는 완전히 얼어붙은 주의력의 순간을 우리가 발견한다"고 말한다. 그것은 시간 전체로서, 세계 전체로서, 경험 전체로서 홀로 떠 있다. 왜냐하면 '다른' 모든 경험은 필연적으로 그 안에 존재하고 있고 그 과거와 미래도 거기에 포함되어 있기 때문이다. 그것은 유일한 실재요 총체이며, 또한 그 총체의 근원이면서 그 총체의 목적이기도 하다. 그것은 모든 것이 존재하는 곳이고, 모든 것이 온 곳이며, 모든 것이 가는 곳이다. 그것은 어디에도 가지 않는데, 그 다음 순간이 그 안에 이미 존재하기 때문이다. 그것은 한 곳에서 다른 곳으로, 한 상태에서 다른 상태로 실제로 이전하는 일이 없는데, 겉보기에 다른 것이 그것 자체에 포섭되어 있기 때문이다. 그것은 어디에서도 오지 않는데, 과거의 순간 또한 그 안에 있기 때문이다. 그것은 영원히 그 자체의 무진장한 풍부함을 더욱더 드러내면서 오로지 그 자체로부터 와서 오로지 그 자체에게 간다.

순간순간 이 심리적 사진기의 셔터를 누르면서 경험의 각 순간을 다른 모든 순간들로부터 분리한다. 그렇게 하다가 실제로는 다른 순간들을 포함시키지만 이 찰칵 찍는 순간을 구성하는 부분들로 포함시킨다는 사실을 알고서 우리는 깜짝 놀란다. 그것들을 배제하려고 애쓰면 애쓸수록 우리는 그렇게 하는 것이 불가능하다는 사실을 더 잘 알게 된다. 그것들은 주변에 숨어 있으면서 항상 그곳에 있으며, 찰칵 하는 그 순간에 내재하면서 흐릿한 테두리를 형성한다. 여기서 삼제三諦는 생생하고도 직접적으로 드러난다. 이 경험의 순간은 아주 뚜렷하게 다른 모든 것들과 다른 것으로 나타나는 것이 아니다. 오히려, 그것은 공이다. 경험의 이 순간은 바로 이런 식으로 나타나며, 다른 식으로 홀로 뚜렷이 구별되어 나타나지 않는다. 그것은 가假 곧 임시로 존재하는 것이다. 그것이 임시로 존재하는 까닭은 오로지 공이기 때문이며, 그 반대도 마찬가지다.

이 순간이 다른 모든 순간을 포함하는 것은 오로지 독특한 무엇이기 때문이다. 그것이 다른 모든 경험과 동일한 넓이를 갖는 것은 오로지 별개의 것으로 나타나기 때문이다. 그 다음 순간이 오더라도 그것은 여전히 앞선 순간의 한 양상이며, 그 반대도 마찬가지다. 이 순간은 다른 모든 순간들에 의해서 예시되는 보편적인 양식이다. 각각은 그것들과 구별될지라도, 그것은 그것들 모두로 표현된다. 그것은 그것들을 포섭하되 그 자체의 독특한 존재 양식의 예시로서 포섭한다. 이를테면, 반 고흐의 양식을 강렬하게 경험한 뒤에야 반 고흐적이지 않은 모든 시각적 경험 안에서 반 고흐의 양식을 발견하는 것과 같다. 그 자체의 독특함을 지닌 채 그 모든 것들에 스며든다. 다른 방향에서 보더라도 마찬가지다. 이런 식으로 충분히 경험되는 각각의 다른 경험은 이 순간을 상호 포섭하는 것으로 밝혀진다. 이 순간의 영원성-일시성은 가능한 다른 모든 경험들, 존재들, 관념들, 순간들의 같지도 않고 다르지도 않은 배열 안에서 그리고 그런 배열로서 계속 나타나며, 나는 그것을 경험한다. 이것이 중생으로서 성불하는 경험이다.

그렇다면, 지의가 "우리가 되돌아가서 그것을 살펴보면, 그것은 움직이는 것도 아니고 도는 것도 아니며 근원도 없고 목적도 없으며 오는 곳도 없고 가는 곳도 없다는 것이 밝혀진다"고 한 말은 무엇을 의미하는 것일까? 분출하는 분수의 이미지를 공백으로 대체하지 말고, 그보다는 운동과 비운동 사이의, 하나와 여럿 사이의, 근원과 결과 사이의 애매한 무언가로 대체하라. 왜냐하면 주의를 기울이는 과정에 대한 '명확한 표시'는 '움직임'이고, 이는 '명확하게 안-움직임'이 아니라 '움직임과 안-움직임 사이의 애매함'으로 다시 읽혀야 하기 때문이다. 마치 O가 공백으로 보이는 것이 아니라 문자인지 숫자인지 애매하게 보이는 것처럼 말이다. 그래서 우리는 이렇게 분석함으로써 마음의 분수가 '분출하는 이 움직임'을 '움직임으로도 안-움직임으로도 똑같이 읽을 수 있는' 것으로 보게 된다. 이미 '지나간' 것, '전혀 나타나지 않은' 것으로가 아니라 오히려 이전과 똑같이 나타난 것처럼 볼 수 있고, 움직임이 있는 것으로 보이지만 어떠한 움직임도 없다고 볼 수도 있다. 이것이 어떻게 가능한가?

세 가지 직관적인 선택지가 제시된다.

1. **우주에 있는 다른 모든 것과 함께 동시에 움직이고 있는 어떤 X의 움직임은 똑같이 안-움직임으로도 읽을 수 있다.** ('국지적으로 일관되게') 외따로 보았던 것도 배경이라는 한정된 맥락 안에서 다른 속도로 움직이는 것과 대비해서 보면, 움직이는 것처럼 보인다. 그 맥락이 첫 번째 항목과 똑같은 속도로 그리고 똑같은 방향으로 움직이고 있는 더 큰 맥락에 놓이게 되면, 모든 것은 그것과 함께 움직이는 것으로 보이고, 그것은 움직이지 않는 것으로 보인다. 관점이 급변하는

영화 장면을 상상해 보라. 틀 안에서 보면, 모든 것은 움직이는 것으로 보인다. 그러나 틀을, 화면을 전체적으로 바라보면, 그 모든 움직임 또한 움직이지 않는(것으로 읽을 수 있)다는 사실을 알게 된다. 그래서 경험의 이 순간이 모두 움직임이라면, 그리고 본래 그것을 움직이는 것으로 보이게 만든 (정적으로 보이는) 모든 뼈대가 거기에 내재된 것으로 보인다면, 그 뼈대들 전부도 움직임의 일부다. 이 순간은 모두 움직임이고, 모든 것은 이 순간의 일부이며, 그래서 모든 것은 함께 움직인다. 그러므로 모든 것은 고요하기도 하다.

2. 또는 **내가 움직임에 동참하지 않는 한** 그것은 움직이는 것처럼 보인다고 말할 수 있다. 그러나 관점을 전환하면, 다시 말해 내가 똑같은 속도로 움직임에 동참한다면, (움직이는 것처럼 보이던) 바로 그 움직임이 이제는 안 움직이는 것으로 보인다. 그래서 내가 마음의 움직임에서 나 자신을 전혀 분리하지 않는다면, 아무것도 빠뜨리지 않고 아무것도 제쳐 두지 않은 채 그것을 '온전히 실현한다'면, 그것은 똑같이 움직임으로도 안-움직임으로도 읽힌다. 그렇다면 이런 의미에서 관법의 결론은 이렇게 될 수 있다. 그대와 함께 온 세계가 저 움직임 없는 순간 속으로 움직이고 있음을 보면서, 그대 자신을 찰나적인 마음의 움직임 하나하나에 완전히 던져라.

3. 다른 선택지는 **찰나적** 움직임의 관점에서, 제논의 역설 그리고 유사한 불교의 역설 풍으로 이 문제에 대해 생각하는 것이다. 날아가는 화살처럼 그것은 움직임이 누적되어야 거기에 이를 수 있으므로 매순간 움직이고 있어야 하지만, 다른 의미에서 보자면 각각 다른 순간에 특정한 어딘가에 '있어야만' 한다. 이는 '점들'이 선을 이루기 위해서는

축적될 공간을 차지해야 하는 것과 같다. 그럼에도 수학적인 점으로서 그것들은 어떤 공간도 차지하지 못할 수도 있다.

우리는 순간에 대한 우리의 경험에 이 세 가지 선택지 전부를 그러모을 필요가 있다. 바로 여기에서 일시정지 방법이 특히 흥미로워진다. 특정 순간의 사진을 찍을 때 무슨 일이 일어나는지 생각해 보라. 시간이 멈추는 것 같다. 그러나 실제로 시간은 결코 멈출 수 없다. 그대가 '고정된' 영상을 보고 있다면, 그것은 시간이 여전히 가고 있다는 것을 의미한다. 그것을 볼 시간이 필요하다. 그런데 그 순간은 원래의 인과적 연속, 원래의 서사적 흐름에서 벗어나버리고 다른 인과성의 연속에, 다른 시간의 흐름에 끼워 넣어질 수 있다. 시간 또는 인과적 연속은 '멈춤'에 의해 (생기지만) 실제로는 멈추지 않았다. 사실, 어떤 의미에서 그것은 강화되었고, 가지를 치며 퍼졌고, 확장되었다. 그것은 해방되어 극도의 움직임, 극도의 시간, 극도의 인과성으로 갔다. 이것이 『법화경』의 독특한 주선율과 완벽하게 유사한 것이라는 사실, 게다가 인과성의 몇몇 다른 연속의 일부로 보이도록 재맥락화된 단일한 원인이라는 사실에 주목해야 한다.

붓다의 모습을 손톱으로 긁어 그리는 일이나 모래에 탑을 세우는 일은 '놀이'라는 연속의 일부이고 '왕생을 위한 선업'이라는 연속의 일부이기도 하지만, 경전에서 말하고 있듯이 완전히 다른 연속으로 보이는 것, 곧 성불을 향한 보살행의 일부이기도 하다.[29] 마찬가지로 성문의 행위들은 그 제약된 이야기에서 벗어나게 되는데, 거기에서

---

29 Watson, *Lotus Sūtra*, 38-39 참조.

그 행위들은 오로지 아란한과로 이어지고, 보살행의 연속에서도 작동되어 성불로 이어진다는 것이 드러난다.[30] 산속을 걷는 여행자들의 걸음은 이야기의 일부로서 쾌락의 도시를 향한 방편이 되지만, 그 걸음은 이 연속에서 벗어나기도 하고 보물을 향한 여행의 일부임을 보여주기도 한다.[31]

그래서 한 순간을 떼놓는 일—지의가 이 수행에서 권하듯이, 그 한 순간을 안 움직이게 하고, 그것이 어디에서 오는지 또는 다른 어디로 가는지에 대한 감각을 없애서 우리가 우주에서 그것만을 보고, 그것을 어떤 특별한 단일 이야기의 일부로서보다는 그것 자체로서 검토하는 일—은 실제로 그 한 순간을 저지하지 않고 그 움직임을 제거하지 않지만, 그 대신에 다른 모든 움직임에, 다른 모든 이야기들에, 다른 모든 인과성들에 그것을 활짝 연다. 바로 그 동일한 작동에서 우리는 그 순간을 그 원래의 이야기, 그 근원과 결말에서 떼놓았으며, 그리고 그것은 모든 이야기의 일부라는 것을, 그 이전의 모든 근원과 그 이후의 모든 결말을 수반한다는 것을, 그것은 모든 원천이 이끌어낸 결말이면서 모든 결말로 이끄는 원천이라는 것을 보여주었다. 그 순간을 우주에서 홀로 떨어진 것으로 보거나 그 하나뿐인 과거와 미래에서 분리된 것으로 볼 때, 그것은 모든 과거와 모든 미래를 포함하는 것으로 밝혀진다. 오고가는 모든 것을, 모든 움직임을, 모든 과정을 그 순간에서 이렇게 제거하면, 동시에 그것은 초공간에 넣어져서 모든 과거와

---

30 『법화경』의 2장 「방편품」, 3장 「비유품」, 4장 「신해품」 그리고 여기저기를 참조하라.

31 Watson, *Lotus Sūtra*, 135-142 참조.

모든 미래를 흡수해 그것들을 이 순간의 여러 양상들로, 그 원천과 결말로 삼는데, 경이롭게도 그것의 안과 밖 양쪽에서 그렇게 한다. 그리고 그것들 **전부**가 서로 자신들의 모순을 드러냄에도 그 과거와 미래들과 그렇게 공존하기 때문에 경이롭게도 각각의 안과 밖에서도 그렇게 한다. 움직임과 움직이지 않음 사이에서 경험된 애매함은 (이 순간과 앞선 순간들의, 이 순간과 이어지는 순간들의) 같음과 다름 사이에서 경험된 애매함이기도 하고, 떠 있는 손가락에서처럼 내부와 외부 사이에서 경험된 애매함이기도 하다. 그 순간이 모든 것을 배제할 때, 그것은 모든 것을 포함하는 것으로 드러난다. 이것이 삼제에 대한 직접적인 경험이다.

그런데 '움직임과 안-움직임 사이의 애매성'에 대해서는 또 다른 선택지가 있다. 이 선택지는 움직임의 존재를 전제로 한다. 완전히 정적인 세계는 움직임과 안-움직임 사이의 애매성을 허용하지 않을 것이다. (어떤 의미에서는 그 애매성조차 일종의 움직임이다. 즉, 두 가지 대체물 사이의 이동이다.) 말하자면, 그 애매성은 움직임의 삭제가 **뒤따르는** 움직임의 경험을 가져야 한다. 소급해서 볼 때 전혀 변화가 없는 것으로 해석될 수도 있을 그런 변화가 일어나야 한다. 다름이 먼저 경험되고 그 뒤에 전혀 다름이 없는 것으로 나타난다. 물론 천태교학의 그 중심에는 이에 관한 이상적인 인식의 틀이 있다: 설정/결정타 관계. 진지했던 것이 재미있는 어떤 것으로 '변하지만,' 그 뒤에 돌이켜보면 어떠한 변화도 일어나지 않았다. 그것은 (또한) 줄곧 재미있었다. 변화와 무-변화, 다름과 다름-없음 둘 다 존재해야만 농담이 통한다. 분수처럼 분출하는 심리적 활동의 움직임에 대해서도 마찬가지다. 직전의 모든 것, 변하기 전의 모든 것은 그 자체를 결정타로 만든 설정처럼 보이고, 그리하여 그것 밖의 모든 것은 필연적으로 그것과 다르면서 그것과 똑같고, 그것과 똑같지도 않고 그것과 다르지도 않다. 경험의 이 순간은 나머지 전 우주의 결정타다.

주권 그리고 무신론적 기적

이 수행의 목적에 대해서는 지의가 다른 곳에서 더 집요하게 다시 서술하고 있다. 경험의 모든 순간은 '묘妙'하고 '불가사의不可思議'하고 '역공역유(亦空亦有, 공이기도 하고 있음이기도 함)'이며 '무정상(無定相, 고정된 형상이 없음)'이며 '불가득이불가사(不可得而不可捨, 얻을 수도 없고 버릴 수도 없음)'여서 "각각의 색과 각각의 향기가 예외 없이 중도다"(一色一香無非中道)라는 사실을 직접 알아차리는 것이다. 경험의 모든 순간은 계시적 사건이고 기적이며, 조건 지어지지 않은 것의 총체를 스스로 현시한 것이고, 성불의 자기 현시이며, 가능한 모든 실체 안에서 나타나고 또 그런 실체로서 나타나는 모든 존재의 근원과 목적에 대한 자기 현시라고 말할 수 있다. 지금 나타나는 것이 무엇이든 그것은 무조건적인 것의 직접적인 자기표현이고, 다른 어떤 토대에도 매여 있지 않으며, 그 자체 외에는 더 깊은 원천도 그 이상의 목적도 없는 어떤 것인데, 이는 그것이 그 자신의 토대와 목적을 포함하면서 모든 실재를 포함하기 때문이다.

　유한하고 조건적인 것이 되기 위해서는 주어진 어떤 인식 상태가 다른 상태들과 똑같거나 달라야 하지만, 이것은 그렇지 않은 것으로 나타났다. 그것은 다른 상태들과 전적으로 똑같은 것일 수도 없고 전적으로 다른 것일 수도 없다. 그럼에도 여기에서 그것은 내 앞에 존재한다. 확실히 그러하고 또 그렇지 않을 수 없는 어떤 것으로서 말이다. 그 '존재'—즉, 내가 그것을 보고 있다는 사실, 또는 내가 그것을 본다고 상상하고 있다는 사실, 또는 심지어 내가 그것을 생각할 수도 생각하지 못할 수도 있는 것으로 생각하고 있다는 사실 따위—는 정확하게 그 '불가피성,' 그 필연성, 그 '회피할 수 없음'을 의미한다. 그것을 그냥 경험하는 것은 그것을 결코 없앨 수 없다는 것을 의미한다. 그것은 끝까지 실재의 양도할 수 없는 일부다. 그 사실성과 주어짐은 적어도 하나의 가능성으로서는 부정할 수 없는 것이다. 그것을 생각하는 것만으로도 그것을 생각하는 일이 가능함을 입증하는데, 이는 그것을 '모든 가능한 특성들'의 무더기에 속하는 필요하고 포기할 수 없는 일부로 만든다.

이런 생각을 생산하는 일이 일어났다. 그것은 이것이 명백히 다른 상태들 전부와 다르지 않은 것들 가운데 하나라는 것을 의미하며, 그것들 전부를 읽어내는 뿌리 깊은 잠재적인 방식이라는 것을 의미한다. 그것이 거기에 있음은 무시할 수 없는 사실이다. 비록 내가 나중에 (내가 궁극적으로 모든 경우에 틀림없이 그렇게 하듯이) 그것은 망상이었다고 결론짓더라도 말이다. 나는 망상이라는 결론에 이르는 것처럼 보이는 그것과 만나는 경험을 먼저 해야 한다. 무언가를 직접 인지하는 일 또는 무언가가 가능하다는 생각을 갖는 일이 의미하는 바, 그것이 진짜인지 아닌지를 물을 수 있는 어떤 것으로 생각하는 일이 의미하는 바는 그런 것이다. 그것이 실재의 총체에서 영원히 양도할 수 없는 부분이라는 것, 그것을 제거하는 일은 그것의 생산과 인과적으로 관련된 모든 것의 제거를 의미한다는 것이다. 그러나 정확히 그런 것이라면, 그때 그것은 피할 수 있는 곳이나 시간이 전혀 없다는 점도 알게 된다.

유한하다고 추정되는 어떤 실체의 공_空을 보여주는 논증은 **저 유한한 특정 실체의 부재**에 적용되기도 하는데, 그것은 정확히 똑같은 방식으로 (유한하고 조건적인 것은 무언가를 배제하는 것이고, X와 X의 부재 둘 다 이렇게 한다: X는 X의 부재를 배제하고, 한편 X의 부재는 X를 배제한다) 유한하고 조건적이기도 하다. X의 부재는 X가 그러하듯이 불가능하다. 이런 장막에 대한 경험의 부재는 이런 장막에 대한 경험을 배제하는 것처럼 보이는데, 마치 이런 장막에 대한 경험이 이 경험의 부재를 배제하는 것과 같다. 그러나 공은 양쪽 다 비배타적이어서 그렇게는 얻을 수 없는 것으로 밝혀진다는 사실을 의미한다. 어떤 유한한 것의 부재는 그 존재와 꼭 같이 공이다. 그것은 불가피하면서 불가능하다. 그 존재는 (면밀한 검토와 분석에도) 그 부재와 구별할 수 없다. 그것은 '얻을 수 없지'만 '피할 수도 없다.' 게다가 그 얻을 수 없는 성질은 그 버릴 수 없는 성질이다. 그 불가능성은 그 불가피성이다. 그것이 바로 중도의 의미다. 그 국지적 일관성은 그 세계적 비일관성인데, 왜냐하면 그 현상들 모두 서로 함께 상호 포섭하기 때문이다. 각각의 현상은 다른 모든 현상들의 총체이기 때문이다.

정신 작용의 과정에 대한 자각은 시간적 진행이라는 면에서 이 경험을 유도한다. 현재 안의 과거와 미래를 뿌리 뽑을 수 없음은 현재의 경험으로서 모든 경험의 필요조건인데, 그럼에도 그것은 불가

능하다. 나는 현재의 경험 바로 한가운데서 경험으로 - 바로 그것의
펼쳐짐에서, 바로 그것의 시간적 지속에서, 바로 그것의 발생에서 이전
마음의 상태와 구별되는 것으로 - 느껴야 하며, 과거의 필연성과 과거의
불가능성을, 이전 마음 상태의 부정과 그 마음 상태의 끈질긴 불가피성
을 동시에 느껴야 한다.

  이것은 의식에 존재하는 어떤 내용에 대해서든, 그것이 비록 존재할
지라도 그것 또한 불가능하다는 사실을 드러낸다는 것을 의미한다.
"불가능해, 그럼에도 거기에 있어!"[32] 이것은 '기적적인 것'에 대한
조르쥬 바타유의 공식인데, 그것은 인과의 연쇄라는 법칙에서 벗어나
는 어떤 것, 곧 결말의 예상, 원인에 종속된 결과, 결과에 종속된
원인, 목적에 종속된 수단, 수단에 종속된 목적 등을 깨버리는 어떤
것을 의미한다. 종속으로부터, 특히 시간에서 한 순간이 (과거든 미래
든) 다른 순간에 종속된 데서부터 갑작스럽게 벗어나는 이 일은 바타유
의 표현으로는 '주권(sovereignty)'이다. 천태의 수행은 결국 현재의
각 경험을 주권의 기적으로서 경험하는 것과 같다. 그러나 천태에서는
바타유에서처럼 모든 자기 보존, 모든 계속성, 모든 경험의 축적,
모든 기억과 예상, 모든 성취와 자기 유지 등의 부정 - 어떤 즐거운
돌연사를 위한 공식 - 으로 이끄는 모든 결과의 완전 배제로서가 아니라
오히려 하나의 연쇄가 아닌 **모든** 결과들을 포함하는 것으로서 이
주권의 기적을 경험하는 길을 발견한다. 비-주권적 경험에서 참으
로 억압적인 것은 연속성 자체가 아니라 **단일 연속의 배타적인 연속성**

---

[32] Georges Bataille, *The Accursed Share*, vols. 2, 3, trans. Robert Hurley (New
York: Zone Books, 1993), 205-211.

이다.

주권의 해방은 인과因果의 **단일한** 배열이라는 확고한 필연성을 초월하는 데에 있다. 단일한 배열은 대개 인과라는 말이 의미하는 바인데, 대체 가능한 배열들을 배제하지 않으면 인과 관계는 그 필요성과 예측 가능성을 잃기 때문이다. 주권의 해방을 구성하는 것은 이 잃음이지만, 그것은 시간적 연속성을 파괴함으로써 성취될 뿐 아니라 극대화함으로써도 성취될 수 있다. '**가능한 모든** 시간적 연속성들'은 '시간적 연속성이 **없는 것**'만큼이나 해방이다. 그리고 바타유의 접근법과는 반대로 이런 접근법에는 두 가지 장점이 있다. 첫째는 그것이 바타유 접근법의 논리적 역설을 해결한다는 것이다. 왜냐하면 '주권'은 여전히 다른 상태들을 배제한 특별한 상태, 그리하여 여전히 성취될 어떤 것이며, 따라서 그 자체가 성취와 축적이라는, 목적과 수단이라는 경제의 일부였기 때문이다. 그는 그것을 달성해야 할 하나의 이상으로, 애써 일하며 그리워하는 어떤 것으로, 평범한 경험에서 결여된 것으로, 다른 종류의 순간들에는 없는 어떤 것으로 만들었다. 천태의 대안이 갖는 두 번째 장점은 그것 덕분에 주권이 살아있는 채로 공존하게 된다는 점일 것이다.

이 접근법의 함의에 대해서는 잠시 중단할 가치가 있다. 기적에 대한 갈망은, 무조건적인 것에 대한 불교도의 탐구와 마찬가지로 단일한 연속의 인과 관계, 조건성, 자유, 업 따위의 속박에 대한 반항이다. 전통적인 유신론의 문화 그리고 유신론 이후의 문화에서 우리는 일반적으로 두 가지 선택지만 갖는다: 우리는 기계적이거나 물리적인 원인으로 일어나지 않은 활동을 **자유의지**라는 신비스런 자질에서 비롯된 것으로 흔히 생각하는데, 그 자유의지는 틀림없이 자아나 인성과 연결되고 그 때문에 목적론과 연결된다. 결과를 가져오는, 기계적인 원인이 없는 무언가를 우리가 상상하려고 할 때, 거기에는 **최종적** 원인이 있어야 한다고, 그 근저에 **누군가가 행한** 어떤 것 그리고 **특정한 목적으로** 행한 어떤 것이라는 애니미즘적인 관념이 있어야 한다고 주장하는 것 외에는 유용한 대안이 없어 보인다. 기계적인 인과 관계로부터 — 결과를 가져오는 원인으로부터 — 자유는 우리를 최종적인 인과 관계에, 인성에, 목적에 종속되도록 만든다. 유일한 대안은 "그것은 기계적이어서 자유가 없고 비인격적이다"라는 것과 "그것은 목적이 있으며, 인간이나 정령이나 신의 마음처럼 실제적이지만 비물질적인 인격이 자유롭게 행한 것이다"라는 것이다.

이것과는 완전히 대조적으로, 천태에서는 (네 가지 대안, 곧 자기-원인, 남이-원인, 둘 다임, 둘 다 아님 등을 논박한 데서 볼 수 있듯이) 기계적인 인과 관계와 자발적인 원인 없음을 거부하는데, 이는 흔히 성스런 개입을 연상시키는 특정한 유형의 '기적' — 즉, 누군가의 자유의지와 목적에 의해서 생긴 일종의 기적 — 을 거부하는 것이기도 하다. 인과성을 파기한 결과, 원인 없음, **그리고** 목적 있는 기적 따위는 **내재된 필연적 결과**라는 것, 즉 특정한 때와 곳에서 발생하는 '원인으로 초래된 결과'로 보였던 것이 사실은 벗어날 수 없는 영원한 우주의 법칙 — 모든 때와 곳에서 실제로 효력을 갖지만 무한히 다양한 형태로 존재하는 법칙 — 이라는 통찰 따위를 천태는 거부한다. 지금 있는 그것은 절대 자체, 중도, 불성, 다른 모든 법들의 원천이자 목적이며, 언제나 존재하고 영원하면서 동시에 다른 모든 배열에 있는 다른 모든 법으로서 항상 스스로 작동하고 반응하며 그 자체를 생산한다. 이것이 천태의 맥락에서 제법諸法의 '경이로움'이며 '불가사의'다. 기계론적인 인과성을 초월하는 것으로, 어떤 식으로든 자유의지 또는 목적 있는 개입이라는 개념으로 되돌아가지 않는다.

자유의지는 본래 법률적인 개념이다. 그것은 신을 인격적인, 합목적적인, 의식하는 존재로 보는 관념 속에서 '선'에 대한 단일하고 통일된 관념과 함께 발전했다. 기독교 신학에서는 아우구스티누스 이후로 그 신학적 강단講壇의 상충하는 두 널빤지를 짜맞추기 위해서 자유의지에 대한 절대주의적 개념이 필요했다. 한편에서 하나님은 전능하고 무한히 자애롭지만, 다른 한편에서는 기독교 경전이 일부 사람들에게 영원한 형벌을 내리며 위협한다. 그런 형벌을 정당화하기 위해서는 진지하고 절대적인 죄의식과 완전한 책임이라는 개념이 필요하다. 만약 하나님이 불공평해 보이지 않는다면, 죄인은 자신의 죄에 대해 참으로 또 온전히 책임져야 한다. 왜냐하면 죄받을 행위들에 대해 하나님이 어떤 식으로든 책임이 있다면, 하나님은 불공평하게 징벌하는 존재로 보이기 때문이다.

불교에는 이런 법률적 의미에서 자유의지라는 개념이 없다. 효율적인 인과성 개념의 절대성을 논박할 때, 우리는 기적의 현시 같은 것에 이르게 되는데, 이 현시는 목적을 갖고 활동하는 자아의 자유와 등치되지 않는다. 정반대다. 여기서 우리가 말하는 것은 분명히 **무신론적** 의미에서 기적이다. 이것이 모든 **현상**, 즉 **일체법**에 대한 천태의 이해다. 그것들 모두 바로 이런 의미에서 '무신론적인 기적'으로, '묘경妙境'으로, '불가사의경不可思議境'으로 간주되어야 한다. 천태의 관법에서 실현되어야 하는 것은 바로 이것이다. 왜냐하면 이것은 의식에 있는 어떤 내용도 그것이 비록 존재하더라도 또한 불가능하다는 사실을 드러내기 때문이다. 그러한 것은 확실히 무신론적 의미에서 기적이다. 다른 단일한 배열의 인과성—즉, 신의 자유의지에 의해 생겨난 **의도적인, 계획적인, 목적론적인, 목적 있는** 인과성—이 나타나도록 기계적인 인과 관계의 단일한 연쇄를 깨부수는 것이 아니다. 그런 것은 단순히 하나의 종속—기계적인 인과 관계에, 세속적 질서에 종속되는 것—에서 달아나 훨씬 더 고약한 것—하나님의 인격이 강요한 목적, 인성, 자유의지가 있고 그와 더불어 우리 자신의 자유의지를 통한 책무를 요구하는 곳—에 떨어지는 일이 될 것이다.

통상적이고 유신론적인 의미에서 기적은, 단일한 배열의 기계적인 인과성이라는 튀김 냄비를 떠나서 단일한 배열의 최종적 인과성, 자유의지, 보상과 처벌, 피할 수 없는 신의 권능이라는 불 속으로 들어가는 것을 의미한다. 경험의 모든 순간은 불가사의하다고 하는 천태의 개념은 기적과 주권에 대한 바타유의 무신론적 관념에 훨씬 더 가깝지만, 여기에서는 그 차이들도 대단히 유익하다. 천태가 단일한 연속의 인과성을 극복한다는 것은 각각의 경험이 자기-원인적이고 '자기-목적적'이라는 것—더 이상 자신 외부의 목적에 종속되지 않는다는 것—을 의미한다고 말하고 싶을 수도 있다. 그러나 경험은 물질과 같이 자기 원인적이지 않다. 왜냐하면 그때 그것은 끊임없이 나타나는 어떤 특성을 가져야 하는데, 그런 특성은 전혀 발견할 수 없기 때문이다. 사실, 그것은 발견할 수 없다. 끊임이 없이 존재해야 하기 때문인데, 그럴 경우에 결코 경험할 수 없다. 더 적절하게 말하면, 경험의 자기-발현은 다른 것들의 발현이라는, 그 자체와는 상이함이라는, 끊임없는 황홀경이라는, 끊임없는 신성 포기라는 형태로만 발생한다. 그것은 항상, 무조건적으로 그리고 원인이 없이 나타나지만, 무한대로 **갈마드는 형태들과 인과의 사슬들** 안에서 나타난다. 그 본질은 끊임없는 자기의 타자화(우리가 시간, 일시성 따위로도 부르고 자비심, 방편 따위로도 부르는 것)이다.

가린 장막을 흘끗 본 현재의 순간은 이렇게 형태를 무한히 바꾸면서 나타나고 있는 그 무엇의 거룩한 현현으로 여겨질 수 있다. 그것은 다른 모든 실체들이 그것에서 분리될 수 없고 그것에 의존하며 그것의 갖가지 양상들임을, 그 원천 없고 토대 없는 자기-현현에 내재된 것임을 드러낸다. 이렇게 장막을 흘끗 보는 일은 다른 모든 실체가 실제로 존재한다는 것, 그것들의 영원한 원천이라는 것, 그것들의 포괄적인 무한대라는 것, 그것들의 지고한 선이라는 것을 (그리고 반대로 그것들 각각은 무엇이 나타나든 그것의 원천이자 목적이라는 것을) 의미한다.

"삶의 의미는 무엇인가?" "이 모든 것의 요점은 무엇인가?" "그 모두 어디에서 오는가?" "모든 역사의 최종 목적은 무엇인가?" "겉으로 드러난 것 이면에 숨은 실재는 무엇인가?" "초록색 도화선을 통해 꽃들에게 공급되는 힘은 무엇인가?" "이 모든 혼란과 고통을 설명하는 것은 무엇인가?" "이 모든 의문을 해결하는 것은 무엇인가?" "궁극적 실재는 무엇인가?" "인간의 욕망이 가져다주는 기쁨은 무엇인가?" "조건 지어진 모든 현상의 밑에 있는 조건 지어지지 않은 것은 무엇이며, 그것의 달성이 고통을 끝낼 수 있는 유일한 해법을 제공해 주는가?"

따위의 의문에 대한 대답은 경험의 매순간에 주어진다. "이런 장막들을 이렇게 흘끗 보는 것." 그런데 그것은 무슨 일이 일어나든 똑같이 적용된다. 장막이 찻잔으로 표현된 원천이라면, 그만큼 찻잔도 장막을 흘끗 본 것으로 표현된 실질적인 원천이다.

주권에 대한 바타유의 개념은 기계적인 인과 관계와 목적론적 자유 의지의 인과 관계 둘 다를 똑같이 억압적이라고 보는데, 그 이유는 동일하다. 둘 다 이 순간을 어떻게든 다른 순간들에 종속시키기 때문이다. 따라서 바타유는 세 번째 길을 제시한다. 모든 종속으로부터 진정한 해방. 그러나 이것은 매순간에 죽음을 받아들인다는 것을, 개인적인 해악이든 개인적인 죄악이든 그에 관한 어떠한 결과에도 개의치 않고 자신을 버리는 것을 의미한다. 이것이 그 문제의 진정한 본질을 보면서 올바른 방향으로 가는 한 걸음이다. 비록 그 문제를 해결하는 데에는 매우 많은 비용이 들지만. 그러나 그것은 네 번째 가능성-천태의 가능성-을 간과하는데, 이 가능성 또한 무한한 삶이 아닌 무한한 삶들의 끊임없는 죽음과 끊임없는 공존이 수렴되는 데서 모든 종속을 극복한다. 연속성과 비연속성의, 동일성과 차이성의 수렴은 반反-종속보다는 모든-종속의 형태로 단일한 일련의 종속을 극복할 수 있게 한다.

천태에서 우리는 정말로 '중심성'이 "그 무엇에도 종속되지 않는, 다른 모든 법의 원천"을 의미하는 것으로, 또 "마침내 드러난, 다른 모든 법이 향하는 목표, 모든 활동이 추구한 궁극적 목적"을 의미하는 것으로 보아야 한다. 그러나 이것은 가능한 모든 배열에 포함된 것과 동의어이면서 동시에 모든 것에 종속된 것으로 여겨진다. 각각의 종속은 무無에 의해서 극복되는 것이 아니라 뒤집힌 형태를 포함하는 다른 모든 종속의 형태에 의해서 극복된다. 존재한다는 것은 모든 것을 종속시키면서 모든 것에 종속되는 것이고, 모든 것을 포섭하면서 모든 것에 포섭되는 것이다. 경험의 어떤 순간을 중도로 보는 것은 그것을 어디에서도 오지 않고 어디로도 가지 않으며 인과 관계의 연쇄 바깥에 있는 것으로—다시 말해, 열반에 관한 더 오래된 불교적 의미에서 '무조건적인' 것으로— 본다는 뜻이며, 그뿐 아니라 무조건성은 인과 관계의 완전한 배제일 수 없다는 것을 본다는 뜻이기도 하다.

여기서 주장하는 바는 그것이 무에서 생겨난다는 것이 아니고, 그것이 아무 이유 없이 자발적으로 불쑥 나타나서 자유롭게 떠다니는 그런 돌연한 기적이라는 것도 아니다. 오히려 '기적'은 인과 관계를 포함하는 것이라고 재정의하고, '무조건성'은 조건성을 포함하는 것이라고 재정의한다. 대안은 '인과 관계 없음'과 '하나의 독특한 인과 관계의 연쇄' 사이가 아니라 '하나의 독특한 인과 관계의 연쇄'와 '가능한 모든 인과 관계의 연쇄' 사이에 있다. 무조건성이 사실은 모든-조건성이다. 조건성이라는 뗏목은 무조건성이라는 '다른 쪽 해안'으로 이끄는 것이 아니라 무한하게 뗏목을 만들어내는 『법화경』의 '뗏목 공장'으로 이끈다. 다시 말하면, 수단을 목적에 종속되지 않게 하거나 현재를 미래에 종속되지 않게 하는 해방은 모든 순간들을 (또는 실체들을) 고립시키는 데서 발견되지 않고, **일방적인 종속**을 제거하는 데서 발견된다. 포섭을 극복하는 일은 원자 같은 순간성으로 분열하는 것이 아니라, 모든 순간을 영원성으로서 상호 포섭하는 것, 다른 모든 순간들로 이루어지는 각각이 상호 포섭하는 것이다. 우리는 인과 관계의 종속 안에 더 완전히 잠김으로써 그 종속을 초월한다. 타자의 단일한 한 흐름에 빠져드는 것이 아니라, 모든 것에 종속되면서 동시에 그것에 의해 모든 것을 종속시키는, 모든 것을 종속시키면서 동시에 그것에 의해 모든 것에 종속되는 것이다. 천태의 경험에서 순간순간 드러난 무신론적 기적은 그러한 것이다.

10. 천태의 윤리와 최악의 각본

이제까지 우리는 『법화경』에서 제시한 새로운 중도의 약속을 천태불교가 어떤 식으로 실행하면서 공, 이제二諦, 본각 등에 대한 대승의 고전적인 관념들을 결합하고 재구성하는지, 그리고 시간과 무시간성, 욕망과 무욕, 자아와 타자, 마음과 물질, 원인과 결과, 망상과 깨달음, 심지어 선과 악 따위의 불이론을 근본적으로 어떻게 추구하는지를 보았다. 천태의 윤리에 내포된 원리들은 분명해야 한다. 그대는 세상을, 또는 세상의 무언가를, 또는 그대 자신의 무언가를, 또는 다른 사람들의 무언가를 바꾸고 싶은가? 그렇다면, 그것을 아예 '바꾸려고' 하지 마라. 그보다는 그것을 **재맥락화하라**. 이 상태나 상황을 뿌리째 뽑는다는 의미에서 그것을 바꾸는 일은 불가능하고, 그런 헛된 시도는 역효과를 낳는다. 어떤 문제를 그 자체의 용어로 다루는 일, 그대에게 문제로 나타날 때의 그 용어로 다루는 일은 그 상황의 실재를 애매하지 않은 사실로 보면서 집착하는 그런 형태다. 이는 엄격하고 보이지 않는 맥락화를 강화시켜서 그 상황을 정확히 그런 식으로 정의하도록 한다. 그것은 오히려 그대가 없애려고 한 바로 그 상태나 상황을 미래에도 더 확고하게 반복하도록 만드는 방법이다. 그 상황은 역설적이다. 상황을 바꾸려는 시도는 그것을 굳건하게 하는 것이다. 반면에 철저히 수용하는 것이 그것을 변형시키는 첫 번째 단계다.

천태의 관점에서 보자면, 모든 상태와 상황은 다른 모든 상태와 상황 안에 불가피하게 그리고 불가분하게 내포되어 있고, 사실상 그것들 안에 존재하며, 그것들 안에서 발견할 수 있다. 그대가 무언가에 대해 알고서 그것을 싫어하게 되어 그것이 없어졌으면 하고 바란다면, 그때 그것은 이미 존재한다. 그대가 문자 그대로 지금 그것을 파괴하더라도, 그 영향은 기억으로, 더 먼 결과를 초래하는 원인으로 계속 기능할 것이고, 표면상 파괴되었더라도 참으로 그 자체의 다른 면들을 보여주는 무언가로서 계속 기능할 것이다. 절대적인 의미에서는 아무 것도 파괴되거나 변할 수 없지만, 동시에 모든 것은 항상 파괴되면서 변하고 있다.

윤리적 과제는 이 상황에 어떤 항목을 더할 수 있는지를 인지해서 그것을 변형시킬 방식으로 재맥락화하는 일이며, 그와 동시에 세계에서 그것의 완전한 시민권을 받아들이고 그것을 근절할 수 없다는 사실을 받아들이면서 바람직한 방식으로―'바람직한'의 정의가 무엇이든 현재의 인식론적 상황과 맥락을 알려주는 방식으로― 세계를 위한 독특하고 불가결한 자원들을 이끌어내는 일이다. 요령은 그것에 맞는 올바른 틀, 올바른 속도, 올바른 분량, 올바른 양식―더 큰 맥락, 더 작은 틀 짜기, 다각도의 카메라 접근법, 단축된 장치, 갈지자 접근, 운율 있는 종결 – 을 찾는 일이다.

올바른 것은 상황의 가치, 정체성, 중요성을 완전히 바꾸겠지만, 동시에 그것을 전혀 바뀌지 않은 채로 남겨둘 것이다. 마치 기호 'O'가 책의 한 면 위에 홀로 놓일 때는 '원'으로 보이다가 재맥락화될 때는 마법처럼 다른 무엇이 '되는' 것 – 그 주위에 다른 글자들이 놓이면 영문자 O가 되고, 그 주위에 숫자가 놓이면 '영'의 상징이 되는 것 – 처럼 말이다. 이미 보았듯이, 그 상징을 이루는 어떤 분자도 바뀌지 않았음에도 그 정체성과 의미는 완전히 바뀌었다. 마치 농담의 설정이 최종적으로 결정타를 날릴 때 그 가치가 변해서 웃기는 것처럼 말이다. 돌이켜보면 웃기는 이야기가 되었지만, 본래는 웃기는 것과는 정반대였기 때문에 그렇게 된 것이다.

천태의 윤리에서는 아주 급진적이라 할 '판단하지 않음'이 가능하다. 왜냐하면 아직 어떤 것이 무엇인지 알 방법이 실제로 없기 때문이다. 어떤 것이 결국 어떻게 될지를 아는 일은 항상 너무 이르다. 그리고 '최종 판단'은 없다. 다가오는 시간이 항상 더 많을 것이고 재맥락화도 더 많을 것이다. 그래서 그것들이 나타날 단일한 방법은 정말로 없다. 이것은 물론 다른 사람들이나 그들의 행동을 판단하지 말라는 의미이지만, 더욱 놀라운 일은 우리가 우리 자신을, 우리 자신의 행동을, 우리 자신의 느낌을, 심지어 우리 자신의 의도조차 판단할 수 없다는 의미이기도 하다. 데바닷타의 경우가 보여주었듯이,[1] 현재 내가 가진

---

1 〈역주〉 데바닷타(Devadatta)는 한자어로는 제바달다提婆達多라 하는데, 석가모니의 제자였으나 석가모니를 해치고 교단을 분열시키려 했던 전형적인 악인이다. 『증일아함경』에서는 석가모니를 죽이려다가 아비지옥에 떨어졌다고 한다. 『법화

악의적인 의도조차 돌이켜보면 다른 의미를 가지는 것으로 드러날 수 있다. 그것을 결정적으로 이러저러한 것으로 만드는 것은 오로지 판단이며, 그 판단은 그것에 관한 최종 판정을 언제 할지를 임의로 제한한다. 언제 '이 사건'이 끝나고 판단해도 될 상태에 있는지 그 시간적 경계를 그런 식으로 설정하는 것은 우리 자신이다. 실제로는 어떤 것에 대한 마지막 판단은 없다. 변형이 쉼 없이 계속되기 때문이다. 나는 지금 괴로워하고 있다고 생각할지 모르지만, 그것조차 다루기 쉬운 사실은 아니다. 결정타 이전의 설정처럼, 현재의 괴로움은 돌이켜 볼 때 좀 이상한 형태의 기쁨이었던 것으로 드러날 수 있다.

우리는 우리가 무엇인지, 다른 사람들은 무엇인지, 우리가 무얼 하고 있는지, 다른 사람들이 무얼 하고 있는지, 우리가 무얼 경험하고 있는지, 다른 사람들이 무얼 경험하고 있는지 딱 잘라서 알지 못하며 알 수도 없다. 그러나 내가 현재의 고통이 '이상한 형태의 기쁨'이었음을 나중에 깨닫는다고 할 때, 처음에 그것을 고통으로 경험함으로써만, 농담의 설정에서처럼 그 현재의 국지적 일관성을 액면 그대로 받아들임으로써만 그 기쁨이 경험될 수 있다는 사실을 기억해 두어야 한다. 그때라야 '고통'을 일종의 '기쁨'으로 만드는 대조, 곧 설정과 결정타의 진지함과 해학 사이의 대조가 뚜렷이 나타날 수 있다. 그래서 아무것도 판단하지 않음으로써, 동시에 각각의 국지적 일관성을 확인하고 모든 것을 액면 그대로 받아들이면서 자신 있게 나아가 모든 것을 **매순간 나타나는 그대로 정확하게** 판단할 수 있으며 또 그래야 한다. 천태윤리

경』 12장 「제바달다품」에서는 그런 악인조차 성불할 수 있다고 설한다.

의 독특한 원리를 구성하는 것은 이 상반되어 보이는 두 가지 윤리적 태도의 수렴, 상호 포섭이다. 궁극적 실재로 나타나는 모든 방법에 대한 이런 전적인 수렴, 그리고 완전한 판단 중지, 무언가가 무엇으로든 드러날 수 있는 그 개방성은 동일한 것임이 밝혀진다.

그러나 이것이 분명해졌을 때에도 많은 독자들은 한 가지 의문을 계속 떠올렸을지 모른다. 천태의 불교 이론이 이 '무無-파괴' 정책을, "아무것도 바꿀 수 없다"는 이 직관을, "모든 실재는 일불승一佛乘의 뿌리 깊은 표현이다"라는 이 관점을, 또는 "악은 성불에 내재해 있고 성불에서 뿌리 뽑을 수 없다"라는 의도적으로 도발하지만 독특하기 짝이 없는 천태의 주장을 얼마나 실행하는지—즉, 그 이론이 그래서 얼마나 기꺼이 악과 괴로움을 통합하고 그리하여 겉보기에 '정당화'려고 하는지—가 자신들에게 분명해지도록 이 윤리에 대한 접근법을 고려하는 독자들의 경우에 이런 의문을 떠올릴 것이다. 선과 악의 상호 침투—아니, 정체성—에 관해 기이한 생각을 가진 이들 천태의 작가들은 최악의 각본, 가장 극단적인 경우—예컨대, 히틀러와 홀로코스트—에 대해서는 무엇이라고 말할 것인가?[2]

---

2 이 장에서 내가 말한 것 가운데 상당 부분은 데이빗 로이와 대화하면서 얻은 것이다. 그는 나의 저서인 *Evil and/or/as the Good*에 대한 서평에서 천태윤리에 대해 이런 의문을 제기했다. David R. Loy, review of *Evil and/or/as the Good: Omnicentrism, Intersubjectivity, and Value Paradox in Tiantai Buddhist Thought*, *Philosophy East and West* 54, no.1(2004), 99-103; Ziporyn, "Hitler, the Holocaust, and the Tiantai Doctrine of Evil as the Good: A Response to David R. Loy," *Philosophy East and West* 55, no.2(2005), 329-347; and Loy, "Evil as the Good? A Reply to Brook Ziporyn," *Philosophy East and West* 55,

412

이 특별한 주제를 팔걸이의자에 앉아 주고받는 편안한 대화 거리로 삼는 것, 요컨대 시체더미 산들을 논리적이고 존재론적으로 시시콜콜하게 따지는 상아탑식 토론의 맥락에서 이용하는 것은 어떤 이유로든 문제가 된다. 첫째로 그것은 분명히 꽤 의심스러운 취향이다. 게다가 역사가들은 이 재앙에 대한 실제 자료와 이념적 원인들에 대해 결코 동의하지 않으며, 실제로 우리가 '홀로코스트' 같은 용어를 내던질 때 무엇을 언급하고 있는지 정확하게 묘사할 방법에 대해서도 결코 동의하지 않는다. 그러나 여기에는 짚고 넘어가야 할 점들이 있다. 그리고 근절할 수 없도록 스스로 확장하고 스스로 부정하는 악의 본질에 대해 그렇게 눈썹을 치켜뜨고 주장하는 일을 마땅히 다루어야 할—사실, 다루지 않을 수 없는— 문제로 만드는 교리에 던질 만한 타당한 의문이다.

아주 진지하게 말하면, 이 시체더미 산들은 도덕에 관한 우리의 토론 이면에서, 어쩌면 우리의 일상적인 오락의 틈새에서조차 항상 이미 작동하고 있다. 만약 우리가 그것들을 검사 받지 않은 채 미리 포장된 도덕적 상징이나 도깨비 무리로—문화에서 그 '사용 가치'가 이미 협상의 여지가 없이 편안하게 지도화地圖化한 것으로— 남겨둔다면, 우리 자신을 너무 쉽게 방기하는 것이 된다. 알 수 없는 역사적 재난으로서가 아니라 문화적 상징으로서 그것[홀로코스트]은 온갖 형태의 구제할 수 없는 극단적인 악에 대한, 온갖 곳의 대량 학살 현장과 온갖 종류의 고문 시설에서 볼 수 있는 가장 극악한 사건들에 대한

no.2(2005), 348-352(허가를 받아 사용했음) 참조.

대용어이며, 한없이 낙천적인 어떤 사람의 절망과 치욕으로 보이는
혹독한 역사적 현실을 나타내는 표시다.

가치와 윤리에 대해 진지하게 이야기하고 싶은 사람이라면 정면으로
마주해야 할 것이 이런 극단적인 사례다. 왜냐하면 어떤 이론적인
개선도 넘어설 만큼 과도한 악의 실재를 표현하는 상징이기 때문이다.
우리는 홀로코스트가 있던 동안이나 그 이후에 그것에 관해 내놓은
도덕적 반응 가운데 '적절한' 것은 없었다는 사실을 자명한 것으로
규정할 수 있다. 어떤 도덕적 입장도 이 특별한 사건 앞에서 자신을
정당화하지 못했다. 사실, 어떤 사람은 여기서 말하는 '반응의 적절성'
이라는 개념 자체를 이론상으로도 생각할 수 없는 것이라 여긴다.
홀로코스트에 대해 유일하게 참된 도덕적 반응은 (그리고 실제로
급등하는 인간의 잔인성과 고통을 보여주는 너무 흔한 대규모의 사례
들 전부에 대해서도 똑같이 말할 수 있는데) 악을 어떻게 다루어야
하는지 또는 그 일 이후에 어떤 빈약한 증거들을 그것들에서 이끌어낼
수 있는지에 대해 어떠한 이론으로도, 어떠한 선의의 도덕적 개선으로
도, 어떠한 공리로도 잴 수 없음을 인식하는 것이라고 보기 때문이다.
이런 관점에서 보면, "우리는 고문당하거나 살해당하지 않았기 때문에
여기 느긋하게 앉아서 그것에 대해 공표하는" 편안하고 좋은 입장에서
는 희생자들의 기억과 생존자들의 경험을 어떻게든 심각하게 모독하지
않고 이 비극들을 토론할 방법이 결코 없다.

이런 견해에는 상당한 장점이 있다. 이렇게 끔찍한 역사적 대재앙에
서는 훨씬 더 그렇지만 가장 미약한 경우에도 인간의 괴로움이라는
확고부동한 사실성에 대해서는 정말로 말할 것이 없다는 느낌이 항상

든다는 사실은 두 말할 나위가 없다. 그러나 관념이라는, 이론이라는, 어쩌면 일반적인 인간의 사유라는 존재는 사실상 도박이나 다름이 없다. 이 도박은, 비록 이전에 일어난 대부분의 일이 아무리 끔찍하고 감당하기 어렵고 이해할 수 없으며 항상 또 그럴 것이라 해도, 행여나 그것이 일어난 일을 100%가 아닌 99% 끔찍하게 만들어 줄지도 모른다고 여겨서 그것에 관해 여전히 무언가 말하거나 생각할 가치가 있다는 그런 것이다. 그러한 인간의 생각과 관련된 호언장담은 무슨 일이 일어나든 그것에 대해 말하거나 생각함으로써 어떻게든 얻게 되는 무언가가 있다는 것이다. 비록 그것이 대부분 변하지 않고 우리의 힘을 완전히 넘어서며 근본적으로 돌이킬 수 없는 것이라 해도 말이다.

이 비관적인 전제는 천태사상에서 특정한 경우에 더 크게 나타난다. 거기에서는 마법처럼 "모든 것을 올바르게 만들" 수 있는 무언가를 말하거나 생각하려는 일에 대해 확실히 어떠한 의문도 있을 수 없다. 오히려 천태교학의 핵심은 방금 보았듯이, 악, 망상, 괴로움은 참으로 모든 실재를 이루는 근절할 수 없는 요소들이고, 존재의 다른 모든 상태들—과거, 현재, 그리고 미래—에 두루 편재하며, 심지어 깨달음의 지고한 상태인 지극한 희열과 지고한 선이라는 관념이다. 괴로움과 악은 영원히 어디에나 존재하며 정확히 괴로움과 악으로서 존재한다는 사실을 단호하게 인정하는 데서 출발한다. 그럼에도 천태에서는 이것을 심오한 윤리적 함의를 갖는 형이상학적 사실로 간주한다. 근절할 수 없는 이 악은 그 자체로 세계에 대한 우리의 경험을 100% 끔찍함에서 99% 끔찍함으로 변형시키는 데 쓰일 수 있는 것인데, 그 차이가 모든 것을 차이 나게 만들고, DNA 1% 차이가 인간과 침팬지의 차이인 것과 같이 그 차이가 망상과 깨달음의 차이다.

어떤 견해나 이론도 모든 것을 괜찮게 만들 수는 없겠지만, 그래도 하나의 이론이 모든 것은 괜찮지 않다는 사실을 바로잡을 수 있지 않을까? 아니면, 모든 것이 괜찮지 않다는 것은 괜찮지 않다고 하는 사실이 '더 좋은' 것일까? 그럼, 하나의 이론이 적어도 그런 식으로, 즉 모든 것이 괜찮지 않다는 것은 괜찮지 않다고 하는 사실을 확신함으로써 그것을 '더 좋게' 만들 수 있을까? 모든 것이 괜찮지 않다는 것은 괜찮지 않다고 하는 사실을 그것이 괜찮게 만들 수 있을까? 갈마드는 원자가原子價[3]들의 이런 중첩된 공존은 천태의 이론에 대해 생각할 때 그리고 세계의 악의가 저항하는 것과 그 자신의 관계를 이해하는 일에 대해 생각할 때 마주하게 되는 것의 일부다. 이런 비극적 세계관이 어떻게 그런 낙관론이 되는가? 그런 낙관론이 어떻게 이런 비극적인 견해가 되는가? 가장 소름끼치는 믿음과 행동과 결과들에 대해 그것들은 근절할 수 없다고 인정했는데, 천태교학이 무엇을 말해야 하는가? 왜 신경쓰겠는가? 이 모든 이유로 말미암아 나는 천태교학의 이름으로 벌이는 논쟁을 위해 이 기회를 빌어 사고 실험을 확장하고 이 도전에 응답하고 싶다. 이것이 유사한 실험을 시도할지도 모를 다른 도덕론 체계의 전문가들과 대화를 시작하게 해주리라 희망한다.

상상이 되는 천태의 신봉자와 옹호자의 입장을 참으로 편안하게

---

3 〈역주〉 원자가原子價는 한 원소의 원자 한 개가 결합할 수 있는 다른 원자의 수를 결정하는 원소의 특성으로, 어떤 원자가 다른 원자들과 어느 정도로 결합을 이루는가를 나타내는 척도다.

느끼기 위해서는, 이 사고 실험을 아주 진지하게 시도하기 위해서는, 지금까지 우리의 논의에서 제기된 더 일반적인 이론적 의문들 가운데 몇 가지를 재검토할 필요가 있다. 그 가운데 첫째는 궁극적 진리와 임시적 진리의 관계에 관한 것이다. 이미 보았듯이, 천태의 입장은 가장 대승적인 이제론二諦論보다 임시적 또는 관습적 진리에 더 높은 지위를 부여한다. 천태에서 관습적 진리는 타당성과 궁극성에서 '궁극적' 진리와 대등하다. 그러므로 선과 악의 불이론不二論에 대한 천태의 강조를 '궁극적' 관점에서 '과도한 특권 주기'라고 이해할 필요는 없지만, 많은 대승불교도들과 다른 사람들은 그것을 급진적인 불이의 관점이라고 인정할 것이다. 다시 말하면, 천태불교에서도 엄격하게 과학적인 박물학자들이 동의할 만큼 그렇게 단순하게 말하지는 **않는**다. "궁극적 진리에서는 선도 악도 없다. 어떤 것도 단언할 수 없으니, 모든 것은 인간의 가치에 중립적이며 선과 악을 넘어선다. 그러나 관습적 진리에서는, 인간 윤리와 영적 수양의 실천적인 처리에서는, 가장 중요한 선과 악의 구별 짓기를 인간 행동의 지침으로 두는 일이 필요하고 또 정당하다." 실제로 이런 체계들은 주장하기를, 일시적이나마 선악을 구별하는 상대적 관점에 의해 보완되지 않으면 불이의 관점은 불충분하고 또 참으로 우리를 도울 수 없다고 한다.

이 입장은 천태의 입장처럼 임시적 진리와 궁극적 진리는 필연적으로 분리될 수 없는 것으로 본다는 점을 우리는 지적할 것이다. 그렇지만, 천태사상에서는 관습적 진리와 궁극적 진리가 사실상 동일하고, 서로 별개일 뿐 아니라 필연적으로 보완적이고 짝을 이루며 상호의존적이기도 하다고 하는데, 이 점이 결정적 차이다. 우리는 곧 대조되는 실체들의 단순한 '상호 의존'과 반대되는 '독자성'의 문제로 돌아갈 것이다. 그러나 천태의 입장은 궁극적이고 초월적인 무차별주의 같은 것을 주장하지 않는다는 사실을 명확히 하는 일이 중요하다. 무차별주의는 그 모든 이중성과 차별화를 통해 관습적 진리를 결국 버리거나 넘어서는 것이기 때문이다.

천태에서는 임시적, 관습적 진리를 받아들일 때 아주 철저해서 때때로 이런 오해로 이어진다. 왜냐하면 인도 대승불교의 여러 형태들과는 대조적으로 천태에서는 관습적 진리가 (예컨대, 일상적 말하기에 불교적 윤리와 가치들을 더한 것이) 한 덩이일 뿐 아니라 오히려 대체할 덩이가 무수히 많다고 주장하기 때문이다. 정말 문자 그대로, 가능한 모든 주장, 신념, 입장들은 관습적 진리로 간주된다. 이런 모든 주장과 신념 체계는 어떤 면에서는 선한 행위와 악한 행위를 구별하지만, 국부적이고 특이한 다양한 방식으로 구별한다. 명확한 어떤 견해도 그 자체로 받아들여질 때 어떤 의미에서는 망상적일 수밖에 없는데, 천태에서는 이 망상 자체를 그 망상성을 초월할 장소라고 본다. 다시 말해서, '더 낮은' 진리는 히틀러의 망상적 세계관(선이 '지배 민족'의 우월성과 유태인의 박멸로 정의되는 세계관)과 〔대부분의 우리에게는 훨씬 더 고양된 망상의 형태인〕 석가모니의 세계관(선이 지혜, 자비심, 모든 존재의 해탈로 정의되는 세계관) 양쪽을 다 포함한다. 대다수의 중생과 관련된 특정 목적이나 상황들과 비교해 보았을 때, 그것(세계관)들 사이에 있을 법한 위계를 부정하는 일이 없이 그렇게 포함한다. 여기에 관습적 진리들의 더 넓고 넓은 덩이들이 포개져 있거나 계단식으로 된 역피라미드가 있다. 이 위계조차 언제나 일방향적이고 고정된 것으로 생각해서는 안 된다. 그러나 여기서 요점은, 천태가 '더 높은 진리'에서 히틀러와 석가모니는 둘 다 '공'이므로 동등하다고 주장하는 것이 아니라, 관습적 진리에서 석가모니는 옳고 히틀러는 그릇되었다 거나 둘 다 상호 의존적이라고 주장한다는 사실이다.

오히려 히틀러와 석가모니의 가치 체계는 확정된 가치 체계로서 둘 다 특정 상황과 관계를 가지면서 관습적 진리의 영역에 속한다는 것이 요점이다. 둘 다 해로울 수 있고, 둘 다 이로울 수 있다. 이것은 우리가, "우리 같은 중생에게 석가모니의 가치 체계는 근본적으로 광범위한 적용 범위를 가지며, 그렇기에 앞의 것(히틀러의 가치 체계)을 포함하고 활용하고 지양할 수 있는—즉, 앞의 것에 깊이 스며들 수 있는— 그 능력 때문에 '더 높은' 관습적 진리로 여겨지도록 (훨씬) 더 자주 요구한다고 추론하는 것이 타당하다"고 말하는 것을 결코 막지 못한다. 어떤 상황에서 한 가지 견해가 다른 견해보다 더 개방적이 고 더 통합적일 수 있다고 해도, 우리는 딱 잘라서 이것이 항상 그리고 모든 경우에 그럴 것이라고 결코 단언할 수 없다. 그리하여 우리는 옳음도 없고 그름도 없는 더 높은 어떤 영역을 지지해야 하기에 옳고 그름을 따지는 관습적인 수준은 버려야 한다는, 또는 현재 더 빈번하게 통합하는 견해만을 유지하기 위해서 현재 덜 빈번하게 통합하는 견해 는 버려야 한다는 요구를 천태에서는 피한다. 어떠한 요구도 물리치지 않아야 한다는 것이 요점이다. 어떠한 상황에서도 그 상호 포섭을 극대화하기 위해 그것들을 재맥락화해야 한다는 것이 요점이다.

일반적으로 대승불교에서는 모든 실체는 서로 함축하고 서로 의존한 다고 주장한다. 이것은 어떤 가치 체계에 따라 선으로 정의된 모든 존재에도 적용되고, 동일한 가치 체계에 따라 악으로 정의된 것들에도 적용된다. 심지어 그 선함과 악함 자체에도 적용된다. 천태의 사유에 따르면, 두 실체가 서로—우연적으로가 아니라 그 본질에서— 연루되고 의존함에도 동일하지 않을 수 있다는 관념은 논리적으로 불가능하다. 왜냐하면 이것은 그것들이 서로의 관계 이외에 어떤 '독자성'을 가진다는 것을 의미하기 때문이다. 그것은 바로 공으로서 의존하며 함께 발생한다는 교리가 부정하는 점이다. 'X의 정체성(곧 그것은 무엇인가)' 과 'X의 함의와 관계(곧, 그것은 어떻게 되는가, 무엇을 하는가)'를 엄정하게 구별하는 일은, 이런 함의와 관계들을 속성으로 갖는 어떤 본질을, 어떤 자성自性을 가정하지 않고는 불가능하다. 우리는 의존하며 함께 발생한다는 사실을 부정하지 않은 채, '의존하는 것'을 '그것의 의존 관계'나 '그것이 의존하는 대상'으로부터 단번에 임의적이지 않은 방법 으로 분리할 수 없다. 그래서 이 불교 교리를 단순히 다음과 같은 의미로, 즉—유럽과 아시아 양쪽에서 볼 수 있는 모든 유물론과 자연주의 이론들의 상투적인 문구인— "각각의 사물은 지금 그것이지만, 그것들은 상호 의존에 의해서 그렇게 만들어지므로 하나에 일어난 일은 다른 모든 것들에도 영향을 끼친다"는 의미로 이해해서는 안 될 것이다.

영향을 받는 것과 X가 되는 것은 두 가지 다른 사실이 아니다. 그리고 천태의 관점에서는 실체들에 고정된 정체성을 부여하는 일이 적절하지 않은데, 실체들은 '관습적 진리'를 위해 상호 의존적으로 구성되는 동시에 '궁극적 진리'를 위해 그 공空을 간직하기도 한다. 우리가 천태에서 이제二諦가 아니라 가假·공空·중中 삼제三諦를 발견 한 까닭이 그것이다. 공은 궁극적 진리가 아니라 오히려 또 하나의 관습적 진리다. 천태의 견해에서는, '주어진 실체가 무엇인지'를 보는 각각의 가능한 방법은 필연적으로 그것을 보는 대안적 방법을, 그것이 무엇인지에 대한 대안적 보기를 수반하는 것으로 보인다.

어떤 대상이 내 상상력이 빚어낸 단순한 허구가 아니라 실제가 된다는 것은 그것을 나 자신의 관점에서뿐 아니라 다른 관점에서도 볼 수 있다는 것을 의미하고, 그리하여 그것 곧 자아와 동일한 대상은 수많은 대안적 방법으로 동시에 나타날 수 있으며 지금 여기에서 보는 것 외에 다른 각도에서 볼 수 있다는 것을 의미한다. 이 견해에서 이 물체를 잔으로 보는 것과 그것을 공으로 보는 것은 대상으로서 물체가 보인다고 주장하는 무수한 방법들 가운데 두 가지일 뿐이다. 그것은 '관습적 진리'에서 '잔'이거나 심지어 '다른 모든 실체들과 상호 의존하는 것으로서 잔'이고 궁극적 진리에서는 '공'이다라는 것이 아니며, 이것이 그 문제의 결말이라는 것도 아니다. 오히려 그것은 한껏 서로 따라붙는 견해들에 의해서 항상 상호 주관적으로 결정된다. 그것은 "거실에 있는 내 잔이며, 커피를 담는 데 유용하다"는 견해는 담연湛然이 즐겨 말하듯이 세제소분世諦少分 곧 임시적 진리의 작은 부분이다.[4]

전통적인 용어로 말하자면, 이 대상은 구제해줄 공을 드러내기 위해 거치는 고뇌의 도구[지옥의 존재], 갈증을 떠올리는 것[아귀] 따위이기도 하다. 왜냐하면 그것은 의존적으로 함께 생겨나고[어떤 부류의 불제자], 중생들을 구해줄 도구[보살]이며, 불성 전체로서

---

4 담연, 『지관의례止觀義例』(T46, 451c).

서로 스며들며 존재하는 모든 실체들의 직접적인 현시〔붓다〕이기
때문이다. 상호 침투성은 이런 견해들 각각의 비밀폐성, 비완결성에
있다. 그 견해들에는 "그것은 공이다"라는 견해가 포함되는데, 이것
자체가 하나의 관점에 속하는 견해일 따름이다. 이 대상에 임시로
부여된 정체성들 각각은 관습적 진리의 '작은 부분'이다. 임시적 진리와
궁극적 진리의 관계는 단지 도구성, 초월성, 대조적인 부정 따위의
하나가 아니다. 오히려 임시적 진리는 각 부분이 전체를 포함하는
관계, 즉 모든 곳이 중심인 독특한 전체/부분의 관계에서 궁극적
진리의 일부다. 상호 침투성은 사물들에 관한 (관습적이든 궁극적이
든) 진리이기만 한 것이 아니다. 그것은 부분적 진리들 자체에도,
견해들에도, 실존적 입장들에도 적용된다.

　천태사상은 그런 전제들에 기초해서 실재에서는 악을 '뿌리 뽑는
것'과 '재맥락화하는 것' 사이에 선택의 여지가 없다고 주장한다. 어떤
대상에 영향을 주려는 시도는 그것을 뿌리 뽑으려는 목적을 가졌더라
도 그 직전의 존재를 전제로 하는 것이고 그것을 틀림없는 사실로
인정하는 것이다. 그것을 조금이라도 대상으로 인식할 수 있다는
사실은 그것이 과거에 있으며 현재의 전체성에서 더 이상 제거될
수 없다는 것을, 그러므로 이어지는 모든 경험의 순간과 틀림없이
부단히 상호 침투하고 있을 것에서 더 이상 제거될 수 없다는 것을
의미한다. 그것은 지워질 수 없다. 오로지 더해질 수 있고, 그 때문에
변형될 수 있으며, 번갈아 이해될 수 있다.

　우리가 악한 행위나 사건, 의도 따위를 마주했을 때, 문제는 그것을
어떻게 없애느냐가 아니라 지금 그것을 어떻게 다루느냐다. 그저

그런 일이 결코 일어나지 않았으면 하고 바라는 것은 무의미하다. 그것은 그걸 피하려 하거나 없애려 하는 헛된 시도를 통해서가 아니라, 그것의 자기 본성으로 추정되는 것을 텅 비우면서 다른 것—이 본래의 실체에서 반대로 가치 있는 면들—을 환히 드러냄으로써 변형된다. 선과 악은 이런 의미에서만 동일하다. 즉 엄청난 자기 본성적 실체로서가 아니라, 서로 수반하는 것으로서 동일하다.

악의 **정체성**은 '선을 수반한다는' 특성을 포함하며, 그 반대도 마찬가지다. 이것은 그것들에 추가될 수도 있는 그저 일시적이거나 우연적인 특성이 아니다. 그러므로 지의는 악(또는 선)은 세 가지 선택지로서가 아니라 동일한 절차에 대한 대안적 이름으로서 '실현되는,' '끊어내는,' 또 '실현되지도 끊어내지도 않는' 것이라고 말한다. X의 본성을 실현하는 일은 '오로지 X'로 또는 '비-X를 배제하는 X'로 추정되는 그 정체성을 끊어내는 것이다. 이런 결론은 대승불교 외부에서 다양한 방식으로 공격받을 수 있지만, 일단 나가르주나식 공 이론의 기본 전제들이 받아들여지고 중요하게 생각되면 그것을 어떻게 피할 수 있는지를 아는 것은 어렵다.

이것이 사악한 욕망을 '놓아버리기'라는 보편적인 불교의 조치를 천태에서 이해하는 방식이다. '놓아버리기'는 이 책의 시작 부분에서 불교에 대해 논의하면서 다루었던 것이다. 천태의 관점에서 '놓아버리기'는 특정한 종류의 '맥락화하기'에 쓰이는 또 다른 말이다. 욕망들을 놓아버리기란 '그것들에 영향을 주는' 한 가지 방식이다. 왜냐하면 놓아버리는 것은 어떤 실체를 단일하고 특권적인 준거틀 안에 고정시키려는 시도를 더 이상 하지 않고, 관련 있는 다른 모든 지평들을

펼치도록 해서 문제의 실체가 그 대안적 정체성들을 드러내면서 변형
되도록 한다는 것을 의미하기 때문이다. 이때의 대안적 정체성들은
그것에 추가된 것이 아니라 이제까지 죽 있어 왔던 것들이다. 어떤
생각을 갱신하지 않은 채로 둔다는, 희미해지게 한다는, 과거의 그
위치에 앉아 있게 한다는 의미에서 놓아버리는 것조차 재맥락화에
지나지 않는다. 왜냐하면 천태의 이해에서 시간, 영속성 자체는 지속적
인 재맥락화에 지나지 않기 때문이다.

　놓아버리기는 과거가 단멸론적 의미에서 '사라졌다'는 것을 의미하
지 않는데, 이는 자성自性에 관한 반대의 견해를 수반할 것이기 때문이
다. 오히려 그것은 과거가 그대로 남아 있다는 것을 의미하며, 그럼에도
그것으로 말미암아 새로운 의미들이 거기에서 또는 그것으로서 쉼없이
나타나고 있다. 사실, 이전의 행위를 '재맥락화하기'라는 한 가지 방법
은–비록 유일한 방법은 아니지만– '그것을 그만두는 일'이다. 이것은
'그 행동을 하고 싶은 것'도 '그 행동을 한 것'도 사라지게 하지 않는다.
이것들은 이미 불변의 사실들이다. 도리어 그것은 이 행동과 이 충동이
반응하려고 이미 거기에 있다는 사실을 다루는 한 방법이다.

　사악한 행동의 경우, "다시는 그런 짓을 하지 않도록 하겠다"고
말하는 것이 그런 행동의 재맥락화다. 그리고 일상적 상황에서는
이것이 대부분의 비-천태 불교도들과 다른 많은 선의의 사람들과
마찬가지로 천태 불교도들의 첫 번째 반응일 것이라고 우리는 추측할
수 있다. 대부분의 경우, 천태는 평범하고 상식적인 불교의 도덕성을
증진시킨다. 가장 좋은 일은 욕심, 성냄, 망상을 극복하려 애쓰는
것이다, 모든 존재에 대한 자비심을 길러라, 그리고 가능한 모든 방법을

424

써서 괴로움을 최소화하라 따위. 이미 보았듯이, 불교에서 어떤 관념과
실천이 '선'으로 간주될 수 있는지를 결정하는 기준은 괴로움을 줄이는
데 얼마나 도움이 되느냐다. 물론, 여기에는 전제가 있다. 대개 더
크게 자각하고 덜 집착함으로써 그리고 실재성, 본질, 영속성, 명확한
자아성 따위 미혹들을 떨쳐냄으로써 성취된다는 전제. 어떤 믿음을
고수하는 일은 궁극적으로 괴로움의 원인이며, 궁극적으로 여기에는
애매하지 않은 사실들의 존재를 믿는 것까지 포함된다는 것도 참이다.
도덕적으로 건전하지 못한 행위들은 어떤 고정 관념을 마치 절대적인
것처럼 여겨 집착한 결과로 보인다.

그런데 불교의 가르침은 점진적인 것으로 이해되며, 그 가르침의
첫 번째 수준에서는 상식적인 사실들과 기준들을, 그리고 바로 그
사실들과 기준들에 관한 개념들을 시험적으로 또 체험적으로 받아들인
다. 왜냐하면 '악인들' 자신들도 '사실'과 '기준'에 대한 나름의 개념들을
갖고 있어서 그것으로 자신들이 무엇을 하고 있는지, 왜 그것이 자신들
에게나 세상에 유익한지에 대한 의식의 틀—특히, 괴로움이라는 '사실'에
대한 구체화된 믿음, 그들의 모든 욕망과 행동을 특징짓고 다시 그들의
인지적 믿음을 특징짓는 믿음—을 짜기 때문이다.

많은 경우에 특히 심각한 개인의 망상들은 그 **사람 자신이 받아들인
사실성의 개념** 안에서 정당화되지 않는 것으로 드러날 수 있는데,
그들 스스로 고통을 받고 있다고 믿는 것과 관련해서 자주 역효과가
나는데서 잘 드러난다. 이것은 단순히 누군가가 '이성에 귀 기울이기'와
'사실에 주의하기'라 할 무언가를 하도록 함으로써 자주 성취될 수
있으며, 어떤 의미에서든 그 일들은 세계와 맺고 있는 그들의 다른

평범한 관계들 속에서, 그들의 파괴적이고 망상적인 특정한 강박 관념 외의 모든 문제들에서 이미 진행되고 있다. 대개는 이 특정한 행동이 그 사람의 다른 의지와, 특히 그들 자신에게 고통을 가져다주지 않을 방식으로 행동하겠다는 의지와 충돌한다는 사실을 보여줄 필요가 있는데, 그런 의지는 비록 고통받고 싶은 욕망일지라도 욕망으로서 욕망의 본질에 동어반복적으로 붙박여 있다.

고통은 바라는 고통을 모두 겪지 못하는 더한 고통을 덜어주기 때문에 필요하다. 이 접근법은 기본적으로 다음과 같이 말하는 데에 이른다. "하던 일을 멈추어라. 고통은 무엇이고 사실들은 무엇인지에 대한 전前-반성적 정의의 관점에서 보면, 사실 그것은 다른 사람들에게 심지어 그대 자신에게도 고통을 일으키기 때문이다. 비록 지금까지는 그대가 알아채지 못했지만 말이다. 정확히 어떻게 하는지 그대에게 알려주겠다."

이것은 표준적인 불교식 말투다. 그 이면에 숨은 가정은 문제의 그 중생이 그가 경험하는 어떤 것을 사실상 '고통'이라 부르는 데 동의할 것이라는 사실이다. 우리가 보았듯이 주장된 사실들의 존재론에 대한 천태의 다시 쓰기에서 이것은 전혀 간단한 것이 아님이 밝혀지겠지만 말이다. 그렇다고 이런 망상들을 떨쳐내기 위해 객관적 진리에 대한 천태의 하위 개념을 슬그머니 도입할 필요는 없다. 필요한 것은 이런 강박 관념에 단일한 인식론적 기준을 적용하는 일이고, 그것은 문제의 그 사람이 다른 유형의 결정과 판단과 평가들에 적용하는 것과 똑같다. 예컨대, 인종 차별주의자의 믿음은 많은 경우에 (히틀러의 경우에서 보았던 것처럼 그 주위의 다른 모든 고려 사항들을 굴복시키면서 세계의 인종 차별주의적 비전 전체의 근거를 세울 만큼 중심적이고 강력한 교리가 아직 되지 않았을 때) 비합리적이고 정당화될 수 없는 것임이 꽤 쉽게 입증된다. 그럴듯하지 않은 설명에서 그럴듯한 설명을 분리하는 인종 차별주의자 자신의 일상적 관행에서 구체화된 기준에 의해서조차 그러한데, 그것은 일반화와 선택적 추상화 및 임의적 연상을 일삼는 삐걱대는 루브 골드버그 장치에 기반을 두고 있기 때문이다.[5]

이런 것들이 고통을 일으키는 방식들은 (어떤 방식으로든 고통은 인종 차별주의자 자신에 의해 정의되고 경험되지만) 종종 꽤 직접적으로 나타날 수 있다. 이 모든 것은 표준적인 문화 비평과 해체, 인지행동의 마음챙김 치료, 엄격한 사실 확인에 의해, 또는 추상 화법을 일시적인 조건들의 불안정한 공화증(空話症, 망상으로 지어낸 일을 사실처럼 말하는 병증)으로 분석하는 평이하고 낡은 불교식 해석에 의해 효과적으로 반박된다. 일상적인 인종 차별주의에 맞선 천태의 보살은 아마도 대부분 이런 진부한 문구들을 사용할 것이다. 인종 차별주의자 자신의 견해와 일맥상통하는 내적 기준은 종종 (그가 일관성이라는 생각에 전념하게 되는 그런 경우의) 비일관성을 없애는 데에 적용될 수 있다.

---

5 〈역주〉 루브 골드버그 장치란, 미국의 만화가 루브 골드버그(Rube Goldgerg, 1883~1970)가 고안한 것이다. 최초의 동력을 제외하면 그 이후에 이어지는 작동을 위한 동력들은 모두 장치 내부에서 공급되어야 하는 장치다. 만약 전원이나 인력 등 장치 외부에서 동력을 가해야만 작동된다면, 그것은 골드버그 장치라 할 수 없다. 그래서 생김새나 작동 원리가 아주 복잡하고 거창해지는데, 실제로 하는 일은 아주 단순하고 비효율적이며 그저 재미만을 추구하는 기계다. 결국, 단순한 과정을 쓸데없이 복잡하게 만든 것을 풍자하는 말로 널리 쓰인다.

그렇다면, 천태의 보살은 아마도 첫 번째 접근법으로서 늘 청중의 자각을 향상시키려 노력할 것이다. 그렇게 함으로써 청중의 전-반성적 의견과 인식에 나타난 개념적 오류들, 사실이 없는 사실들에 대한 집착, 그리고 어떻게 이것이 인식에 영향을 끼치고 고통을 일으키는지, 그래서 근거 없는 믿음을 얼마나 더 영속시키는지를 보여줄 것이다. 이런 식의 설득하기에 쓰이는 핵심 용어들(예컨대, '괴로움,' '일관성,' '사실')은 모두 세계의 다른 문제들에 대해 그 중생 자신이 지녔던 기존의 믿음과 평가 방법들에서 끌어온 것이다. 그것들이 궁극적 진리는 아닐 수 있지만 말이다. 그 목표는, 이 특별한 경우에만 그런 왜곡된 판결 기준을 적용하기 위해 정서적 동기를 제공하는 탐욕, 성냄, 편파적인 애착 따위를 없애는 일이다.

부가 행복을 낳는다는 믿음, 나에게 자아가 있다는 믿음, 나의 행동과 믿음은 세상에서 나의 안녕을 극대화하는 데 맞게끔 조정될 수 있다는 믿음, 나의 안녕을 위협하지 않고는 원인과 결과가 임의로 연결될 수 없다는 믿음, 이뿐 아니라 멕시코인들은 강간을 일삼는 자들이라는 믿음, 유태인이 세계 경제를 지배하고 있다는 믿음, 자동차들은 사실 외계의 주인이 보낸 로봇 다람쥐라는 믿음. 이것들은 모두 똑같은 배를 타고 있다. 어느 것도 참이 아니다. 그런데 어떤 경우에는 그 모두 건전한 목적(중생의 괴로움 줄이기 같은 것)을 위해 만들어질 수 있다. 그 가운데 어떤 믿음들, 우리가 생각하기에 도덕적으로 건전한 것들이 현재 상황에서는 다른 것들보다 더 그렇게 할 공산이 엄청나게 크다. 이것들은 우리의 뗏목을 구성하고 있는 것들이며, 모든 잘못된 믿음들 가운데서 관습적 진리의 한 형태로서 불교의 도덕적 가르침이 될 만하다고 선택된 것들이다. 이것들은 한편으로는 "애매하지 않은 단일한 외부 세계가 있다"와 같은 널리 공유된 믿음일 것이고, 다른 한편으로는 "나의 행동과 믿음은 나의 안녕을 극대화하는 데 맞게끔 조정될 수 있다"나 "나의 안녕을 위협하지 않고는 원인과 결과가 임의로 연결될 수 없다"와 같은 특별히 도덕적으로 유용한 믿음일 것이다.

자, 만약 앞의 세 가지 믿음을 받아들이는 누군가가 "모든 멕시코인은 강간범이다"라는 믿음도 받아들이지만 "자동차들은 외계의 로봇 다람쥐다"라는 믿음은 받아들이지 않는다면, 우리는 그 비일관성을 지적하면서 왜 하나는 받아들이고 다른 하나는 받아들이지 않는지 정당하게 물을 수 있다. 애매하지 않은 단일한 외부 세계 또는 누군가의 '안녕'이라 부를 애매하지 않은 어떤 조건 (또는 심지어 일관성의 요구: 가설에 따르면, 이것 또한 우리 청중이 이전에 전념하던 것이지 우리가 전념하던 것은 아니다) 따위의 궁극적 실재를 우리 자신은 믿을 필요가 없이 그렇게 물을 수 있다.

우리는 이 두 가지 믿음이 관습적 진리의 핵심인 '뗏목' 믿음에 대한 기존의 헌신과 어떻게 충돌하는지를 보여줄 수 있지만, 그럼에도 하나는 받아들여지고 다른 하나는 버려진다. 그러나 일관성을 바탕으로 다른 믿음은 지지하면서 어떤 믿음을 이렇게 거부하는 것은 실제로 첫 번째 단계, 뗏목일 뿐이다. 결국, 이 모든 절차들은 위의 믿음들이 문자적 의미에서 궁극적 진리로 받아들여질 때 그 **전부**를 포기하도록 해줄, 심지어 애매하지 않은 사실들 자체에 대한 믿음조차 포기하도록 해줄 디딤돌이다. 천태의 경우에 그것은 그 자체로 한 걸음 더 나아가게 해줄 디딤돌이다. 다시 말하면, 이들 믿음 각각을 새로운 의미에서 다른 모든 견해, 시간, 장소들에 편재하면서 내재적으로 수반되는 것으로 복원시키는 그리고 다른 모든 견해, 시간, 장소들을 내재적으로 수반하는 것으로 복원시키게 해줄 디딤돌이다. 중도로 복원시키게 해줄 디딤돌이다.

그런 급진적인 움직임이 추가로 필요한 이유는 이제 일부 독자들에게, 즉 문제가 되지 않는 합리적 설득과 도덕적 변화에 대해 다소 낙관적으로 보는 독자들에게 명백해질 것이다. 왜냐하면 실제 생활에서 대부분의 경우는 아니라도 많은 경우에 그런 망상의 소유자들이 다른 상황에서라면 품었을 '경험적 사실과 규범을 노골적으로 위반하는 망상들'이 위에서 서술한 표준 절차를 통해서는 도저히 뿌리 뽑을 수 없을 정도로 끈질기게 들러붙어 있기 때문이다. 우리는 모든 사람들이 항상 '이성에 귀 기울이기'를 기대할 수 없다. 그러나 이성은 위에서 대강 서술한 상대화된 의미에서조차 그런 특별한 사람에 의해 해석된다.

어떤 경우에는 세계에 대한 전체적인 시야가 그 자체는 도전 받지도 않고 타파되지도 않은 채, 지독히 광신적인 믿음 주위에 확고하게 자리잡고서 다른 모든 자료와 원칙을 왜곡하며 봉사하기도 한다. 이는 이미 어떠한 외부의 비판에도 민감하지 않기 때문이다. 그것은 어떠한 반대도 느껴지지 않도록 또는 그저 그 반대를 이유로 그 전부터 제쳐둘 만한 것이라고 무시하도록 해줄 세계 해석을, 자기 주위에 아주 철저하고 일관된 하나의 세계 해석을 만들어낸 덕분이다. 여기서 보살은 여전히 믿음에 대한, 모든 믿음에 대한 집착을 떨쳐내는 것을 목표로 한다. 그러나 일반적인 불교 이론의 디딤돌 방식, 뗏목과 저쪽

해안의 방식, 그 틀이 대체로 건전한 뗏목 안에 있는 일관성 없거나 건전하지 못한 믿음들을 외과적으로 타격하는 방식, 결국 뗏목 전체를 효과적으로 포기하게 하는 그런 방식은 여기에서 작동하지 않을 것이다.

이런 종류의 완전한 믿음을 떨쳐버릴 유일한 방법은 그것이 **안에서부터 스스로 터지도록 하는 것이다.** 여기서 특히 천태의 접근법은 매우 필요한 도구를 추가로 제공해 준다. 완고하게 지닌 광신적 믿음들을 정확히 안에서부터 확장하고 또 아주 특별한 의미에서 그것들을 '유지함'으로써 극복하고 뒤집는 일이 그것이다. 선과 악이 서로 침투한다는 완전히 급진적인 전망으로 이끄는 이런 절차는, 일상적인 목적에서 또는 초보 수행자나 외부인을 위해 "악을 어떻게 할 것인가"라는 실용적인 물음에 아마도 거의 대답해준 적이 없을 것이다. 오히려 그런 경우에는 대개 위에서 개관한 대로 "악을 잘라내버리고 오로지 선을 실천하라"는 조언을 할 것이다. 천태에서는 이런 가르침조차 다른 방식으로 이해되어야 하는데, 그 가르침은 저 특정 청중에게 훨씬 나중에, 아주 다른 기회에 구체적으로 다가올 수도 있고 그렇지 않을 수도 있다. 그러나 그때에도 '잘라내라'와 '실천하라'에 대한 저 독특한 천태적 의미는 더 설명할 경우에 통상적인 도덕 실천에서 이미 일어난 '잘라내기'나 '실천하기'에 대한 거부나 대안으로 제시되지 않고, 오히려 바로 그 '잘라내기'와 '실천하기'의 재맥락화로서 제시될 것이다. 이때 재맥락화는 이런 실천들의 정체성이 항상 무엇이었는지, 누군가가 악을 '잘라내고' 선을 '실천했을' 때 무엇을 하고 있었는지 그 양상들을 한층 더 많이 드러낸다.

그렇다면, 이 독특한 천태적 의미는 무엇인가? 분명히 우리가 이미 배운 바에 따르면, '악을 잘라내는 것'은 편재하는 데까지 '악을 확장한다'는 것을 의미하며, 이는 또한 자기 극복을 통해 무조건성으로 그리하여 선함으로 나아가는 일이다. '선을 실천하는 것'도 동일한 일로 밝혀진다. 자기 극복에 이르도록 악을 확장해서 편재하는 데로, 무조건성으로, 선으로 나아간다. 이렇게 잘라낸 악은 실천한 선과 똑같은 것으로 드러나며, 사실 실천하기는 잘라내기와 똑같다.

그러므로 이것이 우리 앞에 놓인 도전이다. 악은 물리침으로써 극복되는 것이 아니라 악을 확장해서 두루 존재하게 하는 이 독특한 형태를 촉진하는 재맥락화를 통해서 극복된다는 것이 천태의 교리다. 우리는 이 교리를 이론적으로는 받아들이더라도 당연히 다음과 같은 물음을 던져야 한다. 어떤 맥락화, 어떤 결정타라야 홀로코스트 같은 설정으로 무얼 할 수 있는가? 이런 경우 '확장을 통해 극복'한다는 것은 무엇을 의미하는가? 이러한 악의 편재가 어떻게 이 악을 극복하는 데 도움이 되는가? 정확히 이 확장된 악함의 무조건적인 편재를 통해 어떻게 이 바꿀 수 없는 악을 받아들이고 심지어 거기에 머물면서 동시에 이 악을 선한 것으로 만들 수 있는가? 이 경우에 '확장'은 무엇을 의미하는가? 유럽에 있는 나라들만이 아니라 어디에나 있는 모든 인종의 적들을 섬멸하는 것이고 모든 나라에 침략해 정복하는 것인가? 지구와 20세기뿐 아니라 모든 곳에서 언제나 파괴를 일으키는 것인가? 그것은 문제를 그저 악화시킬 것처럼, 훨씬 악화시킬 것처럼 들린다.

이런 물음들은 다루기가 만만찮다. 그러니 천천히 조심스럽게 진행해 보자. 그런데 참으로 천태 불교도들은 이에 대해 뭐라고 말할까? 첫 번째 접근법으로, 대량 학살을 자행한 자가 우연히 불교를 만나서 받아들인 뒤에 천태의 이론까지 받아들인다고 상상해 보자. 이것은 물론 심하게 낙관적인 최상의 각본이다. 실생활에서 이것은 아주 드문 승리일 것이다. 그러나 만병통치약 같은 어떤 유토피아적 희망에 조금이라도 집착하지 않도록, 실생활에서 그러하듯이 천태의 가르침에 대한 이런 지적이고 심지어 정서적인 동의가 이 사람의 오래된 습관인 강박적인 살인 욕망을 줄이지 않은 채 그대로 둔다고 해보자. 그는 자신의 새로운 믿음 체계에도 불구하고 여전히 죽이고 싶어 한다. 여기서 전제는 우리의 자아가 원래 여러 형태를 지닌다는 것이다.

무언가를 실행 기능의 측면에서는 나쁘다고 아주 분명하게 믿으면서도 여전히 그것을 하려는 강한 충동을 느끼는 일은 매우 흔하다. 불교에 따르면, 이른바 '자아'는 화합으로 이루어져 있다. 따라서 우리는 많이 상충하고 반쯤 독립적인 욕망 체계들이 어떤 주어진 '자아' 안에서 거북하게 그리고 불안정하게 결합되기를 기대해야 한다. 게다가 일반적으로 불교에서는 이런 욕망들을 한 덩이의 견해와 믿음들을 구체화한 것으로 본다. 완고한 구성 요소의 강박은 반쯤 자율적인 작은 자아인데, 이 작은 자아는 세계가 어떻게 존재하고 무엇이 바람직한지에 대한 입장과 한 덩이의 가치를 포용하면서 그 자신의 불명확한 전제들과 결론을 암호화한다. 그래서 우리는 살인자를 상상해볼 수 있다. 그의 한 면은 불교를 이해하고 받아들임으로써 자비심을 갖고 모든 중생의 고통을 덜어주려 애쓴다. 그의 더 나은 한 면은 특히 천태불교가 확신시키고 북돋아주며, 그렇게 해서 공존과 편재, 상호 포섭 따위의 관념들에 가슴이 뛰면서 고무된다.

그러나 그의 일부는 여전히 다른 무엇보다 살생을 즐기고 또 살생을 유일한 선으로 보며 오로지 살생하고 싶어 한다. 우리의 사고 실험을 위해 이렇게 가정해 보자. 그의 이 부분은 매우 강하고 아주 숙련되어 있어 그 자체로 유지되고 미래에도 재생될 수 있으며, 그래서 그 자신에게도 있는 반대되는 관념들과 가치들에 그것을 연결하는 것만으로는 근절할 수 없다고 말이다. 그때 천태는 다른 경로를 제시한다. 그것을 근절하려는 시도를 하지 않으면서 그는 자신에 관한 이 사실, 곧 살생하려는 이 욕망의 의미와 본질에 대해 재고한다. 그는 그것을 제거하려 애쓰지 않고, 그것을 천태의 관법 대상으로 다룬다. 이렇게 한 결과, 그가 바로 전에 하던 살인을 중단한다는 것은 아니다. (그것은 아직 너무 벅차서 바랄 수 없다.) 그러나 '살인'을, 다른 것보다 더 집요하게 원하던 이것을, 엄격하게 한정된 경계를 갖는 명확한 활동으로, 그렇게 좁게 정의된 방식으로만 실행할 수 있는 명확한 활동으로 보지 않게 될 것이다. 그가 끊임없이 경험하려고 하던 '살인' 특유의 특성, 이 심층의 자아가 품고 있던 믿음 체계에서 끊임없이 추구하던 최고의 '선'은 무한히 다양한 다른 성질들로 이루어지고 그것들로 자신을 표현하는 것임이 드러난다. 그것은 문자 그대로 모든 곳에서 또 모든 것에서 발견할 수 있다. **가능한 모든 활동**은 그 '살인' 욕망을 충족시키는 방법으로 간주될 수 있고, 따라서 본래의 '문자상' 살인을 여전히 할 수 있음에도 그는 그 충동을 **오로지** 그 방식으로 충족시키려는 짓을 더 이상 할 수 없게 된다. '확장된' 또는 '철저한' 살인은 천태의 문맥에서는 문자적 살인에서 은유적 살인으로의 변형을 의미하거나,

434

또는 문자적 살인이 항상 시작할 때는 이미 은유적이었다는 사실에 대한 깨달음을, 바로 천태의 인식론이 허물려고 한 문자적 존재와 은유적 존재의 구별을 의미한다.

여기서도 완전한 해법을 바랄 여지는 없다. 왜냐하면 이론적으로는 여전히 일어날 것 같지 않지만, '문자 그대로의' 살인이 일어날 법한 상황들은 상상할 수 있기 때문이다. 그러나 그 강박 관념의 힘이 그 본래의 좁은 형태로 더 이상 효력을 발휘하지 못하는 한, 이런 상황들은 통계적으로 미미하다고 할 만큼 엄청나게 드물다는 사실에 주의해야 한다. 99.9999%의 경우, 근절되지 않은 살인 충동은 비문자적 형태의 살인을 통해 더 쉽게 또 직접적으로 충족시킬 수 있는데, 그 형태는 살인자가 천태학 연구 이전에 망상으로 '문자 그대로 사실'이라 간주했던 단일한 형태보다 셀 수 없을 정도로 더 많다. 그것은 마치 어떤 사람이 튀긴 달걀들을 자기 머리에 쓰라는 신비한 내면의 지시에 복종해야 한다고 느낀 것과 같다. 왜냐하면 이것만이 그를 위엄 있게 보이도록 해준다고 믿었기 때문이다. '달걀'과 '머리'의 정체성이 천태의 방식─'달걀'은 '어떤 대상'을 의미할 수밖에 없음이 밝혀지고, '머리'는 '몸의 어떤 부분'을 의미하는 것으로 밝혀지는 방식─으로 폭발할 때, 이전에 이것을 의미하는 것으로 해석되어 온 강제적인 지시가 그리고 (여전히 온전하게 존재하고 여전히 절대적으로 강제함에도) 오로지 이것이 실제로는 "너의 몸 어딘가에 어떤 물건을 덮어쓰라"는 의미임을 또 덜 번거로운 온갖 방법으로 충족될 수 있다는 의미임을 그는 알게 될 것이다.

외부의 어떤 기준이 아니라 그 자신의 욕망이라는 관점에서 여전히 덜 노력하고도 바라지 않는 결과를 더 적게 일으킨다는 단순한 이유 때문에, 그가 십중팔구 이런 덜 번거로운 방법들을 선택해서 자기 욕망을 채울 것이라고 우리는 추정할 수 있다. 우리는 또 노력과 처벌처럼 그 자신이 원하지 않는 것들을 덜 일으키는 방법으로 자기 욕망을 채울 것이라고 추정할 수도 있다. (그것들이 그가 원했던 것이 아니라면, 그럴 경우에 천태의 동일한 해체와 확장이 '살인'의 정체성보다는 '노력'과 '처벌'의 정체성에 더 적용되어야 할 것이다. 그는 그것들을 어디에서나 발견하는 법을 배울 것이다.) 한편, 튀긴 달걀들을 이따금 머리에 쓰는 일을 하지 못하도록 막는 것이 전혀 없고 또 실제로 그가 그렇게 하면서 그 지시를 여전히 이행할 수 있다 해도—(상상하기가 꽤 어렵기는 하지만) 어떤 이상한 공동체에서는 자신의 존엄을 드러내는 데에 이것만 필요하다고 하는 경우가 있으리라 상상할 수 있다 해도—, 이런 경우는 확실히 아주 드물다. 이런 행동을 할 동기를 제거해버리는 것, 이것이 규칙적으로 그런 일이 되풀이되는 것을 막는 참으로 효과적인 유일한 방법이다.

　이런 구조를 당면한 과제에 적용하면서 이렇게 가정해 보자. 히틀러가 이 사유 체계를 배웠고, 그의 일부는 그것을 가슴에 품고 실천하는 반면에 그의 다른 부분은 어떤 특정한 일, 곧 세계 지배나 대량 학살 같은 일에 대한 이전의 갈망을 그대로 지니고 있다고 해보자. 그때 그의 실천 목표는 그저 악수하거나 아침을 먹는 것만으로도 그 욕망을 충족시키는 법을, 그런 식으로 더 많이 (더 많은 경우에 더 편리한 이용으로 또 더 많은 표현과 다양한 내용들로) 충족시키면서도 자신 안의 정반대되는 욕망들 및 다른 중생의 욕망들과 덜 충돌하는 방식으로 충족시키는 법을 배우는 것이다. 물론 이런 실천을 하더라도 몹시 힘들 것이고, 우리가 어떤 불교 수행자나 자아 향상을 꾀하는 수양인에게서 또는 자신의 습관적인 사고방식과 행동 방식을 바꾸려 애쓰는 사람 누구에게서나 보게 되는 것과 똑같은 향상과 퇴행의 부침을 겪게 될 것이다.

그러나 그것은 여전히 쉬운 경우에 속한다. 거기서 히틀러 자신의 어떤 부분은 도덕적 견해와 천태의 전체 체계를 받아들이고 그 '자아'의 다른 부분에 그것을 그저 적용하려고 버둥거린다. 이제는 다른 듯하지만 관련이 있는 물음을 던져보자. 천태교학의 주창자 자신은 어떻게 대량 학살의 욕망에서 자유로워질 것이며, 히틀러가 스스로 자비심과 해탈에 대한 이런 천태의 견해나 일반적인 불교적 견해를 받아들이지 않는 경우에는 히틀러를 어떻게 '다룰' 것인가? 물론 어떠한 이론가에게 "그대는 어떻게 히틀러를 대했는가?"라고 묻는 데에는 상당한 재간이 필요하다. 이런 방식으로 물음을 던지는 데서는 주요 조건들이 도외시된다. 몇 년도의 히틀러지? 그 뒤에 무슨 일이 일어나는지 내가 얼마나 알고 있지? 어느 정도의 영향력을 또 어떤 형태로 가지고 있지? 거의 전지전능한 보살이 마법처럼 시간을 거슬러 1939년으로 간다면, 히틀러를 어떻게 대했을까? 혹은 1929년으로, 혹은 1919년으로 거슬러 올라간다면?

천태의 저자들은 전혀 주저하지 않고 사악한 독재자의 살인조차 자비로운 보살의 행위 같은 것으로 인정하기도 한다. 『화엄경』에 나오는 무염족왕無厭足王 이야기에 대한 지의의 주석은 꽤 놀랄만한 사례다. 원래 그 이야기에서 왕은 온갖 잔인한 형벌을 받는 죄수들의 모습을 자기 백성에게 보여주었지만, 결국 이 모두 대중을 두렵게 해서 올바르게 만들려고 마술쇼처럼 폭력적인 처벌을 보여준 것일 뿐임이 드러났다. 희생자들은 실제로 살아있는 사람들이 아니라 무대효과였을 뿐이다. 그런데 이 특별한 경우에 모든 것이 마술쇼였던 것과 달리, 지의는 보살이 이런 판단을 내리는 데 필요한 전지전능함을 거의 갖추었다는 전제 하에 더 큰 폭력을 막기 위해서는 중생들의 몸에 실제 폭력을 행사할 수 있다는 주장까지 한다. 그래서 악과 싸우기 위해 기운을 힘껏 쓰는 일은 천태교학이 이 문제를 다루는 한 가지 방법이 된다. 이것은 천태의 방편 이론에서 볼 수 있는 또 다른 결론인데, 미래의 행동들과 결과들을 다 안다는 좀 터무니없을 정도의 능력을 전제로 하기는 하지만 대승불교의 문학이 잘 뒷받침해주는 결론이다. 그러므로 천태의 이론은, 악은 선과 동일하기 때문에 아무리 상상이라도 악과 싸워서는 안 된다는 뜻을 결코 함축하고 있지 않다. 그럼에도 그 이론은 때때로 거의 충격적이라 할 만큼 열성적으로 그렇게 한다.

그렇다면, "히틀러를 어떻게 할 것인가"라는 물음에 대한 (앞으로 보게 되겠지만, 많은 가능성 가운데 하나인) 천태의 이 특별한 반응은, 가치론의 측면에서 가장 이원론적인 도덕적 근본주의자가 보여줄 수 있는 반응인 "어떤 수단을 써서라도 악을 근절하고 선을 촉진하라!" 와 표면적으로는 아주 흡사해 보일 것이다. 그러나 차이점은 악과 싸우는 일 자체가 필연적으로 악이라는 점 ─ 다른 모든 악처럼 특정 상황에서는 정당하고 권장되는 것 ─ 을 인식한다는 것이다. 이 견해에서는, 악과 싸우면서 우리 손을 깨끗하게 유지할 수 있다는 ─ 간디 식에서

438

처칠 식까지 히틀러를 상대하는 가능한 모든 투쟁은 다양한 방식으로 우리 자신이 작은 히틀러가 되게 만들지 않을 것이라는— 생각은 치명적인 자기기만이다.

만약 우리가 보살의 자격으로 수백만의 생명을 구하기 위해 히틀러를 죽이기로 결정한다면, 우리는 히틀러처럼 상대의 인간성을 없애고, 더 큰 선을 위해 그의 삶을 소모품으로 보고, 다른 것이 아닌 자신의 특정 측면들에만 주의를 기울이기 위해 그를 대상화하고 선전하며, 다른 이들의 삶과 죽음을 결정할 지혜와 권리를 주장하는 따위를 하는 셈이다. 설령 우리가 수동적으로 저항할지라도, 이 또한 일종의 수동적-공격적 폭력—우리의 의지대로 영향을 주기 위해 다른 사람을 격앙시키고 모욕하고 부끄럽게 만들려는 욕망—을 수반하는 것이고 우리의 과대망상적 허영심을 채워줄 우리 자신의 우월한 힘과 도덕적 성격을 과시하는 것이기도 함을 보고 싶지 않으면, 도덕적으로 둔감해야 할 것이다. 이 모든 성질들은 히틀러를 히틀러로 만드는 데 필수적이지만, 그것들 없이는 히틀러와 싸울 수 없다. 히틀러가 됨으로써 히틀러와 싸운다는 것은 사실 히틀러주의 자체가 선과 상호 침투한다는 점을—즉, 히틀러는 '**무조건** 바로 그 히틀러 이상'이라는 것을 밝힘으로써— 명백히 드러내는 한 방법이며, 천태적인 의미로 '온전히 표현된다면' 그것은 사실 필연적으로 자기 극복을 암시한다.

여기서 관심을 가져야 할 문제는 인지된 악에 대해 이렇게 격렬하게 저항하도록 동기를 부여하는 것이 무엇인가다. 아마도 모든 사람이 천태의 전제, 곧 히틀러는 자신의 가치에 헌신하는 일을 버릴 필요 없이 확장하기만 하면 된다는 전제를 받아들인다고 한다면, 그에게 대항하기 위해 여러 나라들이 동맹을 맺을 필요도 없고, 집단 학살의 실행을 저지하기 위해 양심적 반대자들이 독일 제국 내에 있을 필요도 없을 것이다. 그 대신에 그들은 이렇게 말할지도 모른다. "글쎄, 어쨌든 히틀러는 히틀러의 모습으로 보살의 실천을 하고 있다. 계속하게 내버려두라. 내가 누구라고 그를 판단하겠는가?" 그러나 그런 발언에는 오류가 있으니, 연합국과 양심적 반대자들이 빈 서판으로 시작했다는 점을, 그들 자신의 가치 지향이나 성향으로 시작하지 않았다는 점을 가정한다.

천태의 입장에서는, 나는 나 자신의 가치 지향을 버리고 그 대신 히틀러의 가치 지향을 받아들여야 한다고 하지 않는다. 모든 중생은 그가 있는 곳에서 시작한다는 것, 어떤 경우에나 어느 정도는 충분히 발달할 수 있지만 언제나 그 존재의 편향되고 이기적인 관점에서 유래하는 어떤 내재된 (항상 편파적인 관습적 진리인) 가치 지향을 이미 갖는다는 것, 그것이 천태의 입장이다. 어떤 보살은 그가 자신의 개인적 해탈에 쏟았던 본래의 관심이 모든 중생의 구제를 동반한다는 사실을 알게 되었다. 그는 자유롭게 그 목적을 향해 나아간다. 선을 향한 사심 없는 객관적인 염려가 또는 확장되고 더 발달한 형태의 이기심이 연합국에 동기를 부여했는가? 전자가 후자의 한 양상으로 간주되며 후자와 상호 침투한다는 것, 이것이 요점이다.

양심적 반대자는 그렇게 하는 것이 자신의 가치 체계와—이 체계가 무엇이든 간에—일치하기 때문에 저항한다. 가령, 의로운 기독교인 반대자가 여기서 논의하는 천태종으로 개종할 때 이분법적인 기독교적 가치에 대한 자신의 헌신을 포기하는 일은 히틀러가 대량 학살의 의지를 포기하는 것과 같은 정도다. 두 경우에 이들 반대자들은 그들의 처음 믿음을 단순히 재맥락화하고 확장하며 발전시킬 것이다. 이것은 저항하려는 (망상적) 노력의 포기를 수반하지만, 유태인들, 집시들, 동성애자들을 죽이려는 (망상적) 노력의 포기를 수반하는 것 정도에 지나지 않는다. 그것은 갈음할 형태들과 방법들로 확장해서 자신을 표현할 수 있도록 이렇게 노력하게 함으로써 마침내 그 본래의 엄격한 의미와 외연이 결정불가능성과 상호 침투로 붕괴하는 지점에 이르도록 할 뿐이다.

상호 침투에 대한 철저한 통찰에 이르렀을 때, 어떤 상황에서는 이 저항 노력이 정확히 전적인 순응의 형태를 취할 수 있다는 것은 사실이다. 그러나 중요한 점은 이 순응이 결코 일방적이고 전체적이거나 강박적으로 '자기-본성적'일 수는 없다는 것이다. 결정적인 순간에 명백한 저항으로 전환시킬 능력을 항상 그 안에 지니고 있는 순응일 것이다. 게다가 히틀러와 그 저항자 둘 다 완전히 상호 침투를 한다면, 서로에 대한 살인은 문자 그대로의 살인을 더 이상 수반할 필요가 없게 된다. 그것은 그들의 상호 수용과 관용 등과 공존할 것이며, 이것은 이런 견해에서는 그 문제를 근본부터 다룰 유일하고 참된 해법일 것이다. 더 이상 원하지 않기 때문이 아니라 (현실적인 견해를 취하면, 그런 공격적인 생각들은 개조되기 쉬울 듯하다고 확신할 수 있고, 천태의 관점에서는 그것들이 사실상 현실 자체의 본질로 굳어져 있기 때문이 아니라) 만족시킬 만한 그 대안적인 '은유적' 수단이 발견되었기 때문에 서로를 전멸시킬 필요성과 **동기**가 제거되는 것. 악수를 하는 동안에 각자는 그렇게 함으로써 상대를 '살해하고'

있다고 확신하겠지만, 같은 방식으로 살인의 살인적인 성질도 상호 수용이 스며들어 상호 수용과 동일해짐에 따라 지워지게 된다.

그런데 이런 '히틀러 죽이기' 접근법은 다른 대안이 없을 때만 적용할 수 있고, 또 죽을 수밖에 없는 우리가 마주하는 실제적인 윤리적 선택들을 고려할 때 평범한 삶에서는 누구도 가지고 있다고 주장할 수 없는 초인적인 정도의 힘과 지혜로만 정당화된다는 점에서 꽤 논란거리가 된다. 히틀러가 그런 악행을 저지를 것을 아는 보살은 미리 그를 공격할 수 있고, 필요하다면 불쾌한 업보를 그 자신이 받을 수도 있다. 그러나 진지하지만 매우 인간적인 천태사상가가 1923년에 성급한 선동가로서의 히틀러를 만났다면, 심지어 1933년에 권력을 잡은 뒤의 히틀러를 만났다면, 무엇을 말해줄까? 대개 힘보다는 천태와 대부분의 다른 불교 종파들에서 선호하는 방식인 설득이 사용되어야 한다면, 어떤 접근법을 취하게 될까? 그저 목을 베는 것보다는 히틀러에게 조금이라도 말을 걸 것이라고 가정한다면, 무슨 말을 해야 할까? 천태의 주요 대답은, "모든 유태인과 집시, 동성애자들을 죽이려는 그대의 성향을 버릴 필요는 없다. 그 대신, 이 욕망을 똑같이 만족시켜줄 만한 훨씬 더 효과적인 방법을, 보편화되고 은유화된 방법을 내가 그대에게 보여주겠다"는 그런 것이 아니다. 이건 견습생이 자기 자신과 그 자신의 끈질긴 강박 관념에 대해 말할 만한 것이다. 그러나 어느 쪽도 "잘 들어, 너는 다 틀렸어. 네가 제안하는 것은 악이니, 멈춰야 해"라는 말보다 더 관습적인 것은 아닐 것이다. 여기서 우리는 그와 같은 윤리학보다는 동기부여의 심리학 영역에 있지만, 그 점은 여전히 논의할 가치가 있다.

도덕적 설득에 대한 천태의 접근법은 이런 전제에 기초하고 있다. 이전부터 갈망하던 것에, 그가 이미 지향하고 있었고 또 그에게 동기부여가 될 수 있는 어떤 가치에 호소하는 일 외에는 새로운 욕망의 대상을 받아들이도록 설득할 수 없다는 그런 전제. 내 생각에, 이 전제는 논쟁의 여지가 없다. 우리는 결코 빈 서판으로 시작하지 않는다. 모든 대화자는 이미 정해진 어떤 가치들이나 원하는 것들을 가지고 대화 장소에 온다. 이제 히틀러는 아마 유태인들의 몰살이 아닌 다른 더 궁극적인 것을 원할 것이다. 어쩌면 그것은 그가 정말로 원하는 것—세계 지배든, 독일의 영광이든, 정당화와 중요성 또는 복수에 대한 심리적 감각이든, 아니면 관념적인 선이든 그 무엇—을 얻는 데 유용한, 도구적 가치에 지나지 않을 수 있다. 물론 그렇게 되면, 우리는 궁극적인 것을 도구적 선에서 분리하고 전자(궁극적인 것)를 얻기 위해 그에게 후자(도구적 선)를, 더 좋은 것을 포기하도록 설득하려 할 것이다.

이제 다시 전통적인 불교식 접근법을 보자. 그대가 궁극적으로 정말 원하는 것은 괴로움으로부터 자유로워지는 것이고, 그것이 그대의 현재 행동 방침에 동기를 부여하는 것이다. 그러나 이 목적을 달성하는 데 쓰는 그대의 방식은 미숙하고, 잘못된 전제들에 근거하므로 실패할 수밖에 없다. 여기 그대가 (정말) 원하는 것을 얻을 더 나은 길이 있다. 이런 맥락에서 우리는 위에서 설명한 두 가지 대안 가운데서 두 번째를 취하는 상상을 할 수 있다. "그대가 제안한 이 유태인 죽이기는 악이다. 미숙하다. 즉, 그것은 그대 자신이나 다른 이들에게 고통을 주고, 그대가 진정 원하는 것을 사실은 얻지 못하게 하며, 전적으로 잘못된 전제들에 기초하고 있다. 아주 기이하게도,

그렇게 하기를 그만두는 것이 그렇게 함으로써 성취되리라 기대했던 것을 실제로 성취하게 해준다. 그대 자신의 괴로움을 뿌리 뽑는 일 말이다."

이것이 효과적인 형태의 도덕적 설득으로서 믿을 수 있는 것이라면, 참으로 멋질 것이다. 때때로 그렇기는 하다. 그러나 대다수의 경우에는 그렇지 않으며, 그것이 히틀러의 경우에는 전혀 무익했을 것이라 가정하는 것이 합당하다. 유태인은 모든 악의 뿌리이니 제거되어야 한다는 자신의 확신을, 또는 그의 방식이 세계를 개선하는 최상의 수단이라는 확신을 공유하지 않는 사람들이 존재했다는 사실을 히틀러는 잘 알고 있었으리라 가정해야 하지 않을까? 히틀러의 경우에는 궁극적 가치와 이 양도할 수 없는 도구적 가치의 체계적인—그것이 이미 그 자체의 이념적 항체들을 갖고 있었기 때문에 체계적인— 융합을 가정해야 한다. 반대 의견을 표명하는 사람은 그 때문에 교활한 유태인의 선전, 타락, 인종적 열등감 또는 의지박약에 오염되었다는 것으로 유죄 판결을 받았다. 그래서 이 논의를 위해 어떤 시점 이후에는 어떠한 주장도 히틀러의 반유태주의를 몰아낼 수 없었을 것이라고 가정해 보자. 우리는 그것을 우리 앞에 놓인 과제에 대한 불변의 초기 조건으로 받아들여야 한다.

이 상황에 대한 천태의 접근법은 유교 전통에 그 선례가 있다. 부분적으로는 그 전통에서 유래한다고 나는 생각한다. 여기서 우리는 제선왕齊宣王이 자신은 재화와 용기, 미인을 좋아하는 욕망이 강해서 참된 왕이 되기에는 무능하다고 항변했을 때, 맹자가 그에게 해준 대답을 고려할 수 있다.[6] 맹자는 이런 성향을 버리라고 요청하는 대신에

그 성향을 하나의 전제로 삼고는 원하는 것을 새로 설정해야 한다고
왕에게 호소했다. 이것은 이 원하는 것의 의미 범위를 다른 이들과
그 즐거움을 공유하는 지점까지 확장함으로써만 가능하다. 물론 그렇

---

6 『맹자孟子』,「양혜왕 하」 3과 5. 영어 번역본으로는 D. C. Lau, trans., *Mencius*
(London: Penguin, Classics, 2005), 17-22 참조. 『장자莊子』의 〈도척(盜跖, 도적인
척)〉(주인공의 이름과 이야기 제목이 동일한데, 이는 물론 희극적이고 적절하지 않다)에
서 공자가 도척에게 그가 지닌 세 가지 뛰어난 덕 ─ 완력, 지혜, 용기 ─ 의 독특한
조합은 그를 하찮은 강도가 아니라 유례없이 정당한 통치자로 만들어줄 것이라
이야기하면서 그를 변화시키려 애쓸 때 유사한 기법을 사용한 것으로 묘사되고
있다. 이러한 덕이 그를 대단한 도적으로 만들 수 있었던 바로 그 특성이기도
했다는 의미가 함축되어 있다. 공자는 사회적 존경이라는 추가적 이익이 있는데도
도척을 현재 도적이 되도록 한 (재화, 권력, 명성에 대한) 그 욕망들에 호소하면서
대안으로서 '갱생'을 매력적인 것으로 만들려 한다. 공자는 심지어 그 도적을
제후로 세우는 중재자 노릇을 자청하며 그 시대의 큰 나라들 모두 그에게 영토를
양보하도록 설득해서 그를 큰 도성의 통치자로 만들겠다고 하는데, 이로써 도척이
상생하는 상황을 보게끔 제안한다. 도적은 그가 항상 원했던 것을 얻고 또 그
이상으로 얻으며, 나아가 (아마 제안된 식읍에서 그의 통치를 받으며 살아야
했을 비교적 적은 인구를 희생시키면서) 온 세상은 그의 약탈과 폭력을 면한다는
것 말이다. 『장자』에서 그 도적은 그 제안을 위선적이라며 아주 신랄하게 거절하는
데, 그 이야기의 요지는 방어할 여지가 없다. 그러나 그 이야기에서 참으로 놀라운
점은, 교화하는 간섭꾼이 죄인의 성향을 몰아붙이며 불 같이 비난하는 선지자가
아니라, 그가 원하는 것을 또는 그 이상을 얻는 것이 아니라면 누구도 그가
원하는 것을 포기하도록 요구할 수 없다는 사실을 당연하게 받아들이는 아첨꾼
협상가라는 사실이다. 악을 봉쇄하고 없앨 수 있는 유일한 근거는 악 자체 내에
있다고 가정한다. 『장자』의 영역본은 Burton Watson, trans., *The Complete
Works of Zhuangzi* (New York: Columbia University Press, 2013), 252-265
참조. 더 오래된 제임스 레그(James Legge)의 영역본은 온라인의 Chinese Text
Project, http://ctext.org/zhuangzi/robber-zhi에서 볼 수 있다.

게 함으로써 왕 자신이 누릴 즐거움이 더 탄탄하게 보장된다는 것이 전제되어야 한다. 맹자가 다른 데서 음악의 즐거움은 공유할 때 더 강렬하게 누릴 수 있다고 주장한 것처럼 말이다. 맹자는 왕에게 그의 갈망을 없애라고 요구하지 않고, 확대하라고 했다. "왕께서는 재화와 미인을 갈망해야 합니다. 그것들이 없으면 누구도 볼 수 없을 정도로 말입니다. 사실, 왕께서 가진 이런 욕망은 다른 사람들이 가진 비슷한 욕망을 효과적으로 공감하게 해줍니다. 용기를 참으로 좋아하신다면, 왕의 나라에 바로잡히지 않은 잘못이 있음을 참지 못할 만큼 더 강렬하게 용기를 지니십시오."

천태의 경우, 이 '확장을 통한 뒤집기' 접근법은 자성自性, 잠정적 대상들의 정체성, 본래 용어의 의미 따위에 대한 불교의 더 세심한 주의에 의해서 보완되며, 그것들을 '은유들의 이동하는 군대'에, 수사적 어구들의 덩어리에 분산되게 한다. 이것이 자성의 문제에 관한 불교적 관점의 유용성이다. 결국, 성욕은 무엇인가? 재물은 무엇인가? 이런 실체들을 검토해 보면, 어떤 자성도 없으며 (자성이) 전적으로 다른 무언가로 이루어져 있다는 것이 드러난다. 그것들을 원한다는 것은 그것들과 다른 무언가를 원한다는 것이다. 히틀러로 돌아가보면, 그리고 그의 반유태주의가 진지하고 단순한 선전이 아니라는 것을 주장하기 위해 가정해 보면, 그 문제에 접근하는 유일한 길은 다음과 같이 말하는 것이리라. "유태인은 무엇인가? 집시는 무엇인가? 동성애는 무엇인가? 슬라브인은 무엇인가? 살인은 무엇인가? 세계 제패란 무엇인가? 인종적 우월성이란 무엇인가? 독일 제국이란 무엇인가? 의지의 승리란 무엇인가?" 이 모든 것들에 **대한** 그의 믿음들은 변하지

446

않는다는 것을 가정하면, 우리는 그것들의 은유적 성격을 보여주고 그것들에 내포된 의미의 범위를 그 외연을 바꾸는 데까지 확장하면서 이러한 믿음의 대상들이 갖는 의미들을 다루어야 한다.

가령, '유태인'이라는 상징이 히틀러에게는 많은 망상적 의미를 함축한 것일 수 있다. 사악한 기생충, 순결한 피를 더럽히는 자, 순진한 이들을 착취하는 자, 선한 사람에 맞서는 음모자, 또는 인종을 약화시키는 보편적인 도덕 이상의 발명가 따위. 만약 이런 망상적 의미들이 그것들이 어디에서나 보이는 곳, 심지어 그것들과 싸우려는 히틀러 자신의 시도에서도 보이는 곳, 유태인의 영향력에 대한 편집증적 강박이 정점에 이르는 곳까지 확장될 수 있다면, 사태의 본질은 결정적으로 달라질 것이다. 만약 히틀러가 자신의 망상을 확장해서 (그가 밝힌 목적 가운데 하나인) 우월한 인종들의 지배를 통해 인류 문명을 향상시키겠다는 생각을 유태인의 거대한 음모로 보거나, 독일의 민족주의 자체를 유태인들이 꾸민 그릇된 책략으로 보거나, 그가 확장시키고 싶어 한 국경선 개념을 율법주의적인 유태인이 목가적인 아리아인의 순수성과 그 땅에 대한 자연스런 관계를 이용한 것으로 (또는 반대로, 그의 '피와 땅' 이념을 뒤틀린 시오니즘적[7] 망상의 한 형태로) 보거나, 그 자신의 인종적 이상주의를 포함해 모든 일반적 관념들을 그가 유태인의 도덕적 보편주의로 여기는 것의 후손으로 보게 된다면, 그는 자신의 기획 자체를 저도 모르게 간사한 유태인의 앞잡이 노릇을 한 경우로 볼 수도 있다. 그럴 경우, 자신을 더 극단적인 반유태주의자

---

7 〈역주〉 시오니즘(Zionism)은 팔레스타인 지역에 유태인의 국가 건설을 목적으로 한 민족주의 운동으로, 19세기 후반에 나타났다.

로 만들면서, 어떤 의미에서는 이전보다 훨씬 더 망상에 빠지게 만들면서 그는 유태인을 향한 본래의 투쟁 형태를 버려야만 할 것이다. 어쩌면 그는, 유태인들을 순교시킴으로써 자기가 그들의 영향력에 공헌할 것이라는 점, '지배 인종'에 대한 그의 관심은 유태인이 '선민選民' 개념에서 이끌어내 발명한 인종 개념에 오염되었음을 보여준다는 점을 믿을 수도 있다.

　이것들은 여기서 우리가 갖고 있는 일반적인 관념을 보여주기 위해 무작위로 선택된 예들이다. 이런 망상적이고 궤변적인 연결들의 실제 범위와 내용은 사안마다 보살의 창의력―거의 대담함이라고 말하고 싶은 것―에 달려 있다. 히틀러의 주의를 문자적인 유태인에서 어떤 은유적인 유태인으로―가령, 자신의 마음속에 있는 구원 받지 못한 '유태인'에 대한 기독교의 망상적인 반유태주의적 문구로― 옮기려 노력해야 한다. 그가 지배 민족에 대해 부르짖을 때, 우리는 훨씬 더 광적으로 나치의 입장이 되어서 그를 꾸짖어야 한다. "너는 유태인처럼 말하고 있어! 너를 감염시킨 이 유태인의 생각에 맞서 싸워!" 이 모든 것이 (나 자신을 포함해서) 유태인의 귀에는 아주 불쾌하게 들리겠지만, 이것이 우리가 다루어야 하는 것이고 덜 악한 것이다. 우리는 이런 반유태주의가 사라지기를 꿈만 꿀 수는 없다. 그것은 존재했고, 존재하고 있으며, 계속해서 존재할 것이다. 다시 질문은, 그것을 어떻게 할 것인가다. 그것을 위해 건설적인 사용법을 또는 적어도 무해한 출구를 찾을 수 있을까? 단기적으로는 이 망상을 근절할 수 없다고 가정한다면, 우리는 그 망상적 신념을 확산시킴으로써, 확장시킴으로써, 다양화함으로써, 복잡하게 함으로써 그 해악을 중화시킬 수 있을 것이다.

　그러나 결국 더 중요하게 그리고 더 근본적으로 히틀러가 이런 식으로 계속 실천하고 이런 비문자적인 방법으로 성공한다면, 천태에서는 그를 '대량 학살을 자행하는 인종 차별주의 보살'이 될 것으로 볼 여지가 있다. 이를 곧이곧대로 받아들이기는 어렵지만, 조심스럽게 이해할 필요는 있다. 그런 보살은 '유태인'이라는 말과 유태인 몰살에 대한 원래의 망상적 의지를 여전히 근절할 수 없는 자명한 공리로 여기는 사람이겠지만, 이 말의 의미는 크게 바뀌어서 그의 실천 그리고 그의 말과 개념의 취지가 붓다의 지혜와 자비심과는 정말로 구별될 수 없을 정도가 될 것이다. 이것은 미래의 모든 반유태주의자들에게 그들의 언어로 설교하고 그들을 전향시킬 방편을 제공해 준다. '유태인'은 이제 정확하게 탐욕, 성냄, 망상, 아견我見, 비-상호 침투 따위를 의미할 것이다. '몰살하다'는 "해방하다"를 (무엇으로부터 해방뿐 아니라 무엇의 해방 또한) 의미할 것이다. 그러나 핵심은 천태의 보살이 이러한 '악들'-탐욕, 성냄, 망상-을 불성과 동일한 것으로 본다는 점이며, 이는 선과 악의 상호 침투를 내세우는 이 천태교학과 정확히 일치한다. 그러므로 이 히틀러-보살에게 '유태인'이라는 말은 '마구니'와 동일하다는 것을 거쳐 '붓다'라는 말과 동의어가 될 것이다.

　지례知禮는 "마구니의 밖에는 붓다가 없고, 붓다의 밖에는 마구니가 없다"(魔外無佛, 佛外無魔)라고 분명하게 썼다.[8] 히틀러는 천태의 의미에서 '유태인들을 죽이는 데' 성공했기에 천태 보살이 된다. "유태인이

---

8 지례知禮, 『사명존자교행록四明尊者教行錄』(T46, 900b).

되는 것은 붓다가 되는 것이다. 유태인다움의 밖에는 불성이 없고, 불성의 밖에는 유태인다움이 없다"는 말이 그에게 의미를 가진다면 그리고 그럴 때에만, 그는 성공한다. 삼제三諦의 상호 포섭하는 형태는 완전히 무아無我를 본성으로 하는데, 그 형태에서 본 '악한' 유태 민족은 정확히 지고의 선, 불성을 포함하고 생산하며 그것과 궁극적으로 동일하며 그 반대도 마찬가지다. 여기서 요점은 '유태인'이라는 말을 원래부터 근거 없이 '악마성'과 연관 짓던 것을 제거할 필요가 없다는 것이 아니라, 오히려 **보편적인** 극악함으로 그 천태적 확장이 이루어질 필요가 있다는 것이다. 사실, 거의 보편적이라 할 유태인의 악마적 힘에 대한 반유태주의자의 터무니없는 주장들은 여기서 그것들 자체를 극복하는 데에 유효적절하게 이용될 수 있다. 실체 없는 보편성에서 참된 보편성으로 약간만 비틀어 조정하면, 그것들의 의미를 완전히 뒤집는 데 성공하면서 정확히 이 보편적인 악마성에서 유태인다움이 참된 불성이라는 것을 드러낸다. 왜냐하면 보편적인 악마성은 정확히 그 보편성, 그 무조건성에 의해 불성이기도 하기 때문이다.

자신을 유태인이라고 하는 구체적인 인간은 아마도 이 '대량 학살을 자행하는 인종 차별주의자 보살'에게는 불행하게도 고통받는 중생이면서 (천태의 인식론이 요구하는 것처럼) 동시에 모든 유정의 해탈을 위해 지옥의 형태를 취한 영웅적인 동료 보살이기도 할 것이다. 물론 압박을 받으면, '유태인'은 은유일 뿐이다―구체적인 인간의 경우에도 유태인과 같은 그런 것은 없다―고 천태 보살은 말해야 할 것이다. 왜냐하면 모든 것이 다 그렇듯이 삼제三諦에 따르면 유태인은 궁극적으로 그런 것이 없는(空), 편파적인 망상들과 집착들의 구현인(假),

그리고 영웅적 보살과 편재하는 불성의 현현, 절대적인 것 자체가 온전히 있음(中)인 어떤 것이고, 그 셋은 모두 상호 포섭하며 궁극적으로는 동의어다. 탐욕, 성냄 그리고 망상을 지칭하기 위해 -그리고 마찬가지로 불성을 지칭하기 위해- '기독교인,' '불교도,' '스페인 사람' 또는 '배관공' 따위 용어를 합법적으로 사용할 수 있는데, 사실 이 모든 용어들은 상호 침투적이며 결국 서로를 의미한다. 그런데 그는 특정한 중생, 즉 그가 과거에 이 특별하고 망상적이며 편파적인 발언 방식과 사고방식을 고수한 까닭에 특별한 업인業因을 맺은 중생과 소통하기 위해 이 특별한 지칭을 유지할 것이다.

우리는 여기에서 기독교 신학이 완수한 유태인의 정체성 강탈 그리고 유럽의 역사에서 '유태인'에 대해 다른 많은 형상들과 상징들을 폭력적으로 억지로 갖다 붙인 일 따위와 꽤 닮은 상황을 마주하는데, 모욕적으로 느껴질 수도 있다. 특정한 인종 집단에 긍정적이거나 부정적인 상징적 의미나 형이상학적 의미를 붙이는 일은 대개 교묘하고 교활한 형태의 인종 차별이라는 강력한 주장이 제기될 수 있다. 반유태주의와 친유태주의는 동전의 양면과 같아서 쉽사리 상대로 뒤바뀔 수 있다. 그럼에도 이것은 여러 악 가운데서 가장 작은 것이라고 하는, 뿌리 깊은 망상에서 나온 지독히 고집스런 주장들도 있을 수 있다. 어떻게든 편견은 늘 존재한다는 것이 사실이라면(그리고 이 진술은 부정할 수 없고, 한번 일어난 다른 모든 실체들처럼 편견도 절대적인 것 안에 내재해 있으며, 단 한 번이라도 일어난 것은 항상 존재한다고 하는 천태의 전제 하에서, 현재의 각 순간에 틀림없이 편입될 어떤 것으로 우리에게 남아 있는 우리 조상의 인종 차별을 오로지 과거'의 형태로' 단념한다면), 그때 적어도 친유태주의의 목적에 이바지할 수 있는 반유태주의, 이 독특하게 구조화된 형태의 인종 차별은 나쁜 상황 중에서는 최상이다. 그런 경우, 이 상호 포섭에 필요한 구체적인 기술, 방법 및 절차는 인종적 편견이 일시적으로 사라졌더라도 그런 편견이 당연히 다시 나타날 것에 대비해 잘 유지하고 육성해야 하는 것들이다.

어떠어떠한 자비심은 폭력적인 증오와 시기심에 대한 반응 형성에 뿌리를 두고 있다는 것이 심리학적인 공리인데, 우리는 보살의 행위에 대해 동일한 방식으로 생각해야 한다. 작곡가 겸 가수인 랜디 뉴먼(Randy Newman)이 인종 편견에 대해 풍자한 것들은 이를 잘 보여주는 좋은 사례다. 그 풍자들은 (어쩌면 그가 인식하고 다루는 그 자신의 정신 가운데 일부, 우리 모두를 구성하고 있는 그 완고한 하위의 자아들 가운데 하나일지도 모를) 악성 인종 차별에 대한 심한 잔소리를 담고 있고 또 거기에서 나오는 것이겠지만, 이것은 정확히 인종 차별주의를 약화시킬 힘을 그것들에 제공한다. 우리는 또 모든 비기독교인들이 지옥으로 떨어질 심판의 날을 열렬히 기다리지만 그날의 도래를 앞당기기 위해 이스라엘에 대한 유태인의 관심을 강력히 지지하는 미국의 저 복음주의 기독교도들을 생각해볼 수도 있다. 이런 편견들은 와해시키려는 힘이 더 철저할수록 저항한다는 점을 감안하면, 이런 풍자는 적어도 그것들의 피해를 제한하고 그것들의 에너지 일부를 돌려서 반대의 결과를 내도록 하는 좋은 방법이다.

당연히 유태인으로서 또는 긍정적으로나 부정적으로나 맹목적인 인종 집단의 한 구성원으로서 우리는 이렇게 말하고 싶을 것이다.

"너의 그 정신 나간 형이상학을 나한테 투영하는 건 그만두고, 내가 어떤 사람인지 먼저 알아보라고! 순수한 악이나 순수한 선의 상징이 아니라, 그저 한 사람, 한 개인일 뿐이라고!" 우리는 우리 자신에 대한 해석학적 권리를 원하며, 우리 존재에 대한 문외한의 해석이 우리에게 억지로 더해지지 않을 권리를 원한다. 그러나 불행하게도 이것은 대개 무리한 요구다. 우리가 계단에서 헛디뎌 넘어질 때 낯선 사람들의 웃음소리를 듣는 일은 유쾌할 수 없지만, 우리 자신의 비극이 남들에게 희극이 되어서는 안 된다고 요구할 권리가 정말로 우리에게 있을까? 자비심은 비극의 희생자들에게 동정할 것을 요구하고 그들처럼 보고 느낄 능력을 요구하는데, 이에 더해서 다르게 보고 느낄 능력도 배제해야 하는가? 하나가 다른 하나를 함축하지 않을 수 있을까? 그리고 남의 불행을 좋아하는 일이 전혀 없는 세상이 있을까? 어쨌든 천태의 전제에 따르면, 그것은 참으로 생각할 수조차 없다. 왜냐하면 자비심과 남의 불행 좋아하기 둘 다는 주어진 어떤 것을 다른 식으로 보고 생각하고 느끼는, 또 이런 관점에서 중생이란 무엇을 의미하는가를 재맥락화하는, 그런 특별한 종류의 능력일 뿐이다.

우리는 모두 볼 뿐 아니라 보이기도 하고, 주체일 뿐 아니라 대상이기도 하며, 전체일 뿐 아니라 부분이기도 해서 서로에게 다양한 상징이 되지 않을 수 없다. 우리가 전하는 이 모든 의미들은 필연적으로 일방적이고 편향되며 불공정하다. 게다가 중생들은 언제나 자기 자신의 주인이 아니라는 점, 그들은 자율적인, 투명한, 조건 지어지지 않은 영혼이 아니라는 점, 자신들에 대해 자신의 의지로 직접 통제할 수 없는 것이 많다는 점 등이 무아無我와 공空 교리의 결론이다. 우리의

습관들과 편견들로 된 곤죽 안에서 헤엄치고 다니는 온갖 이상한
괴물들이 있는데, 그것들은 거기에 있는 더 멋진 것들만큼이나 우리
'자아들'의 일부다. 불교에서는 대부분 이런 괴물들을 천천히 굶기거나
버리는 수단을 처방한다. 그러나 불교 종파들 가운데서 독특한 천태종
에서는 공의 교리를 삼제三諦로 확장한 결과로서 그리고 이것이 어떤
궁극적 통제에 대해 함축하고 있는 의미로서, 이런 괴물들은 붓다에게
서조차 소멸시킬 수 없다고 주장한다. 그 괴물들에 대해서는 그저
방향을 바꾸고 재해석하며 재맥락화해서 선善의 하인들로, 그 본보기
들로 만들 수 있을 뿐이라고 한다. 그런데 이는 정확히 **그것들의**
공에 의해서, 즉 그것들을 담고 있는 그 자아들의 공, 그 잠정적 정체성
들의 모호성 및 여기에 수반되는 다시 읽기에 대한 민감성 따위를
보완하는 공에 의해서 가능해진다.

　그렇다면 우리가 현명하게 바랄 것은 모든 편견을 제거한다는 유토
피아적 꿈이 아니라 맹목적으로 동일화하면서 제한해버리는 힘을
무력화하는 다양한 상징적 유의성有意性을 발전시키는 일이다. 존재한
다는 것은 오해받는다는 것이고 즉각 판단을 받는다는 것이며 부당하
게 분류된다는 것이다. 우리의 바람은 모든 즉각적인 판단을 확장해서
다른 모든 판단들을 포함한 것으로 보이게 해 그 일방적인 성격을
무력화시키는 일이다. 왜냐하면 우리는 천태적 견해에서 가장 불쾌할
수도 있을 결론을 꺼려서는 안 되기 때문이다. 우리가 위에서 개괄한
의미에서 보자면, 모든 인종적 편견들은 '사실'이다. 즉, 모든 잠정적
특성들이 모든 잠정적 대상들에서 발견될 수 있다면, X라는 민족
집단은 갑, 을, 병의 (약탈하는 성향, 우둔함, 탐욕, 게으름 따위)

부정적 특성을 갖는다는 주장은 사실이 아닐 수 없다.

이 주장에서 문제가 되는 것은 X-민족이 모두 갑, 을, 병이라는 주장이 아니라, 이 부분적 사실을 절대화하는 세 가지 암묵적인 전제들이다. 첫째는, 그들은 X이기 때문에 갑, 을, 병이라는 것이다. 둘째는, 그들이 갑, 을, 병인 것은 똑같이 그들이 갑 아닌 것, 을 아닌 것, 병 아닌 것을 배제한다는 것이다. 셋째는, 다른 모든 집단은 똑같이 갑, 을, 병이 아니라는 것이다. 미시적 수준과 거시적 수준은 동일한 특성을 갖는다는 아주 쉽사리 논파당할 전제를 덧붙일 수도 있는데, 그것은 정확히 불교의 해체론이 겨냥한 첫 번째 표적이다. 추상적으로 자아라 불리는 것은 어떤 맥락에서는 유효하지만, 그 자체로 보면 자아라고 할 성질을 완전히 결여한 요소들로 이루어져 있다. 마찬가지로, 전체적으로 똑똑하거나 어리석거나 게으르거나 부지런한 집단은 똑똑하거나 어리석거나 게으르거나 부지런한 구성원들로 이루어질 필요가 없고—그들 모두가 그렇지도 않으며—, 사실은 더 근본적으로 볼 때 그들 가운데 누구도 그렇지 않을 수 있다. 거시적 수준의 삼각형은 전적으로 미시적 수준의 원들로 구성될 수 있다. 기이한 천태의 재배열을 받아들일 때의 이점은 인종 차별의 가장 음흉한 결과들 가운데 하나를 다루기 때문에 전혀 무시할 수 없다. 인종 차별주의의 고정 관념이 표적이 된 바로 그 집단의 구성원들 마음속에 교묘하게 침투한다는 것.

X 집단의 한 구성원이 X는 갑이라는 특성을 갖는다는 말을 들으면 진퇴양난에 놓이게 된다. 내면을 들여다보는 그는 갑이라는 성질을 보여주는 명백한 예를 발견하거나 발견하지 못하거나 한다. 만약

그가 자신에게서 그것을 발견하지 못한다면, 그는 그 고정 관념을 반박해야 한다는 부담을 느끼게 되어 갑의 기미가 있는 행동은 병적으로 피하게 된다. 만약 자신에게서 그것을 발견한다면, 그는 고정 관념과 결탁할 위험이나 자기혐오의 위험에 빠져서 그것을 반항적으로 돋보이게 하거나 무서워하면서 숨기려는 시도를 할 것이다. 어느 쪽이든 그는 고정 관념에 물들었고, 자신을 위해 보완하거나 자신을 부정해야 했다. 천태의 견해가 갖는 이점은 그가 그때 어떤 형태로 자신을 느끼든 그 자신을 인식하고 받아들일 수 있다는 것이다. 그리하여 "그래, 이 X-사람인 나는 확실히 갑이고 을이고 병이다"라고 말하든 "아니, 맹세컨대 나는 여기서 갑도 을도 병도 아니다!"라고 말하든 그에게는 더 이상 문제가 되지 않는다. 이것들은 상호 침투하기 때문이다. 나의 '갑-다움'과 나의 '갑-답지 않음'은 서로를 표현하며 대체되는 형태들이다. 존재나 부재로 드러난 어느 한쪽만으로는 '갑인 X'로서 내 '자아의 본질'을 결코 증명할 수 없다. 내 안에 '갑-다움'이 존재함을 부정할 수 없음에도 X인 나는 나의 '갑-다움'이나 나의 'X-다움'에 갇히지 않으며, 어느 쪽도 부정하거나 억압하지도 않게 된다. 다른 집단의 구성원들에게도 그러하고, 갑이라는 특질을 X-집단의 속성으로 돌리는 사람들에게는 가장 명백하게 그러한데, 갑의 속성 자체가 그 사람의 '갑-다움'의 표현이기 때문이다.

인종 차별적 수사의 은유화는 확실히 위험한 일이다. 그리고 다른 길—인종적 평등이라는 무차별의 가르침 그리고 마음을 모든 편견으로부터 자유롭게 하는 교육—이 대부분의 경우에 성공할 것이라 기대할 수 있다면 그것은 모두에게 더 좋을 것이라고 나는 이미 지적했다. 그 위험은 어떻게 이런 형태의 은유화가 대중적 소비를 위한 담론-역사 내내 다른 맥락에서 적용된 담론-의 일부가 되는가에 있다. 비록 그것이 특정한 때와 곳에서 특별히 촘촘하게 짜인 편견에 대한 지역적 해법으로서 의도된 것일지라도 말이다. 내 생각에, 요한 복음서에서 악역으로 그려진 '유태인'과 바울 서신에서 이상화된 '유태인'('마음의 할례' 등) 둘 다 반유태주의를 영속시키는 데 똑같이 기여했다는 것은 사실인 듯하다. 마르크스의 악명 높은 논문 〈유태인 문제에 관하여〉에 대해서도 똑같이 말할 수 있는데, 거기에서 '유태인'은 실제적인 유태 민족 자체가 아니라 '자본가'를 의미하도록 은유화되어 있다. 마르크스의 의도를 선의로 해석하고 그 상징적 기운들을 자본주의 쪽으로 돌림으로써 기존의 반유태주의를 확산하려는 시도로 볼 수도 있다. 그러나 그것이 유태인들에 대한 특정한 고정 관념을 영속시키는 역할을 했다는 사실은 부정할 수 없으며, 이 텍스트가 나중에 갖게 될 정전적正典的 위상을 감안하면-방금 언급한 신약성서의 텍스트들에 대해서도 똑같이 말할 수 있는데- 후대의 많은 세대들을, 본래 이런 문제에 대해 무슨 특별한 의견이 없었을 공동체들조차 감염시켰다고 말할 수 있다. 그런 경우, 생긴 지 오래된 딱지처럼 건드리지 않은 채 어느 날 그 자리를 대신할 새로운 상징적 형태들을 퍼뜨리면서 어떤 식으로든 이런 편견을 끌어들이기보다는 로티(Rorty, Richard)의 '주체 바꾸기'를 실행하는 일이-확실히 매우 의심스럽지만, 이 작가들이 실제로 반유태주의를 없애려고 애썼다는 전제를 다시 가정하면- 바람직했을 것이라고 느끼기가 쉽다.

반면에, 그 문제를 간과함으로써 이 특별하고 명백한 내용이 새로운 관심의 결여로 말미암아 결국 사라지게 된다면, 정확히 동일한 구조들이 변하지 않은 채 남아 있다가 어쩌면 다른 주인공과 대상들을 가지고 다른 식으로 재현될 것이라는 점은 적어도 논증할 수 있다. 인종 차별이라는 교착 상태가 결코 진정으로 그 내부에서 폭발된 적이 없기 때문에 가설로써 말하자면, 그것은 그런 은유적 자기 확장을 통해서만 될 수 있는 것과 거의 똑같은 방식으로 항상 주목받고 다루어질 새로운 추방자 집단을 끊임없이 생기게 할 것이다. 역사는 동일한 형태의 계급 억압, 동일한 조직적 격리, 희생양 삼기, 천민 집단 따돌리기 등이 줄줄이 이어지는 행렬이라 할 수 있다. 다만 때와 곳에 따라 주창자의 이름만 바뀔 따름이다. 문화적으로 전승되는 긴 기간 동안 몇몇 특정 집단에 과도하게 집중하는 일은 어쩌면 인종 차별이나 편견처럼 더욱 일반적인 문제의 근원을 파악하는 방식으로 보일 수 있다. 이를테면, 종양 때문에 생긴 두통을 누그러뜨리려는 아스피린 처방이라기보다 종양 자체를 제거하려는 외과 수술의 경우로 보일 수 있다.

그렇다 하더라도, 잠정적 진리를 미숙하고 무분별하게 새로운 맥락—절대적 진리의 역할을 하도록 허용하는 맥락—에 다시 적용하는 데서 위험이 생긴다는 사실은 잘 관찰해야 한다. 천태의 보살은 대중이 소비할 텍스트에서 글을 쓸 경우에 마르크스의 것과 같은 수사적 문구는 가정적 어구와 조건적 어구로 신중하게 둘러쳐야 한다. 만약 그대가 유태인을 이러저러한 의미로 쓴다면, 그 정의에 맞는 유일한 사람은 그대가 지금 유태인이라 부르는 사람들이 아니라 자본주의적 반유태주의자인 그대 자신이기 때문에 '유태인 문제'는 자본주의를 제거해야만 해결될 수 있다. 이것은 반유태주의에 대한 니체의 접근법 -즉, 반유태주의적 전제의 채택-에 좀 더 가깝지만, 그대가 의도한 의미에서 볼 때 진정한 '유태인'은 실제로는 그대, 반유태주의자 기독교도인 그대라는 단서가 붙는다. 물론 이 어느 것도 여기서 우리가 논의하고 있는 히틀러 문제에 직접 적용되지 않는다.

이 모든 경우에서처럼 그 경우에도 우리가 내세우는 이상적인 천태의 보살은, 히틀러 자신을 위해서 히틀러의 반유태주의를 은유화하려는 시도에서 곧잘 사용되는 사적인 의사 표현을 하지 않도록 신중해야 할 것이며, 대중이 소비하도록 내놓은 이론의 일반적 진술로 세울 수 있도록 특히 자기 발견적인 또는 설득력 있는 목적을 겨냥한 독특한 은유적 어구들을 사용해야 할 것이다. 아주 독특한 그 맥락에서 벗어나면, 그것들은 극도로 위험해질 수 있다. 따라서 어떻게든 일종의 **사명**을 실행하게 할 은밀한 위세가 그것들에 딸려 오는 것이 실효성을 거두기 위한 필요조건일 것이다. **불가능한** 자기-제한. "이 전언은 10초 후에 자동 파괴됩니다!" 또는 "읽은 뒤에 파괴하시오!" 도대체 이것이 어떻게 어떤 경우에나 성취될 수 있는가 하는 것은, 유감스럽게도 우리의 대담한 천태 보살이 직면한 또 다른 창의력 시험이다!

이제 또 다른 문제가 보인다. "히틀러를 어떻게 다루어야 했을까?"가 아니라, "이제 우리는 홀로코스트의 기억을 어떻게 다루어야 하는가?" 라는 아주 다른 물음이다. 이것은 완전히 다른 물음이고, 여기서도 나는 "가능한 대안들은 무엇인가?"라고 묻는 것으로 시작하고 싶다. 이 문제는 죽은 사람의 기억을 어떻게 다루어야 하는가, 일어났던 일에 대해 미래 세대들에게 어떻게 가르쳐야 하는가, 일어났던 사실에 대해 우리는 어떤 태도를 취해야 하는가 따위와 관련이 있을 듯하다. 왜냐하면 악에 대한 천태의 견해는 결단코 우리가 홀로코스트 희생자의 가족들에게, "징징대지 마라. 나쁘게 보일 수도 있겠지만, 참으로 너의 가족을 살해한 자는 훌륭한 결정타, 깨달음을 위한 설정이었다. 그러니 너는 진실로 그것에 대해 기뻐해야 한다"라고 말해야 한다는 뜻을 내포하지는 않을 것이기 때문이다.

여기서 우리는 전체-중심적 입장을 단일-중심적 입장과 구별해야 한다. 내가 아우구스티누스적 신정론神正論의 전형으로 보는 단일-중심적인 전체론적 입장에서는, 어떤 피해자에게나 "너에게는 나쁘게 보이겠지만, 너의 관점은 틀렸다. 진실은 전체를 보는 것, 신의 눈으로 보는 것이고, 그런 관점에서 보면 그 모든 것은 대단히, 참으로 대단히 선하며, 모두 기본 계획의 일부다"라고 말해도 정말로 합리적일 것이기 때문이다. 설정/결정타 모형의 요점은 각각의 관점이 다른 모든 관점의 결정타 구실을 한다는 것이지, 누구나 심지어 전체를 보거나 깨달은 자라도 특권을 갖게 되어서 그것으로 다른 어떤 관점을 단순한 설정으로, 단순한 착각으로 끌어내린다는 것이 아니다. 이것이야말로 천태의 방편론이 가진 추진력의 전부다.

그래서 "홀로코스트에 대해 무엇으로 속죄할 수 있는가?"라는 물음을 먼저 다룬다. 내 대답은 이렇다. "어떤 형태로든 그리고 어떤 정도로든, 수많은 것들을, 항상, 온갖 방법으로, 몇 번이고 거듭거듭. 예컨대, 텔레비전에서 히틀러 영화를 보고 그것이 막연히 재미있다는 것을 알게 되는 일. 이것은 저 특별한 심야 역사 채널의 시청자에게는 잠시나마 홀로코스트에 대해 '속죄하는' 일이다." 내가 이 점을 더 강조하려고 일부러 지나치게 사소한 경우를 선택하고 있는 것은 분명하지만, 그렇다고 해서 아주 우습게 여겨서 이런 예를 드는 것은 아니다. '속죄'라는 이 특별한 경험이 명백하게 전혀 최종적인 것이 아니고, 전혀 특권적인 것이 아니며, 반대되는 관점이나 수용소 희생자의 늘어난 공포를 어떻게든 근절하는 것도 전혀 아니라는 점을 말할 따름이다.

저 수용소 희생자의 비극은 지각 있는 경험의 미래를 거치는 내내 수백 만의 다른 관점들과 순간들을 위해서 필연적으로 평범해져서 재미있는 (영화) 장면들로 바뀐다. 이것들 각각은 다른 것에 대한 결정타이며, 정확히 이것이 그것들이 '상호 침투하는' 방식이다. 내가 주장하고 싶은 것은, 이것이 바로 그것이 존재하는 방식이며 다루어져야 하는 것이라는 점이다. 서로 혼합하고, 통합하고, 재통합하고, 활용하고, 재맥락화하는 모든 순간, 모든 관점. 도덕적 물음은 "우리는 이 사실을 어떻게 다루어야 하는가?"다. 그런 일이 일어난다는 사실을 부정하는 것은 도움이 되지 않는다. 히틀러 영화를 보며 킥킥대는 것은 홀로코스트를 재맥락화하는 한 가지 방법이고, 그것 자체가 더 많은 재맥락화에 영원히 열려 있다. 문제는 홀로코스트를 어떻게 속죄할 것인가가 아니다. 우리가 어떤 태도를 취하든 간에, 우리는 어떤 식으로든 그것을 '속죄하고 있기' 때문이다. 항상 불만족스럽게, 부분적으로, 편파적으로 하고 있지만 말이다.

우리가 "그것에 대한 속죄는 있을 수 없다. 그것은 순전히 악이며, 그것에 어떤 긍정적인 효과를 부여하려는 노력은 희생자들을 모욕하는 일이다. 우리가 할 수 있는 일은 그 일이 다시는 일어나지 않도록 확실히 하는 것뿐이다"라고 말할지라도, 이것 자체가 일어난 사실을 재맥락화하고 활용하며 구원하는 한 방법이며, 게다가 매우 빈약하고 불만족스런 속죄다. 그것은 과거에 대한 속죄가 있을 수 없다는 것이 아니라, 아무리 하찮고 덧없는 것일지라도 "어떤 가치들과 원하는 것들이 현재 순간에 영향력을 발휘하고 있는가" 하는 점에서 과거를 속죄하지 – 재맥락화하지 – 않을 수 없다는 것이다. 과거는 항상 현재에 의해 냉담하게 해체되며, 현재가 찾아낼 수 있는 온갖 용도로 착취당한다.

그런데 이제 우리 앞에 놓인 물음은 이것이다. 만약 천태적 의미에서 깨달음을 촉진하는 데 열중하는 천태종의 불교도라면, 가장 능숙하게 이용할 수 있는 재맥락화는 무엇일까? 홀로코스트가 일어났다는 사실을 가지고 우리가 무슨 제안을 하든, 우리는 다시 재맥락화의 문제를 안고 있다. 이 물음에 어떻게 대답할 것인지는 우리가 재맥락화를 통해 무엇을 성취하리라 기대하느냐에 달려 있다. 우리는 격렬한 분노를 최대한 정당화하고 싶은가? 우리는 어딘가로 책임을 전가할 수 있었으면 하는가? 우리는 우리 자신의 도덕적 우월성을 증명하고 싶은가? 우리는 이 사건을 어느 정도로 분개해서 말해야 하는지 확실히 하고 싶은가? 우리는 이 사건에 대한 순응, 이해, 공감대를 없애고 싶은가? 슬슬 달래면서 발뺌하는 형이상학을 제공하고 싶은가? 이 일이 일어났다는 사실을 감수하도록 하고 싶은가? 이 일이 일어났다는 사실을 감수하지 않도록 말리고 싶은가? 그 돌이킬 수 없는 고통에 대한 경의의 마음으로든 또는 밝은 면을 꾸며낸 웅장한 서사를 통해서든 희생자들을 달래고 싶은가, 아니면 둘 다인가, 그도 아니면 둘 다 아닌가? 그것에서 배우고 싶은가? 그것이 우리 자신을 포함한 인간의 다른 활동들과 어떻게 관련되는지 보고 싶은가? 그것이 우리 자신을 포함한 인간의 다른 활동들과 어떻게 관련되는지 보는 것을 피하고 싶은가? 그 일이 결코 다시 일어나지 않는다는 점을 확신하고 싶은가? 이 모든 것은 보살이 특정한 상황에서는 하고 싶어할 이유가 있는 그런 것들이다. 이런 기억을 어떻게 다루어야 하는지 그리고 미래 세대들에게 어떻게 제시해야 하는지는 어느 특정한 때에 어떤 목적이 우리 앞에 있느냐에 달려 있다.

그러나 필요한 것 가운데서 가장 논쟁의 여지가 적으면서 가장 자주 쓸 만한 것을 골라 보자. 그런 일이 다시는 일어나지 않는다는 것을 어떻게 확신할 수 있는가? 미래의 히틀러들을 우리가 어떻게 막을 수 있는가? 만약 우리가 빈 서판에서 시작하면서 파시즘, 대량 학살, 반유태주의 또는 어떤 형태의 이원론적 가치 따위와는 이전에 아무런 관련이 없던 세대를 교육한다면, 선과 악이 궁극적으로 불이不 二라고 하는 천태의 교리 교육 및 일반적인 대승의 교리 교육은 그런 관념이 일어나는 것을 막을 좋은 방법일 것이다. 선에 대한 집착이 가져올 해로운 결과들을 해체하는 이런 접근법은 천태 이전의 대승불교에서도 풍부하게 발견할 수 있으며, 천태의 불교도들이 빈 서판의 시나리오에서 예방 교육의 목적으로 채택할 가능성이 매우 높은 접근법이다. '선'의 이원론적 개념에 집착해서 악을 뿌리 뽑겠다는 욕망이 지난 세기에 가장 끔찍한 악들을 일으켰다는 것이 그 취지다. 이런 식의 정교하게 계획된 악들은 선의 어떤 개념에 광신적으로 몰입할 것을 요구하며, 적어도 사람이 추구하는 그 선-자유로운 유태인 세계, 사회주의적 이상향-은 그 반대의 것, 즉 우리가 없애려고 그토록 애쓰는 악들과 결코 상호 침투하지 않는다는 그런 개념을 전제로 한다. 지속적이고 체계적이며 목적 지향적인 노력을 가능하게 하는 세계에서 자아와 동일시된 '악'을 제거하려는 기획에 전념한 것이 도덕적 이원론인데, 이 이원론이 히틀러나 스탈린이 저지른 그런 심각한 악을 수행한다.

그들의 머릿속에 있는 그와 똑같은 관념 작용과 충동은 화면에서 깜빡거리는 빛처럼 때로는 선으로 때로는 악으로 보이는 것이지 선으로 짜여져 광적으로 고집할 어떤 것이 아니라고 한다면, 그러한 효과는 기대할 수 없을 것이다. 선과 악의 상호 배타성, 선과 악의 전쟁이라는 기존의 도식, '선'과 '악'에 대한 이런 새 정의를 끼워 넣을 도식의 (분명 그리스 기독교의) 상속이 없으면, 특정한 인종 집단이나 사회 계급은 악이라는 일시적인 생각은 애매함에 시달리다가 어정쩡한 통계적 우연성 때문에 곧바로 대체될 것이고, 그리하여 어느 쪽도 세계에서 중대한 결과를 일으킬 만큼 일관되게 지속적으로 유지되지 못한다. 절대자 안에 선과 악이 함께 내재해 있음을 이해한다면, '악'을 아무리 독특하게 또는 망상적으로 정의를 하든 간에 악의 요소들을 씻어 없앰으로써 세계를 구원하려는 시도는 더 이상 할 수 없게 된다. 왜냐하면 악의 요소들을 씻어 없애는 일은 결코 할 수 없다는 것이 명백해지기 때문이다.

불교의 일반적인 전제에서는, **집착**이 모든 악의 뿌리다. 이는 '선함'에 대한 집착도 악이라는 것을 의미한다. 다양한 종파들은 이런 집착하려는 경향의 뿌리를 공격하는 다양한 방법들을 갖고 있다. 예컨대 무집착이라는 순수하게 도덕적인 수양 또는 이론적인 불이론不二論 같은 것으로 집착의 개념적 전제들을 무너뜨린다. 그런데 모든 불교가 이런 관점을 약간씩 공유한다. 히틀러나 스탈린이 위험한 존재가 된 것은 그들이 악에 전념해서가 아니라 끈질기게 광적으로 '선'에 전념한 것, '선'에 집착한 것 때문이다.

그러나 빈 서판의 각본은 대부분 실제 삶에서는 결코 일어나지 않는다. 대개 사람들은 이미 특정 관념과 가치에 어느 정도 빠져서 거기에 전념하는데, 미리 설정된 이런 형태의 '전념'은 일반적으로 강하든 약하든 간에 이원론적 가치관의 형태를 띠므로 그렇게 쉽게 걷어내지 못한다. 만약 이러한 것들이 선한 이들의 파시즘적인 개념이나 집단 학살의 개념이 되어서 이미 확고하게 자리잡았다면, 그것들을 빼낼 더 효과적인 방법은 당연히 이런 '무집착'을, 또는 이런 '선들'이 그와 반대되는 것들과 어떻게 서로 관통하는지―'선'을 만들어낼 이런 노력들이 어떻게 '악들'을 초래하는지―에 대한 천태의 관념을 더 세련된 방식으로, 심지어 그들 자신의 가치 체계에 특유한 방식으로 교육하는 일일 것이다. 이것은 행여나 하게 될 걱정을 떨쳐내는 데 도움이 될 수 있다. 우리가 홀로코스트를 일으킨 악이 선이기도 함을 보여줌으로써 예비 히틀러가, "글쎄, 내가 계획하고 있는 일이 아주 사악하다고 해도, 미래에 천태교리를 내세워 이것을 정당화하면서 이 또한 참으로 선의 한 형태임을 증명해줄 녀석이 항상 있을 텐데, 그대로 계속 해나가도 되지 않겠나?"라고 생각하도록 우리가 조장할 것이라는 그런 걱정 말이다. 그러나 이런 걱정은 그런 노력에 동기를 부여하는 것이 무엇인지 오해한 데서 기인한다. 다시 말하지만, 히틀러는 자신이

하고 있는 일이 악이라고 생각하지 않는다. 그는 그것이 선이라고 생각한다. 그는 악을 반대하는 데에 느슨한 편이 아니지만, 그보다는 자신이 생각하는 선에 지나치게 광신적으로 전념한다. 선과 악이 둘이 아니라는 믿음은 그가 제시하는 악들—당연히 그는 선으로 간주하기 때문에 십중팔구 그에게는 조금도 없을 듯한 악들—에 대한 꺼림칙함을 없애는 기능을 하는 것이 아니라, **그 자신의 기준에 따르더라도** 그가 제안하는 것은 명백하게 선이다라는 그의 확신을 오히려 약화시키는 구실을 한다.

이제 우리는 누군가가 이렇게 생각하는 경우를 상상할 수도 있다. "이런, 나는 정말로 이런 일들—강간, 약탈, 학살—을 하고 싶지만, 자제해야 해! 이런 일들은 악이라는 걸 알고 있거든." 여기서 선과 악의 이분법에 대한 믿음은 악행에 대한 가장 강력한 보루처럼 보일 것이다. 그러나 다시 한 번 문제가 되는 것은 교리의 적용에 있어 철두철미함이 부족하다는 점이다. 그런 사람은 가치들의 한 덩이가 아니라 상충하는 두 개의 덩이다. 그는 어떤 의미에서는 강간하고 약탈하고 학살하는 것이 선하다—이는 그가 그것들을 하고 '싶어 하는' 데에 수반된다—고 믿고, 다른 의미에서는 그렇게 하지 않도록 삼가는 것이 선하다고 믿는다. 그가 이런 덩이들 가운데 하나에 적용하는 이분법적 가치관을 믿는다면, 다른 덩이에 대해서도 그것을 믿을 것이다. 물론 선과 악은 둘이 아니라는 교리가 두 번째 덩이에만 적용되고 첫 번째 덩이에는 적용되지 않는다면, 그것은 파멸적인 재앙이 될 것이다. 그러나 천태교학의 교육에서는 동일한 교리가 양쪽 덩이에 적용된다는 사실을 설정한다. 그 사람은 "살인을 삼가는 선을 행하는 일은 살인을 삼가지 않는 악과 참으로 다르지 않다"는 것뿐 아니라 "살인하는 선을 행하는 일은 살인하지 않는 악과 참으로 다르지 않다"는 것도 알게 될 것이다.

또다시 우리는 가능한 대안이 무엇인지 물어야 한다. 선과 악의 이분법을 유지하는 일은, 상충하는 가치들로 된 이런 덩이들의 한쪽이든 양쪽이든 간에 그 사람 안에서 그것들이 공존하는 일과 계속 충돌할 것이다. 만약 그러한 충돌은 그에게 고통을 주며 그런 고통을 피하려는 헛된 시도가 경솔하고 절망적인 갖가지 행동으로 이어질 수 있다는 전제를 우리가 받아들일 수 있다면, 이 길고 긴 그 자신과의 투쟁은 교착 상태를 타개하려는 헛된 시도로 말미암아 (한편으로는 자신과 남들의 독선적인 박해가 일어나고, 다른 한편으로는 반항적인 방종이 광란처럼 번갈아 일어나듯이) 이러저러한 악행들이 결국 일어나게 하는 가장 강력한 동기들 가운데 하나다. 니체가 말했듯이, 양심이라는 가시는 사람에게 찌르도록 가르친다.

천태의 도덕론에서는 가장 끔찍한 악들은 근절할 수 없고 모든 존재에서 절대적이고 불변하는 본성을 이루며 심지어 불성에도 충분히 그리고 영원히 존재한다고 주장하는데, 실망스럽게도 이는 우울하고 비관적으로 보일 수 있다. 그러나 다른 면에서는, 즉 이런 근절할 수 없는 악들을 활용할 수 있다는 점에서는 터무니없게도 낙관적으로 보일 수 있다. 그러나 여러 대안을 고려한 뒤에 우리는 그것에 대해 처칠이 민주주의에 대해 말한 것―즉 천태의 윤리는 다른 모든 것을 제외하더라도 홀로코스트에 대해서는 참으로 최악의 대응이라는 점―을 말하고 싶을지도 모른다. 히틀러, 과격한 인종 차별주의, 격렬한 대량

학살, 홀로코스트가 우리와 영원히 함께하며 현실적으로 결코 근절시
킬 수 없다는 사실을 알면, 낙담할 수 있다. 그렇지만 이 낙담은 "영원히
존재한다"가 천태의 맥락에서 의미하는 바를 오해한 데서 비롯된 것이
다. 홀로코스트는 "결코 다시는 안 된다"고 끊임없이 경계하며 말한다
는 것 자체가 그것이 영원히 존재한다는 뜻이고, 최상의 각본에서도
이것은 그러한 악들이 우리와 영원히 함께하는 형태일 것이다.

결론: 그토록 멀지만 그렇게 가까운

그러면, 천태사상가에게는 세상이 어떻게 보일까? 여기 지의가 자신의 걸작 『마하지관』에서 묘사한 구절이 있는데, 특별한 명상 수행을 통해 자신이 바라본 세계의 전체성을 요약한 형태로 보여주고 있다. 거기에서 제시된 것들 가운데 가장 직접적이고 간단명료한 것으로는 '일행삼매一行三昧'가 있다. 이 책에서 논의한 주요 관념들을 알맞게 요약한 최종판이라 할 수 있다.

> 지관止觀이란 이러하다. 꼿꼿이 앉아서 생각을 바르게 지니며, 잘못된 감각들을 덜어내고 어지러운 생각들을 없앤다. 어떤 것도 생각하지 않고 어떠한 형상이나 모습도 붙잡지 않은 채, 오롯이 법계 전체에 두루 마음을 두면서(계연법계繫緣法界)[1] 경험의 매순간

---

1 법계(法界, Dharmadhātu). 이것은 (모든 현상) 전체와 (변하지 않으면서 모든 실재의 토대이자 그 궁극적 진리로서 구실하는) 절대적인 것을 둘 다 암시하면서

이 법계와 완전히 같아지도록 한다(일념법계一念法界). 오롯이 법계에 두루 마음을 두는 계연繫緣을 지止라 하고, 매순간 법계와 완전히 같아지는 일념一念을 관觀이라 한다.

일체의 법이 모두 불성의 여러 양상들임을 믿으라. 그리하면, 어떤 것도 다른 것의 앞이라 할 것도 없고 뒤라 할 것도 없으며, 그것들 사이에 경계라 할 것도 더 이상 없다. 따라서 그것들을 알 사람도 없고 설할 사람도 없다. 만약 앎이 없고 설함도 없다면, 있음도 아니고 없음도 아니며, 알 것도 아니고 알지 못할 것도 아니다. 이 양극단을 떠나서 머물 데가 없는 데에만 머문다. 마치 모든 붓다가 편안한 곳, 적멸(寂滅, 열반)인 법계에 머무는 것처럼. 이 심오한 법을 듣더라도 놀라거나 두려워하지 말라. 이 법계는 보리菩提 곧 깨달음이라 하며, 불가사의한 경계라고도 하고, 반야(般若, 지혜)라고도 하며, 나지도 죽지도 않는 불생불멸不生不滅이라고도 한다. 이와 같이 일체의 법(현상)은 그 자체가 법계이며, 둘도 아니고 다름도 아니다. 둘도 아니고 다름도 아니라는 말을 듣더라도 의심하거나 미심쩍어 하지 말라.

이와 같이 관할 수 있다면, 여래의 열 가지 명호[십호十號]의 참된 의미]²를 관한다. 이렇게 여래를 관할 때, 여래를 여래로 여겨서는

모든 존재의 모든 경험 전체와 궁극적 실재를 의미한다. (경험 전체와 궁극적 실재) 이 둘은 여기서 동일한 것으로 보인다. 전체는 토대고, 토대는 전체다. '계界'라는 말은 한자를 꽤 문자 그대로 표현한 것 외에도 이런 양면성 −계에 포함되는 것들 전체 그리고 그 안의 모든 것들을 포함하는 것으로서 계 자체−도 암시한다.

2 한자 번역의 표준적인 의미에 따르면, 십호十號는 여래(如來, '그렇게 오신 분'),

안 된다. 여래라고 할 여래는 있지 않으며, 여래를 알 수 있는 여래지如來智도 있지 않다. 여래와 여래지에는 두 가지 형상이 없으니, 움직임의 형상도 없고 일으킴의 형상도 없다. 어떠한 곳에 있지도 않고, 어떠한 곳도 떠나지 않는다. 과거·현재·미래 삼세三世에 있지도 않고, 삼세 아닌 때에 있지도 않다. 두 형상도 아니고 두 형상 아님도 아니며, 더러운 형상도 아니고 깨끗한 형상도 아니다.

이렇게 여래를 관하는 일은 가장 희유한 일이니, 마치 허공에 아무런 잘못이 없는 것과 같다. 바른 마음을 늘여서 이어간다면, 고요한 물에 비친 자기 모습을 보는 것처럼 붓다의 모습을 보게 된다. 처음에는 이 한 붓다를 보고, 이어서 시방의 모든 붓다를 보는데, 아무런 신통력을 쓰지 않고도 가서 붓다를 본다. 오로지 이곳에 머물면서 모든 붓다를 보며 그들의 설법을 듣는다. 여실如實의 참뜻을 터득하면, 모든 중생을 위해 여래를 보겠지만 '여래'라는 명확한 형상은 얻지 못한다. 모든 중생을 교화해서 열반으로 나아가게 하지만 '열반'이라는 명확한 형상은 얻지 못한다. 모든 중생을 위해 더없이 장엄하지만 '장엄'이라는 명확한 형상은 보지 못한다. 명확한 형상도 없고 특성도 없으며 봄도 들음도 앎도 없어서 붓다조차 깨달아 얻지 못하니, 이야말로 희유한 일이다. 어째서 그러한가? 붓다가 곧 법계이기 때문이다. 법계로서 법계를 깨닫는다고

응공(應供, 일반적으로 아라한들에게도 붙는 이름), 정등각正等覺, 명행족明行足, 선서善逝, 세간해世間解, 무상사無上士, 조어장부調御丈夫, 천인사天人師, 불세존佛世尊 등이다.

한다면, 이는 무의미하게 다투는 말일 뿐이다. 깨달음도 없고 얻음도 없다. 중생의 모습을 모든 붓다의 모습으로 관하고, 중생의 세계가 모든 붓다의 세계만큼임을 관하라. 모든 붓다의 세계는 생각으로 헤아릴 수 없이 불가사의하고, 중생의 세계 또한 불가사의하다. 중생의 세계는 허공이 머무는 것처럼 머문다. 머물지 않는 법으로써, 무상無相의 법으로써 반야 안에 머문다.

범부의 법을 보지 못하는데, 어찌 버릴 수 있겠는가? 성인의 법을 보지 못하는데, 어찌 이룰 수 있겠는가? 생사와 열반, 더러움과 깨끗함 또한 이와 같다. 버리지도 않고 이루지도 않으면서 오로지 궁극의 실재에 머물 뿐이다. 이와 같이 중생을 참된 붓다의 법계로 관하라.

탐욕과 성냄과 어리석음 따위 모든 번뇌가 한결같이 적멸의 행위이고 흔들림이 없는 행위이며 생사의 법도 아니고 열반의 법도 아님을 관하라. 온갖 보는 일을 버리지 말고 함이 없음도 버리지 말고 붓다의 도를 닦으라. 그런 닦음은 도를 닦음도 아니고 도를 닦지 않음도 아니다. 이를 이름하여 '번뇌의 법계에 바르게 머문다'고 한다.

업의 무거움을 관하면, 오역(五逆, 어머니를 죽이고 아버지를 죽이고 아라한을 죽이고 승단의 화합을 깨고 붓다의 몸에서 피가 나게 하는 다섯 가지 죄)을 벗어나는 일이 없다. 오역이 바로 보리니, 보리와 오역은 둘이 아니다. 느낀다는 것도 없고 안다는 것도 없으며 분별한다는 것도 없다. 오역죄라는 형상도 실상이라는 형상도 모두 생각으로 헤아릴 수 없고 무너뜨릴 수도 없으니, 본래 본성이 없기 때문이다.

〔악하고 선한〕 모든 업과 인연 모두 궁극의 실재에 머물면서 오지도
않고 가지도 않으며 원인도 아니고 결과도 아니다. 이것이 업을
관한다는 것이니, 이는 곧 법계인法界印이다.[3] 법계인은 네 부류의
마구니가 무너뜨릴 수 없고 함부로 다룰 수도 없다. 왜 그러한가?
마구니들 자신들이 곧 법계인이기 때문이다. 어떻게 법계인이
법계인을 망가뜨릴 수 있겠는가?
이러한 뜻을 모든 법에 적용할 수 있다는 것 또한 이제 이해할
수 있다.[4]

고무적인 통찰이 돋보이며, 천태의 사유와 실천의 극치에 이른
사람에게 세계가 어떻게 보이는지를 잘 서술하고 있다. 이 책에 어울리
는 맺음말이 될 법하다. 가장 독특한 천태철학을 여기서 지의가 가장
직접적인 방식으로 내놓고 있다. 아래의 글은 그 일부다.

---

3 법계인法界印. 문자 그대로 '법계의 도장'이라는 뜻이다. 산스크리트로는 dharma-
dhātu-uddāna다. 불교적 맥락에서 이따금 쓰이는 '인印'은 특정한 표식을 의미
하는데, '삼법인(三法印, 예컨대 무아, 무상, 고)'에서처럼 표명된 가르침의 신빙성을
보증한다. 그래서 "진짜임을 보증함"과 같은 것이다. 보호용으로 쓰는 도장의
의미로, 또는 정부의 보호를 보증하는 당국이 찍은 도장—여권과 같은 것—의
의미로, 또는 무엇은 어떤 권한을 진정으로 대표하며 관련된 권한이 없으면
전혀 간섭받지 않는다는 보증의 의미로도 쓰인다. 그리하여 이 용어는 대중적인
설법에서 보호의 주문과 같은 것을 의미하게 되었다. 이 의미는 명백히 불멸성을
가리키는 구실을 한다. 여기에는 업과 마구니 둘 다 이유는 비록 다르지만 법계의
진정한, 양도할 수 없는 표현들이며 파괴할 수 없는 것들이라는 관념이 있다.
왜냐하면 각각은 전체이며, 전체는 전체를 파괴할 수 없기 때문이다.

4 지의, 『마하지관』(T46, 11b-12a).

1. 경험의 매순간은, 가능한 모든 내용의 광대한 전체이면서 이런 내용들을 함유하고 생성하는 토대로서 모든 존재의 전체와 동일하다.

2. 모든 것들은 서로 똑같지도 않고 다르지도 않다.

3. 아는 이와 앎의 대상은 분리할 수 없는데, 그것이 확실하게 알 가능성을 약화시킨다.

4. 이 앎-아닌 것(非知)은 부정의 부정 형식으로 그 자체를 약화시키고, 그래서 사물들은 알 수 없는 것이라는 사실이 확실히 알려져 있지 않은 채 어떤 완전한 앎으로 가는 길을 다시 열어준다.

5. 만물은 불성의 모습들이지만 동시에 아무렇게나 선택된 어떤 특성의 모습들이기도 하다.

6. 어떠한 경우든 명확한 확정성은 정말로 다른 어떤 것과 대비될 필요가 있지만, 모든 관계는 사실상 전체와 전체의 불가피하면서도 불가능한 관계다. 이것이 붓다는 진리를 깨달을 수 없다(전체는 전체를 깨달을 수 없다)고, 또 마구니는 진리를 망가뜨릴 수 없으며 진리에 의해 망가질 수도 없다고 말하지 않을 수 없는 이유다. 그뿐 아니라 악업과 번뇌가 깨달음을 방해할 수 없다(전체가 전체를 방해할 수 없다)고, 깨달음은 악업과 번뇌를 제거하거나 초월할 수 없다(전체는 전체를 제거하거나 초월할 수 없다)고 말하지 않을 수 없다. 그러하니, 미혹된 중생이 붓다이며 붓다가 미혹된 중생이다.

어떤 의미에서 이 '일행삼매—行三昧'는 하나의 단순한 믿음을 신중하게 지속적으로 재언명하는 것일 뿐이다. "모든 경험은 예외 없이 불법이라는 것을 믿으라."〔문자 그대로 풀면 이렇다. "모든 법은 붓다의 법이라는 것을 믿으라."(信一切法是佛法)〕처음에 이 말을 들으면, 꽤 익숙한 범신론적 관념이나, 힌두교식 표현("브라흐만은 모든 것이다"), 도교식 표현("도는 만물이다") 그리고 어떤 의미로는 일신교적 표현("신은 모든 곳에 존재한다") 등에서도 단언한 것과 비슷하게 "지고한 존재는 편재한다"는 주장처럼 느껴질 수 있다. 그러나 중요한 점은, 여기에 존재하고 있는 것이 "모든 것은 어떤 의미에서는 신성하다"라거나 "모든 것은 신의 뜻이다"라는 믿음, 심지어 "만물 자체가 거룩한 절대자의 양도할 수 없는 모습들이다"라는 더 철저한 범신론적 믿음과는 아주 다른 어떤 것이라는 사실이다. 주요한 차이점은 사람의 미혹된 욕망과 의지(천태철학에서는 이것들 또한 절대적인 것에 포함된다)의 역할, 망상(이 또한 절대적인 것에 포함된다)의 역할과 지고한 것의 정의(목적론이나 본질의 문제가 아니다) 등에 있다. 왜냐하면 "모든 것은 신성하다"고 주장하는 교리에서 '신성한'은 대체로 **"최고의 지성에 의해 계획된"**을 의미하고,[5] 한편 '모든 것'은 대체로 **"망상이 아니라 실재하는 모든 것"**[6] 그리고 **"복종하지 않는 인간 의지 또는 부정확한 인간의 인식**

---

5 사물들이 '신성하다'는 말은 많은 것을 의미할 수 있다. 가령, 확실히 그것들은 무엇이고 다른 것이 아니라고 지고한 권위에 의해 규정된다는 것을, 완벽한 능력을 가진 어떤 완벽한 의식이 특정한 기능을 실행하도록, 어떤 면에서는 신의 계획이나 의도를 수행하도록 그것들을 의도적으로 창조한다는 것을 의미할 수 있다. 또는 미혹된 마음이나 감각이 일반적으로 경험하는 다양성과는 완전히 다른 '본래의 통일성'으로 그것들이 환원될 수 있다는 것을 의미할 수도 있다.

6 이러한 주장들은 더 높은 원천을 갖는 것과 관련이 있어 보이는데, 여기서 '더

작용을 포함하지 않는"을 의미할 뿐이기 때문이다.

　그와 대조적으로, "모든 법은 붓다의 법이다"는 말은 경험의 모든 양상이 예외 없이 ― 모든 의지, 느낌, 인지를 포함하면서 그리고 현상(相)/본체(體)라는 이분법을 통한 어떠한 제외 조항 없이 ― 붓다의 완전한 깨달음이라는 경험의 양상들이라는 것을 의미한다. 물론, '붓다'는 "의도적으로 미리 짜놓은 계획을 이루기 위해 세계를 창조하고 결정하는 완전히 전능한 존재"를 의미하지 않는다. 천태교학의 맥락에서 붓다는, "모든 것을 관통하는 삼제三諦를 깨달아서 모든 확정적인 사물을 조건적이면서 무조건적인 것으로 보고 자비롭게도 다른 모든 존재를 자유롭게 해줌으로써 그 자신이 마주칠 어떤 대상들에나 내재해 있는 괴로움으로부터, 또 있음직한 모든 확정적인 존재의 조건성으로부터 자유로우며, 이제 동일한 방식으로 그 자신과 다른 이들이 서로 둘이 아닌 존재로 보이는 누군가"를 의미한다. 따라서 "만물은 불성이 한 양상이다"라고 말하는 것은 만물이 특정한 목적을 수행하기 위해 창조되었다는 주장, 어떤 계획에 종속되거나 의도적으로 만들어진 전체의 일부가 되기 위해 창조되었다는 주장, 또는 사물들의 드러난 모습과는 달리 그 너머에 그리고 깊이 숨어 있는 형이상학적 본질로 일방적으로 환원되기 위해 창조되었다는 주장 따위와는 아무런 관련이 없다. 그와 반대로, 우리가 논의해 온 의미에서 그것은 삼제가 예외 없이 상호 침투한 결과로서 드러난 모든 개별적인 순간에 대한 절대적 주권을 의미한다. 아무리 미혹된 중생에게라도 말이다.

　높은'은 정말 존재론적이고 인식론적인 위계 ― 어떤 실체들은 다른 것들보다 더 실재적이고 더 본질적이며 더 귀중하고 더 강력하다 ― 를 전제로 한다.

다시 말해서, "불성은 어디에나 존재한다"는 주장은 다른 모든 성질과 본질이 동시에 서로 어디에나 존재한다는 주장 그 이상도 이하도 아니다. "모든 것이 붓다다"는 "모든 것이 물질이다, 모든 것이 잔이다, 모든 것이 흘끗 본 이 장막이다, 모든 것이 신성하다, 모든 것이 악이다" 따위 무한히 많은 의미를 갖는다. 상상할 수 있는 지고한 가치를 구체화하기 위해 변화되거나 향상될 필요가 없다는 의미에서 이것은 "모든 것은 완전하다"라는 의미다. 왜냐하면 불교에서 참된 가치는 괴로움의 소멸이고, 이는 무조건성을 의미하며 어디에나 존재함을 의미하기 때문이다. 이것은 또 모든 것이 신성하다거나 신의 뜻이라거나 신 그분의 현현이라고 하는 특히 철저한 신앙에서 그러하듯이 (그러나 여기서는 문자 그대로 궁극적인 것과 실재인 것, 즉 넘을 수 없고 불가피한 현재라는 의미에서) 각각의 사물은 오로지 '궁극적 실재'라 부를 수 있는 것의 온전한 현현이기 때문에 존재한다는 의미이기도 하다.

그러나 실제로는 이런 신 중심의 주장 가운데 어떤 것도 "세계는 완벽하다"는 그 진술을 관철하지 못한다. 그 주장들은 결국 대다수의 인간 의지와 인식은 삿됨과 미혹, 불순종에 빠져 있어서 신성한 것에서 또는 신이 의도한 것에서 배제된다고 단언한다. 또는 많은 범신론에서처럼 현상/본체 이분법은 범신론자의 공식―실재하는 모든 것은 신의 한 모습이지만, 부정되거나 파멸될 예정인 것은 무엇이든 '사실성'의 범주에서 간단히 배제되고 그 대신에 '망상'의 범주에 귀속된다는 공식―에 함축된 예외 없는 확언을 무효화하는 데 쓰인다. 그것은 신이 아니기 때문에, 실제로 거기에 있지 않기 때문에 확실히 말할 수 없다. 모든 존재에

478

대해 확언은 할 수 있지만 끝까지 밀고 나가지는 못한다. 오히려
그 확언은 그런 믿음들이 이념적 조작을 위한 보루로 이용되도록
만든다.[7] 삼제는 정확히 이 두 가지, 즉 한 상태가 다른 어떤 상태에

---

[7] 세계의 여러 종교들과 신비주의 철학들을 개관해 보면, 많은 것들 안에 단일한
어떤 것이 내재하거나 편재한다는 그런 주장을 하는 다양한 교리들이 있음이,
경험한 세계의 다양성을 거룩하거나 신적이거나 궁극적이라고 주장되는 단일한
어떤 실체로 그러모으는 또는 우리가 경험하는 다양한 사물들 안에 있는 이
신성의 존재를 가리키는 몇 가지 방식들이 있음이 드러난다. 이런 주장들은
"모든 법은 불성이다"라는 천태의 단언과 적어도 겉보기에는 비슷해 보인다.
가령, 신은 어디에나 계신다, 모든 것은 신 '안에' 있다, 심지어 어떤 의미로는
모든 것은 신'이다,' 또는 모든 사람은 신적인 것의 부분이다, 성령은 어디에나
있다, 그대가 바로 그분이다, 아트만이 브라흐만이다 따위가 우리가 생각해볼
수 있는 주장들이다.

말이 난 김에, 그럼에도 이런 교리들의 심리적인 그리고 사회적인 함의가 이
모든 주장들에서 근본적으로 다른 두 가지 매개 변수와 비례해서 얼마나 달라지는
지 지적할 만하다. 우리가 던져야 할 첫 번째 물음은, 무엇이 내재하는가다.
만물에 퍼져 있거나 존재한다고 하는 이 무엇은 무엇인가? 단일성 또는 신성이라
추정되는 것의 본질은 무엇이며, 그 구조와 내용은 무엇인가? 이 모든 조항들은
매우 다른 구조적 함의를 가진 아주 다른 개념을 필요로 하기 때문이다. 그
정확한 의미라는 면에서 보자면, '신'은 '절대자'와 똑같지 않고, 그 '절대자'는
'불성'과 똑같지 않으며, 그 '불성'은 '마음'과 똑같지 않고, 그 '마음'은 '존재'와
똑같지 않은데, 이 용어들 각각은 다양성과 타자성에 대한 다른 종류의 관계(창조자
/창조된, 또는 아는 자/알려진, 또는 원천/발산, 또는 보편적인/구체적인 예시, 또는
원료/완성된 형태 따위)를 암시한다. 두 번째 물음은 널리 퍼져서 내재되어 있는
그 범위다. 무언가가 '어디에나' 있다고 하는 주장이 결국 어떤 한정된 의미에서
철저한 편재를 또는 단지 편재와 유사한 것을 의미하느냐 어떠냐에 따라 결론은
매우 달라지는 것 같다. 검토해 보면, 후자는 존재의 한 부분 집합에만 사로잡힌
명확히 한정된 존재의 어떤 범위 내에 신성하다고 할 실체가 공존한다는 것에

지나지 않게 되고, 그렇기에 다른 집단이나 존재들에 대한 한 집단이나 존재 양상의 편견을 강화하는 것으로-따라서 진짜로 편재한다는 결과와 정반대인 것으로- 끝이 난다.

검토해 보면, 거룩한 '단일성'의 현존은 모든 양상들이 아니라 존재하는 모든 것의 특정한 양상(예를 들어, 그것들의 물질이 아니고 바로 그것들의 형태)에, 또는 존재하는 모든 것이 아니라 존재하는 것들 가운데서 더 작은 하위 집단(무정물이 아닌 유정물, 또는 다른 동물이 아닌 오로지 인간)에, 또는 모든 인간이 아니라 인간 가운데서 더 작은 어떤 하위 집단(대체로 특정한 공동체의 구성원들이나 특정한 믿음을 가진 교수, 또는 특정 의례의 집행자들, 종교적인 내집단)에, 또는 그런 사람들 각각으로 이루어진 전체가 아니라 그 하위 집단의 구성원들을 이루는 부분들(대개 그 몸들이 아닌 그 심리적·정신적 양상들, 또는 그 욕정과 자유의지, 악의, 불복종 등과 반대되는 이성이나 복종, 신앙, 선 등과 같은 심리적 양상들의 하위 단위들)에 한정되는 것으로 드러난다.

이렇게 제시된 '단일성'이나 신성의 범위에 대한 물음에 주의를 기울여야 심각한 오해를 막을 수 있다. 예를 들면, 사도 바울의 서간들에 나타나는 '그리스도의 몸'이라는 교리를 이런 관점에서 고찰할 수 있다. 우리는 거기에서, 모든 신자는 그리스도의 바로 그 몸을, 한 몸의 일부를 이룬다는 점을 암시하는 고도로 희석된 형태인 유사-범신론적 정서를 확인할 수 있다. 이 신자들 각자는 신적인 인물의 활동을 공유한다. 각자는 그나 그녀의 영혼 안에서 고통을 받고 죽게 (즉, 죄를 지어 죽고, 육신으로 죽게) 되어 있으며, 그 때문에 그리스도의 수난에 참여하고 그와 영광을 함께하며 부활하게 될 것을 기대한다. 어떤 의미에서 이것은 모든 신자들이 바로 그리스도의 몸 바로 그것이라고, 우리가 신으로 이루어져 있다고 말하는 것이어서 마치 내재하는 관계나 신과 사람의 합일처럼 들린다. 그러나 우리는 그리스도의 (몸 전체나 그리스도 자신인 이 몸의 머리라기보다는) '몸'의 '일부'일 뿐이라는 사실, 어떤 생물의 몸도 머리와 분리될 수 없고 머리는 사용하는 도구이며 머리에 복종해야 한다는 구조적 전제에서 우리는 그 머리에 대단히 종속된 '몸'의 '일부'일 뿐이라는 사실이 드러난다.

그것은 편재한다고 진술되는 것의 본질 때문에 편재를 제한하는 것인데, 이는 공존을 주장함에도 종속과 복종이라는 어떤 은유적인 구조를 만들어낸다. 그런데 범위에 따른 제한은 훨씬 더 두드러진다. 비신자들과 사람 아닌 모든 생물은 이 신성한 몸에 전혀 참여하지 못한다. 게다가 완전히 그리스도의 손발로 여겨지는 신자들에게조차 그것은 이 내재해 있으면서 두루 퍼져 있는 신성에 실제로 참여하는 그 자아들의 어떤 한 양상일 뿐이다. 정확히 말하면, 그리스도화한 그 자신의 영혼일 뿐이며, 소우주의 차원에서 재연되는 구원의 드라마에 참여하는 자신의 그 모습일 뿐이다. 이는 자신의 한 측면(죄, 욕정, 고집, 이기심, 불복종)을 끊임없이 십자가형에 처하고 희생시켜 다른 면, 신성한 면을 영광스럽게 하며 부활시키려는 것이다. 자기 희생의 고통 그리고 거기서 비롯되는 영적 부활을 통해 신성한 일에 참여하게 되지만, 모든 비신자들과 사람 아닌 동물들 및 사물들의 경험 그리고 신자들의 육신과 삿된 정욕을 모두 포함하는 경험의 다른 모든 양상들은 이런 신성과의 합일에서 배제된다.

만약 우리에게 신비적인 성향이 있다면, 여기에 약간의 미끼와 전환이 있음을 느낄 수 있다. 신성과의 진정한 합일이라는 매력적인 것을 어떻게 우리 눈앞에서 대롱거리며 내보이다가 순식간에 낚아채 가버리는지 우리는 안다. 창조자와 창조된 것 사이의, 내부자와 외부자 사이(말하자면, 신과 사람 사이 그리고 유대인과 그리스인 사이)의 명백한 불이二, 이런 명백한 내재론과 불이론은 사실상 정반대의 목적으로 이끄는 수단일 따름이다. 단일은 분열을 달성하기 위해 이용되고, 참여는 종속을 만들어내려고 이용된다. 반이원론자의 미사여구 같은 냄새가 나는 이런 명백한 포용성과 보편성의 결과는 이원론과 배타주의의 토대를 허무는 것이 아니라 오히려 그것의 급격한 악화라는 것, 즉 정신과 물질 사이의, 독실함과 불경스러움 사이의, 신자와 비신자 사이의 절대적이고 존재론적으로 좁혀질 수 없는 이원론인 것으로 드러난다. **분열을 달성하기 위한 수단으로서 단일이라는 수사적 표현**은 대개 일신론과는 뚜렷이 구별될 것인데, 그로부터 문화와 이론의 다른 차원들(아래의 주석 9를 보라)에도 퍼져 나갔다. 이런 요인들에 주의를 기울이는 일은, '신성'이나 '궁극적인 것' 또는 '절대자'의 내재라는 교리를 고찰할 때 가장 중요한 것이 무엇인지를, 즉 이 원리에는 어떤 구체적인 내용이 담겨 있는가와 그것이 얼마나 한정되어 있는가—다시 말해서, 그것이 예외 없는 진정한 편재에 전적으로 종속되는 것-따라서 모든 목적론-과 어떤 최종적인 현상/본체나 진실/거짓의 이분법에 대한 거부다.

만물을 불성이라는 상태의 구성적 측면으로 보는 일은 깨달은 붓다의 눈으로 일체의 법을 보기, 붓다가 보는 것처럼 (자신을 포함해) 세계를 보기, 모든 경험을 붓다 자신이 경험한 것의 여러 양상들로 보기 따위의 사고 실험을 신중하게 수행하는 것, 바로 그것을 의미한다. 그러나 붓다는 만물을 불성이 무한히 다채롭고 다양하게 현현한 것으로 본다. 붓다가 사람을 보는 것처럼 그렇게 자신을 보는 일은 불성의 한 모습으로 자신을 보는 일이고, 법계와 동일한 경험으로 자신을 보는 일이다. 가정하자면, 붓다는 삼제를 통해 만물이 불이不二임을 본다. 그의 경험은 안쪽 대 바깥쪽, 자아 대 타자, 지금 대 그때 따위가 전혀 없는 그런 것이다. 그런 식으로 붓다는 만물을 자기 자신의 여러 양상들로, 경험한 불성의 여러 양상들로, 자신의 몸으로-그러나 확실하게 내적이거나 확실하게 외적인 것은 전혀 없는, 본질적으로 그저 한 덩이의 경험으로, 한 덩이의 특성으로 포용할 수 없는 하나의 자아, 하나의 불성, 하나의 몸으로- 본다.

붓다는 그대의 현재 경험들 전부를 포함해서 만물을 불성과 뗄 수 없는 것으로, 불성과 상호 포섭하는 것으로, 불성이 가득한 것으로 본다. 불성이 가득하다는 것은 삼천세계三千世界에 두루 스며들어 있음을, 매순간마다 상호 포섭하고 있어서 한정할 수 있는 이전이나 이후가 전혀 없음을, 붓다 자신과 그대 자신 사이에 또는 그대의

얼마나 가까이 다가가는가-를 아는 데 도움이 된다.

탐욕·성냄·미혹이 일어나는 특정한 순간과 그가 경험하는 법열과 영원성 사이에 명확한 경계가 전혀 없음을 의미하기도 한다. 붓다는 그대의 탐욕, 성냄, 미혹을 중제中諦로 경험하며, 그 자신의 상태인 법열과 지혜와 영원성을 포함해 온 우주를 포괄하는 것으로 경험한다.

그러므로 이런 '믿음'은 단지, 자기 자신을 실현할 수 없는 이상이나 허구라고 가정하거나 기껏해야 자신의 실재성에 대한 생각을 일시적으로 품는 존재라고 가정하는 사고 실험조차도 법계—그 자신과 동일한 것이기도 한 법계—의 완전한 표현이 되는 사람에게 세계가 어떻게 보이는지를 상상하는 사고 실험을 의미한다. 그것은 사고 실험과 확인된 현실을 구분하지 않는 누군가에게 세계가 어떻게 보이는지에 대한 사고 실험인데, 그에게는 사고 실험에서 가정한 어떤 내용의 현존이 바로 삼계와 동일하고 과거, 현재, 미래의 모든 존재로부터 지울 수 없는 것이다. '일행삼매'는 조용히 앉아서 계속 이에 대해 생각하는 일에 지나지 않는다. 그것은 각각의 생각이 함께하는 온갖 경험의 나눌 수 없는 전체를 생각하거나 단순히 하나의 신앙 행위로 생각하는 것이며, 시험 삼아 붓다 같은 존재의 가능성을 상상하는 자신의 현재 활동을 붓다의 활동 자체로—두루 존재하며 영원한 그런 것으로— 보는 그런 붓다가 된다는 것이 무슨 의미인지를 생각하거나 마음에 떠올리는 일이다.

전통적인 천태종은 하나의 문화 기관으로서 다수의 (의례적, 명상적, 철학적) 수행법을 제공해 이런 이상을 아주 생생하게 경험하도록 의도적으로 유도한다. 대부분의 현대인에게는 소름 끼치도록 터무니없는 것처럼 느껴질지도 모를 수행법도 있다. 예컨대, 위에서 인용한

저 변형되어 나타난 광경이 어떠한지에 대한 집요한 묘사는 특정한
의례적 수행의 일부인데, 거기에서 이 경험은 의식意識을 미친듯이
과도하게 스스로 조절하는 듯 보이는 것 ─ 고문처럼 끔찍하고 혹독한
명상 수행인 '끊임없는 가부좌' ─ 의 일부로 신중하게 유도된다. 이 수행은
계속해서 잠을 자지 않고 다른 사람과 접촉하지도 않으면서 90일
동안 오로지 이 명상을 계속 이어간다. 그때는 특정한 붓다가 있으리라
믿어지는 우주의 어떤 곳을 향해 앉기도 하고, 마음이 흐트러지거나
피곤해질 때 깨어 있으려 하거나 의지를 굳건히 하기 위해 그 붓다의
명호를 때때로 외기도 하는데, 그러는 동안에 앞서 서술한 것처럼
의도적으로 그 마음만 오롯이 들여다보아야 한다. 그렇게 한결같은
마음을 지녀야 하는 빡빡한 과정은 거의 미칠 정도로 자신을 괴롭히는
수단처럼 보이므로 실제로 그런 수행을 기꺼이 하겠다는 사람은 거의
없는 것 같다. 사실 천태의 전통에서도 그것이 심각한 압박을 통해서
마음을 의도적으로 조절하는 것임을, 영적 경험으로 자신을 유도하는
것임을 확실히 인정했다.

버트란드 러셀은 「신비주의」라는 논문에서, "과학적 관점에서는
조금 먹으면서 천국을 보는 사람과 많이 마시면서 뱀들을 보는 사람을
판별할 수 없다. 각자 비정상적인 신체적 상태에 있고, 그러므로 비정
상적인 지각을 한다"[8]라고 하였다. 만약 논쟁의 여지가 있는 '비정상적
인' 대신에 좀 중립적인 '특이한'이라는 말로 바꾸고 또 인과를 나타내는
'그러므로' 대신에 단지 상호 의존 관계를 나타내는 '동시에'라는 말로

─────────
8 Bertrand Russell, "Mysticism," *Religion and Science*(Oxford: Oxford University
Press, 1935), 188.

바꾼다면, 자신이 본 환영에 대해 스스로 인지하는 천태식 설명에도 그와 유사한 진술을 적용할 수 있다. 물론 러셀의 발언을 축소하고 부정할 뜻은 없이, 그리고 이런 고려 사항이 어떻게든 그 타당성을 약화시키거나 논파한다는 암시에 맞설 증거가 되는 이점을 부가하면서 적용해야겠지만.

『마하지관』의 독자들은 지의가 자신이 묘사한 종교적이고 철학적인 환영의 '실재성'에 대해 갖는 이런 의문을 무신경하게 다루고 있는 데에 때때로 충격을 받지만, 이런 느슨한 접근은 무엇이 실재성**이다**라는 것에 대한 자신의 주장을 적용할 때 얼마나 엄밀하게 일관되고 철저한지를 보여주는 하나의 사례일 뿐이다. 지의가 신경 쓰는 그런 실재성-있을 수 있다고 그가 인정하는 유일한 것-은 그 자체의 환상과 동연적(同延的, 같은 시간과 같은 공간을 차지함)인 어떤 것이기 때문에 여기서 걱정할 일은 전혀 없다. 가령, 위에서 인용한 구절에 이어서 시방의 붓다들에 대한 정교하고 신비적인 환영들 그리고 이런 환영들과 함께 오는 깨달음의 터무니없는 다른 차원들을 묘사한 뒤, 그는 태연하게 이렇게 말한다.

모든 법은 전혀 뿌리가 없고 근본적으로 존재하지 않으니, 그것은 얻었다고 기뻐하다가 깨어난 뒤에 헛되이 찾아다니는 꿈속의 칠보 七寶와 같다. 우리가 붓다를 떠올리는 일도 이와 같다. 이는 또 사위성舍衛城에 사는 수문須門이라는 여인과 같다. 사내들은 그녀에 대해 듣기만 해도 즐거웠고, 밤이면 그녀와 정사를 나누는 꿈을 꾸었다. 깨어나 생각해 보면, 그녀는 나에게 오지 않았고 나는 그녀에게 가지 않았는데도 그 즐거움은 아주 뚜렷했다. 붓다를 떠올리는 일도 이와 꼭 같다. 마치 굶주리고 목이 마른 채 넓은 늪지를 지나가던 어떤 사람과 같다. 그는 꿈속에서 맛있는 음식을 먹었으나, 깨어나 보니 여전히 뱃속은 비어 있었다. 그때 그는 모든 법은 이렇게 꿈과 같다는 생각을 스스로 했다. 이것이 바로 우리가 붓다를 떠올리는 방식이다.[9]

지의에게 명상 속에서 환영을 보는 이런 경험들은 그 자체가 보상이고 그 자체가 목적이며 그 자체가 현시顯示를 스스로 입증하면서 **스스로 논파하는** 것이다. 정말로 **각별히** 공하고 실재하지 않는 것으로 나중에 보일지라도 말이다.

천태교학에서는 자기 반박(self-refutation)이 자기 입증(self-verification)만큼이나 중요하다. 왜냐하면 그 둘은 똑같은 것의 서로 다른 양상, 동전의 양면이며, 그것이 정확히 삼제의 핵심 개념이기 때문이다. 사실로 여겨지는 어떤 명확한 경험도 천태교학에서는 부정되어야 하며, 그 반대의 경우도 마찬가지이기 때문이다. 공空과 가假의 동시적인 상호 포섭, 부정으로 가정하는 것과 가정으로 부정하는 것의 상호 포섭이 바로 중中이다. 명상 속의 환영들은 철학적 관념에 대한 것이든, 깨달음의 빛나는 우주에 대한 것이든, 시방의 붓다들이 현존하는 것에 대한 것이든 간에 다른 어떠한 경험과도 다르지 않다. '원인들과 조건들로 말미암은' 경험 말이다. 이런 조건들은 다음과 같은 것에

---

9 지의, 『마하지관』(T46, 12c).

불과할 수 있다. (1) 특정한 형태의 신경계를 갖는 일, (2) 그런 신경계가 어떤 책이나 누군가의 연설에서 마주친 어떤 관념들과 접촉하는 일, (3) 엄격한 의례의 실천에 놓인, 압박과 결핍의 상태에 놓인, 극도의 고통이나 피로나 절망에 놓인 몸의 특이한 상태와 같은 것. 다른 것과 마찬가지로 우주에 대한 이런 환영은 구체적이고 우발적인 원인들과 조건들의 산물이다. 그것이 바로 '조건적이다'라는 것이 의미하는 바이며, 불교도들이 주장하는 "명확한 것으로서 존재한다"는 것이 의미하는 바다. 그렇지만 결국 "이런 식으로 조건적인 것은 임시로 놓여진 것이다"라고 천태교학에서는 말한다. 임시로 놓여진 것은 공인 것이다. 공인 것은 중도가 된다. 중도가 되는 것은 어디에서나 똑같이 상호교섭하면서 존재하는 것이다.

이것은 지의가 제시한 그 유일한 방식과는 거리가 멀다. 사실 그는 자신의 걸작 『마하지관』에서 깜짝 놀랄 정도로 우리 앞에 이 환영 전체를 펼쳐 놓은 뒤, 천여 쪽에 걸쳐서 다른 모든 상태들에 대한 명상—정확히 그 부재 속에 있는 그 현존의 여러 양상들과 상태들 그리고 반대의 현시들—을 통해 우리를 데리고 가는데, 그때 전체성과 상호포섭을 이렇게 어렴풋이 보게 된다. 이렇게 천태의 우주를 미리 보는 일은 이제 우리가 경험하게 될 다른 모든 마음의 상태들—끈질기게 일어나는 삿된 마음, 흐트러짐, 옹졸함, 질병, 편애, 그릇된 견해, 마구니 같은 현상, 고통, 욕정 그리고 전체를 보지 못하게 하는 온갖 유형의 상태들—을 숙고하는 데에 영향을 끼칠 수 있다.

대부분의 우리가 이런 기본 가정에서 느끼는 점은, 심하게 자신을 조절해서 이 복된 환영으로 이끌려고 노력해도 고작 이따금씩 떠듬떠

듬 성공하는 정도에서 그치지 않을까 하는 것이다. 우리는 정말로 꽉 막힌 상태에 놓이게 되며, 천태를 만나기 전에 우리가 갖고 있던 사고방식과 반–천태적인 습관적 사고방식이 대체로 너무 강력해서 이런 환영을 터무니없는 몽상이 아닌 것으로 보지 못하게 한다. 지의의 반응은 완전히 일관된다. "그럼, 할 수 없지!" 이런 실패, 깨달음 부족, 성에 차지 않는 어중간한 경험의 지속적인 발생, 심지어 실패할 것만 같은 낌새, 이런 것들 또한 모든 법의 불가분한 전체의 일부이며, 따라서 그 자체가 통째로 존재의 전부이기도 하다. 이런 실패는 홀끗 본 상호 포섭의 진리로도 방해할 수 없고 예방할 수 없다. 왜냐하면 전체가 전체를 방해할 수 없기 때문이다.

그대가 다른 제한적인 생각이나 불만스런 생각 또는 삿된 생각에 빠지듯이, 단순히 말해서 조건으로 작용할 다른 생각에 빠지듯이 거기에도 푹 빠져라. 그것은 바로 임시로 존재하는 가假라고 할 제한, 저 조건성이기 때문이다. 그것은 그 공이고, 그 편재이며, 그 절대성이고, 모든 존재의 그 포괄성이니, 이는 그것이 그것들에서 분리되어 있음을 찾아낼 수 없기 때문이다. 이런 무지몽매한 상태들 또한 방편이다. 법계와 전적으로 동일한 방편이고, 법계에서 떼놓을 수 없는 방편이며, 법계로 이끄는 방편이고, 또 자신을 위해 그리고 모든 중생을 위해 나아갈 발판으로서 방편이다.

이렇게 덜 고무적인 모든 상태에 접근하기 위한 방법론에서 핵심적인 것은 앞서 서술한 '주의의 자각'이라는 수행이다. 이 수행은 의식의 대상이 무엇이든 간에 의례적 정좌를 필요로 하지 않으며 언제 어느 곳에서든 적용할 수 있다. 이는 마치 지의가 전통적인 의례형의 수행을 처음 마련한 뒤에 그 형태가 실패하자 우리가 수행의 본질을 파헤치고 덜 까다로운 환경에서도 적용할 수 있다는 점을 은연중 인정하면서 그렇게 할 수 있는 수백 가지 다른 방법들을 제시하는 것 같다. 충분히 실험해 본 뒤에는 우리 경험을 근본적으로 또 영원히 변화시킬 수 있는 그런 방법들을 찾아낼 수 있을 것이다. 참으로 지의는 무슨 방법이든 가장 우리 마음에 드는 것을, 각자의 성향에 잘 맞고 가장 수월한 것을, 가장 손쉽게 '들어갈' 수 있는 것을 채택하라고 권한다.

천태교학에서 펼쳐 놓은 풍부하고 완전히 가역적이며 상호 포섭하는 환영이 어떤 사람에게는 여전히 어려울 뿐 아니라 우리가 경험하기에는 사실상 불가능해 보일 수 있다. 그것은 전혀 상식으로 보이지 않으며, 아주 끈덕지고 굼뜨게 비가역적이며 비상호 포섭적인 일상의 경험도 전혀 아닌 것 같다. 의자는 의자고, 탁자는 탁자다. 나는 내가 좋아하는 것을 좋아하고, 내가 싫어하는 것을 싫어한다. 나는 꼼짝없이 '나'고, 너는 꼼짝없이 '너'다. 어떤 이는 살아있고, 어떤 이는 죽었다. 어떤 이는 기쁘고, 어떤 이는 슬프다. 어느 때 어느 곳에서는 흥분과 즐거움과 통찰이 넘치고, 다른 때 다른 곳은 재미없고 지루하며 우울하다. 이 비 오는 날에는 필연적으로 비가 오고, 해가 쨍쨍한 날은 아득히 멀리 있다. 그것은 경험이 계속해서 우리에게 말해주는 것인데, 여기 이 천태의 책들은 그것을 부정하고 부정하고 부정하면서 좀 엉뚱한 환영을, 모든 것 안에 각각이 있고 각각 안에 모든 것이 있다고 하는 전체적인 상호 포섭과 편재의 환영을 우리 눈앞에 던진다. 왜 이렇게 뻔뻔한 불일치가 존재하는가? 전통주의자는 간단히 이렇게 말할 것이다. 이것은 영적인 성장의 단계를 따라 점진적으로 깨닫는 문제라고,

또 우리는 아직 거기에 있지 않지만 그 텍스트들은 우리에게 그 수행으로 도달할 더 높은 영역에서 충실하게 보고하면서 무엇을 기대하고 무엇을 위해 노력해야 하는지에 대해 알려준다고 말이다. 한편, 냉소주의자는 이 불일치를 하나의 책략으로, 면밀히 계산된 그러나 훌륭한 목적이나 고양시킬 목적이 없이 의도적으로 그 체계 안에 만들어둔 책략으로 볼 것이다.[10]

---

10 냉소주의자를 옹호하는 입장에서는, 입증되지 않고 터무니없는 무언가가 제시될 때마다 조심성과 신중함을 기르는 일에 대해 할 말이 많다. 거리에서 만날 수 있는 평범한 지성들은 이렇게 충고할 것이다. 너무 좋게 들려서 진실 같지 않은 것에 대해서는 조심하고 의심하라고. 정말 그럴 수도 있고, 아니면 아직 말하지 않은 무언가가 그 대가로 요구될 수 있다고 말이다. 그러나 일신론에서 또는 **일신론에 대한 저항**—따라서 틀림없이 거의 모든 현대의 이론—에서 비롯된 어떤 사상의 전통에서 문화에 대한 그 습관적인 사고방식이 형성된 사람들이 특히 일신론자의 종교적 관념에 대해 그런 의심을 품는 경우에는, 이것이 근본적으로 다른 문화 영역에서 온 범주들을 잘못 적용한 것이 아닌지, 어떤 피상적인 유사성에 아무 생각 없이 반응해서 뿌리 깊은 편견을 촉발하는 일종의 파블로프식 조건 반사는 아닌지 궁금하지 않을 수 없다.

이런 불신의 반응들 뒤에 숨은 전제들을 심사숙고하는 일은 가치 있다. 본래부터 반대되는 두 경향이 합쳐져 서로 강화하는 것과 관련이 있어 보이기 때문이다. 내재론이라는 이교적 관념에 대한 일신론자의 습관적인 저주뿐 아니라, 그와 반대로 처음에는 일신론 자체를 목적으로 했다가 나중에는 일반적인 종교적 사고에 대해서까지 확장된 탈일신론자의 이해할 수 있는 불신도 포함해서 말이다. 일신론의 비호 아래 역사적으로 형성된 문화 영역에 흠뻑 젖어 있는 사람들이 단일함이나 전체성, 편재에 대한 종교적 관념에 "자라 보고 놀란 가슴, 솥뚜껑 보고 놀라는" 그런 반응을 할 것이라 예상하는 일은 당연할 것이다. 여기서 일신론은 포괄주의자의 색채보다 배제주의자의 색채가 짙은 단일함, 분열을 만들어내는 도구로 이용되는 단일함을 독특하게 구축한 특징을 지니는 것이며,

일신론을 일신론으로 만드는 바로 그 구조라는 것을 꽤 그럴듯하게 알아볼 수 있다. 이 구조는 사실 일신론의 영향권 밖에 있는 문화들에서는 그리 자주 발견되지 않으며 심지어 이해되지도 않지만, 일신론자나 반일신론자의 인식으로 이 구조를 추측하고 다른 문화 영역으로 끌어들여 해석하는 경향이 있다. 사실은 다음과 같이 주장하는 것도 당연하다. 일신론에 동조하지 않는 관찰자는 "전부 아니면 아무것도 아니라는 식"의 극단적 판단과 극도로 위험한 두뇌 조종─일신론적 전통 내에서 역사적 신빙성과 이념적 권위가 제기되고 확립되도록 하는 수단─의 폭탄 세례를 젊어서부터 받은 사람에 대해 당연히 그 외상적 영향이 엄청나게 크다고 묘사할 텐데, 일신론적 문화와 그 영향에 오래 젖어서 지나치게 친숙해진 사람은 종종 이런 묘사에 무감각해진다고 말이다. 자기들 문화를 전쟁터처럼 구축하는 것, 배타성의 기제, 자신들에게 가해진 소름 끼칠 정도로 위협적이면서 이성적으로 혐오스럽고 아주 터무니없는 주장들의 나열, 복종과 피할 수 없는 감시에 대한 가치 평가, 모든 존재 양상을 한결같은 의식 통제에 종속시키는 것, 윤리의 본질로서 '자아와의 전쟁'에 대한 요구, 내집단을 결속하는 수단으로서 외집단의 악마화를 차분하면서도 무자비하게 전개하는 일 따위에 대한 묘사. 그런 영적 투쟁이라는 조건들 아래서 살았던 사람들은 당연히 지구상 어디에도 결코 대안이 없다고 쉽게 생각한다. 이것이 바로 '종교'라는 것, 또는 신화적 구조가 하는 것, 또는 영원이나 편재라는 상징을 가진 통일성 개념에 관한 모든 것, 전통과 자기 성찰과 가입에 대한 모든 문화적 서사가 필연적으로 이르는 곳이라고 그들은 생각한다. 그들은 포섭하려는 절박함을 극대화하기 위해 정신적 침범과 악마화를 서슴지 않는 전쟁 기계들이다. 그게 아니면 무엇이 겠는가?

사실 현대에 널리 퍼진 문화 이론들은 대개 이런 믿음의 체계들로 이루어진 인식의 지평 위에서 그리고 그 지평에 대항해서 세워졌는데, 세계적인 시각에서 볼 때 그 체계들은 매우 예외적이고 극단적인 형태들이므로 외부인들이 보고는 극도로 위험한 정신적 폭력이며 협박이라고 이해할 수 있다. 종교에 대한 그리고 종교에 반대하는 세속적인 이론들조차 일신론에 대응하여 고안되었고 그러한 가정들로 가득 차 있다. 어디에서나 헌신, 주체성 형성, 위압, 통제 따위에 집착하 천태적 사유에서 누릴 가장 달콤한 즐거움 하나는 그 동떨어진 환영에 대해 가장 이해하지 못하는 또는 공감하지 못하는 의혹들을 포함하는 이런 견해들을 어느 쪽이든 받아들일 수 있다는 것이다. 지지할 수 있든 지지할 수 없든 간에 말이다. 액면 그대로 믿는 사람과 냉소주의자 모두에게, "왜 안돼?"라고 말한다. 『법화경』 4장 「신해품」에 나온 이야기를 떠올려 보라. 어려서 길을 잃었던 아들은 아버지의 돈이 사실상 자기 돈임에도 그런 줄 모르고 그 돈을 세지 않았던가? 그가 다른 누군가의 재산이라고 여기면서 보았던 것이 사실은 그 자신의 재산이었다. 『법화경』 10장 「법사품」을 떠올려 보라. 거기에서 독자는 그 경전이 앞서 들려준 이야기들 모두가 자신에게도 적용된다는 사실을 갑자기 알게 된다. 거기에서도 '저 밖에' 있다고, 다른 누군가에게 속한다고, 우리와는 별개라고 여겼던 것이 우리 자신에 관한 것, 우리 자신의 일부인 것으로 드러났다. 모든 것은 괴로움이라고 주장한 초기불교를 떠올려 보라. "괴로움을 두려워하는 사람은 그가 두려워하는 것 때문에 이미 괴롭다"는 몽테뉴의 말을 인용하자면, 명백한 행복조차 괴로움 아닌가? 괴로움은 이 행복한 순간 말고 다른 순간에, '저 밖에' 있는 것처럼 보이지만, 나머지 세계의 일부로 인지되던 이 순간이, 바깥 자체로 인지되고 다른 순간들에서 떨어져 있는

는 이런 특정한 종교 체계들과 그 문화적 영향들에 독특한 구조들은 바로 그 때문에 그런 모든 문화의 초기 설정인 것처럼 잘못 보일 수 있으며, 또 현대의 거의 모든 이론들이 세계의 어딘가에 있는, 심지어 이 종교들이 지배하는 영역 바깥에 있는 문화 현상 모두를 이해하는 시도를 하게끔 오도할 수 있다. 패러다임을 대체할 필요성은 단절을 일으키는 데서 가장 분명하게 드러난다.

것으로 인지되던 이 순간이 실제로는 그 자체의 한 양상이라는 사실이 드러났다.

이제 우리는 이 원리를 일반화하기 위한 이론적 토대를 천태교학에서 어떻게 제공하는지 알 수 있다. 그대가 무얼 보거나 생각하거나 느끼든, 그대가 어떤 식으로 경험하든, 그 모든 것은 지금의 그대다. 다른 것으로 보이는 이것이 '실재'인지 '그저 상상'인지, 역사적 인물인지 허구적 존재인지, 하나의 기억인지 백일몽일 뿐인지 따위는 조금도 중요하지 않다. 현재의 맥락에서는 이런 구별들이 궁극적으로 전혀 타당성이 없다. 그대가 자신 이외의 존재로 생각하는 것이 무엇이든, 그대가 아닌 무엇이든, 그대를 지금의 그대라고 결정하는 것의 일부로서 그대와 대조되어 배제된 것이 무엇이든, 최소한의 현상적 의미에서 '그대의 세계에서 저 밖'이 무엇이든, 그것은 모두 '그대'다. 그러나 그것은 정확히 그대와 대조되는 그대, '바깥'으로서 그대다. 마치 농담의 설정/결정타 구조처럼.

이 다른 것들은 그대에게 녹아들지 않아도 되고 그대 또한 그것들에 녹아들지 않아도 된다. 그래서 더 이상 어떠한 구별도 없어서 그것들이 그대가 된다. 여기서 주장하는 바는 그것들이 그대의 '참된 자아'라는 것이 아니고, 그대가 그것들의 '참된 자아'라는 것도 아니며, 그대 안에 그리고 그것들 안에 깊이 숨어 있는 어떤 동일한 본질—영혼, 아트만, 불성—이 있다거나 양쪽의 '참된 자아'가 있다는 것도 아니다. 드러난 형태들 자체가 참이며, 이런 상반된 외양 둘 다 똑같이 참이다. 그것들은 그것들의 형태로 된 그대다. 그대는 그대의 형태로 된 그것들이다.

실재하거나 상상된 붓다, 그대가 의아하게 여기고 본받으려 하고 몹시 싫어하고 열망하고 피하는 붓다는? 그것은 바로 그대다. 과거나 미래의 붓다들은? 그들은 바로 그대다. 대량 학살자들은? 그대. 학살의 희생자들은? 그대. 교통을 방해하는 멍청이는? 그대. 도로의 노동자들은? 그대. 경주의 승자, 왕, 대통령, 졸업생 대표는? 그대. 모차르트, 베토벤, 자니 로튼은? 그대. 바보, 변태 성욕자, 평범한 사람, 조용히 자포자기한 사람, 완고한 사람, 심술궂은 자, 극악한 자? 그대, 그대, 그대, 그대, 그대. 그런데 똑같은 것이 그들에게도 적용된다. 그들은 그 자신들이기만 한 게 아니며, 붓다스럽기만 하거나 악마스럽기만 하거나 심술궂기만 하거나 대통령스럽기만 한 게 아니다. **그대는** 세계의 한 사실이기도 하다. 바로 지금 그대만의 독특함을 가진 그대는 **그들의** 세계에서 그들이 마주하고 피하고 미워하고 사랑하고 무시하는 한 요소−그대 길동, 그대 춘향, 그대 돌쇠, 그대 옥이−여서 그들 각자도 길동스럽고, 춘향스럽고, 돌쇠답고, 옥이답다.

그러니 온 마음을 다해 나아가라고 지의는 말할지도 모른다. 천태의 경험으로 가득한 생생한 현실을 동떨어진 어떤 것이라고, 그대 눈앞에 어른거리는 것이라고, 현재에 실현할 수 없는 것이라고, 한낱 우화라고, 바보짓이라고, 허구라고 우기는 것을 슬퍼하라. 바로 그것이 현재에 있는 그 존재다. 자, 앞으로 나아가서 그것은 모두 신기루, 환상, 미봉책, 한 모금의 소금물이라고 결론지어 보라. 신기루는 신기루일 **뿐**이라는, 환상幻想은 현실**과 다르다**는, 소금물이 증발하면서 주는 만족은 **실제** 만족이 **아니라**는 확신을 우리는 강하게 갖는데, 결국 천태적 사유의 핵심은 이런 확신을 재고하도록 하는 일이다. 그런 가정들이 바로 의문이 있는 곳이고, 그 자체의 전제에서도 일관성이 없고 자가당착임을 보여준 곳이다.

그렇기에 천태교학은 환상으로든 진실로든 개의치 않고 나타날 수 있으며, 어느 경우든 그 둘의 차이-없음에 대한 수행적 통찰을 전제로 한다. 그 둘의 차이-없음은 자기표현이라는 행위 자체에 내재해 있고, 이런 생각들을 실제로 하는 그 행위에서 어떤 양태로든 나타난다. 만약 천태교학이 특정한 중생의 의식 속에서 정해진 때와 곳에 단순히 환상으로서 나타난다면, 그때 그것은 아주 특별한 종류의 환상이다. 환상과 현실의 차이-없음에 대한 환상 경험, 사고 실험과 사실의 차이-없음에 대한 사고 실험. 이 환상을 정말로 경험하는 것은 저 차이-없음을 경험하는 일이다. 그대에게 부족한 불성과 지혜와 기쁨, 그것들은 모두 바로 지금 여기에서 그대가 느끼고 있는 그 구체적인 부족의 형태로, 그 구체적인 부족으로서 여기에 있다. 그대가 느끼는 그 부족감이 그것들이 존재하는 방식이고, 그것들의 존재 형태이며, 그것들이 존재하는 그대로의 모습이다.

상호 배타적으로 보이는 특성들이 이렇게 상호 침투하는 양상을 표현하는 데 적합한 방식이 우리의 언어에는 존재한다. **부사적 표현이**다. 이것은 X와 Y라는 성질의 공존을, 다른 상황에서라면 문법의 내적인 본체론에서 배제되었을 공존을 직관적으로 표현하게 해주는 일종의 문법적 돌파구다. 상반되는 성질들의 그런 공존은, X는 존재하지만 Y스럽게 존재한다고 말할 때 우리가 경험하는 것이다. X와 Y, 완전히 다른 두 가지 성질은 그럼에도 여기서 공존하며, 그래서 문제의 그 사태는 어디에서나 X인데 게다가(그럼에도) Y이며, Y인데 게다가

(그럼에도) X다. 이런 부사적 표현은 여기서 정반대의 성질들에, 어떤 구체적인 **결여**가 긍정적인 것으로 느껴지게 하는 기묘한 상태에 가장 탐색적으로 적용된다. 그대가 결여한 그런 무아경들은 그대가 지니고 있지만, 그것들을 **결여된** 듯이 지니고 있다. 부재는 여기에 있는데, 그 부재는 여기서 **부재하는** 듯이 있다. 먼 미래는 여기에 있는데, 그 미래는 **멀찍이, 미래답게** 여기에 있다. 먼 과거는 여기에 있는데, 그 과거는 멀찍이, 과거답게 여기에 있다. 만약 그것이 있을 수 없다면, 그것이 존재하고 실재하는 양태는 이러하다. "그것은 **있을 수 없는 듯이** 실재하고 존재한다." 그것이 허구적이라면, 그것이 존재하고 실재하는 양태는 이러하다. "그것은 **허구인 듯이** 실재하고 존재한다." 있을 수 없는 것은 있을 수 있는 것의 불가분한 면이고, 허구적인 것은 실재적인 것의 양도할 수 없는─그것과 대조되는, 그것의 결정 요인인, 그 때문에 그것과 같지도 않고 다르지도 않은─ 면이다. 이어지는 경험의 매순간 같은 법계의 폭포에서 끊임없이 활기에 넘치고 미칠 듯이 기뻐하는 저 실재하거나 상상된 다른 사람은 바로 그대다. 그러나 그는 **다른 사람인 듯이** 그대다.

그리고 그대는, 그대의 지루하고 단조로운 삶에서 무엇을 조금이라도 더 맛보려고 허우적대며 끙끙 앓는 그대는 저 상상으로 떠올린 다른 사람이고, 저 얽매이지 않고 상호 포섭하는 붓다고, 저 불가분한 무아경에 빠진 신비로운 별종이다. 알려지고 잊히고 알려지는 그 자신이 잇따라 꽃피우고 다시 꽃피우는 것처럼 끊임없이 안을 밖으로 또 밖을 안으로 뒤집고 있는 그 사람, 우주가 끝나고 다시 우주가 이어지듯이 계속해서 환희에 겨운 고뇌를 하고는 곧이어 고뇌하는 환희에 빠지는 그 사람, 나 다음에 남 다음에 나로 이어지듯이 전체성 뒤에 다시 전체성으로 '안에서 파열하지' 않을 수 없는 그 사람은 그대다. 그대는 그 사람이면서 다른 모든 사람이다. 그러나 그대는 그대 같은 그들이다.

참고문헌 및 읽을 만한 글들

Andō Toshio(安藤俊雄). 「如來性惡思想の創設者: 灌頂說への反論」, 『大谷學報』 44. *Journal of Buddhism & Cultural Science*, no.1(1964): 1-22.

Bataille, Georges. *The Accursed Share*. Volumes 2 and 3. Translated by Robert Hurley. New Your: Zone Books, 1993.

Berkeley, George. *A Treatise Concerning the Principles of Human Knowledge*. Indianapolis: Hackett Publishing, 1982.

_____. *Three Dialogues between Hylas and Philonous*. New York: Person Longman, 2007.

Bhikkhu Bodhi, trans. *The Connected Discourses of the Buddha: A New Translation of the Samyutta Nikaya*. Boston: Wisdom Publications, 2000.

Borges, Jorge Luis. *Collected Fictions*. Translated by Andrew Hurley. New York: Penguin, 1998.

Chen Jian(陳堅). 『煩惱卽菩提－天台性惡思想研究』. 北京: 宗敎文化出版社, 2007.

Chen Yingshan(陳英善). 『天台緣起中道實相論』. 臺北: 法鼓文化, 1997.

Dong Ping(董平). 『天台宗研究』. 上海: 上海古籍出版社, 2002.

Donner, Neal. "Chih-i's Meditation on Evil." In *Buddhist and Taoist Practice in Medieval Chinese Society*, edited by David W. Chappell, 49-64. Honolulu: University of Hawai'i Press, 1987.

_____, and Daniel B. Stevenson. *The Great Calming and Contemplation: A Study and Annotated Translation of the First Chapter of Chih-I's Mo-ho Chih-kuan*. Honolulu: University of Hawai'i Press, 1993.

Guo Chaoshun(郭朝順). 『天台智顗的詮釋理論』. 臺北: 里仁書局, 2004.

_____. 「湛然'無情有性'思想中的'眞如'槪念」, 『圓光佛學學報』(1999. 2): 45-72.

_____. 「湛然與澄觀佛性思想之研究」(박사학위논문). 臺北, 文化大學, 1995.

Hurvits, Leon. *Chih-I(538-599): An Introduction to the Life and Ideas of a Chinese

Buddhist Monk. Bruxelles: Inst. Belge des Hautes Etudes Chinoises, 1963.

Jingquan Dashi(靜權大師). 『天台宗綱要』. 臺灣, 高雄: 文殊講堂, 1993.

Kantor, Hans-Rudolf. "Zhiyi's Great Calming and Contemplation." In *Buddhist Philosophy: Essential Readings*, edited by William Edelglass and Jay L. Garfield, 334-347. New York: Oxford, 2009.

Karen, Henrik, trans. *Saddharma Pundarika; or, The Lotus of the True Law.* Mineola, NY: Dover Publications, 1963.

Lau, D. C., trans. *Mencius.* London: Penguin Classics, 2005.

Li Silong(李四龍). 『天台智者研究: 兼論宗派佛教的興起』. 北京: 北京大學, 2003.

Loy, David R. "Evil as the Good? A Reply to Brook Ziporyn." *Philosophy East and West* 55, no.2(2005): 348-352.

_____. Review of *Evil and/or/as the Good: Omnicentrism, Intersubjectivity, and Value Paradox in Tiantai Buddhist Thought. Philosophy East and West* 54, no.1(2004): 99-103.

McGrae, John, trans. *The Vimalakīrti Sūtra.* Berkeley: Numata Center for Buddhist Translation and Research, 2004.

Mou Zongsan(牟宗三). 『佛性與般若』. 臺北: 學生書局, 1989.

Nanamoli and Bodhi, trans. *The Middle-Length Discourses of the Buddha: A New Translation of the Majjhima Nikaya.* Boston: Wisdom Publiscations, 1995.

Nattier, Jan. *A Few Good Men: The Bodhisattva Path According to "The Inquiry of Ugra."* Honolulu: Hawai'i University Press, 2005.

Ng Yu-Kwan(吳汝鈞). 『法華玄義的哲學與綱領』. 臺北: 文津出版社, 2002.

_____. *T'ien-t'ai Buddhism and Early Madhyamika.* Honolulu: Hawai'i University Press, 1993.

_____. 『天台智顗的心靈哲學』. 臺北: 臺灣商務, 1999.

Pan Guiming(潘桂明). 『智顗評傳』. 南京: 南京大學出版社, 2006.

_____, and Wu Zhongwei(吳忠偉). 『中國天台宗通史』. 南京: 江蘇古籍, 2001.

Penkower, Linda L. "Making and Remaking Tradition: Chan-Jan's Strategies toward a T'ang T'ien-t'ai Agenda." In 『天台大師研究: 天台大師千四百年御遠忌記念』, 天台大師研究編集委員會 編, 1289-1338. 東京: 天台學會, 1997.

_____. "T'ien-t'ai during the T'ang Dynasty: Chan-jan and the Sinification of Buddhism." PhD diss., Columbia University, 1993.

Reeves, Gene, trans. *The Lotus Sūtra*. Boston: Wisdom Publications, 2007.

Russell, Bertrand. *Religion and Science*. Oxford: Oxford University Press, 1935.

Satō Tetsuei(佐藤哲英). 「天台性惡法門の創唱者: 請觀音經疏の作者について」, 『印度學佛教學研究』9. *Journal of Indian and Buddhist Studies*, no.2(1961): 67-72.

Shi Dachang(釋大常). 『智者大師判釋〈三藏教〉之研究』. 臺北: 法鼓文化, 2004.

Shi Fazang(釋法藏). 「從天台圓教之建立試論圓教止觀的實踐」, 『台宗研究』(제2기), 2002: 80-116.

Shi Huiyue(釋慧嶽). 『天臺教學史』. 臺北: 佛陀教育基金會, 1993.

_____(釋慧岳). 『知禮』. 臺北: 東大圖書公司, 1995.

Spinoza, Baruch. *Ethics and Selected Letters*. Translated by Samuel Shirley. Indianapolis: Hackett Publishing, 1982.

Stone, Jacqueline I. *Original Enlightenment and the Transformation of Medieval Japanese Buddhism*. Honolulu: Hawai'i University Press, 1999.

Swanson, Paul L. *Foundations of T'ien-t'ai Philosophy: The Flowering of the Two Truths Theory in Chinese Buddhism*. Nanzan Studies in Religion and Culture. Berkeley: Asian Humanities Press, 1989.

_____. "T'ien-t'ai Chih-i's Concept of Threefold Buddha Nature: A Synergy of Reality, Wisdom, and Practice." In *Buddha Nature: A Festschrift in Honor of Minoru Kiyota*, edited by Paul J. Griffiths and John P. Keenan, 171-180. Tokyo: Buddhist Books International, 1990.

_____. "Understanding Chih-i: Through a glass, darkly?" *Journal of the International Association of Buddhist Studies* 17, no.2(1994): 337-360.

Taishō Shinshū Daizōkyō(大正新修大藏經), edited by Takakusu Junjirō(高楠順次

郎) and Watanabe Kaigyoku(渡邊海旭), et al., 100 vols. 東京: 大正一切經刊行
會, 1924-1932. (주석에서는 줄여서 'T'로 표시함.)

Teiser, Stephen, and Jacqueline Stone, eds. *Readings of the Lotus Sūtra*. New
York: Columbia University Press, 2009.

Thānissaro Bhikku(Geoffrey DeGraff), trans. *Udāna: Exclamations*. Barre, MA:
Dhamma Dana Publications, 2012.

Walshe, Maurice, trans. *The Long Discourses of the Buddha: A Translation
of the Dîgha Nikāya*. Somerville, MA: Wisdom Publications, 1995.

Wang Zhiyuan(王志遠). 『金剛錍』. 臺灣, 高雄: 佛光, 2004.

Watson, Burton, trans. *The Complete Works of Zhuangzi*. New York: Columbia
University Press, 2013.

_____. *The Lotus Sūtra*. New York: Columbia University Press, 1993.

_____. *Xunzi: Basic Writings*. New York: Columbia University Press, 2003.

Westerhoff, Jan. *Nāgārjuna's Madhyamaka: A Philosophical Introduction*. Oxford:
Oxford University Press, 2009.

Wu Zhongwei(吳忠偉). 『圓教的危机与普系的再生: 宋代天台宗山家山外之爭研
究』. 長春: 吉林人民出版社, 2007.

Xuzangjing(續藏經). 新文豐影印本. 臺北: 新文豐. (주석에서는 줄여서 'X'로 표시
함.)

Yamamoto, Kosho, trans. *The Nirvana Sūtra*. In *Buddha Nature Sūtras*, edited
by Paul Reid. Seattle: CreateSpace, 2014.

Yu Xueming(俞學明). 『湛然研究: 以唐代天台宗中興問題爲線索』. 北京: 中國社會
科學出版社, 2006.

Zeng Qihai(曾其海). 『天台佛學』. 上海: 學林, 1999.

_____. 「天台宗知礼答日本國師問」, 『台州學院學報』29, no.5(2007. 10):
10-13.

Zhou Shujia(周叔迦). 「无情有佛性」, 『佛教文化』4(1999): 14-15.

Ziporyn, Brook. *Being and Ambiguity: Philosophical Experiments with Tiantai
Buddhism*. Chicago, IL: Open Court, 2004.

_____. *Beyond Oneness and Difference: Li and Coherence in Chinese Buddhist Thought and Its Antecedents.* Albany: State University of New York Press, 2013.

_____. "The Deluded Mind as World and Truth: Epistemological Implications of Tiantai Doctrine and Praxis in Jingxi Zhanran's Jingangpi and Zhiguan yili." In *Buddhist Philosophy: Essential Readings*, edited by William Edelglass and Jay L. Garfield, 238-250. New York: Oxford, 2009.

_____. "Hitler, the Holocaust, and the Tiantai Doctrine of Evil as the Good: A Response to David R. Loy." *Philosophy East and West* 55, no.2(2005): 329-47.

_____. "How the Tree Sees Me: Sentience and Insentience in Tiantai and Merleau-Ponty." In *Merleau-Ponty and Buddhism*, edited by Jin Y. Park and Gereon Kopf, 61-82. Lanham, MD: Lexington Books, 2009.

_____. *Ironies of Oneness and Difference: Coherence in Early Chinese Thought: Prolegomena to the Study of Li.* Albany: State University of New York Press, 2013.

_____. "Mind and Its 'Creation' of All Phenomena in Tiantai Buddhism." *Journal of Chinese Philosophy* 37, no.2(2010): 156-180.

_____. "Setup, Punch Line, and the Mind-Body Problem: A Neo-Tiantai Approach." *Philosophy East and West* 50, no.4(2000): 584-613.

_____. 『善与恶: 天台佛教思想中的遍中整体論、交互主体性与价值吊詭』(Evil and/or/as the Good: Omnicentrism, Intersubjectivity, and Value Paradox in Tiantai Buddhist Thought), Translated by Wu Zhongwei(吳忠偉). 上海: 上海古籍, 2006.

_____. "What Is the Buddha Looking At? The Importance of Intersubjectivity in the Tien-t'ai Tradition as Understood by Chih-li." In *Buddhism in the Sung*, edited by Peter N. Gregory and Daniel A. Getz Jr., 442-476. Honolulu: Hawai'i University Press, 1999.

찾아보기

옮긴이의 말

이 책은 시카고 대학의 브룩 지포린(Brook Ziporyn) 교수가 저술한 *Emptiness and Omnipresence: An Essential Introduction to Tiantai Buddhism*(공과 편재: 천태불교의 핵심 입문, Indiana University Press, 2016)을 번역한 것이다. 제목을 보면, 천태불교의 핵심이나 본질이 무엇인지 소개하는 입문서로 여겨진다. 그러나 단순한 입문서가 아니다.

브룩 지포린은 고대와 중세 중국의 철학 및 종교에 대해 오래도록 탐구하고 연구한 학자다. 그의 연구는 크게 두 줄기로 이어지는데, 하나는 곽상郭象과 장자莊子 등의 도가철학에 대한 연구이며, 다른 하나는 천태불교에 대한 연구다. 물론 그의 연구는 이 둘에 국한되어 있지 않고 인도와 중국, 유럽 등의 지성사에서 볼 수 있는 종교 형태나 신비 체험 등에까지 확장되고 있다. 그럼에도 그가 박사논문에서부터 지속적으로 관심을 기울이며 연구했던 대상이 천태불교다. 『공과 편재』는 천태불교에 관한 그의 세 번째 저술이다.

브룩 지포린은 오래 전에 천태불교에 관한 연구서 두 권을 저술했다. 『선 그리고/또는/으로서 악: 천태불교의 사상에서 전순-중도, 상호 주관성 그리고 가치의 역설』(*Evil and/or/as the Good: Omnicentrism, Intersubjectivity, and Value Paradox in Tiantai Buddhist Thought*, Cambridge: Harvard University Press, 2000)과 『존재와 애매성: 천태불교로 하는

512

철학적 실험』(*Being and Ambiguity: Philosophical Expriments with Tiantai Buddhism*, Chicago: Open Court, 2004) 등이 그것이다. 『선 그리고/또는/으로서 악』은 천태종 내부에서 일어난 교리 논쟁을 천태종의 주요 텍스트들을 바탕으로 문화적-역사적 접근법을 써서 고찰한 저술이고, 『존재와 애매성』은 천태교학의 관념들을 응용할 수 있는지에 대해 실험적 탐구를 한 결과물이다. 그러나 이 두 연구서는 천태종의 한문 저술들을 주요하게 또 상세하게 다루고 있어 불교나 철학에 깊은 관심을 가지고 교양을 갖춘 독자들이라도 읽기에 어려움을 느낄 수밖에 없는 저술들이다. 그런 점을 스스로 인식하고 있던 지포린이 좀 더 쉽고 명쾌하게 풀어서 천태불교의 가치와 의의를 널리 알리려고 쓴 책이 『공과 편재』다.

지포린이 『공과 편재』를 저술한 데에는 까닭이 있다. 그에게 천태불교는 인도(또는 인도-유럽 문화)의 전통과 중국(또는 동아시아) 문화가 만나서 탄생한 매우 혁신적이고 독창적인 철학이었다. 환경뿐 아니라 언어와 사유방식, 전통과 문화, 정치와 경제 등 모든 면에서 중국과 사뭇 달랐던 인도의 불교를 중국식으로 철저하게 재가공한 결과물이 바로 천태불교였던 것이다. 다시 말해, 천태불교는 이질적인 두 사유 세계 또는 문화 전통을 어떻게 통합해서 새롭게 창조할 것인지에 대한 통찰을 보여주는 훌륭한 사례다. 오늘날 전 세계가 동시에 맞닥뜨린 상황, 즉 아주 이질적인 문화들이 서로 접촉하면서 두드러지고 있는 철학적 궁지와 위기 상황에서 참조해야 할 역사적 사례로 적합한 것이 바로 천태불교라는 게 지포린의 주장이다.

지포린은 『공과 편재』에서 열 가지 주제를 다루고 있다. 1장에서는 괴로움과 괴로움의 소멸에 대한 초기 불교의 접근법을 검토하고, 2장에서는 불교가 이제론二諦論, 곧 관습적 진리와 궁극적 진리의 이론으로 나아간 경로를 보여준다. 이 두 개 장에서 지포린은 불교의 기본적인 교리를 매우 훌륭하게 요약하고 있다. 3장에서는 공에 대한 대승불교의 개념을 소개하면서 초기 불교의 이제론이 어떻게 확장되는 지를 알려주는데, 특히 여기에서 지포린은 공에 대한 여섯 가지 접근법을 잘 정리해서 제시하고 있다. 그 여섯 가지는 전체/부분 접근법, 원인/결과 접근법, 사물/특성 접근법, 언어적 접근법, 전체론과 환원주의 둘 다 극복하는 공, 이것/저것 접근법 등이다. 4장에서는 불성과 본각을 다룬다. 여기에서 지포린은 존재론적 애매성이라는 측면에서 대승불교의 공을 이해하는 또 다른 방식을 도입한다.

5장부터 7장까지는 『법화경』을 천태종에서 어떻게 읽어 왔는지를 다루고 있다. 『법화경』이 모든 존재는 붓다가 되고 있음을 일깨워주려고 어떻게 윤회의 교리를, 또 무한하게 되풀이되는 환생의 개념을 근본적으로 재구성하는지 지포린은 보여준다. 특히 5장에서는 주제를 선명하게 드러내기 위해 돌고래 학교라는 이야기를 들려준다. 6장에서는 『법화경』의 우화들이 제시하는 중도에 대해 새로운 관점, 천태교학에서 큰 비중을 차지하는 관점을 보여준다. 그리고 7장에서는 사물에 대한 시각이나 관점이 다양하게 존재하는 데 대해 『법화경』이 하나의 모형을 제공해준다는 점을 서술하고 있다.

8장에서는 삼제三諦를 통해 천태교학의 요점을 제시한다. 여기서는 천태교학의 입장을 더 잘 이해할 수 있도록 '국지적 일관성'과 '세계적 비일관성'이라는 개념을 쓰고 있다. 또 8장에는 불이不二에 관한 통찰이 가득하다. 9장에서는 천태의 관법과 관련된 여러 가지 수행을 제시하고 있다. 지포린이 구체적인 맥락에서 여러 수행을 실행하며 우리를 안내하고 있다는 점에서 이 9장은 매우 가치 있다. 10장에서는 천태의 윤리가 얼마나 효용성을 갖는지를 입증하는 작업을 하는데, 인류 역사상 가장 복잡하고 문제가 많은 윤리적 위반 사례라 할 히틀러의 홀로코스트에 천태의 통찰을 적용하고 있다. 물론 지포린은 천태의 관점을 그 자체로 이해하는 일부터 쉽지 않다고 한다. 그럼에도 천태교학은 근본적으로 새로운 접근 방식이고 철저히 비서구적이라는 점에서 오늘날의 갖가지 난제에 대해 새로운 이해를 가져다 줄 만한 잠재력은 충분하다는 점을 강조하고 있다.

끝으로 지포린은 지의智顗의 『마하지관』에서 일행삼매와 관련된 내용을 인용하면서 결론을 시작한다. 이 결론에서는 천태철학의 원리와 수행을 오늘날 우리가 어떻게 실천하며 살아야 할지에 대해 요약하고 있다. 물론 이 장에서 제시되는 지침은 꽤 훌륭하지만, 그것은 전통적인 천태가 아니라 지포린의 해석을 거친 현대화된 천태불교일지도 모른다. 그렇다고 해서 비판할 일은 아니다. 애당초 『법화경』을 자기 방식으로 해석해서 체계화한 것이 천태교학이니 말이다.

중국 불교의 독창성을 말할 때면 '선종' 또는 '선불교'가 먼저 거론된다. 중국에서 가장 오래도록 번성한 종파가 선종이고, 근대 이후에 서구에 먼저 알려지고 연구 대상이 된 것이 선불교이기 때문이기도 할 것이다. 그러나 엄밀하게 말하자면, 선종 이전에 천태종이, 선불교에 앞서 천태교학이 먼저 중국적이면서 독창적인 철학을 마련하고 체계화했다고 말해야 마땅하다. 브룩 지포린의 여러 연구서들이 그 점을 입증하는 데 앞장섰다고 해도 과언은 아니다. 이제 그의 저술들 가운데서 천태교학의 핵심을 잘 요약하고 정리했을 뿐 아니라 가장 대중적으로 읽힐 만한 『공과 편재』를 한국어로 번역해서 '천태불교의 이론과 실천'이라는 제목으로 내놓는다.

　이 책을 번역하고 출판하도록 지원해 준 대한불교진흥원에 감사드린 다. 번역 원고를 심사해 주신 세 분의 심사위원들께도 감사드린다. 그리고 이 책이 제 꼴을 갖추도록 애써주신 출판사 운주사에도 감사드 린다.

2025년 1월

부산 남산동 삼매당에서

지은이 브룩 지포린 Brook Ziporyn

중국의 고대와 중세 종교 및 철학을 주로 연구하는 학자다. 시카고 대학의 동아시아언어문명학부에서 학사 학위를 받고, 미시간 대학에서 박사 학위를 받았다. 미시간 대학, 노스웨스턴 대학, 하버드 대학, 싱가포르 국립대학 등에서 강의를 했으며, 현재는 시카고 대학에서 중국의 종교와 철학, 비교철학 등을 담당하는 교수로 재직 중이다.

저서로는 *Evil And/Or/As the Good: Omnicentric Holism, Intersubjectivity and Value Paradox in Tiantai Buddhist Thought*(Brill, 2000), *Being and Ambiguity: Philosophical Experiments With Tiantai Buddhism*(Open Court, 2004), *Emptiness and Omnipresence: An Essential Introduction to Tiantai Buddhism*(Indiana University Press, 2016) 등이 있으며, 그 밖에『장자』와 도가 철학에 관한 번역서 및 연구서들이 여럿 있다.

옮긴이 정천구

서울대학교 국어국문학과에서 한·중·일의 불교전기문학을 비교연구해 박사학위를 받았다. 이후『삼국유사』및 동아시아의 불교문헌들을 비교문학, 비교철학, 종교문화사 등 다양한 접근법을 통해 연구하면서 일본 중세의 불교문헌들도 번역하고 있다. 역서로『일본영이기』,『모래와 돌』(샤세키슈),『원형석서』,『삼교지귀』,『새로 보는 선불교』(베르나르 포르) 등이 있고, 저서로『삼국유사, 바다를 만나다』,『불교한문 해석법』등이 있다.

대원불교 학술총서 26 천태불교의 이론과 실천

초판 1쇄 인쇄 2025년 2월 4일 | 초판 1쇄 발행 2025년 2월 12일
지은이 브룩 지포린 | 옮긴이 정천구 | 펴낸이 김시열
펴낸곳 도서출판 운주사

(02832) 서울시 성북구 동소문로 67-1 성심빌딩 3층

전화 (02) 926-8361 | 팩스 0505-115-8361

ISBN 978-89-5746-865-4 93220   값 30,000원
http://cafe.daum.net/unjubooks 〈다음카페: 도서출판 운주사〉